HISTÓRIA DO MOVIMENTO MISSIONÁRIO

JUSTO L. GONZÁLEZ
CARLOS CARDOZA ORLANDI

© 2008 by Justo L. González
Carlos Cardoza Orlandi

Tradução
Silvana Perrella Brito

Revisão
Bruna Perrella Brito
Sônia Lula

Capa
Souto crescimento de marca

Diagramação
Sandra Oliveira

Editor
Juan Carlos Martinez

1ª edição - Fevereiro - 2010
Reimpressão - Julho - 2010
Reimpressão - Agosto - 2015

Coordenador de produção
Mauro W. Terrengui

Impressão e acabamento
Imprensa da Fé

Todos os direitos desta edição reservados à
Editora Hagnos
Av. Jacinto Júlio, 27
04815-620 - São Paulo - SP - Tel/Fax: (11) 5668-5668
hagnos@hagnos.com.br - www.hagnos.com.br

Dados Internacionais de Catalogação na Publicação (CIP)
(Câmara Brasileira do Livro, SP, Brasil)

L. González, Justo
História do movimento missionário / Justo L. González & Carlos Cardoza Orlandi, Justo L. González — São Paulo: Hagnos, 2008.

ISBN 978-85-7742-040-7

1. Missões - História   I. Cardoza Orlandi, Carlos   II. Título.

08-08749   CDD-266.09

Índices para catálogo sistemático:
1. Movimento missionário: Cristianismo: História
266.09

Editora associada à:

A nossos pais,
cuja missão
tanto nos tem enriquecido:
Justo B. González Carrasco
Luisa L. García Acosta
Carlos Cardoza Montalvo
Zélideh Orlandi Torruella

Sumário

Apresentação 15

Prefácio 17

Capítulo I - Introdução 19
A. A missiologia, a missão 23
B. A história da igreja e a história das
   missões 25
C. A teologia pastoral, a história das
   missões e o povo de Deus 28
D. A organização desta história das
   missões 30

Capítulo II - Bíblia, missão e história das
missões 33
A. O uso e a interpretação da Bíblia na
   história das missões 34
B. O antigo testamento e a missão da
   Igreja 40
   1. A universalidade do Antigo Testamento 40
   2. A missão universal de Israel 42
      a) A força centrípeta da missão de Israel 42
      b) Da exclusividade à inclusão: o exemplo de Jonas 42
      c) "Recorda-te que foste escravo na terra do Egito,
         por isso eu te mando que faças isto..." 43
      d) O caráter escatológico da missão 44

C. O Novo Testamento e os critérios
teológicos para a missão 44
1. Jesus e seu ministério 45
2. A Igreja: comunidade da missão no Espírito 46
3. A opção pela vida 46
D. A expansão do cristianismo durante o período
neotestamentário 47

Capítulo III - As missões na Idade Antiga 51

A. Desde o fim do período neotestamentário
até a conversão de Constantino 51
1. Expansão geográfica do cristianismo 53
   a) O Egito 54
   b) O norte da África 54
   c) Espanha 55
   d) As Gálias 55
   e) Os territórios onde os apóstolos haviam trabalhado 56
2. Um grande missionário desse período: Gregório
   de Neocesareia 57
3. Os métodos 60
   a) A polêmica contra o judaísmo 60
   b) A polêmica contra o culto pagão 62
   c) O encontro com a filosofia pagã 63
   d) O contato pessoal entre intelectuais 64
   e) As escolas cristãs 65
   f) O testemunho da base da igreja 66
   g) Os milagres 68
   h) O martírio 69
   i) O culto 69
   j) Os missionários 70
   k) Fatores sociológicos 71
   l) Resumo: a atitude dos cristãos em relação ao
      paganismo 71

B. O império cristão e a supressão do
   paganismo 72

1. A conversão de Constatino 72
2. Os filhos de Constantino e a reação pagã 75
3. O império cristão 76
4. O fim da Idade Antiga 77
5. A obra missionária após conversão de
   Constantino 78
   a) Ulfilas 79
   b) Martín de Tours 79

C. A expansão do cristianismo fora do
   Império Romano 81
   1. O cristianismo em Edessa 81
   2. O cristianismo na Armênia 82
   3. O cristianismo na Geórgia 84
   4. O cristianismo na Mesopotâmia e na Pérsia 85
   5. O cristianismo na Índia 87
   6. O cristianismo na Arábia 87
   7. O cristianismo na Abissínia (atual Etiópia) 88

D. Considerações gerais 89

CAPÍTULO IV - As missões medievais 91

A. Da irrupção germânica até o avanço
   do Islã 91
   1. A reconquista do que havia sido o Império
      Romano 91
      a) O desafio dos bárbaros à "romanitas cristãs" 93
      b) A conversão dos pagãos 95
      c) A conversão dos arianos 98
   2. As missões nas ilhas britânicas 99
      a) Patrício 100
      b) Columba e a comunidade de Iona 102
      c) Agostinho de Canterbury 105
   3. As missões orientais 107
      a) O cristianismo ortodoxo 107
      b) Os nestorianos e os monofisistas 108

4. O avanço do Islã 111
B. Do impulso missionário britânico até
   as Cruzadas 115
   1. As missões no norte da Europa 116
      a) As primeiras missões nos Países Baixos e na
         Alemanha 116
      b) Carlos Magno e a conversão dos saxões 118
      c) A missão aos escandinavos: Ansgar 119
      d) A conversão da Escandinávia: Dinamarca 121
      e) A conversão da Escandinávia: Noruega 122
      f) A conversão da Escandinávia: Suécia 124
   2. As missões na Europa Central 125
   3. A expansão do cristianismo bizantino 129
      a) A conversão da Bulgária 129
      b) A conversão da Rússia 130
   4. O cristianismo no Oriente 132
   5. A ofensiva contra o Islã 133
      a) A reconquista da Espanha 133
      b) O reino normando da Sicília 135
      c) As Cruzadas 136

C. Do renascimento do séc. XII até o final
   da Idade Média 139
   1. A Europa Ocidental 139
      a) Francisco de Assis e a dos Frades Menores
         (franciscanos) 140
      b) Domingos e a Ordem dos Pregadores 143
      c) As mulheres como agentes da missão 145
      d) A continuação do ideal das Cruzadas 146
   2. A expansão do cristianismo oriental 147

D. Considerações gerais 148

CAPÍTULO V - As missões na Idade Moderna 153

A. As missões católicas 155
   1. As razões da preponderância das missões
      católicas e as limitações nas missões protestantes 155

Sumário

  a) A vantagem geográfica do catolicismo 155
  b) A vantagem militar e política 156
  c) A unidade católica 157
  d) A continuação de um velho impulso 158
  e) As ordens monásticas 159
 2. As missões espanholas 159
  a) A unificação religiosa da Espanha 159
  b) A América 161
  c) A ilhas Filipinas 182
  d) Outras missões espanholas 184
 3. A expansão missionária a partir de Portugal 184
  a) A colonização portuguesa na América 186
  b) A expansão portuguesa na África 188
  c) O Oriente 189
 4. As missões francesas 198
  a) A expansão geográfica da França 199
  b) A Société des Missions Étrangères de Paris 200
 5. O começo da missiologia católica 201

B. A expansão do cristianismo ortodoxo 202

C. O começo das missões protestantes 203
 1. A oposição da ortodoxia protestante às missões entre pagãos 203
  a) Martinho Lutero 204
  b) Melanchthon 205
  c) Zwinglio, Calvino e Bucero 205
  d) Adrianus Sarávia e a resposta de Teodoro de Beza 206
  e) Johan Gerhard 207
  f) Justiniano von Weltz 208
 2. A expansão do protestantismo através da expansão política das nações protestantes 209
  a) A expansão holandesa 210
  b) A grande expansão inglesa 212
  c) A expansão dinamarquesa 217
 3. Novos movimentos dentro do protestantismo e sua importância para as missões 217

a) O pietismo e a Universidade de Halle 218
b) Zinzendorf e os morávios 220
c) Os irmãos Wesley e o metodismo 221
d) O "Great Awakening" na América do Norte 223

D. Considerações gerais 224

CAPÍTULO VI - As missões na época
contemporânea 227

Introdução 227

A. A Igreja Católica Romana 230

B. As Igrejas Ortodoxas 232

C. As missões protestantes 233
1. O precursor: William Carey 234
2. Os centros missionários durante esse período 243
3. As missões e o movimento ecumênico 249

D. Considerações gerais 257

CAPÍTULO VII - As missões ao extremo oriente
e ao sul do pacífico 261

A. As missões na Índia 262
1. Os cristãos de São Tomé durante os séculos XIX
   e XX 262
2. O catolicismo romano 265
3. As missões protestantes 267
4. O movimento ecumênico e as igrejas unidas da
   Índia 276

B. O cristianismo no Ceilão 278

C. O cristianismo na Ásia sul-oriental 280

D. O cristianismo no Arquipélago Malaio 285

E. O cristianismo nas Filipinas 288

F. O cristianismo no Japão e na Coréia 293
1. O cristianismo no Japão 293

a) As missões católicas 294
b) A missão ortodoxa-russa 296
c) As missões protestantes 297
2. O cristianismo na península da Coréia 302
G. O cristianismo na China 307
1. As missões católicas romanas 310
2. As missões ortodoxas 313
3. As missões protestantes 314
H. O cristianismo na Austrália e nas
Ilhas do Pacífico 323
1. Austrália 323
2. Nova Zelândia 326
3. As Ilhas do Pacífico 327

I. Considerações gerais 332

CAPÍTULO VIII - As missões no mundo
muçulmano 335

A. As antigas Igrejas Orientais 338
1. A igreja ortodoxa 338
2. As igrejas monofisitas 339
3. Os nestorianos 342

B. As missões católicas 343

C. As missões protestantes 347

D. Considerações gerais 352

CAPÍTULO IX - As missões na África Equatorial
e Meridional 355

A. A Igreja Ortodoxa Tawahedo da
Etiópia 355

B. As missões protestantes na África ao
sul do Saara 356
1. A fundação da Libéria e de Serra Leoa e as
missões na África Ocidental e Equatorial 358

2. A colonização europeia e as missões na África do Sul 363
3. Um exemplo das missões, da colonização e do legado missionário no sul da África: o caso de David Livingstone 365
C. As missões católicas na África 372
D. O cristianismo em Madagascar 378
E. Considerações gerais 380

Capítulo X - As missões na América Latina 383
A. As novas condições 383
B. O cristianismo na Argentina 387
   1. O catolicismo romano 387
   2. O protestantismo 389
   3. O cristianismo ortodoxo 395
C. O cristianismo no Uruguai 396
   1. O catolicismo romano 396
   2. O protestantismo 397
D. O cristianismo no Paraguai 400
   1. O catolicismo romano 400
   2. O protestantismo 401
E. O cristianismo na Bolívia 403
   1. O catolicismo romano 403
   2. O protestantismo 405
F. O cristianismo no Chile 409
   1. O catolicismo romano 409
   2. O protestantismo 411
G. O cristianismo no Peru 419
   1. O catolicismo romano 419
   2. O protestantismo 421
H. O cristianismo no Equador 425
   1. O catolicismo romano 425

2. O protestantismo 427
I. O cristianismo na Colômbia e no
   Panamá 428
   1. O catolicismo romano 429
   2. O protestantismo 431
J. O cristianismo na Venezuela 437
   1. O catolicismo romano 437
   2. O protestantismo 438
K. O cristianismo no Brasil 440
   1. O catolicismo romano 440
   2. O protestantismo 445
   3. O cristianismo oriental 454
L. O cristianismo na América Central 455
   1. O catolicismo romano 455
   2. O protestantismo 464
M. O cristianismo no México 475
   1. O catolicismo Romano 475
   2. O protestantismo 480
   3. A igreja Ortodoxa 486
N. O cristianismo nas Antilhas 487
   1. O catolicismo romano 487
   2. O protestantismo 494
O. Considerações gerais 517

Capítulo XI - Desde todas as nações 523

A. Uma história complexa com lições
   para o futuro 523

B. O cristianismo no princípio do séc. XXI
   e algumas projeções missionárias 526

Apêndice 533

Apresentação

Lembro-me claramente quando, vários anos atrás, estudando teologia na Inglaterra, deparei-me com um curso sobre a história da igreja intitulado "A História das Missões Cristãs". Naquela época eu já havia estado alguns anos no campo missionário e, possivelmente devido as minhas raízes eclesiológicas, nunca havia associado a história da igreja à história do movimento missionário. Parece que na minha mente havia uma clara dicotomia entre as duas histórias, quase como se o movimento missionário mundial fosse algo subversivo, desassociado da incrível expansão da igreja, iniciada por um grupo de 12 homens simples provenientes da Galileia, uma região insignificante dentro do Império Romano do primeiro século.

Apesar da minha surpresa e resistência inicial, foi um dos cursos que eu mais desfrutei no seminário. Pude aprender como Deus havia usado homens e mulheres das mais diferentes estirpes para que as Boas Novas do Evangelho chegassem aos lugares mais longínquos da terra. Vi como podíamos aprender das experiências daqueles que nos antecederam e que, com frequência, deram suas vidas para que o ide de Jesus fosse cumprido. Percebi que muitas das estratégias que, em pleno século XX, considerávamos inovadoras, na verdade já tinham sido usadas centenas de anos antes por cristãos católicos e protestantes que "por meio da fé venceram reinos, praticaram a justiça, alcançaram promessas, fecharam a boca dos leões, apagaram a força do fogo, escaparam ao fio da espada, da fraqueza tiraram forças, tornaram-se poderosos na guerra, puseram em fuga exércitos estrangeiros" (Hb 11.33-34).

Se eu houvesse cursado uma matéria com estas características antes do meu primeiro período no campo missionário, provavelmente meu ministério teria sido mais frutífero e com menos percalços pessoais e ministeriais. Porém, nos anos 80, pouco depois do início de um avivamento da visão missionária da igreja evangélica brasileira, ainda não contávamos com muitos cursos de missiologia, nem tampouco com uma extensa bibliografia em português que ajudasse aos que estavam se preparando para o campo missionário a terem uma correta visão da história da igreja em missões.

Obviamente desde então muita coisa mudou no meio acadêmico evangélico brasileiro. Novos seminários surgiram, novos cursos de missiologia foram criados e, sem dúvida alguma, o missionário brasileiro encontra hoje muitas ferramentas que lhe permitem partir para o campo melhor preparado.

Mesmo assim, tenho a plena convicção de que o livro "História do Movimento Missionário" vem preencher uma lacuna importante e que muito contribuirá para uma melhor formação teológica e missiológica do líder cristão brasileiro e do futuro missionário.

Isto se deve não somente ao fato de o livro ter sido escrito por dois grandes estudiosos, mas também porque é um trabalho monumental, extremamente bem documentado, que abarca aspectos históricos, eclesiológicos, missiológicos e teológicos que nos ajudarão a compreender com mais profundidade as muitas facetas do movimento missionário mundial, dentro dos diferentes contextos geográficos em que este movimento se desenvolveu. É uma obra sem par na nossa bibliografia missiológica, que não se atém apenas à história das missões protestantes , mas que inclui, com muita propriedade, a história missionária de outras tradições cristãs.

Por isso, é uma grande alegria ver este livro sendo publicado. Não tenho dúvida de que será uma ferramenta muito útil para que nossos missionários e líderes evangélicos evitem os erros que normalmente cometemos ao desconhecermos a história daqueles que trilharam o mesmo caminho antes de nós e um instrumento de grande benção e fortalecimento do movimento missionário brasileiro

Marcos Amado
Pastor de Missões
Igreja Batista do Morumbi

Prefácio

Faz quase quarenta anos que recebi um convite inesperado para escrever uma história das missões. O convite vinha de uma comissão, com sede em Buenos Aires, cujo propósito era produzir uma série de textos que pudessem servir de introdução a diversas disciplinas do currículo teológico.

Devo confessar que o convite não foi de meu agrado imediato. Por anos me havia dedicado a estudar a história da igreja, sobretudo de suas doutrinas, e agora me pediam que focasse minha atenção na história das missões. Logo, não foi com muito entusiasmo que empreendi a tarefa atribuída.

No entanto, conforme fui aprofundando-me no tema, mais ele me fascinou. Tratava-se de um aspecto da história eclesiástica que poucos de meus professores apenas mencionavam, mas que de muitas maneiras eu podia reconhecer como parte da minha história. Guiado pelos impressionantes sete tomos da *História da Expansão Missionária do Cristianismo*, por KENNETH SCOTT LATOURETTE, que em Yale havia sido meu vizinho e interlocutor frequente (mas não meu professor), lancei-me na tarefa.

De tudo isso resultaram duas coisas. Em primeiro lugar, uma nova visão do alcance da história eclesiástica, de tal modo que, a partir de então, fiz todo o possível, em todos os meus cursos e escritos sobre a história eclesiástica, para incluir a visão mundial que aquele estudioso me proporcionou; em segundo lugar, resultou em uma *História das missões*, que foi muito mais bem recebida do que eu havia esperado e logo se esgotou[1].

A partir de então, recebi vários convites para reeditar aquela obra, embora sempre tenha resistido a isso, porque

---

[1] Buenos Aires: La Aurora, 1965.

não sou missionário, e sempre estive bem consciente que aquele livro deixava muito a desejar.

Foi há poucos anos que, em conversas como meu colega e amigo missionário Carlos F. Cardoza Orlandi, me ocorreu a ideia de convidá-lo a colaborar comigo em uma história das missões que, mesmo que fizesse uso daquele material antigo, levaria em conta o estado atual da Missiologia e de suas disciplinas afins.

Tal é a história e a pré-história desse livro que meu colega Cardoza Orlandi e eu nos atrevemos agora a lançar ao mundo, com a esperança de que enriqueça a reflexão missiológica da igreja contemporânea, e que de algum modo chame todos a uma obediência cada vez mais fiel.

Justo L. González
Decatur, Geórgia, EUA
Páscoa da Ressurreição, 2005

Capítulo I
Introdução

"Portanto, ide e fazei discípulos de todas as nações...". Há poucos textos bíblicos tão conhecidos e citados quanto esse, frequentemente denominado de a "Grande Comissão". Ao longo dos séculos, essas palavras de Jesus têm inspirado milhões de crentes a levar o Evangelho aos lugares mais remotos da Terra. Uns têm dado dinheiro; outros têm dado a vida. Uns foram bem recebidos; outros morreram como mártires nas mãos daqueles que esperavam evangelizar. Em obediência a essas palavras, igrejas têm sido estabelecidas; escolas e hospitais, construídos; injustiças, desfeitas; mulheres oprimidas por tradições ancestrais, libertas, como também se têm ensinado milhões de pessoas a melhorar suas criações, a cuidar de sua saúde e a ler. Muitos idiomas que só existiam em forma oral têm sido transcritos.

Se essa fosse toda a história, teríamos razões de sobra para nos gloriarmos e nos orgulharmos. Mas existe também o outro lado. Ao longo dos séculos, e até o dia de hoje, muitos cristãos fizeram uso, e ainda o fazem das palavras de Jesus para propósitos imperialistas ou lucrativos. Cristãos que, tomando o mandato missionário como índice de sua própria superioridade, e, com esse sentido de superioridade, têm destruído culturas e civilizações, estabelecido e defendido regimes despóticos, recorrido às armas para forçar os mais fracos a crer e justificado o injustificável.

Tais desmandos nem sempre foram cometidos por hipócritas que simplesmente desejavam aproveitar-se da fé cristã. Também foram cometidos por cristãos sinceros, convencidos de que a expansão de sua fé justificava suas ações e que com isso serviam a Deus. Convencidos da verdade de sua fé, muitos creram que isso também era índice da superioridade de sua cultura e, com esse sentido de superioridade, destruíram nações, violando identidades e oprimindo indefesos.

Tudo isso confere ao estudo da história das missões sua importância e urgência. A história da expansão do cristianismo é, por sua vez, inspiradora e aterradora, servindo-nos de chamado e advertência. Chama-nos a seguir a linha esplendorosa daqueles que antes de nós deram testemunho de sua fé. E adverte-nos do perigo de imaginar que, por sermos cristãos fiéis, não precisamos nos preocupar com as consequências de nossas ações e de nossas atitudes.

Nesse ponto, convém voltarmos à tão mencionada "Grande Comissão". Tal como é frequentemente citada, a passagem começa com as palavras: "Portanto, ide...". A conjunção "portanto" implica sempre um antecedente, uma razão para o que segue. Nesse caso, esse antecedente são as palavras do próprio Jesus: "Todo poder me foi dado no céu e na terra. Portanto ide...". Em última instância, a razão pela qual os crentes devem ir a todas as nações não é por termos pena dos que se perdem, ou porque nossa cultura seja superior, ou por termos algo a lhes ensinar. A principal razão é o senhorio universal de Jesus Cristo. Jesus disse que já é o Senhor de toda a terra. Não há lugar onde ele não esteja. Não há lugar para o qual seja necessário que os crentes o leve. O Senhor que era no princípio com Deus, por quem todas as coisas foram feitas, e que é a luz que ilumina todo ser, já está lá. Está atuando nos indivíduos e nas culturas, ainda que não o conheçam, ainda que sua presença seja anônima. Nesse sentido, o que todos crentes fazem, ao dar seu testemunho, é convidar outros a crer, levando-os ao conhecimento do nome de Jesus, de seus ensinamentos e de suas promessa. Mas não levar Jesus.

Se o Senhor Jesus já está ali ao chegarmos, isto quer dizer que, no empreendimento missionário, vamos ao encontro, não só de quem não crê, mas também de Jesus, em quem nós já cremos. Indo a esses lugares, onde ele nos disse que seu senhorio, apesar de desconhecido, é real, conhecemos um pouco mais dele e de seus propósitos. Assim, por exemplo, Pedro aprendeu um pouco mais do Evangelho ao pregá-lo ao pagão Cornélio e a igreja antiga aprendeu um pouco mais ao penetrar a cultura greco-romana.

Tudo isso significa que a história das missões, bem entendida, não é somente a história da *expansão* do cristianismo, mas também a história de suas muitas *conversões* – o que a Igreja já tem aprendido e descoberto em diversos tempos, lugares e civilizações.

Quando o grande historiador das missões KENNETH SCOTT LATOURETTE completou os sete volumes de sua obra magna [em port.: *Uma história do cristianismo*, São Paulo, Ed. Hagnos, vls. 1 e 2, 2007.], podia assinalar que o grande acontecimento do século anterior (XIX) foi que, pela primeira vez, o cristianismo se havia tornado verdadeiramente universal, pois se encontrava presente em todas as regiões do Globo. Hoje, meio século depois, podemos dizer muito mais. A fé cristã não só está presente nos cantos mais distantes da Terra, como também é em vários desses cantos que mostra mais vitalidade e crescimento numérico. Na vida de Latourette, o cristianismo, mesmo que presente por toda parte, continuava sendo a religião do Ocidente, representada, em boa parte do restante do mundo, por pequenos grupos, muitos deles o resultado do empreendimento missionário ocidental, e, todavia, dependentes desse empreendimento. Atualmente, ao mesmo tempo em que a fé cristã parece estar perdendo terreno em seus antigos centros na Europa e na América do Norte cresce rapidamente na Europa e na Ásia. E na América Latina, onde, nos tempos de Latourette, o que havia era principalmente um catolicismo romano estancado e um protestantismo minoritário, hoje existe um catolicismo em vias de renovação e um protestantismo vigoroso que, em vários países, alcança mais da quarta parte da população. Essas mudanças demográficas são uma mostra do movimento da fé cristã, do caráter contextual das comunidades da fé, da vitalidade que a fé descobre na margem ou na fronteira entre os povos, da diversidade de práticas e teologias missionárias e das diversas respostas ao Evangelho. Por isso esperamos que o nosso trabalho ajude a eliminar a visão do cristianismo como religião ocidental e a redescobrir seu caráter mundial, fronteiriço e transcultural. Em outras palavras, a vitalidade da fé cristã nos continentes do sul e do leste, no começo deste século, converte-se em um prisma para reler as teologias e práticas de outrora. Até mesmo, o fato de sermos observadores e participantes do caráter missionário cristão transcultural nos proporciona uma lente particular para descobrir novos agentes, novas teologias e novas práticas missionárias que quebram a concepção do movimento cristão como algo unidirecional, patriarcal, imperialista, capitalista, exclusivo, burocrático e rígido. A questão missionária revela uma dinâmica multidirecional cheia de complexidades e lutas, que refletem e demandam um marco interpretativo coerente e justo. Nesse sentido, nossa história não é de triunfo eclesial, mas de encruzilhadas e complexidades que têm afinidades com a cruz, e de transformação e esperança que deixam ver um lampejo da ressurreição.

Pois bem, se esta História das missões há de servir de ferramenta para reflexão tanto das disciplinas acadêmicas como para a igreja, necessitamos esclarecer critérios, princípios e limitações que guiam este trabalho.

A. A missiologia, a missão

A "Missiologia" é a disciplina que estuda, de forma sistemática e coerente, tudo o que for relacionado à missão de Deus e à da comunidade da fé. É uma disciplina ampla que se desenvolve em diálogo com a Antropologia, a Economia, a História, a História das Religiões, a Teologia Sistemática, e muitas outras disciplinas.

A "missão", por outro lado, é a atividade de Deus no mundo. Deus é o protagonista da missão. Deus age no mundo pela sua graça, para reconciliar o mundo consigo mesmo (2Co 5.19). A igreja, como povo de Deus, surge dessa missão e participa dela. A igreja é o resultado e a co-protagonista da missão de Deus. A igreja nasce, mantém-se e transforma-se pela missão de Deus. Ao mesmo tempo, ela também é sujeito ativo nessa missão. Isso é, a igreja discerne e descobre a atividade de Deus no mundo e dela participa.

O termo "missões" está carregado de muitos significados. Este não é o lugar para descrevê-los e analisá-los, mas é o lugar para esclarecer o uso que fazemos dele neste trabalho. O termo "missões" refere-se à atividade do povo de Deus na comunicação do evangelho. Tradicionalmente, esse termo cria uma imagem de movimento unidirecional: do mundo cristão ao mundo não-cristão. Por essa razão, por muito tempo, as missões associavam-se a uma prática missionária eclesiocêntrica, na qual a igreja era protagonista da missão.

Em nosso trabalho, o conceito de "missões" refere-se ao movimento do cristianismo, ainda dentro de uma área geográfica com a presença cristã. Como veremos nesta História, o cristianismo, em suas muitas variantes, tem maneiras de introduzir-se e reintroduzir-se em uma mesma região geográfica, gerando relações variadas e diversas. Portanto, as missões são as atividades dirigidas a estender a fé cristã, mesmo em lugares onde a fé já existe. As "missões" são o que a igreja tem feito – bem ou mal – na gestão de estender a fé *fora* e dentro das fronteiras onde ela mesmo está arraigada.

Este trabalho é "uma história das missões" e faz parte da disciplina Missiologia Cristã. É um trabalho que acumula informação e reflexão crítica sobre a atividade da igreja. Não é uma história da Missiologia (do desenvolvimento dessa disciplina através dos tempos); não é uma história da missão (uma história da atividade de Deus, como são as Escrituras, e da comunidade da fé no mundo); não é uma história do pensamento sobre a missão (ideias, princípios e debates que têm surgido no processo de discernimento da atividade de Deus e da igreja no mundo). É *uma história da atividade das igrejas em suas gestões de comunicar o evangelho de Jesus Cristo, dentro e fora de suas fronteiras; é uma história da extensão da fé cristã no mundo.*

Não há dúvida, contudo, que esta história das missões, pelo caráter interdisciplinar da Missiologia, nutre-se da história dessa disciplina, da história da missão, da história do pensamento missiológico etc. Por isso, provê pistas, ideias e lentes para refletir e buscar mais informações, e aprofundar em áreas distintas da Missiologia. Por exemplo, no capítulo dois oferecemos alguns modelos que nos ajudam a entender o uso da Bíblia no campo missionário. Esses modelos não esgotam nem pretendem esgotar os assuntos, as complexidades e os desafios que enfrentam a Missiologia e a igreja com relação a esse tema. Não obstante, esse capítulo insere-se no diálogo teológico e missionário para animar, refletir e localizar o tema da Bíblia e da missão em nossos dias.

Outro exemplo da contribuição desta história das missões para a Missiologia está em fornecer uma "cartografia" das teologias da missão em épocas e regiões distintas. As práticas e os métodos missionários, aliados à teologia que se desenvolve *antes, durante e depois* da gestão missionária, revelam que a relação entre a teologia da missão e a prática missionária não é unidirecional. As teologias da missão foram se desenvolvendo conforme a prática missionária enfrentava conflitos, triunfos, derrotas e até expulsão. Esta história ilustra como as práticas e as teologias mudam ao longo dos tempos à medida que as circunstâncias históricas modificam a cultura e a tarefa missionária. Por outro lado, esta história ilustra como práticas e teologias que não deram fruto em um contexto, deram-no em outro. Assim, por exemplo, os postulados que se desenvolveram mas não deram resultados na China tomaram outro rumo e deram resultado em solo coreano.

B. A história da igreja e a história das missões

A história da Igreja e a história das missões não deveriam se separar. A reflexão crítica sobre a vida da igreja, seja na liturgia, seja na teologia ou nas práticas pastorais, não se deve isolar da reflexão crítica sobre a extensão da fé cristã por parte do povo de Deus em lugares aonde a igreja chega pela primeira vez ou onde se insere como agente de renovação. Infelizmente, a própria definição das disciplinas – História da Igreja e História das Missões – mostra uma dicotomia, uma estrutura bipolar que parece negar a unidade entre igreja e missão, insinuando que há certos capítulos na vida da igreja que são parte de sua verdadeira "história" e outros que somente são parte de sua "missão".

Essa concepção bipolar da história da missão da igreja manifesta o caráter eurocêntrico das duas disciplinas conforme elas se têm desenvolvido tradicionalmente. Assim, por exemplo, o conflito dos primeiros cristãos com o Império Romano é estudado na História da Igreja, mas o conflito entre os cristãos e o Império Persa é estudado – se é que se estuda – em outra disciplina. O que ocorreu na Alemanha no séc. XVI é parte da história da igreja, mas o que ocorreu no México ao mesmo tempo não é. O "Grande Despertar" na América do Norte, no final do séc. XVIII – o *Great Awakening* – é parte da história da igreja, mas o avivamento pentecostal no Chile, no princípio do séc. XX, não é. Certamente, é hora de corrigir essas perspectivas, ou pelo menos de começar a tentar.

Esta obra não espera romper a estrutura bipolar das disciplinas históricas. Contudo, desejamos contribuir com uma tarefa histórica que leve em conta a completa relação de interdependência e impacto mútuo que existe entre o centro e a periferia – entre o que tradicionalmente se tem estudado na História da Igreja e o que se inclui nesta História das missões. Isso certamente é tarefa de toda uma geração de historiadores – e de historiadores que representam uma variedade de perspectivas e de contextos. Portanto, oferecemos este livro como remédio *provisório*, como lembrete sobre a imensa tarefa que, todavia, fica por fazer.

Visto que estamos convencidos de que a tarefa histórica necessita integrar a "história da igreja" com a "história das missões", fazendo de ambas uma "história da igreja em missão", em vários casos aludimos a essa relação e a interação complexa que existe entre a atividade missionária na margem e a vida da igreja no centro, de onde se inicia a atividade missionária. Um exemplo que ilustra o interesse em enfrentar tal problema metodológico, essa bipolaridade histórica, encontra-se no capítulo sobre as missões na Idade Antiga. Nesse capítulo, ilustramos como as missões até os "bárbaros" e grupos celtas transformaram as práticas missionárias aceitas, que o centro havia dado por normativas. É importante destacar, não obstante, que a ênfase não está nas condições e nos processos que contribuem para a transformação da política missionária do centro – se esse fosse o caso, este livro seria, pelo contrário, a história do pensamento missiológico – mas sim na atividade, nos protagonistas e nas condições na margem dos territórios cristãos, ou seja, uma história das missões.

Esperamos que chegue o dia em que não seja necessário estudar nem escrever a história das missões separadamente da história da igreja. Além do mais, no último capítulo desta História mostraremos porque cremos que esse dia chegou, e que se alguns não perceberam isso se deve a certa miopia de que os "centros" sempre sofrem. Por enquanto, os currículos e os programas de estudo da maioria das instituições de educação teológica, assim como a formação de boa parte do corpo docente, tendem a estudar a história da igreja "a partir do centro", como se somente o que ocorre no centro tivesse importância. Enquanto não se supera essa postura, será necessário insistir no estudo da história das missões para, pelo menos, recordar-nos constantemente que o "centro" – ou os centros – existe em virtude da periferia, e que boa parte da realidade cristã fica excluída quando somente nos ocupamos do que ocorre neles – centros de recursos econômicos, de estudos teológicos etc.

Um segundo efeito que tem tal bipolaridade histórica é uma *interpretação exponencial do crescimento* da fé cristã. Dá-se por certo que a fé cristã cresce, cresce e cresce, tal como um balão cresce e se expande quando se sopra o ar. Isso pressupõe um movimento unidirecional e homogêneo conforme o "centro" vai ampliando seu território sem mudança alguma.

Esta história do movimento cristão afasta-se de tal visão do crescimento cristão, unindo-se às vozes crescentes e inovadoras de historiadores em todas as partes do mundo, para aliada a elas propor o seguinte: 1) O movimento do cristianismo é *em série*. A fé move-se do centro à periferia, transformando tanto a periferia quanto o centro e criando novos centros que retomam seus movimentos até a periferia (que muito bem pode ser um antigo centro). 2) Esse movimento afeta a tarefa teológica e a vida das comunidades da fé tanto no centro quanto na periferia. 3) A atividade missionária da periferia mostra grande vitalidade por causa de inserções da chamada atividade com culturas não-ocidentais, ricas em diversidade religiosa, étnica e teológica, como também por seu contexto de lutas de classes em prol da justiça de grupos oprimidos, tais como mulheres e crianças. 4) O cristianismo está adquirindo uma configuração mundial, transcultural e contextual que requer novas lentes para observar e novas penas para escrever a história da Igreja.

Se ainda por algum tempo será necessário estudar em separado a história das missões para não esquecer o caráter global da igreja, há uma razão muito prática para revisar e escrever esta História das missões: em nossa opinião, não existe uma história das missões que seja abrangente e geral. Há uma escassez de material que disponibilize, particularmente a estudantes, líderes nas igrejas e instituições missionárias, um panorama geral que sirva para ilustrar o mosaico que compreende a história da transmissão do evangelho. Não pretendemos aqui descrever em detalhes todas as partes do mosaico. No entanto, esperamos que os leitores: 1) Reconheçam a variedade desse mosaico que é a igreja universal e a história de suas origens; 2) Sejam informados e reflitam sobre essa variedade; 3) Aceitem o desafio de ir além do que aqui se diz, ampliando seus horizontes mediante experiências de contatos com outros setores do cristianismo mundial, e 4) Descubram outros ângulos para observar, estudar e desfrutar a gloriosa variedade do povo de Deus, que alcança toda tribo, língua e nação.

C. A teologia pastoral, a história das missões e o povo de Deus

A Teologia Pastoral integra muitas outras disciplinas à tarefa pastoral. A Missiologia, e também a História da Igreja e a História das Missões, em certas ocasiões precisa ser situada no contexto pastoral. Quando falamos de "pastoral", não queremos limitá-la ao ministério ordenado. Antes nos referimos a todo trabalho e reflexão que busque descobrir e integrar conhecimentos e contribuições de diversas disciplinas da vida da comunidade da fé. Com relação a este projeto da história das missões, a teologia pastoral busca encontrar respostas para a pergunta: como a história das missões contribui para a vida da Igreja em sua luta para ser fiel ao evangelho de Jesus Cristo, sendo um sinal do Reino de Deus no mundo? Algumas respostas possíveis a essa pergunta são:

Primeiro, *a história das missões ajuda o povo de Deus a descobrir e aceitar que as "missões" têm estendido a fé cristã além das fronteiras da cristandade e dos centros onde a fé tem raízes desde os tempos antigos*. Nessa história, encontramos crentes – uns com título de "missionário", outros sem ele – cuja fé tem uma urgência e um imperativo por compartilhar sua experiência de Deus. Veremos algo sobre os desafios, as ambiguidades, as lutas, os triunfos, as frustrações e as esperanças que tal vocação engendrou. Seremos testemunhas de muitos triunfos, mas também de muitas derrotas; de muitas visões proféticas, mas também de muitas visões torcidas; de muitos benefícios, mas também – confessemos – de muitos danos.

Segundo, *a história das missões ilustra a diversidade e a riqueza que existem nas "missões"*. Essa história dá evidência de que as missões não foram, não são, nem serão uma atividade homogênea, unidirecional e com apenas um padrão. Pelo contrário, essa história testifica a liberdade soberana do Espírito Santo e a capacidade – ou a incapacidade – de discernimento de milhares de crentes que, estando à margem dos centros da teologia e da ordem eclesiástica, têm tratado de comunicar o evangelho e estabelecer a ordem da igreja cristã onde estes não existiam e onde havia "deficiências" nessa ordem.

Terceiro, *a história das missões lembra-nos de que a atividade missionária, por parte do povo de Deus, nem sempre cumpre com as mais altas exigências e com o entendimento do Evangelho de Cristo*. Como aqui se lerá, não são poucas as ocasiões em que a história das missões é também uma história de atropelo, de genocídio, de abuso de poder e de pecado. Essa dimensão na história das missões pretende, por um lado, relativizar a atitude triunfalista que, em certas ocasiões, tem animado e até constrangido as obras missionárias da igreja, e que lhe tem permitido continuar cometendo muitos erros do passado; por outro lado, pretende alertar a igreja para uma reflexão crítica e cautelosa da nossa atividade missionária.

Em quarto lugar, e no outro extremo, *a história das missões celebra o acervo das gestões missionárias – sem perder uma atitude crítica – até o ponto de recuperar estilos, estratégias e teologias que caracterizaram as missões saudáveis e que podem ajudar a formar uma nova geração de crentes missionários*. Assim como é importante questionar e repudiar as práticas missionárias que põem em perigo a integridade do evangelho, também é importante celebrar as missões que continuam desenvolvendo uma consciência histórica, uma atitude crítica, uma voz profética e uma busca de fidelidade ao evangelho na atividade missionária cotidiana.

Finalmente, *a história das missões ilustra a diversidade do povo de Deus, sua extensão sobre a face da terra e a promessa de que essa fé não ficará circunscrita a algumas culturas ou regiões geográficas, mas que avança por todo o mundo como testemunho vivo da vitalidade da fé do povo de Deus*. As missões são o testemunho da atividade do povo de Deus no mundo com todo tipo de pessoas e em todas as circunstâncias. São testemunho do risco que Deus tem aceitado ao compartilhar com seu povo a tarefa de salvação e reconciliação, nunca esgotando caminhos novos para dar a conhecer o evangelho. São também testemunho da diversidade do povo de Deus e, ao mesmo tempo, da luta por discernir a atividade de Deus no mundo – e de fazê-lo com humildade e confiança em Deus. São testemunho da interdependência da comunidade da fé ao redor do mundo e da dependência da comunidade em Deus, protagonista de toda atividade missionária.

D. A organização
desta história das missões

As páginas que seguem foram organizadas por ordem cronológica e geograficamente. Assim, os capítulos de dois a cinco ocupam-se, cada um, de um período diferente na história da igreja e de sua missão. A Bíblia e as missões durante o período neotestamentário são os temas do segundo capítulo.

O terceiro, quarto e quinto ocupam-se, respectivamente, das missões durante a Idade Antiga, a Idade Média e a Idade Moderna. Visto que a Idade Contemporânea é o grande século da expansão cristã – e, sobretudo, a protestante – serão dedicados a ela quatro capítulos: um introdutório (cap. VI), um sobre as missões na Ásia (cap. VII), outro sobre a África e o mundo muçulmano (cap. VIII e IX) e, finalmente, um sobre a América Latina (cap. X).

Por último, o livro conclui com um capítulo sobre as missões na Era Pós-moderna ou Pós-colonial e o modo pelo qual a nova configuração mundial e as enormes mudanças demográficas na igreja obrigam-na a repensar toda sua história geral, em particular seu próprio entendimento da missão.

Capítulo II
Bíblia, missão e história das missões

Paradoxalmente, a história das missões cristãs, como todo aspecto da história da Igreja, começa precisamente com o que, em certo sentido, é o fim da história, isto é, com o momento em que, com o advento de Jesus Cristo, cumpriram-se os tempos. Esse cumprimento dos tempos é o ponto de partida e a essência da mensagem missionária da Igreja. É, por essa razão, que o testemunho bíblico há de ser não só o ponto de partida de toda a história das missões, mas também uma regra importante pela qual há de se medir todo momento dessa história. Pelo fato de darem testemunho de Jesus Cristo, as Escrituras têm para nós o caráter duplo de primeiro e último capítulo, ponto de partida e juízo final.

Por outro lado, é o testemunho bíblico, especialmente o Novo Testamento, que apresenta o ápice do propósito inicial de Deus na própria criação, e a promessa dada repetidamente aos seres humanos. A fim de pôr o testemunho bíblico em sua perspectiva própria, este capítulo começa discutindo o uso das Escrituras na história das missões (seção A); em segundo lugar, apresenta a importância e a vigência do Antigo Testamento na tarefa missionária (seção B); em terceiro, expõe critérios importantes para a missão que surgem de uma leitura missionária do Novo Testamento (seção C); finalmente, traça brevemente a expansão do cristianismo durante o período neotestamentário (seção D).

A. O uso e a interpretação da Bíblia na história das missões

O propósito desta seção é apresentar, de forma geral, quatro modelos de interpretação bíblica usados no campo missionário. Esses modelos não esgotam nem incluem todas as sutilezas e todos os detalhes da Bíblia na história das missões. Não obstante, fornecem um marco de referência que nos ajuda a compreender o papel da Bíblia nessa história.

1. O primeiro modelo é a interpretação bíblica *a partir do centro*. Esse modelo de interpretação bíblica limita o testemunho bíblico a duas dimensões: primeiro, a Bíblia é o livro que justifica o trabalho missionário; segundo, é um tipo de "receituário" com prescrições fixas a serem seguidas para que se cumpra a missão. A interpretação bíblica a partir do centro pressupõe que a Bíblia pertence, única e exclusivamente, à igreja e, nas comunidades recém-fundadas, particularmente aos missionários.

Um exemplo do modelo a partir do centro é o modo de Mateus 28.16-20, A Grande Comissão, ser interpretado e usado como âncora para estabelecer um método missionário, isto é, "fazer discípulos", "batizar" e "ensinar" sem nenhuma outra consideração teológica ou contextual.

Essa interpretação bíblica tem limitações que afetam a tarefa missionária do povo de Deus. Primeiro, tende a limitar o uso e a interpretação da Bíblia aos missionários e às igrejas que os enviam. Conhece-se de antemão o que a missão é, e logo se buscam referências na Bíblia. A acessibilidade, a autoridade e a interpretação das Escrituras ficam reservadas e limitadas à cultura e à experiência da fé de onde precede a missão. Segundo, a interpretação bíblica pode transformar-se em justificação de um modelo de missão único. Como consequência, confunde-se o testemunho bíblico com o dogma, a vitalidade da interpretação das Escrituras no Espírito de Cristo com prejuízos, prescrições, direções humanas e institucionais. Por último, a interpretação bíblica a partir do centro não considera o contexto da missão. Não existe intercâmbio entre o texto bíblico e o contexto da missão – a cultura, os assuntos políticos, econômicos, sociais etc.

2. O segundo modelo é a interpretação bíblica *a partir da margem*. Se, na interpretação bíblica a partir do centro o contexto da missão fica relegado a segundo plano, na interpretação bíblica a partir da margem ele ocupa um lugar proeminente. O pessoal missionário descreve e analisa as condições culturais, econômicas, políticas e sociais, dando prioridade, na maioria dos casos, a situações de opressão, pobreza e marginalidade. Logo, buscam-se nas Escrituras exemplos que *a*) sejam análogos às situações descritas e analisadas e que *b*) justifiquem ações e projetos que aliviem certas condições. O propósito principal desse modelo de interpretação bíblica é permitir que *as situações fora do texto da Bíblia selecionem os textos bíblicos*.

O uso desse modelo é comum na redação de documentos oficiais por parte de corpos denominacionais. Normalmente, esses documentos oficiais começam com a descrição do contexto onde se leva a cabo a missão. Assim, mediante uso de textos bíblicos, estabelece-se a ligação teológica entre o contexto e a missão, justificando-se a prática missionária em um contexto particular.

Esse modelo de interpretação bíblica foca seus esforços na análise do contexto e de sua relação com o texto bíblico. Ainda que supere uma das limitações do modelo anterior, não deixa de ter sérios defeitos.

Primeiro, frequentemente a incorporação do contexto na interpretação bíblica é superficial, já que carece do uso das ciências sociais para propor uma análise detalhada. Consequentemente, não existe diálogo entre o texto bíblico e o contexto. O que existe é uma correlação entre o contexto e algum texto bíblico.

Segundo, a análise do contexto é usada como critério absoluto para esquadrinhar e selecionar o texto bíblico para a missão. Esse critério de interpretação deixa o texto bíblico em silêncio, já que não permite outra interpretação nem o texto nem do contexto. É uma rua de mão única. O texto bíblico só serve, nesse caso, para iluminar o contexto e justificar uma ação, uma gestão missionária.

Terceiro, normalmente a análise do contexto é uma tarefa realizada por pessoas que 1) não são parte do contexto ou, no melhor dos casos, 2) são agentes de missão solidários com o povo marginalizado. A participação de pessoas que experimentam a marginalidade em seu dia a dia é mínima. Realmente, o povo é usado como exemplo para justificar o uso do texto bíblico. O povo, mesmo que tenha participação passiva na gestão da interpretação bíblica e na reflexão missionária, continua sendo objeto de uma missão que é definida por uma interpretação alheia a sua própria marginalidade.

3. O terceiro modelo de interpretação bíblica, *o círculo hermenêutico* (ou círculo de interpretação), é característico da teologia contemporânea, particularmente da teologia latino-americana da libertação. Proposto pelo teólogo latino-americano Juan Luis Segundo, o círculo hermenêutico supera algumas das limitações dos modelos acima mencionados. Por exemplo, o círculo hermenêutico leva muito a sério o contexto, mas esse não é o único critério que determina a interpretação do texto bíblico. O estudo do contexto está ligado à interpretação do texto, que, por sua vez, está ligada à ação pela libertação; tudo dentro da vida do povo, protagonista na interpretação do texto.

Basicamente, o círculo hermenêutico tem cinco fases. A primeira é a análise da realidade. Usando as ciências sociais interpretam-se e se formulam causas para explicar a situação de opressão que o povo vive. Há uma "suspeita ideológica" que indica que a situação de pobreza e opressão não é a vontade de Deus. Na segunda fase, a Bíblia é lida em relação a essa análise da realidade. Faz-se uma leitura política do texto bíblico. O texto bíblico e a realidade são interpelados mutuamente em um diálogo do qual surge um imperativo, uma prática libertadora, transformadora. Essa *práxis* libertadora é a terceira fase e é a gestão missionária que a comunidade porá em prática. A quarta fase é a experiência de transformação que nasce e se desenvolve da *práxis* libertadora. A ação missionária e libertadora gera uma nova realidade. Finalmente, essa nova realidade necessita ser avaliada e estudada; o círculo hermenêutico fecha-se ao começar de novo, e as Escrituras ocupam seu lugar de contínua conversação com o contexto e a *práxis* libertadora.

Uma das contribuições mais importantes desse modelo no campo da Missiologia é a consciência do acompanhamento de Deus. A missão e a reflexão bíblica sobre ela recebem uma natureza dinâmica que exige discernimento e crescimento na fé. Os dois primeiros modelos limitam a ação de Deus ao passado. O círculo hermenêutico quebra esse entendimento estático da graça de Deus, manifestando a contínua e renovadora presença de Deus em sua criação. O Deus missionário convida-nos a acompanhá-lo em sua missão, a discernir sua gestão salvadora no mundo.

Outra contribuição importante do círculo hermenêutico é a participação ativa na reflexão e ação missionária do povo que experimenta a opressão e a marginalização. O povo participa com Deus na ação libertadora e reconciliadora; o povo é o sujeito, na reflexão, na ação e na tarefa de Deus no mundo.

Contudo, esse modelo de interpretação bíblica tem também às suas limitações. Principalmente, o círculo hermenêutico reduz a interpretação bíblica, no contexto de sua missão, às situações sociopolíticas ou de luta de classes. Essa redução, em muitas ocasiões, não permite a inclusão de temas e realidades que, além do conteúdo político, têm conteúdo cultural, religioso, familiar e de outra índole. Qualquer redução no modo em que entendemos a presença, a missão e o acompanhamento de Deus limita nossa visão do encontro de Deus com os seres humanos nos respectivos contextos.

4. O quarto modelo de interpretação bíblica surge do diálogo teológico e bíblico entre biblistas e missiólogos. Esse modelo reflete uma etapa de maturidade, já que os biblistas levam a sério o testemunho bíblico em relação à missão e os missiólogos superam as limitações dos modelos anteriores, descobrindo nas Escrituras, com a ajuda dos biblistas, grande riqueza missiológica. As duas disciplinas mostram interesse no campo bíblico, identificando critérios e perguntas que iluminam, e perspectivas para o desenvolvimento de uma teologia bíblica da missão.

Esse modelo guia o leitor bíblico a encontrar em todas as Escrituras eixos temáticos em relação à missão de Deus. Portanto, supera-se a seleção de textos, a dependência exclusiva do contexto e a redução de temas missionários a categorias sociológicas. Consequentemente, descobre-se a amplitude e a densidade da missão de Deus em todo o testemunho bíblico. Sem descartar o contexto e as categorias sociológicas, o texto bíblico começa, como indica o missiólogo católico Robert Schreiter, com uma conversa em torno das seguintes perguntas: *a)* Por que a missão? *b)* Como é a missão? *c)* O que é a missão?

a) A primeira pergunta explora o caráter missionário de Deus. Schreiter chama atenção para a reflexão bíblica "a Bíblia para a missão". Em outras palavras, a igreja busca no testemunho bíblico a natureza missionária de Deus, o chamado para a missão, o caráter do mandato divino e a origem da relação entre o Deus da missão e o povo missionário. A igreja examina e estuda o espírito do conhecido texto: "Como o Pai me enviou, assim também eu vos envio" (Jo 20.21).

b) A segunda pergunta explora o "como" da missão. Centrando, todavia, sua ação sobre o texto, serve de ponte entre o porquê da missão e a gestão missionária. Depois de estudar em João 20.21 a natureza do "enviar", a pergunta "como é a missão" encontra uma contestação importante, por exemplo, em Filipenses 2.5-8:

Tende também em vós o mesmo sentimento que houve também em Cristo Jesus, pois ele, subsistindo em forma de Deus, não usou com usurpação o ser igual a Deus, antes a si mesmo se esvaziou, assumindo a forma de servo, tornando-se em semelhança de homens, e, reconhecido em figura humana, a si mesmo se humilhou, tornando-se obediente até a morte, e morte de cruz.

O "como" da missão da igreja deve refletir o "como" da missão do Deus trino.

c) A terceira pergunta, "o que é missão?", avalia o conteúdo de nossa gestão missionária. Continuando com os textos de João e Filipenses, perguntamos agora: Que conteúdos e que *práxis* testificam que Jesus, dando a conhecer a Deus, "a si mesmo se esvaziou"; que "assumiu a forma de servo"; que "a si mesmo se humilhou, tornando-se obediente até a morte"? Essa terceira pergunta sublinha o caráter histórico da missão de Deus, a contextualização dessa missão pelo povo de Deus e a importância do Espírito Santo no discernimento da missão.

Essas três perguntas não estão isoladas. Não é contestar uma e passar para a outra. Pelo contrário. Essas três perguntas entrelaçam-se em uma reflexão bíblica que permite criatividade à luz das diversas circunstâncias e realidades de cada comunidade em missão. É uma gestão espiritual de descobrir Deus na missão e de discernir a tarefa da igreja para testemunhar sobre o Deus da missão, com responsabilidade e na liberdade do Espírito.

A interpretação bíblica missionária está em desenvolvimento. Enfrenta grandes desafios na medida em que as comunidades de fé enfrentam, por exemplo, a dinâmica missionária transcultural; a presença e a vitalidade de outras religiões; a distância crescente entre ricos e pobres; que passa a ter os continentes do sul como força espiritual, enquanto a fé no contexto ibero-americano está em crise; a violência entre grupos étnicos, contra a mulher e contra a criança; e a crise ambiental e ecológica. A comunidade de fé missionária necessita superar aqueles modelos de interpretação bíblica que limitam a interpretação a propostas inflexíveis e arcaicas que não podem lidar com os desafios do séc. XXI.

Por outro lado, nenhum modelo de interpretação esgota a riqueza da interpretação bíblica e a complexidade da realidade. Daí a necessidade de manter o modelo de interpretação bíblica missionária aberto ao sopro do Espírito; daí a contribuição dos questionamenos missionários e a importância de saber "ler" as Escrituras de forma missionária, levando em consideração que a missão é, primordialmente, a atividade de Deus em toda a criação.

B. O Antigo Testamento e a missão da Igreja

O conceito de "missões", tal como o encontramos no Novo Testamento, não aparece no Antigo. Mas isso não quer dizer que não haja no Antigo Testamento um conceito universal de Iahweh e um sentido da missão de Israel. Esse conceito informou e formou a compreensão da missão da igreja no Novo Testamento e continua até hoje.

1. A universalidade do Antigo Testamento

Com frequência, comete-se o erro de interpretar o Antigo Testamento em termos exclusivistas, como se se tratasse simplesmente da história de um povo que foi o favorito ou preferido de Deus. Quando se interpreta o Antigo Testamento desse modo, não há lugar algum para ver nele o ponto de partida do conceito missionário do Novo Testamento.

Contudo, o Antigo Testamento é muito mais universal em sua visão do que em geral se pensa. O livro de Gênesis, cujo ponto culminante se encontra na eleição de Abraão e de sua semente, começa por um longo prólogo ou introdução de onze capítulos, nos quais se sublinha o senhorio universal do Criador sobre toda a criação e todos os seres humanos. A história de Israel, que começa no capítulo doze de Gênesis, deve ser entendida dentro do contexto geral da história da humanidade, e especialmente dos propósitos de Deus para essa humanidade, que se encontra nos primeiros onze capítulos do mesmo livro.

A própria eleição de Abraão, que aparece no princípio do capítulo doze de Gênesis, sublinha o propósito universal da eleição divina: "em ti serão benditas todas as famílias da terra" (Gn 12.3).

Tudo isso quer dizer que, ainda que Israel seja o povo eleito de Deus, tal eleição não é uma marca de favoritismo, mas é antes um sinal de obrigação, o resultado de um povo que vive no pacto ou na aliança com Deus.

Por outro lado, essa responsabilidade de Israel implica anunciar sua eleição em meio aos povos que têm outras religiões e, portanto, outras histórias de salvação. A eleição de Israel e o encontro da fé com esses povos resultaram em um novo entendimento de como viver e expressar a eleição do Senhor. Em um extremo, houve fortes confrontações como a de Elias e os profetas de Baal; em outro, houve interpretações interessantes da ação de Deus, tal como a de Isaías quando anuncia um libertador na pessoa do rei persa Ciro (Is 44.28-45.1-7).

Em todo caso, Israel tem um chamado de Deus para ser um povo de bênção para todas as nações da terra. A forma de expressar e pôr em prática a fé em Iahweh e sua eleição é múltipla e enriquecedora. Sem dúvida, pela diversidade da experiência não são poucas as ocasiões em que Deus intervém para esclarecer a Israel sua eleição. Deus usa as situações particulares do povo para comunicar sua vontade. Ao mesmo tempo, o povo de Israel enfrenta o desafio de discernir a vontade de Deus. É nessa dinâmica contínua em que o povo percebe o significado de sua eleição e, portanto, de sua missão.

2. A missão universal de Israel

a) A força centrípeta da missão de Israel

No Antigo Testamento, a missão de Israel entende-se de uma maneira "centrípeta", não "centrífuga". Não se trata de Israel ir por todas as nações do mundo, pregando a mensagem da salvação, mas que todas as nações do mundo encontrem em Israel sua salvação. Portanto, a missão de Israel é testemunhar e anunciar a salvação de Deus sobre toda a criação. O salmo 2 confirma o caráter "centrípeto" da missão de Israel:

> Agora, pois, ó reis, sede prudentes; deixai-vos advertir, juízes da terra. Servi ao Senhor com temor e alegrai-vos nele com tremor. Beijai o Filho para que se não irrite, e não pereçais no caminho; porque dentro em pouco se lhe inflamará a ira. Bem-aventurados todos os que nele se refugiam (Sl 2.10-12).

b) Da exclusividade à inclusão: o exemplo de Jonas

O caráter missionário do livro de Jonas é muito conhecido e polêmico. Não são poucas as ocasiões que perdemos a mensagem central do livro por nos concentrarmos em discussões estéreis sobre a autenticidade do documento. Contudo, o livro de Jonas é um dos textos mais eloquentes com relação à missão de Israel e da igreja.

Uma leitura cuidadosa do livro proverá a reflexão fundamental sobre o que foi dito anteriormente: o propósito de Deus e a missão universal de Israel. Primeiramente, o propósito não é chamar Israel para sair ao mundo e pregar o senhorio de Iahweh, é antes um chamado para o próprio Israel reconhecer que esse senhorio é universal. O reconhecimento do senhorio de Iahweh, além das limitações geográficas e étnicas de Israel, obriga o povo de Deus a abrir suas fronteiras e reconhecer a graça de Deus na vida dos povos que aceitam o convite ao arrependimento. Segundo, essa abertura por parte de Israel, personificada na tarefa de Jonas, indica como a missão transforma a fé e o pensamento sobre a vontade de Deus. O conflito fundamental de Jonas era aceitar o alcance da misericórdia de Deus. Fazer missão em Nínive implicava confiar exclusivamente em Deus, não nos preconceitos que deturpavam o conceito da eleição em Israel. Em outras palavras, fazer missão em Nínive requeria de Israel modificar seu sentido de eleição, reconhecendo seu lugar especial e sua responsabilidade na história da salvação (uma gestão de compaixão), mas sem confundi-lo com a exclusividade e o privilégio.

c) *"Recorda-te que foste escravo na terra do Egito, por isso eu te mando que faças isto..."*

A fé de Israel está centrada na experiência de libertação do Egito. Todo o Pentateuco faz referência contínua à experiência de escravidão no Egito e de libertação como critério ético e missionário da vida do povo. A lembrança da libertação do julgo da escravidão do Egito é o anúncio do Reino de justiça e paz de Deus.

A justiça e a paz são temas de importância na história de Israel e em sua missão. Os profetas recordavam, tanto ao povo quanto aos líderes, a centralidade do *shalom* de Deus, da paz e da justiça de Deus. O profeta Miqueias é eloquente em anunciar o que Deus espera de seu povo:

> Ele te declarou, ó homem, o que é bom e o que é o que o Senhor pede de ti: que pratiques a justiça, e ames a misericórdia, e andes humildemente com teu Deus (6.8).

A missão de Israel, como a missão da igreja, está ligada ao Deus de justiça e paz para os povos. O caráter da missão de Deus até seu povo Israel no Egito, a outorgação da vida ante a morte da escravidão, é um critério teológico e missionário que anuncia quem é Deus, qual é sua missão e como a igreja deve viver diante da injustiça.

d) O caráter escatológico da missão

Certos textos no Antigo Testamento, sobretudo na segunda parte de Isaías, têm um caráter claramente missionário, ou seja, referem-se à salvação das nações. O mais correto, porém, parece ser interpretar esses textos em um sentido escatológico.

Esses textos apontam para o dia em que a salvação alcançará todos os cantos da Terra. Dentro do contexto do Antigo Testamento, não há lugar para o conceito de uma "evangelização" do mundo que há de acontecer pelos esforços de Israel; mas a "evangelização", na qual o povo eleito há de ser usado como instrumento de Deus, é de caráter escatológico, dos últimos tempos, e ocorre somente por decisão soberana do Altíssimo.

No Antigo Testamento, a missão, ou missões, não é uma obrigação imposta a Israel ao longo de toda a sua história como parte da tarefa de ser povo escolhido, mas é um sinal dos tempos escatológicos.

C. O Novo Testamento e os critérios teológicos para a missão

O Novo Testamento proporciona critérios abundantes para a missão da igreja. Todos os livros do Novo Testamento oferecem eixos temáticos para a missão. Além disso, quando refletimos sobre a matéria, percebemos que praticamente todo o Novo Testamento foi escrito em um contexto missionário, e em boa medida para responder às questões e aos dilemas que esse contexto apresentava. Assim, por exemplo, nas epístolas paulinas o tema da inclusão dos gentios, bem como sua relação com o antigo Israel, é central. Outros temas missionários aparecem também nos Evangelhos, em Atos etc.

O que determina se os textos têm um matiz missionário não é a leitura literal ou a interpretação tradicional da passagem, mas a perspectiva missionária e de interpretação com que se lê o texto. Portanto, a passagem da mulher estrangeira de Mateus 15.21-28 e Marcos 7.24-30 transforma-se em um "paradigma missionário" com variantes distintas: o encontro de Jesus (homem) com uma mulher (paradigma de gênero); o encontro de Jesus com uma pessoa que não pertence a fé judaica (paradigma inter-religioso); o encontro de Jesus com uma estrangeira (paradigma intercultural), e outros.

Nesta seção, interessa-nos apresentar três critérios missionários que surgem do Novo Testamento e que servem de eixo temático para a reflexão sobre as missões da igreja e da Bíblia. De nenhuma maneira esses critérios esgotam a contribuição do Novo Testamento, mas apresentam grandes desafios missionários para a Igreja de Jesus Cristo no novo milênio.

1. Jesus e seu ministério

Qualquer reflexão missionária sobre o Novo Testamento deve levar muito a sério o ministério de Jesus tal como é apresentado nos Evangelhos. A morte e a ressurreição de Jesus estão ligadas: ao ministério do Mestre; à suas relações com homens, mulheres e crianças; às autoridades judaicas e romanas; aos pecadores de seu tempo; às instituições de sua sociedade; às pessoas de outras culturas; aos seus discípulos, e ao seu Pai.

Na história do cristianismo, o evento de Jesus frequentemente tem sido reduzido à cruz e aos benefícios de salvação que vêm de sua morte. Essa perspectiva precisa ser enriquecida com a vida e ministério do Mestre, estendendo ao povo cristão não só a salvação, mas também o significado de viver essa salvação na história.

2. A Igreja: comunidade da missão no Espírito

É o Espírito Santo que capacita a igreja para a missão e para o discipulado. Por outro lado, é o Espírito Santo quem empurra e surpreende a igreja na missão e no discipulado tal como sucedeu a Pedro em seu encontro com Cornélio (At 10). É também o Espírito de Cristo quem efetua na comunidade dos crentes a reconciliação de Cristo, rompendo barreiras culturais, étnicas, econômicas e religiosas. É o Espírito Santo quem "faz missão" antes mesmo de nossa palavra e ação, preparando os corações e as mentes para a mensagem de Cristo.

A obra do Espírito, tanto na igreja como fora dela, exige séria e profunda reflexão. O mistério da presença do Espírito nas duas esferas representa uma ponte na qual a comunidade de fé tem a responsabilidade de discernir sua missão e discipulado, seu testemunho ao mundo e vida de comunidade. Ser comunidade de missão no Espírito permite à igreja, por sua vez, ser sinal e agente da missão.

3. A opção pela vida

O testemunho do Novo Testamento aponta para a vida. O ministério de Jesus não termina com sua morte. Seu ministério e a fidelidade ao Pai dão a Jesus o poder sobre a morte, a ressurreição. De fato, a atividade missionária por parte dos discípulos surge após a ressurreição do Mestre. A ressurreição, a vida, marca o começo da missão da Igreja e a nova era que termina com a vinda do Reino.

Entre essa nova era e o fim da história, Deus age em favor da vida. "Eu vim para que tenham vida e a tenham em abundância" (Jo 10.10). A missão da igreja é anunciar as boas-novas, não só da vida após a morte, mas da vida contra a morte que ameaça a tantos neste mundo. O testemunho bíblico, tanto no Antigo como no Novo Testamento, anuncia que o Deus da missão é o Deus que outorga a vida.

D. A expansão do cristianismo durante o período neotestamentário

Como se pode supor, é sumamente reduzido o número de documentos que têm chegado até nós referentes às origens da primeira expansão do cristianismo. A maioria desses documentos trata da vida e da obra missionária do apóstolo Paulo, o que nos faz pensar que ele foi o principal entre os primeiros missionários cristãos. Contudo, convém recordar que não há garantia alguma disso, bem como não há dúvida alguma de que, ao mesmo tempo em que o apóstolo Paulo realizava suas viagens missionárias, havia muitos outros cristãos que levavam a nova fé de um lugar a outro.

O livro de Atos fala sobre a origem da igreja cristã em Jerusalém, como também faz referência à existência de cristãos na Galileia, em Samaria e em Damasco. O próprio livro de Atos afirma que Filipe batizou um eunuco da Etiópia, mas não sabemos se esse eunuco regressou a seu país de origem, tampouco se o próprio Filipe serviu de instrumento para outras conversões semelhantes.

É sobre a igreja antioquena e seus trabalhos missionários que temos dados mais exatos. A origem da igreja antioquena, da mesma forma que a das outras principais igrejas cristãs, desapareceu na penumbra da história. Atos afirma que os discípulos foram dispersos por causa da perseguição que surgiu com a morte de Estêvão, levando, assim, o evangelho a Chipre e a Antioquia (At 11.19), ainda que se afirme também que foram cipriotas e cirineus que levaram o evangelho aos gentios na grande cidade à margem do Orontes (At 11.20). Em todo caso, a igreja de Jerusalém recebeu a notícia da comunidade nascente de Antioquia e enviou Barnabé para que trabalhasse nela. Foi em Antioquia que os cristãos, pela primeira vez, receberam esse nome, e foi também a igreja de Antioquia que enviou, em suas viagens missionárias, Paulo e seus acompanhantes (e aqui é necessário assinalar que o chamamento missionário de Paulo e Barnabé não chegou a eles diretamente, mas pelo Espírito e por meio da igreja).

As viagens do apóstolo Paulo são conhecidas por todos, e não há razão alguma para oferecer aqui um resumo delas. Basta dizer que o apóstolo Paulo levou o evangelho a Chipre, a várias cidades da Ásia Menor, a Macedônia, às principais cidades da Grécia, a Roma e talvez até a Espanha.

Sobre seus métodos, o mais notável é que, ainda que Paulo se considerasse apóstolo dos gentios, geralmente se aproximava primeiro da sinagoga de cada cidade e ali ensinava e pregava o evangelho. Em alguns casos, como no de Atenas, tratava de encontrar pontos de contato entre sua mensagem e a cultura do lugar. Sempre se ocupava da edificação posterior das igrejas que havia fundado e, muito especialmente, de sanar as divisões que nelas apareciam. Sua tendência de viajar rapidamente de um lugar a outro, deixando pequenos núcleos de discípulos em cada cidade, não se devia tanto a uma suposta estratégia missionária, segundo a qual esses discípulos logo levariam o evangelho para as comarcas mais distantes da região, devia-se antes ao conceito que Paulo tinha de sua missão, e que o levava a não pensar tanto em termos individuais, mas de nação. Uma vez que o evangelho havia sido semeado em uma nação, sua tarefa era a de continuar até outro lugar.

Sabemos que Paulo não foi o único missionário cristão dos tempos neotestamentários, porque o livro de Atos e as epístolas paulinas mencionam diversos episódios nos quais aparecem outros missionários. Barnabé e Marcos foram à ilha de Chipre. A Primeira Epístola de Paulo aos Coríntios fala sobre o judeu alexandrino, Apolo, que trabalhava em Corinto.

Além disso, antes que Paulo chegasse a Roma, já existia uma igreja cristã nessa cidade. Ainda mais, no pequeno porto italiano de Putéoli já havia cristãos que compareceram para receber Paulo quando este chegara do caminho de Roma. Tudo isso nos lembra que o apóstolo é somente um – mesmo que talvez o mais importante – dos muitos cristãos que, durante o séc. I, contribuíram para fazer chegar sua fé a diferentes regiões do mundo.

Por último, devemos mencionar que existem lendas segundo as quais os apóstolos se dedicaram a pregar o Evangelho por diferentes regiões da Terra. A maior parte dessas lendas parece completamente fantástica, e, ainda nos casos em que se poderia supor sua veracidade, não existem provas fidedignas que nos levem a afirmá-la.

Somente no caso do apóstolo Pedro podemos dizer que existem razões para crer na veracidade da visita a Roma que a tradição lhe atribui. De fato, essa tradição é tão antiga que já aparece refletida no Novo Testamento, e a maior parte dos antigos escritores eclesiásticos a difunde. Como parte da mesma tradição, o martírio de Pedro em Roma deve ser dado por certo. Isso não quer dizer, contudo, que Pedro tenha fundado a igreja de Roma, pois a Epístola de Paulo aos Romanos parece supor que havia em Roma uma igreja cristã ainda antes da visita de Pedro e Paulo.

Em todo caso, o fato é que no final do séc. I havia cristãos em todas as principais regiões do nordeste do Mediterrâneo, e que essa expansão se havia concretizado sem um plano ou uma estratégia missionária prefixada. Além disso, era claro que essa tarefa missionária era transcultural, não identificando o evangelho com um só grupo étnico ou com uma raça em particular. Assim, a igreja cruzava as fronteiras culturais e lançava raízes em diversos contextos e de diversas formas.

Capítulo III
As missões na Idade Antiga

A. Desde o fim do período neotestamentário até a conversão de Constantino

Se é bem pouco o que sabemos sobre a expansão missionária do cristianismo durante o período apostólico, é muito menos o que sabemos sobre ela no período que vem logo depois. Isso era de esperar, pois esse é precisamente o período das grandes perseguições, e a uma igreja perseguida se torna difícil transmitir e conservar a história de suas origens. Além disso, boa parte da expansão do cristianismo ocorreu durante esse período não só por meio da obra de missionários dedicados exclusivamente à tarefa de evangelização, mas, sobretudo, por meio do testemunho de comerciantes, soldados e escravos que viajavam. O cristianismo entrava em uma nova província de maneira humilde e obscura, e, quando a Igreja, nessa província, alcançava maturidade suficiente para produzir literatura ou algum outro monumento que pudesse ficar para a posteridade, suas origens já haviam sido esquecidas. Além disso, a investigação da origem do cristianismo é frequentemente dificultada em razão do modo com que as gerações posteriores – seguindo a tendência da época que fazia dos apóstolos personagens ideais – buscavam atribuir as origens do cristianismo em sua cidade a algum varão apostólico que servisse de gênese a mais de uma tradição lendária, o que tornou difícil separar a verdade da história.

Por outro lado, com base nos documentos existentes e em outros indícios arqueológicos, é possível descobrir dimensões sociológicas que nos ajudam a interpretar o crescimento do cristianismo durante essa época. Assim, por exemplo, os dados existentes levam a duas afirmações significativas: a primeira é que a maioria dos convertidos ao cristianismo vinha das doutrinas religiosas mais aceitas na sociedade da época (quer dizer, a que recebe hoje o nome genérico de "paganismo"), não de seitas ou movimentos marginais. A segunda afirmação é que muitas das conversões aconteciam por meio dos contatos familiares e íntimos dos crentes. Essas duas afirmações devem manter-se em tensão dialética: por um lado, o cristianismo era atraente precisamente porque assinalava um caminho, uma fé e um estilo de vida diferentes do que era comum para a sociedade. Por outro, essa fé dava vazão pelos contatos diretos dos cristãos com a sociedade. De modo otimista, então, o maior crescimento acontece quando a igreja, ao mesmo tempo em que mostra o contraste entre ela e o restante da sociedade, mantém o contato humano com a sociedade que a cerca.

Além disso, para entender a expansão do cristianismo no Império Romano, é bom recordar as características desse Império e da vida nele. Nesse sentido, o que devemos recordar, primeiro, é que a civilização greco-romana era essencialmente urbana. Naturalmente, a vida rural continuava, pois, sem os produtos do campo, é impossível subsistir. Mas tanto os gregos quanto os romanos pensavam que a mais importante invenção humana era a *"polis"* "cidade" – de fato, a palavra "civilização" originalmente queria dizer "cidadificação". Tanto Alexandre em suas conquistas como mais tarde os romanos nas suas propuseram-se a "cidadificar" o mundo. Por isso a maioria dos recursos econômicos e humanos concentrava-se nas cidades. Os caminhos, mais do que formas de abrir o interior, eram vias de comunicação entre as cidades. Por esse motivo, não nos surpreende que o cristianismo, forjado nesse ambiente, fosse por longo tempo uma religião principalmente urbana.

O Império Romano, que via a si mesmo como um conglomerado de cidades, subsistia na base pelo comércio e pela relação entre as cidades. Foi por isso que Roma construiu seus famosos caminhos. Por eles, e, sobretudo, pelas vias marítimas e fluviais, transitavam mercadores, artesãos em busca de emprego, estudantes em busca de sabedoria, peregrinos inspirados pela sua religião e muitas outras pessoas. Foi, principalmente por meio desse tráfego, que o cristianismo se estendeu de um lugar a outro.

No aspecto religioso, o Império Romano fundamentava-se em uma amálgama das religiões dos povos conquistados. Sempre que era possível, estabeleciam-se vínculos e supostas identidades entre os diversos deuses. Assim, por exemplo, chegou-se a dizer que o Netuno dos romanos era o Poseidon dos gregos, e que a Ártemis grega não era outra senão a famosa e antiquíssima deusa dos efésios, bem como a Diana dos romanos. A isso se acrescentavam antigos "mistérios" – religiões cujos adeptos celebravam ritos secretos mediante os quais se uniam a seus deuses – além de toda uma plêiade de doutrinas que recebe o nome comum de "gnosticismo", a qual oferecia a salvação a quem tivesse certo conhecimento (*gnosis*) secreto. Como laço de união de tudo isso, fomentava-se e, em algumas ocasiões, requeríase o culto ao Imperador, como sinal de lealdade a um Império tão diverso.

1. Expansão geográfica do cristianismo

Ainda que as razões expostas acima tornem impossível uma narração detalhada dos nomes e métodos dos missionários que levaram o cristianismo a cada região, é possível ter uma ideia aproximada da extensão geográfica que o cristianismo alcançou nos anos que vão do final da era apostólica à conversão de Constantino. Essa extensão é tão surpreendente, que parece duplamente infeliz precisar de dados exatos sobre como a chegada da nova fé a cada região do Império.

Ao terminar o período neotestamentário, a igreja cristã estendia-se além da Palestina e Síria até a Ásia Maior, Grécia e Roma. Para além da capital imperial, não há dados suficientes, pois, ainda que haja notícias de uma viagem de Paulo a Espanha, nada se sabe sobre seus resultados, e é possível que tal viagem nunca tenha sido realizada. Contudo, no final do séc. II – e sobretudo em meados do III – aparecem na história repetidas provas de que a nova fé se havia estendido por todo o Mediterrâneo e que alcançava adeptos principalmente nas grandes cidades, onde logo surgiram comunidades cristãs relevantes.

a) O Egito

No Egito e, sobretudo, na cidade de Alexandria, logo apareceu uma igreja próspera que alguns dizem ter sido fundada por São Marcos, mesmo que esse dado necessite de confirmação histórica. Em todo caso, em meados do séc. II a comunidade cristã dessa cidade já contava com pensadores da importância de Panteno e, pouco depois, de Clemente e Orígenes. Além disso – e isso é sinal da força do cristianismo – foi na Alexandria que o gnosticismo fez alguns de seus mais sérios esforços para assimilar em seu meio o cristianismo.

b) O norte da África

Na parte ocidental do norte da África – que os romanos chamavam África – e sobretudo na cidade de Cartago, aparece também o cristianismo no fim do séc. II. Quando esse cristianismo cartaginense surge, já tem tal maturidade, que se torna necessário supor que havia sido fundado várias décadas antes. É em Cartago, não em Roma, que nasce a primeira literatura cristã na língua latina – com Tertuliano –

sendo essa região também, com Tertuliano e Cipriano, o centro do pensamento teológico ocidental durante todo o período que nos ocupa – e anos depois com Agostinho. Como o cristianismo chegou ao norte da África? Quem o levou? De onde veio? Não o sabemos. Tradicionalmente, tem-se pensado que foi de Roma que o cristianismo foi levado para Cartago. Contudo, um estudo mais detalhado parece indicar que foi do Oriente – talvez da Frígia. Ao que tudo indica, mais tarde as circunstâncias políticas e culturais levaram a igreja africana a estabelecer relações mais estreitas com Roma, esquecendo seus antigos laços com o mundo grego.

c) Espanha

As origens do cristianismo na Espanha, assim como a história da igreja espanhola nos primeiros séculos, são para nós totalmente desconhecidas. Além da possibilidade de que Paulo tenha visitado a península Ibérica, existem lendas que afirmam que o apóstolo Tiago trabalhou nas terras da Espanha e que Pedro enviou sete bispos para a mesma região. O fato é que a igreja espanhola, se bem parece ter sido fundada pelo menos ao final do séc. II, não produziu durante todo esse período nenhum monumento – literário, artístico ou de outra natureza – que nos permita afirmar que tenha existido na península Ibérica, e antes da segunda metade do séc. III, um cristianismo pujante. Contudo, o sínodo de Elvira, por volta do ano 300, mostra que o cristianismo se havia estendido tão ao norte como Astúrias e tão ao leste como Zaragoza, ainda que sua força maior pareça se haver concentrado no que hoje é Andaluzia.

d) As Gálias

Desde a segunda metade do séc. II – e talvez antes – o cristianismo penetrou as Gálias. No ano 177, desencadeou-se uma perseguição nas cidades de Lyon e Viena, provando que, já naquela época, existiam ali comunidades cristãs. Pouco depois, o bispo Irineu de Lyon, talvez o maior teólogo desse período, é testemunha da força do cristianismo nessa região não só numérica, mas também intelectualmente. Parece que o cristianismo chegou a essa região trazido por imigrantes cristãos procedentes da Ásia Menor, ou pelo menos do Oriente, e que durante algum tempo sua força maior esteve entre os habitantes de língua grega. Contudo, o próprio Irineu dá a entender que os cristãos de Lyon – ou pelo menos ele próprio – ocupavam-se também de evangelizar os habitantes de origem celta. Em um de seus principais livros, escrito em grego, ele se desculpa de não escrever nessa língua com toda elegância, pois passa boa parte de seu tempo evangelizando os celtas. Quando, no ano de 314, reuniu-se um sínodo em Arlés, ao sul da França, compareceram a ele bispos não só de toda Gália, mas também das ilhas britânicas.

Logo, antes de começar o séc. IV, o cristianismo já havia rodeado a bacia do Mediterrâneo e estava representado em todas as regiões principais do Império.

e) Os territórios onde os apóstolos haviam trabalhado

Além disso, nas áreas em que os apóstolos e seus contemporâneos já haviam levado o cristianismo, a igreja continuou seu trabalho missionário, dirigindo-se, sobretudo, às cidades e aos povos de menor importância aos quais o cristianismo parece não ter chegado antes. Assim, por exemplo, em meados do séc. III parece ter havido na Itália uns cem bispos. Na Grécia, o progresso do cristianismo parece ter sido mais lento, e o mesmo se pode dizer da população da Síria e da Palestina. Na Ásia Menor, contudo, o progresso foi surpreendente, e logo houve não só comunidades em lugares bem afastados, mas também grande número de membros nessas comunidades. Testemunha disso é a correspondência na qual Plínio informa a Trajano que em Bitínia, aonde nunca chegara nenhum apóstolo, os templos pagãos estavam "quase desertos". Felizmente, sabemos um pouco mais sobre o trabalho missionário na Ásia Menor em razão dos dados que se conservam de Gregório de Neocesareia.

2. Um grande missionário desse período: Gregório de Neocesareia

Se é pouco o que sabemos sobre a multidão de crentes que devem ter contribuído com essa surpreendente expansão do cristianismo, há alguns cujos trabalhos nos são mais conhecidos. Tais missionários oferecem indícios da teologia missionária e dos métodos missionários nesse tempo. Um deles foi Gregório de Neocesareia, mas conhecido como Gregório, o Taumaturgo.

Gregório era natural de Ponto, e seus pais eram pagãos. Seu verdadeiro nome era Teodoro, e veio a chamar-se Gregório somente depois de seu batismo. Tinha quatorze anos quando o pai morreu, mas isso não o impediu de estudar nas melhores escolas da época, pois sua família era abastada. Por diversas razões, Gregório e o irmão Atenodoro visitaram a cidade de Cesaréia, na Palestina. Ali conheceram Orígenes, que, segundo relata um biógrafo de Gregório, os cativou de tal maneira que ficaram "como imóveis" a seus pés. Então, o mestre alexandrino ensinou-lhes, além da lógica, física, geometria e astronomia, a "verdadeira filosofia" do cristianismo. Nessa história, é importante lembrar que tanto Orígenes quanto seu mestre Clemente de Alexandria dedicaram-se a apresentar o Evangelho, em termos das elites culturais de Alexandria, como a "verdadeira filosofia".

Depois de permanecer em Cesaréia uns cinco anos, Gregório e Atenodoro regressaram à região do Ponto, onde logo foram reconhecidos por cristãos fervorosos e propagadores ativos de sua nova fé. Posteriormente, Gregório foi consagrado bispo de Neocesareia.

Os métodos missionários de Gregório – até onde os conhecemos – são interessantes. Sua personalidade, cativante e subjugante segundo todos os testemunhos, contribuiu grandemente para o êxito de seu trabalho apostólico. Além disso, se seu *Panegírico a Orígenes* foi sincero, devemos supor que o próprio Gregório, sempre que as condições permitissem, usava o método da persuasão lógica que tão bons resultados havia dado em seu próprio caso. Para ele, o cristianismo era uma filosofia superior, não uma simples filosofia especulativa, mas sim toda uma filosofia prática na qual a especulação devia unir-se à virtude.

Contudo, na região do Ponto, distante das principais correntes de pensamento e estudo, e, sobretudo, entre pessoas incultas, o método que Orígenes aplicara a Gregório tornava-se impraticável. Por essa razão, Gregório tentou apresentar o cristianismo do modo que mais se adaptava à mentalidade das pessoas com quem trabalhava. Um de seus biógrafos chegou a dizer:

> Eis aqui um traço da grande sabedoria desse homem: devia formar em massa, para uma nova vida, toda uma geração. Como cocheiro que sabe conduzir a natureza, sujeitou-os firmemente com o freio da fé e do conhecimento de Deus; mas ao mesmo tempo permitiu-lhes ter, sob o governo da fé, um pouco de alegria e liberdade. Advertiu que esse povo infantil e inculto ficava apegado ao culto idolátrico pelos prazeres dos sentidos e, querendo assegurar antes de tudo o essencial, afastá-los das superstições vãs e levá-los a Deus, permitiu-lhes celebrar a memória dos mártires com gozo e alegria. Sabia que com o tempo suas vidas chegariam a ser espontaneamente mais graves e mais ajustadas; pois a mesma fé os levaria a isso; efetivamente, isso é o que sucedeu com a maior parte: seu gozo foi trocado e, deixando os prazeres do corpo, passaram aos do espírito. (Gregório de Nissa, *Vida de São Gregório*; citado em Fliche & Martin, *Historia de la iglesia desde los orígenes hasta nuestros días*, Buenos Aires; 1953, 2.291).

Esse método de adaptar a mensagem às condições intelectuais, morais e religiosas do povo foi utilizado amplamente não só por Gregório, mas também por uma extensa sucessão de missionários ao longo de todos os tempos e tem sido motivo de controvérsias amargas e extensas. Isso não quer dizer, contudo que Gregório permitisse a seus convertidos seguir sua vida antiga e suas crenças, e que se contentasse somente com a confissão oral da fé cristã. Pelo contrário, a perseguição de Décio, e logo a invasão do Ponto por parte dos godos e outros, deu-lhe ocasião para mostrar o que esperava dos verdadeiros cristãos. Sobretudo nessa última oportunidade, parece que muitos cristãos se deixaram levar pelas circunstâncias, cometendo atos que Gregório se sentia obrigado a condenar, como mostra a sua *Epístola canônica*. Nela, Gregório ordena excomungar aqueles que, em meio à invasão, foram "tão audazes que consideram o tempo que trouxe destruição a todos como o momento preciso para seu próprio lucro". Aquele que havia tomado ou encontrado o que não era seu devia devolvê-lo imediatamente; quem havia retido cativos devia deixá-los livres; os traidores que se fizeram partidários dos bárbaros e participantes de seus crimes deviam ser excomungados até que um sínodo, sob a direção do Espírito Santo, decidisse o que se devia fazer com eles, e aqueles que contribuíram para restaurar a ordem, devolvendo às pessoas o que lhes pertencia, – não deveriam esperar recompensa alguma nem cobrar o serviço prestado.

Como vemos, o método missionário e pastoral de Gregório era uma combinação de flexibilidade e integridade: flexibilidade que se adaptava aos costumes do povo, e integridade que exigia que esse povo se comportasse como cristão.

Por último, antes de passar adiante, devemos assinalar que outro dos métodos missionários de Gregório parece ter sido o dos milagres, que lhe valeu o título de "Taumaturgo". Nas narrações desses milagres, história e lenda misturam-se de tal modo que se torna quase impossível distinguí-las.

3. Os métodos

Ao estudar os métodos empregados durante esse período, tropeçamos mais uma vez na dificuldade de que nossos materiais são muito escassos, e os que temos representam somente um setor da vida total da igreja. Desse período, conservam-se extensas apologias em favor do cristianismo, assim como a história de conversões particulares; a quase totalidade desses testemunhos serve-nos somente para saber como as pessoas mais cultas e mais privilegiadas chegavam ao cristianismo, embora não nos digam nada sobre a conversão de escravos, artesãos e mulheres.

a) A polêmica contra o judaísmo

O conflito entre cristãos e judeus deixou testemunho duradouro em vários dos escritos do Novo Testamento, assim como na literatura cristã posterior. Antes, porém, de estudar o conteúdo dessa polêmica, devemos esclarecer o caráter do próprio conflito. A noção comum, que o cristianismo logo deixou de ser principalmente uma religião de judeus para tornar-se quase completamente gentílica, não parece ser de todo exata. Em data recente, estudos sociológicos da igreja e do judaísmo antigo têm mostrado que o processo de conversão de judeus ao cristianismo continua muito além do que anteriormente se pensou. Muitos dos gentios que antes haviam sido classificados pelos judeus como "tementes a Deus", ou seja, pessoas que se sentiam atraídas pela fé de Israel, mas não se tornavam judias, então se uniram à igreja. Contudo muitos dos judeus da diáspora, ou seja, judeus que viviam entre os gentios, parecem ter visto na nova fé um modo de conservar a tradição de seus antepassados e, ao mesmo tempo, ajustar-se melhor às novas circunstâncias. Esse processo continuou pelo menos por três séculos; portanto, boa parte dos escritos cristãos que hoje lemos como polêmicas contra o judaísmo não eram dirigidos tanto aos verdadeiros judeus como aos que haviam se tornado cristãos todavia não estavam ao todo seguros de sua nova fé. Logo, ao ler esses documentos, devemos recordar que se trata somente de uma visão parcial das relações entre o cristianismo e o judaísmo. O método que aparece de vez em quando nos documentos que chegaram até nós é o da polêmica e do argumento lógico. Esse tipo de argumentação já se empregava no período neotestamentário, sobretudo aos judeus, fazendo-os ver como Jesus era o cumprimento das promessas do Antigo Testamento. Durante o período que estudamos, a polêmica continua antijudaica, mas a polêmica sobre a religião e a filosofia pagã ocupam o primeiro lugar. Isso é sinal de que a igreja, cada vez mais convencida de que os judeus não haviam de se converter, voltou o seu ímpeto missionário para os gentios. A igreja do final desse período já é uma igreja de gentios, e boa parte de sua polêmica com os judeus já não tem o propósito de convencer, e sim de afastar uma religião rival.

Em todo caso, o argumento fundamental dos cristãos aos judeus é o do cumprimento de certas profecias na pessoa de Jesus, especialmente de seu nascimento e morte. Além disso – da mesma forma que em certos escritos do Novo Testamento –, os polemistas cristãos desse período apelam à tipologia, afirmando que certos acontecimentos do Antigo Testamento eram sinais, "tipos", ou figuras do que havia de ocorrer no Novo. Por último, outros escritores cristãos, especialmente os alexandrinos, apelam para a alegoria, frequentemente negando o caráter histórico das narrações do Antigo Testamento, fazendo delas alegorias referentes aos ensinamentos do Novo.

Alguns cristãos – como Marcião – negavam a validade do Antigo Testamento e pretendiam que o cristianismo fosse algo tão radicalmente novo, que não podia ser o cumprimento de antigas promessas feitas aos judeus. No entanto, a grande maioria dos cristãos rechaçou tal posição, que foi considerada herética.

b) A polêmica contra o culto pagão

Diante dos pagãos, a polêmica cristã devia lutar em duas frentes: a do culto e a da filosofia.

Em relação ao culto pagão, tanto os cristãos como os judeus ensinavam o monoteísmo moral, e com isso faziam eco dos ataques que os próprios filósofos pagãos vinham fazendo à pluralidade dos deuses, e, sobretudo, às histórias imorais que deles se contavam. Com o aparecimento do cristianismo, já fazia séculos que os filósofos gregos tinham começado a expressar dúvidas sobre os deuses do Olimpo, e, sobretudo, sobre as coisas que deles se contavam. Da mesma forma que os filósofos, os cristãos atacavam esses deuses: primeiro, por sua impotência e por ser criação humana; segundo, pelos fatos imorais a eles atribuídos. Como exemplo disso, podemos tomar Aristides, que em meados do séc. II escreveu:

> Vendo a seus deuses cortados pelos seus artífices, e desbastados, e reduzidos, e talhados, e queimados, e imaginados, e por eles transformados em toda estátua, e visto que envelhecem consumidos pelo longo tempo, visto que se fundem ou se fazem em pedaços, como não compreenderam que não são deuses? E aqueles que não podem prover a salvação de si mesmo, como podem ter cuidado dos homens? (*Apol.* 13.1; trad. D. Ruiz Bueno, B.A.C., 96.143).

E, assinalando a imoralidade dos deuses gregos, disse:

> Mas eis que, havendo os gregos estabelecido leis, não se deram conta de que suas leis condenam os seus deuses. Se, com efeito, suas leis são justas, são perversos seus deuses, que transgridem as leis, porque se matam uns aos outros, e praticam a magia, e cometem adultério, e se dão a rapina e ao roubo, e dormem com homens, como todas as suas outras proezas; que, se seus deuses fazem bem essas coisas, tal como o escrevem, são perversas as leis dos

gregos, porque não são estabelecidas segundo a vontade de seus deuses. E nisso todo mundo tem errado (*Apol.* 13.7; trad. D. RUIZ BUENO, B.A.C, 96.144).

c) O encontro com a filosofia pagã

Quanto a sua posição diante da filosofia pagã, os cristãos desse período – como os de todas as épocas – não estavam de acordo entre si. Todos viam no cristianismo uma verdade superior, revelada por Deus, à qual nenhum filósofo, por mais correto que fosse seu pensamento, havia podido chegar. O ponto de discórdia estava no valor que devia ser atribuído à filosofia, pois alguns viam nela o mestre que conduzia a Cristo (Justino, Clemente, Orígenes); outros, somente uma posição radical entre o pensamento filosófico e a verdade cristã (Taciano, Hérmias, Tertuliano). Uns viam na filosofia um instrumento necessário para a exegese bíblica; e outros viam nela a origem de toda a heresia. Uns afirmavam que Jesus Cristo era o Senhor tanto de Atenas como de Jerusalém; outros se perguntavam: "O que tem Atenas com Jerusalém? O que tem a Academia com a Igreja?" (palavras famosas de Tertuliano). Contudo, a grande maioria dos cristãos – pelo menos os cristãos cujas opiniões não são conhecidas – via um valor positivo na filosofia pagã.

Como exemplo dessa posição, podemos tomar Justino Mártir, autor cristão da segunda metade do séc. II. Com a finalidade de mostrar às pessoas cultas entre os gentios que o cristianismo não se opõe à civilização e à filosofia helênica, mas sim as complementa e supera, Justino apela para a doutrina do *logos*, a Palavra. Esse tema podia ser de grande valor, pois era um dos temas fundamentais da filosofia pagã, aplicava-se a Jesus Cristo no Evangelho de João e já antes – com Filo de Alexandria – havia servido de ponte entre a filosofia grega e a religião judaica.

Seguindo a tradição dos filósofos gregos, Justino afirma que todo conhecimento que os humanos possuem é produto do *logos*, ou princípio racional do universo. Mas – apelando agora ao quarto Evangelho e a seu uso do termo *logos* – Justino afirma também que esse *logos*, princípio racional do universo, é o mesmo que se encarnou em Jesus Cristo. Logo, a verdade que os filósofos conheceram não é outra senão a verdade cristã, à exceção de Platão e seus colegas que conheceram o Verbo "em parte", enquanto que os cristãos conhecem o Verbo "inteiro". Os filósofos conheciam somente as verdades que o Verbo lhes revelava, enquanto que os cristãos conhecem o próprio Verbo. Logo, tudo quanto há de bom na cultura e na filosofia pagã pertence aos cristãos.

Desse modo, a polêmica cristã, tanto diante do judaísmo como do paganismo, busca rumos que permitam afirmar o senhorio de Jesus Cristo sobre tudo quanto existe – nesse caso, o Antigo Testamento e a cultura helenista – sem abandonar a afirmação fundamental de que o que é Senhor e Verbo chegou a nós de maneira única e particular em Jesus Cristo.

d) O contato pessoal entre intelectuais

Contudo, toda a argumentação servia de canal para a propagação do Evangelho somente quando era acompanhada do testemunho pessoal do cristão. Não temos notícias de pessoas que tenham se convertido ao cristianismo lendo o *Diálogo com Trifão* ou as *Apologias de Justino* (o que torna mais notável se recordarmos de que temos notícias de conversões filosóficas mediante a leitura dos livros dos filósofos), mas sabemos de ocasiões em que tais discussões pessoais levaram alguém ao cristianismo.

O próprio Justino acredita na importância desse método de discussão e testemunho direto entre cristãos e pagãos, ao afirmar que sua conversão deveu-se a um encontro desses, quando um ancião venerável, depois de lhe mostrar a insuficiência do platonismo, lhe mostrou a "verdadeira filosofia". Já vimos o caso de Gregório de

Neocesareia e seu irmão Atenodoro, cuja conversão se deu por meio do contato com Orígenes. Algo parecido aconteceu nos casos de Clemente de Alexandria, graças à influência do mestre Panteno, e de Cipriano de Cartago, por meio do sacerdote Siciliano. Se Otávio de Minucio Félix narra um acontecimento histórico, também ali vemos a tentativa de se chegar à conversão por meio da discussão direta e pessoal dos valores e doutrinas do cristianismo em relação ao paganismo.

e) As escolas cristãs

Na maioria das vezes, tais encontros não eram deixados simplesmente ao acaso; os cristãos fundavam escolas que tinham funções catequéticas, mas elas podiam ser dirigidas aos pagãos cultos que queriam saber mais sobre o cristianismo, ou que simplesmente queriam atacá-lo, disputando com seus porta-vozes mais destacados. Como exemplo desse tipo de escola, que seguia o modelo da Antiga Academia de Atenas, temos a que foi fundada por Justino em Roma, e que logo foi dirigida por seu discípulo Tertuliano, e a famosíssima de Alexandria, relacionada aos nomes de Panteno, Clemente, Orígenes, Heraclas e outros, à qual comparecia, às vezes, o mais seleto grupo da nobreza e da intelectualidade pagã. Tais escolas tiveram um papel importante na expansão do cristianismo, pois muitos pagãos que compareciam a elas se convertiam; além disso, logo se tornaram centros de onde saíam cristãos preparados para levar sobre seus ombros a responsabilidade de pregar e estender o conhecimento do evangelho – dos quais Gregório de Neocesareia é um magnífico exemplo. Igualmente, a literatura que se produzia nessas escolas servia de fonte de conhecimento a cristãos menos instruídos, que deviam confrontar-se com pagãos que, de outro modo, poderiam vencê-los na controvérsia.

f) O testemunho da base da igreja

Esse tipo de testemunho direto e pessoal, no qual a polêmica se mistura com o desejo fervente de ver a conversão do interlocutor, nem sempre acontecia no nível elevado dos filósofos e dos retóricos, mas, com maior frequência, entre escravos, artesãos e mulheres (em uma cultura na qual se pensava que estes não eram capazes de pensamentos profundos). Prova disso é o seguinte texto de Celso, que via na pobreza e na ignorância dos cristãos um argumento contra a veracidade de sua fé:

> Que fazem os comerciantes e saltimbancos? Dirigem-se a homens sensatos para lançar seus discursos? Não. Mas se avistam em alguma parte um grupo de meninos, de carregadores, de gente grosseira, ali é onde plantam seus tablados, expõem sua indústria e se fazem admirar. O mesmo ocorre no seio das famílias. Vêem-se tosquiadores, sapateiros, tecelãos, gente de extrema ignorância e desprovida de toda educação que, na presença dos mestres, toma muito cuidado de não abrir a boca; mas, se pegam privadamente os filhos da casa ou as mulheres que não têm mais inteligência que eles mesmos, põem-se a dizer-lhes maravilhas. Somente eles hão de crer; os pais, os preceptores, são uns loucos que ignoram o verdadeiro bem e são incapazes de ensinar. Somente eles sabem como hão de viver; os meninos irão bem se lhes seguirem e por seu intermédio a felicidade visitará toda a família. Se, enquanto estão conversando, chegar alguma pessoa séria, um dos preceptores ou o próprio pai, os mais tímidos calam-se; os atrevidos não deixam de exortar os meninos para que movam o jugo, sugerindo-lhes caladamente que não querem ensinar-lhes nada diante do pai deles ou diante do preceptor, para não se exporem à brutalidade dessa gente corrompida que os fariam castigar. Os que têm interesse em saber a verdade, abandonam esses preceptores e seus pais, e vão com as mulheres e a criançada ao ginásio, ou ao posto do sapateiro, ou à tenda dos tecelãos, para aprender ali a

vida perfeita. Veja aí como se organizam para ganhar adeptos. Não exagero e em minhas acusações não sai uma ponta da verdade (citado por Orígenes, *Contra Celso*, 3.55; G. BARDY, *A conversão ao cristianismo nos primeiros séculos*. Pamplona, 1961, p. 307-8).

É uma verdadeira desventura que, dado seu próprio caráter, o trabalho de tais cristãos não seja mais bem conhecido, pois, sem dúvida, descobriríamos que sua contribuição para a expansão do cristianismo foi muito maior que as que os textos parecem indicar, e até maior que a das escolas e dos cristãos cultos.

Nesse contexto, é importante destacar três elementos que, até data relativamente recente, não haviam recebido atenção dos historiadores. O primeiro deles é o papel das mulheres na expansão do cristianismo antigo. Não há dúvida de que, na igreja dos primeiros séculos, as mulheres eram muito mais numerosas que os homens. Isso parece ter acontecido por causa dos ensinamentos da igreja com respeito ao sexo. Ainda que, às vezes, indiretamente tais ensinamentos fomentassem na mulher um respeito que contrastava com as práticas da sociedade. Em consequência, eram muito mais frequentes os casos de mulheres convertidas ao cristianismo que logo traziam seus maridos e o restante da família para a igreja, que os casos em que o evangelho entrava em uma família por meio dos homens – e muito menos do pai da família. As redes de comunicação das mulheres em seus trabalhos diários foram então um dos principais canais pelo qual se divulgou a palavra do evangelho.

O segundo fator digno de menção é o impacto das epidemias sobre a população, bem como o modo com que a Igreja respondia a elas. Até meados do séc. II, teve início uma série de epidemias que repetidamente dizimaram a população. Isso contribuiu para o crescimento do cristianismo pelo menos de dois modos. Em primeiro lugar, porque os cristãos cuidavam melhor uns dos outros, os índices de sobrevivência entre eles eram maiores que para o restante da população. Em segundo lugar, nesses tempos se viu um contraste acentuado entre a maior parte da população, que fugia dos enfermos e apenas buscava a própria saúde, e os cristãos, que se dedicavam a cuidar não só de seus enfermos, mas de toda a comunidade. Por isso, são abundantes os testemunhos de pessoas cuja primeira atração ao cristianismo se deveu à obra de caridade dos crentes, ainda que com o risco de suas próprias vidas.

O terceiro fator digno de menção é o crescimento demográfico dos cristãos, em virtude de sua oposição ao aborto e ao infanticídio – práticas comuns e perfeitamente aceitas dentro da sociedade pagã. Ainda que as atitudes dos primeiros cristãos com relação a outros métodos de controle de natalidade não sejam claras, só a proibição do aborto e do infanticídio – e sua insistência em limitar as relações sexuais ao âmbito do casamento – levou a um índice de natalidade positivo, ainda que em meio a uma sociedade cujo índice era negativo – ou seja, natalidade menor que mortalidade.

g) Os milagres

Entre essas pessoas – e também entre muitas das pessoas mais cultas do Império – os milagres eram um fator importante. Ainda que não saibamos quantos dos feitos prodigiosos que se contam de Gregório de Neocesareia são acontecimentos históricos, está claro que todos que se dedicaram a narrar sua vida viam em seus milagres um dos instrumentos mais poderosos para ver a conversão dos pagãos. Durante os últimos anos desse período, aparecem na literatura cristã numerosos evangelhos e livros de atos de um apóstolo ou de outro, e quase todos sublinham o milagre como uma das principais garantias da veracidade do cristianismo.

h) O martírio

De todos os milagres, nenhum é tão notável e frutífero em conversões como o do martírio, muito frequente durante os sécs. II e III. Jovens e mulheres, anciãos muito idosos e escravos, acostumados a dobrar-se diante da vontade de seus amos, ofereciam, satisfeitos, suas vidas, enfrentando as autoridades e regozijando-se na oportunidade de proclamar a fé com seus atos. Para um mundo em busca de realidades que dessem sentido à vida e à morte, tais atos eram provas de heroísmo – ou de loucura – que não podiam ser facilmente explicados. Para aqueles antigos mártires, o que podia parecer loucura a um estranho, não era senão uma decisão muito racional, de sacrificar a vida e uns instantes de dor em troca de uma vida imortal e de uma eternidade de gozo e paz. Tanto era assim, que a igreja teve de proibir a prática dos "espontâneos" – pessoas que se ofereciam voluntariamente para o martírio – e insistir em que o martírio era uma coroa para a qual era necessária a eleição divina. Muitos são os textos antigos que dão testemunho do abalo da consciência pagã diante dos sofrimentos de algum mártir cristão, e é por isso que Tertuliano podia dizer: "enquanto mais nos destroem mais crescemos; o sangue dos cristãos é semente".

i) O culto

Outro fator digno de menção, ainda que pouco importante como instrumento direto para a expansão do cristianismo, é o culto divino. Os cultos orientais que invadiam o Império no princípio de nossa era – o de Átis e Cibele, o de Ísis e Osíris, o de Dionísio etc. – ofereciam uma liturgia fascinante e comovente. Diante disso, a liturgia cristã – que, em todo caso, não permitia assistir aos batizados – era extremante simples. Fica claro que, diferentemente do que chegou a ser costume em muitas igrejas, na igreja primitiva o culto não tinha o menor propósito de servir de ocasião para a conversão dos cristãos. O trabalho que hoje chamamos "evangelístico" era realizado fora do ambiente do culto, nos lugares onde a vida comum promovia contato entre cristãos e não cristãos.

j) Os missionários

Algo semelhante aconteceu com a prática de enviar missionários, mesmo que nesse caso seja certo que a igreja dos primeiros séculos tinha por costume enviar missionários a outros lugares. Já mencionamos o caso da igreja de Antioquia, que enviou Paulo e seus companheiros. No período que estamos estudando, vale a pena citar o caso de Panteno, que fez uma viagem ao Oriente (até a Arábia, ou até a Índia?) como "mensageiro do evangelho de Cristo". Além disso, obras como a *Didaqué* e *Contra Celso*, de Orígenes, dão a entender que havia um bom número de pessoas dedicadas, exclusiva ou quase exclusivamente, a ir de lugar em lugar pregando o evangelho, como Paulo havia feito antes. Contudo, parece que uma boa parte do trabalho dessas pessoas consistia em visitar lugares em que já existiam igrejas, ajudando-as a fortalecer a fé.

A maior parte da expansão do cristianismo nos séculos que antecedem Constantino aconteceu não por causa da obra de pessoas dedicadas exclusivamente a essa tarefa, mas graças ao testemunho constante de milhares de comerciantes, de escravos e cristãos condenados ao exílio, que davam testemunho de Jesus Cristo onde quer que a vida os levasse, e iam criando, assim, novas comunidades em lugares aos quais os missionários "profissionais" ainda não haviam chegado. E, uma vez plantada a semente, o trabalho mais digno de notar-se não foi o dos pregadores que visitavam a comunidade para pregar-lhes em poucos dias, mas o de quem, como Gregório de Neocesareia, vivia com seu povo e se sentia responsável não só por seu pequeno rebanho, mas também por toda a comunidade não-cristã.

k) Fatores sociológicos

Mencionamos, repetidamente, nas páginas anteriores vários dos fatores sociológicos e demográficos que contribuíram para a expansão do cristianismo: as redes de interação na sociedade urbana, o papel da mulher, as epidemias e seu impacto demográfico, o sistema de apoio mútuo entre os crentes, a prática da caridade para com os de fora etc. Aqui os mencionamos juntos, porque são fatores frequentemente esquecidos, como se não houvessem marcado, e não continuassem impactando até hoje, a expansão do cristianismo.

l) Resumo: a atitude dos cristãos em relação ao paganismo

Podemos dizer que o cristianismo avançou a passos largos pela bacia do Mediterrâneo graças aos fatores e métodos missionários que acabamos de discutir. No entanto, nada disso serviria se não fosse o modo pelo qual a Igreja e os cristãos combinaram uma flexibilidade surpreendente, integridade e lealdade à tradição em formação. Se o cristianismo se tivesse mostrado radicalmente inflexível, como se somente a igreja e a tradição veterotestamentária detivesse a verdade e como se toda a verdade pagã devesse ser falsa, teria tornado impossível a um pagão helenista fazer-se cristão sem ao mesmo tempo abandonar todo traço de helenismo, aprendendo a pensar como um hebreu. Foi sua flexibilidade, nascida do desejo de alcançar outros para sua fé, o que fez da igreja antiga uma força avassaladora. Mas, por outro lado, tal flexibilidade tinha seus limites. Se era aceitável ver certa medida de verdade na cultura pagã, nem tudo nela era igualmente aceitável. Por exemplo, quem oferecesse sacrifício ao imperador, ou a qualquer um dos deuses, por esse mesmo ato se declarava fora da igreja.

Ao propor um meio-termo entre esses extremos, sendo firme no essencial e acomodando-se criticamente à cultura e às tradições do mundo greco-romano, a igreja aceitou o risco de perder a integridade de sua fé, como também o risco de alienar-se por completo da cultura ao redor. Sua vida, naqueles primeiros séculos, caracterizou-se por uma luta para ser fiel ao chamado de Deus de dar a conhecer o evangelho em novos contornos culturais e sociais, e, simultaneamente, manter a integridade da tradição cristã. Ao optar por essa difícil tensão, a igreja tomou a atitude que melhor podia servir para a expansão do cristianismo, e, simultaneamente, refletia, ao menos imperfeitamente, o amor do Senhor que "sendo na forma de Deus" tomara "forma de servo" por amor dos homens.

B. O império cristão e a supressão do paganismo

1. A conversão de Constantino

A conversão de Constantino é um desses grandes acontecimentos que parecem marcos que se alçam no meio da história, assinalando novos rumos e abrindo novas possibilidades. Talvez, por isso mesmo, seja também um dos acontecimentos mais discutidos na história da igreja. Para uns foi o começo da perversão do cristianismo, que posteriormente requeriria a Reforma do séc. XVI. Para outros, foi o triunfo da igreja perseguida sobre seus perseguidores, a expressão máxima da força da igreja dos primeiros séculos. As duas interpretações são parcialmente corretas, pois um acontecimento da ordem da conversão de Constantino não podia ter senão grandes consequências para a vida da igreja – consequências tanto positivas quanto negativas, assim como consequências positivas com grandes potencialidades negativas.

Não há dúvida de que a conversão de Constantino foi algo radicalmente distinto do que geralmente entendemos por conversão e especialmente distinto do que acontecia naquela época quando alguém se convertia. Na época de Constantino, era a igreja, ou pelo menos algum cristão estreitamente relacionado a ela, que servia de agente para a conversão de um pagão; logo, o convertido punha-se à disposição da igreja, a fim de ser instruído nas questões da fé; por último, mediante o batismo se unia a Igreja, que devia dirigir sua vida cristã. O caso de Constantino é distinto. Segundo Eusébio, ele mesmo dizia que sua conversão fora o resultado não de uma conversa ou polêmica com algum cristão, mas de uma visão direta que Deus lhe havia proporcionado. Segundo essa visão, Constantino tinha uma missão dada pelo Deus da igreja e que, por isso, se relacionava com a missão desta última; mas, dada diretamente, por essa razão não dependia nem se submetia à organização da igreja. Por outro lado, Constantino via Cristo a quem serviu depois dessa experiência, não tanto como um Salvador do poder do pecado e da morte, mas sim como o Vencedor que lhe daria a vitória sobre seus inimigos. Em troca, Constantino devia honrá-lo e contribuir para o crescimento de sua igreja.

Quais foram as consequências disso para a expansão do cristianismo? Não há dúvida de que o prestígio que a pessoa do Imperador lhe concedia deve ter despertado interesse para o cristianismo. Os lugares de adoração tornaram-se cada vez menores diante do influxo de convertidos. No princípio, a igreja manteve o costume antigo de preparar os convertidos para o batismo por meio de um longo período de prova e instrução catequética. Com o passar dos anos, esse período tornou-se cada vez mais breve e a instrução mais superficial, até chegar às conversões em massa no começo da Idade Média. Como se supõe, isso resultou na diminuição da dedicação pessoal dos cristãos, sobretudo no que se refere à vida ética, pois o campo doutrinal da igreja desenvolveu meios para manter a adesão quase absoluta de seus fiéis.

Isso não quer dizer que o resultado da conversão de Constantino tenha sido puramente negativo. Pelo contrário, o século seguinte a tal acontecimento é o Século de Ouro da história da igreja. Personagens como Atanásio; Basílio, o Grande Ambrósio; Jerônimo e Agostinho são testemunhos da força literária e intelectual da igreja liberta dos flagelos das perseguições. As grandes basílicas e as obras de arte são exemplos do modo pelo qual os cristãos tomaram o melhor da cultura conquistada e o puseram a serviço de seu Senhor. A organização eclesiástica que se desenvolveu graças à proteção imperial acabou sendo o único poder capaz de resgatar a cultura greco-romana após as invasões dos bárbaros. Por último, o século seguinte a conversão de Constantino viu missionários como Ulfilas e Martín de Tours.

A conversão do Imperador apresentava problemas que até então haviam sido desconhecidos pela igreja. Deveria o Imperador subordinar-se à igreja, ou o contrário? Deveria o Imperador utilizar seu poder em favor dos princípios cristãos? Como se entendia a responsabilidade do Imperador para com seus súditos pagãos? Devia a igreja utilizar sua influência sobre o Imperador para alcançar uma ordem social mais justa? Poderiam os cristãos aceitar privilégios da parte do Estado? Implicaria uma traição aos princípios evangélicos deixar de ser igreja perseguida para converter-se na Igreja apoiada no poder imperial? São esses todos os problemas que a igreja do séc. IV e seguintes teve de enfrentar. São também problemas bem difíceis, pois, em cada caso, existem fortes argumentos a favor de soluções contraditórias. Se o Imperador utilizava o poder a favor de seus princípios cristãos, corria-se o risco de a igreja fundamentar a sua esperança não em Deus, mas em seu poder político e econômico. Se, pelo contrário, o imperador separasse a fé do ofício de governo, isso implicaria que a fé seria reduzida a um aspecto de sua vida, que era uma fé parcial e que poderia ser restringida a alguma fase da vida humana, excluindo as demais. Logo, nem uma nem outra solução era adequada e tornava-se difícil determinar o que deveriam fazer a Igreja e o Estado diante da conversão do

Imperador. Uma coisa, porém, estava clara e era indubitável: a conversão do Imperador, como a conversão de todo ser humano, deveria ser recebida com regozijo pelos cristãos, apesar dos problemas – frequentemente imprevistos – que poderia apresentar.

2. Os filhos de Constantino e a reação pagã

Se Constantino nunca se tornou intolerante para com o paganismo, seus filhos e sucessores – Constantino II, Constâncio e Constante – mantiveram diante dos velhos cultos uma política cada vez mais rígida. No ano de 341, proibiram os sacrifícios, e, no de 354, Constâncio ordenou que todos os templos pagãos fossem fechados. Mesmo que essas leis não se cumprissem cabalmente em todo o Império, serviram para estimular ações violentas contra os pagãos, por parte de alguns funcionários. Além disso, sob o amparo de tais leis alguns cristãos se dedicaram a destruir templos pagãos e construir igrejas sobre suas ruínas. Diante de tal situação, era de esperar uma reação pagã.

Essa reação foi sentida com a ascensão ao trono do Imperador Juliano. Ainda que a história, levada pelo zelo excessivo de alguns cristãos, o conheça como "o Apóstata", é certo que Juliano parece nunca ter sido cristão por convicção. O único cristianismo que Juliano conheceu foi o intelectualismo ariano, carregado de silogismos e manchado, além disso, pelo fato de seu principal defensor, Constâncio, haver mandado assassinar a quantos Juliano pôde ter amado.

Levado pela convicção de que havia sido eleito pelos deuses para restaurar seu culto, Juliano promulgou uma série de leis contra o cristianismo e dedicou-se, além disso, a organizar o velho culto pagão seguindo o exemplo da igreja. Todos os privilégios que Constantino havia concedido aos cristãos, e especialmente ao clero, foram revogados. Proibiu-se aos cristãos ensinar literatura e filosofia clássica. Mesmo que não tenha ordenado perseguição alguma, em vários lugares cometiam-se atrocidades contra os cristãos. Por outro lado, Juliano reorganizou o paganismo e lhe deu um novo impulso. Ele próprio tomou de novo o antigo título imperial de *Pontifex maximus* e colocou em cada província um sumo sacerdote sob cuja direção estava todo o culto pagão. Abaixo dele, todos os demais sacerdotes deviam levar uma vida irrepreensível e, além de celebrar o culto, deviam dedicar-se a ensinar ao povo o amor entre os seres humanos. Por último, o próprio Juliano dedicou-se a escrever contra os cristãos, a quem chamava de "galileus".

O projeto de Juliano estava destinado ao fracasso. Se era certo que o cristianismo não havia se arraigado ainda na consciência do povo, não era menos certo que o velho paganismo estava em franca decadência. Em Antioquia, a plebe zombava não só da religião de Juliano, mas também de sua moral estóica. O ideal religioso da época já não era o homem moderado de Marco Aurélio e dos estóicos, mas o asceta sofrido do monarquismo cristão. No campo da liturgia, o culto cristão tinha mais atração que os sacrifícios que em toda parte se celebravam por ordem de Juliano. Por último, a igreja produziu pensadores, escritores e pregadores muito superiores aos que Juliano pôde alistar entre os pagãos.

Quando, no ano de 363, Juliano caiu ferido de morte por uma lança persa, o inevitável seguiu seu curso: à breve reação pagã seguiu um período de avanço ininterrupto por parte dos cristãos diante do paganismo.

3. O império cristão

Joviano e Valentiniano I, sucessores de Juliano, voltaram à velha política de apoiar a igreja, ainda que sempre tolerando a existência e a prática dos cultos pagãos. Seu sucessor, Graciano, devido, em parte, à influência de Ambrósio de Milão, deu novo ímpeto à política de impor ao paganismo condições cada vez mais difíceis. Mas foi com a subida de

Teodósio ao trono imperial que o paganismo clássico recebeu um golpe de morte. Teodósio cria ter sido chamado para defender a ortodoxia diante das heresias e o cristianismo diante do paganismo. Por isso, no ano de 391 proibiu os sacrifícios pagãos e ordenou que os antigos templos fossem fechados e reservados para usos seculares. No ano seguinte, outro edito não proibia só o culto público, mas até a prática privada da religião pagã. No entanto, o que mais causou danos ao paganismo foi a tendência das autoridades a ver com complacência, ou pelo menos com indiferença, os excessos que os cristãos cometiam contra os pagãos. Em Alexandria, o bispo Teófilo, conhecido por sua falta de escrúpulos e de caridade para com seus adversários, provocou os pagãos a uma luta desigual cujo resultado foi a destruição do antiquíssimo e monumental templo de Serápis. Em outras regiões do Império, acontecimentos semelhantes privaram o paganismo de alguns de seus templos mais venerados.

4. O fim da Idade Antiga

Após a morte de Teodósio no ano de 395, é necessário distinguir entre o Ocidente e o Oriente no que se refere ao avanço do cristianismo e à supressão do paganismo. No Oriente, o Império Romano subsistiu mil anos mais e nele se estabeleceu uma união estreita entre Igreja e Estado, na qual aquela se submetia a este. Podemos dizer que no Oriente o paganismo continuou decaindo por razões de sua própria debilidade interna combinada com a pressão do Estado e da Igreja. O último reduto importante do velho paganismo foi a Academia de Atenas, fechada no ano de 529 por ordem de Justiniano. A partir dessa data, o antigo culto parece não ter sido substituído, senão em algumas comunidades isoladas. Tanto é assim, que logo se começou a dar à velha religião o nome de "paganismo", tal qual é conhecida hoje, derivado de "paganus", que queria dizer "rústico" ou "rural".

No Ocidente, o avanço do cristianismo foi detido pelas invasões dos "bárbaros" que irromperam no Império, aproveitando a decadência após a morte de Teodósio. A grande maioria dos bárbaros era pagã, e quase todos os cristãos eram de convicção ariana. Isso traçou um grande desafio para a igreja nos territórios que os bárbaros conquistaram, pois eles eram tanto pagãos como arianos; era necessário trazer-lhes a fé ortodoxa. O modo pelo qual a igreja respondeu pertence ao próximo capítulo desta história.

5. A obra missionária após da conversão de Constantino

Nossa exposição da conversão de Constantino pode ter criado na mente do leitor uma ideia equivocada de que, uma vez que os imperadores se declararam cristãos, a Igreja deixou a conversão dos pagãos nas mãos do Estado. Certamente sabemos mais sobre as medidas oficiais para propiciar a "conversão" ao cristianismo – ou pelo menos para debilitar o culto pagão – do que sobre os cristãos que se dedicaram a procurar a conversão dos pagãos por meios menos espetaculares ou menos violentos. Sabemos, contudo, que, na mesma época em que os imperadores se esforçavam em destruir o paganismo mediante editos e proibições, havia cristãos que se dedicavam ao mesmo fim, por outros meios. Ambrósio de Milão, além de advogar por que se aplicara à pressão imperial ao paganismo, dedicou-se a pregar aos pagãos, e temos notícias de várias conversões que ocorreram por meio dele. Outros continuaram a larga tradição de apologias cristãs diante do paganismo. Entre eles, merecem ser citados Lactâncio, Eusébio de Cesaréia, Agostinho e João Crisóstomo. Outros, em fim, trabalhavam em lugares mais afastados dos centros do pensamento e se dedicavam, sobretudo, à pregação e à polêmica direta e espontânea, a fim de alcançar convertidos para a fé cristã. Como exemplo, tomaremos entre os arianos, a Ulfilas e, entre os ortodoxos, a Martín de Tours.

a) Ulfilas

É pouco ou quase nada o que sabemos sobre a infância e a conversão de Ulfilas, e os poucos dados à disposição estão envoltos pela lenda. Sabemos que, com a idade de trinta anos, foi consagrado "bispo dos godos" e que depois de algum tempo, com a permissão imperial, mudou-se para o sul do Danúbio com um grupo de cristãos de origem goda. Sua importância para nossa história está principalmente no fato de que, a fim de traduzir a Bíblia ao godo, Ulfilas preparou um alfabeto capaz de simbolizar os diferentes sons dessa língua. Até o dia de hoje, conservam-se fragmentos de uma tradução da Bíblia para o godo que pode ser do próprio Ulfilas. Em todo caso, é importante assinalar que temos aqui uma das primeiras amostras – se não a primeira – de um trabalho que continua até hoje, ou seja, o de transcrever um idioma com a finalidade de traduzir a Bíblia por ele.

Por outro lado, a tradição concede uma importância especial a Ulfilas porque se supõe que foi por meio de seus trabalhos que os godos se converteram ao cristianismo ariano. O mais provável é que – ainda que Ulfilas tenha ocupado um papel importante nisso – os godos se tenham convertido ao arianismo não por meio de um missionário particular, mas sim por meio dos inumeráveis contatos com o Império em um período que este era dominado pelo arianismo. Durante o reinado de Constâncio e depois de Valentiniano II e sua mãe, Justina, o arianismo gozou de grande favor na corte imperial; e foi precisamente durante esses períodos que os godos tiveram maior contato com o Império.

b) Martín de Tours

De Martín de Tours conservam-se numerosas biografias que, como é de se supor, se tornam mais lendárias à medida que se fazem mais tardias. A mais antiga, escrita por Sulpício Severo, parece misturar a lenda com a história. Tudo isso, contudo, é testemunho da importância de Martín e do impacto que sua vida teve sobre seus contemporâneos e sucessores.

Nascido em Panonia (provavelmente onde hoje é a Hungria), no ano de 316, Martín seguiu uma longa carreira cujas vicissitudes o levaram primeiro ao exército, depois a Poitiers, de volta a Panonia, e por fim a Tours, onde hoje é a França. Foi durante suas andanças no exército que se converteu ao cristianismo. Logo ao chegar a Tours, onde foi feito bispo, já levava uma longa experiência de testemunho cristão.

Em Tours, Martín fez-se rodear de um grupo de monges, o qual dirigiu, em um trabalho incessante de pregação e de destruição dos antigos templos pagãos. Sobre as ruínas desses templos, construíam-se, então, igrejas, a fim de que os demônios que antes habitavam tais lugares não pudessem voltar. Em certas ocasiões, conseguia que os próprios pagãos permitissem a destruição de seus templos. Foi o caso de uma comunidade que tinha por costume venerar uma velha árvore. A fim de mostrar o poder de seu Deus, Martín fez-se amarrar no local em que a árvore cairia se fosse cortada, e desafiou os próprios pagãos a fazer cair a árvore sobre ele. Incitados por tal ousadia, os pagãos lançaram abaixo a árvore sagrada, esperando esmagar Martín. De modo inexplicável, a árvore caiu na direção oposta. Diante de tal milagre, vários pagãos se converteram, e os que não se converteram não ofereceram resistência alguma quando Martín demoliu seu templo e construiu uma igreja sobre suas ruínas.

Segundo os biógrafos, nem sempre os métodos de Martín eram violentos. Com frequência, sua arma principal era um valor inquebrantável, como na ocasião em que um grupo de pagãos o atacou e o próprio Martín ofereceu seu pescoço para que o decapitassem. Diante de tal prova de valor, os pagãos não se atreveram a usar de violência com ele.

Em todo caso, o fato é que Martín, por um meio ou outro, contribuiu para a expansão do cristianismo nos arredores da cidade de Tours. Quando foi consagrado bispo, é possível que existisse apenas uma comunidade de tamanho médio na própria cidade, e não há dúvidas de que nas regiões vizinhas o paganismo dominava. Na época de sua morte, a igreja já havia chegado aos campos, e o paganismo havia perdido boa parte de sua base.

Esses são apenas dois dos muitos missionários que, supõe-se, terem se dedicado à expansão do cristianismo entre os pagãos ao mesmo tempo em que as autoridades civis se esforçavam por completar a cristianização do Império. Não há dúvida de que, se os documentos e as demais provas históricas não tivessem sido perdidas ao longo dos séculos, teríamos notícias de centenas de cristãos que levaram a cabo um trabalho semelhante ao desses dois.

Por outro lado, é importante enfatizar que a conversão de Constantino e de seus sucessores teve outra consequência, talvez não tão facilmente notável, mas de enorme importância para a história das missões. O cristianismo, que até então se havia mostrado disposto a dialogar com as diferentes culturas e tradições que encontrava, tornou-se menos tolerante com tais diferenças. Confiando em seu poder político, seguiu um curso que, posteriormente, o tornaria mais difícil de adaptar-se a novas culturas e circunstâncias.

C. A expansão do cristianismo fora do Império Romano

O cristianismo também se estendeu fora do Império Romano nos séculos que seguem ao período apostólico.

1. O cristianismo em Edessa

A cidade de Edessa, na fronteira entre os Impérios Romano e Persa, foi testemunha da primeira conversão de um governante – provavelmente Abgaro IX, que governou no fim do séc. II e princípio do III. Mais tarde, e a fim de estabelecer uma conexão direta entre Jesus Cristo e o cristianismo de Edessa, forjou-se a lenda de uma correspondência entre Abgaro IV, contemporâneo de Jesus, e o Salvador. O certo parece ser que o cristianismo chegou a Edessa em meados do séc. II, procedente de Antioquia. Em todo caso, em Edessa o cristianismo desligou-se cada vez mais do helenismo e uniu-se à população e à cultura siríacas.

Algo semelhante aconteceu no pequeno estado de Adiabene, mais ao leste de Edessa, de onde logo partiram missionários que penetraram até o centro da Ásia.

2. O cristianismo na Armênia

Entre todos esses países, foi na Armênia, sobretudo por meio da obra de Gregório, o Iluminador, que o cristianismo alcançou suas maiores e mais permanentes conquistas. Durante séculos, a posição geográfica da Armênia, entre o Império Persa e o Império Romano, tornou-a presa de invasões repetidas nas quais um ou outro império fazia valer a superioridade de suas armas. Nessa luta constante, a política romana de conceder à Armênia certa independência e de proteger seus legítimos soberanos diante das ambições persas fez que o sentimento popular se inclinasse mais para Roma do que para a Pérsia.

Um episódio importante dessa agitada história da Armênia foi a luta do rei Tiridates II (também chamado Tradt ou Tirdat) para recuperar o trono que lhe havia sido arrebatado pelas tropas persas de Sapor. Os persas aproveitaram a morte do rei armênio, assassinado por emissários persas, para invadir o país; o pequeno herdeiro do trono, Tiridates, viu-se forçado a pedir asilo ao Império Romano. A Armênia ficou sob o domínio persa até que, anos mais tarde, o jovem Tiridates, com o apoio dos romanos e após muitos altos e baixos, recuperou o trono.

Toda essa contenda por um trono e pela independência de uma nação tem enorme importância para nossa história, pois, por meio dela, ocorreu a primeira conversão ao cristianismo de todo um estado – à parte, é claro, da cidade de Edessa. Com efeito, durante os dois exílios de Tiridates, foram muitos os nobres e militares da Armênia que o acompanharam e, nas regiões da Síria e da Ásia Menor, estabeleceram contato com um cristianismo pujante. Muitos deles se converteram à fé cristã e, ao regressar para o seu país de origem, levaram-na consigo. Outros, ainda que não se convertessem de imediato, levaram pelo menos certo conhecimento do que eram as doutrinas e a vida cristã.

Entre os nobres da Armênia que se viram obrigados a recorrer ao asilo romano, havia um jovem parente de Tiridates, de nome Gregório, que a posteridade conheceria como "O Iluminador" ou "Lusarovich". Gregório converteu-se ao cristianismo em Cesaréia da Capadócia e, quando as condições políticas lhe permitiram, regressou a seu país de origem, onde se dedicou a propagar a fé cristã. A princípio, Tiridates opôs-se a sua pregação e até o encarcerou pelo espaço de quinze anos – talvez não tanto por razões religiosas quanto por razões políticas. Com o tempo aceitou a fé de seu parente, e tanto ele como sua família e nobres foram batizados por volta do ano 302. A isso, seguiu uma conversão em massa. Os antigos templos pagãos converteram-se em igrejas cristãs. Muitos sacerdotes, ou pelo menos seus filhos, fizeram-se sacerdotes cristãos, com isso o caráter hereditário do sacerdócio pagão passou para o cristianismo da Armênia, a tal ponto que, ao longo dos séculos, foram os descendentes de Gregório, o Iluminador, que governaram a igreja da Armênia.

Os primeiros anos do cristianismo na Armênia foram muito difíceis. Entretanto, já pela morte do rei Tiridates, a nova fé havia alcançado tal arraigamento no povo da Armênia, que, mesmo o país estando novamente sujeito ao poderio persa e mesmo tendo sido feito todo o possível para implantar o zoroastrismo, o cristianismo continuou sendo a religião da Armênia. Além disso, o que havia começado como uma conversão em massa logo se tornou um movimento profundo, sobretudo depois que, graças ao esforço dos cristãos, o idioma armênio passou a ter um alfabeto e se começou a traduzir literatura cristã do grego e do siríaco.

Em virtude da guerra que a Armênia travou contra a Pérsia, a igreja da Armênia não esteve representada no Concílio da Calcedônia. Foram tempos difíceis para o país, que se viu invadido pelos persas e ficou esperando de Roma uma ajuda que nunca chegou. Posteriormente, a igreja da Armênia aceitou o valor dogmático do *Henoticon*, de Zenón, e rompeu sua comunhão com as igrejas ortodoxas, que lhe pareciam ser instrumentos do Império Romano.

3. O cristianismo na Geórgia

Da Armênia, o cristianismo se estendeu até a Geórgia e a toda região do Cáucaso. Ainda que seja possível ter havido cristãos na Geórgia antes, a primeira notícia que temos sobre a chegada de cristãos a essa região se encontra na *História eclesiástica*, de Rufino, que afirma que a conversão da Geórgia aconteceu quando o rei Miriam e sua esposa se converteram ao cristianismo, aproximadamente na mesma data em que Constantino dera um passo semelhante. Segundo Rufino, a rainha Nana converteu-se quando, pelas orações de uma escrava cristã, houve a cura primeiro de seu filho e depois da própria rainha. Pouco depois, e devido a outro milagre, seu esposo, o rei Miriam, também se converteu. Isso foi seguido por uma conversão em massa semelhante ao que vimos no caso da Armênia. A nova igreja estabeleceu relações com a igreja constantinopolitana, da qual dependeu por algum tempo.

Se essa história é certa, podemos supor que, como em muitos outros casos, vários fatores contribuíram para a conversão do país: a fé sincera e simples de uma escrava cristã, a crença comum no milagre, o desejo do rei em estabelecer contatos culturais e políticos com o Império Romano (talvez por crer que esse deveria ser menos temido do que a Pérsia), o apoio ativo à religião do Império Romano por parte do rei e o assentimento das massas.

4. O cristianismo na Mesopotâmia e na Pérsia

Foi principalmente por meio da cultura e da língua siríaca que o cristianismo alcançou sua maior expansão até o Oriente durante esse período. Primeiro, na Antioquia e logo em Edessa se havia forjado uma literatura cristã em língua siríaca. Visto que essa língua era amplamente utilizada no comércio internacional no Oriente Médio, o cristianismo encontrou nela um canal de expansão. Por meio de mercadores e imigrantes de cultura siríaca, o cristianismo penetrou regiões como a Mesopotâmia. Logo, os cristãos de língua siríaca, na Mesopotâmia, alcançaram certa maturidade teológica, estabelecendo escolas como a de Nisibis, às margens do Eufrates.

Durante os primeiros anos da vida da igreja, a Pérsia era governada pela dinastia dos Partos, que não se ocupou de perseguir o cristianismo. Há indícios de que, já no ano 225, havia igrejas em várias regiões do Império Persa. Entre os missionários que trabalharam nesses territórios, as crônicas antigas mencionam repetidamente Tadeu, Hago e Mari, que parecem ter levado a fé cristã até as fronteiras da própria Índia. No ano de 226, entretanto, esse vasto império passou às mãos dos sassânidas, que se opuseram tenazmente ao cristianismo. Após a conversão de Constantino, essa situação piorou, pois os governantes persas, inimigos tradicionais do Império Romano, viam nos cristãos possíveis aliados deste. De fato, em mais de uma ocasião, os imperadores romanos proclamaram-se defensores dos cristãos que viviam dentro do Império Persa; com isso só conseguiram tornar a situação mais difícil. Por essas razões, e também por outras menos óbvias, a igreja, dentro do Império Persa, tendia a sublinhar sua independência de seu congênere dentro do Império Romano. Essa independência tornou-se permanente quando as igrejas da Mesopotâmia e da Pérsia adotaram o nestorianismo – de que trataremos mais adiante.

Em toda essa região, o cristianismo estendeu-se, seguindo os canais da cultura siríaca. Entre os imigrantes e comerciantes de origem siríaca na Seleucia-Ctesifón, parece ter havido uma igreja forte na qual se utilizava o siríaco. Nessa igreja havia vários convertidos entre as pessoas de língua persa, o que a levou a estabelecer pequenas comunidades cristãs nas principais cidades do Império Persa e até no Turquestão. Traduziram-se obras cristãs do siríaco para o pálavi, e algumas obras chegaram a ser escritas nesse idioma. Como dissemos, os cristãos viram-se perseguidos pela dinastia dos sassânidas, que pretendia utilizar o zoroastrismo para dar unidade a seu império, do mesmo modo que os imperadores romanos utilizavam o cristianismo. Os cristãos eram vistos como aliados de Roma e estavam, portanto, sujeitos a perseguições cada vez que as relações entre os dois impérios se tornavam tensas. A situação melhorou quando a igreja persa se separou do restante da igreja, primeiro em sua organização e depois em sua teologia.

A igreja persa organizou-se como igreja independente no ano de 410, quando um Concílio, reunido em Seleucia-Ctesifón, deu ao bispo dessa cidade o título de Patriarca e o fez cabeça de toda a igreja dentro do Império Persa.

Quanto à teologia, a igreja persa separou-se da igreja dentro do Império Romano ao adotar a doutrina cristológica que comumente recebe o nome de "nestorianismo". Visto que essa doutrina tinha um grande número de adeptos em Antioquia e em Edessa, era de esperar que, ao ser rejeitada pelo Concílio reunido em Éfeso, no ano de 431, boa parte desses adeptos buscasse refúgio entre os cristãos de língua siríaca além das fronteiras do Império Romano, com o qual sempre haviam tido estreitas relações. Foi assim que um bom número de nestorianos se estabeleceu na cidade de Nisibis, fundando ali uma escola teológica que logo fez sentir sua influência. Alguns anos depois, essa igreja declarou-se a favor do nestorianismo e contra a cristologia da igreja cristã dentro do Império Romano.

5. O cristianismo na Índia

A tradição afirma que o cristianismo foi levado à Índia pelo apóstolo Tomé. Isso não é totalmente impossível, mas a tendência das igrejas dos séculos posteriores em atribuir suas origens a algum apóstolo desperta dúvidas sobre a veracidade dessa tradição. Além disso, outra tradição afirma que foi São Bartolomeu quem levou o cristianismo para a Índia.

Em todo caso, não há dúvida de que a nova fé chegou ao sul da Índia talvez desde o primeiro século. Pelo fato de os mais antigos monumentos cristãos estarem escritos em pálavi, é interessante supor que o cristianismo do sul da Índia, desde suas origens, teve relações estreitas com o cristianismo persa, bem como que alguns de seus primeiros adeptos foram imigrantes de origem persa – talvez refugiados das perseguições dos sassânidas. Além disso, sabemos de imigrantes cristãos de origem siríaca.

Nada sabemos sobre os métodos missionários dos primeiros cristãos que chegaram à Índia. O fato de que muitos dos convertidos pertenciam a uma casta alta faz supor que se dirigissem especialmente aos níveis mais elevados da sociedade.

6. O cristianismo na Arábia

Também na Arábia o cristianismo se estendeu durante esse período. Dada sua posição entre esses três Estados, a Arábia foi campo missionário para os cristãos do Império Romano, da Pérsia e da Abissínia. Contudo, o cristianismo nessa região não alcançou o arraigamento, a extensão e a organização que alcançou em outros lugares.

7. O cristianismo na Abissínia (atual Etiópia)

Por último, devemos mencionar as origens do cristianismo na Abissínia (atual Etiópia), pois, durante o período que estamos estudando, fundou-se ali uma igreja que perduraria até nossos dias. Há lendas que sugerem que o trabalho evangelizador na Abissínia começou com os apostolados de Mateus (o autor do Evangelho) e de Tomé (o discípulo incrédulo). Não é necessário dizer que as lendas têm pouca credibilidade entre os historiadores. Contudo, até os dias de hoje, muitos cristãos etíopes reivindicam o fato de pertencerem a uma das igrejas mais antigas, que segundo eles alcançou boa parte de seu êxito inicial porque já havia na Etiópia uma comunidade judaica, descendente de Salomão e da rainha de Sabá.

Em todo caso, na primeira metade do séc. IV, como consequência de um naufrágio, o jovem cristão Frumêncio e seu irmão Edésio chegaram ao reino de Axum, às margens do mar Vermelho. Foram feitos prisioneiros pelos habitantes desse reino, mas logo, pelo seu caráter, ganharam a liberdade e a estima dos governantes do país. Frumêncio começou sua obra entre os comerciantes cristãos que chegavam a Axum, e rapidamente teve alguns convertidos do próprio país. Edésio regressou a Tiro, mas Frumêncio decidiu continuar sua obra de evangelização e foi para Alexandria, onde o famoso bispo Atanásio o consagrou bispo de Axum. Uns cem anos mais tarde (ano 450), os esforços de Frumêncio e de seus sucessores foram coroados com a conversão do rei Exana. Esse fato foi seguido pela conversão em massa do país. Visto que Exana foi um hábil político e guerreiro, e que, além disso, usou a força para a "conversão" ao cristianismo de seus súditos mais obstinados, o reino cristão de Axum estendeu-se rapidamente até as margens do Nilo e veio a ser assim o núcleo da Etiópia moderna. Nesse país, a igreja fundada por Frumêncio alcançou forte arraigamento com a tradução da Bíblia para o idioma nacional, a organização de uma igreja autônoma e a adoção do "monofisismo" no séc. VI, seguindo o exemplo dos coptos do Egito.

D. Considerações gerais

Apesar da escassez de dados que torna tão difícil seu estudo, o período que acabamos de discutir é um dos mais interessantes na história da expansão do cristianismo.

É interessante, em primeiro lugar, pelo inusitado alcance dessa expansão. Ao terminar o período apostólico, a fé cristã era representada somente por pequenas minorias, em algumas das principais cidades do vale oriental do Mediterrâneo. Depois de apenas quatro séculos de história, essa mesma fé se apoderou do Império Romano e dos Estados de Edessa e Armênia, estendendo-se também do Oriente até a Índia e até o sul da Abissínia. Exceto pelo sécs. XVI e XIX, o cristianismo não teve outro período de semelhante expansão.

Em segundo lugar, o período que acabamos de estudar é interessante pelos métodos missionários que nele se empregaram. Tais métodos refletem um interesse genuíno em compartilhar a fé cristã em todo lugar e circunstância, frequentemente com a utilização das estruturas culturais e sociais de cada grupo ou sociedade como canais para essa comunicação. Uma das características mais notáveis desse período é a ausência quase total de "missionários" – ou seja, de pessoas enviadas pela igreja para propagar sua fé. Também deve-se notar a pouca importância que o culto cristão tem na conversão dos pagãos. Talvez essas duas características se devam ao fato de que a igreja genuinamente missionária não trata de descarregar essa responsabilidade, concentrando-a sobre uns poucos indivíduos ou momento particular de sua vida, mas torna-se, como unidade, instrumento de sua vocação missionária.

Em terceiro, o encontro do cristianismo com as culturas circundantes manifesta-se, sobretudo, na necessidade de traduzir a Bíblia, bem como a pregação e o culto, para novos idiomas. Tais traduções, que têm sido sinal dos melhores períodos na história das missões, são índices da abertura da nova fé e de seus porta-vozes para as tradições e para os valores culturais de seu público.

Em quarto lugar, deve-se notar a importância da conversão de governantes e outros membros das elites sociais e políticas em vários países e regiões – conversão que, frequentemente, foi seguida pelo restante da população.

Por último, esse período é interessante pelo modo em que nele se considera o problema das relações entre a igreja e a sociedade civil, que é um dos problemas considerados cruciais em nossos dias. A Igreja não é uma agência de poder político ou de pressão social. Mas, se a igreja crê no senhorio de Jesus Cristo sobre o mundo, deve esperar que nesse senhorio seja servida pelas agências do poder político e da pressão social. Esses dois pontos na vida da igreja abordam um paradoxo que é especialmente notável em períodos como os nossos, quando as mudanças sociais e políticas se sucedem com desconcertante rapidez. Tal paradoxo requer discernir quando o poder político serve aos propósitos de Jesus Cristo. Esse discernimento nunca é absoluto e infalível, e, portanto, a tarefa missionária é sempre complexa e arriscada. Talvez o estudo e a reflexão sobre a conversão de Constantino e suas implicações para a igreja nos sirvam para enfrentar a nossa responsabilidade missionária hoje.

Capítulo IV
As missões medievais

Passamos agora ao estudo de um período que muitos historiadores têm caracterizado em termos negativos como tempos de obscuridade e de superstição. Não obstante, essa época está cheia de intercâmbios ricos e inovadores entre a fé cristã, a cultura germânica em sua diversidade e o Islã. Tais intercâmbios e situações históricas obrigam a igreja a refletir sobre sua missão e sobre a evangelização. Ainda que a Igreja se visse em situação ambígua e frágil, as políticas missionárias refletiram novos métodos e uma reflexão missional inovadora que bem podem marcar pauta para os desafios que enfrenta a igreja de hoje em seu encontro com diversas culturas, tradições e religiões. O que outros consideram "era das trevas" pode ser visto como um período de transformação criadora na vida da igreja e em sua missiologia.

A. Da irrupção germânica até o avanço do Islã

1. A reconquista do que havia sido o Império Romano

Desde suas origens, o Império Romano viu-se constantemente ameaçado pela presença de outros povos em suas fronteiras, na maioria germânicos, que os romanos chamavam de "bárbaros". Na Europa, o rio Danúbio e o Rin serviam de barreiras naturais que continham o ímpeto dos germanos e eslavos. Nas ilhas britânicas, onde não havia tais fronteiras naturais, construíram-se fortificações para impedir a invasão do território romano por parte dos escotos e pictos. Na África do Norte e Egito, repetiam-se os encontros bélicos com os mouros e núbios. No Oriente, o grande inimigo de Roma era o Império Persa, que parecia ser mais temível que os bárbaros, mas, na realidade, não era. A Pérsia podia muito bem invadir o Império e arrebatar três ou quatro províncias, como o fez em várias ocasiões, mas não se trasladaria em massa para o território romano, deixando para trás o seu lugar de origem, como tendiam a fazer os bárbaros. Por essas razões, a proporção oriental do Império Romano não se via seriamente ameaçada até que não aparecessem outros nômades, os árabes, capazes de invadir e conquistar tanto o Império Persa como boa parte do Império Romano. O Ocidente, pelo contrário, via-se ameaçado por um inimigo bastante volátil, cujo objetivo era estabelecer-se dentro do Império.

Desde os tempos de Marco Aurélio, teve início uma série de pequenas guerras de fronteiras que debilitavam o Império, mas só no séc. IV – e, sobretudo, depois da morte de Teodósio – é que as legiões romanas se mostraram incapazes de conter as ondas sucessivas de bárbaros que penetraram o Império ocidental através de todas as suas fronteiras. Durante séculos de prosperidade e relativa segurança o Império e seus habitantes se haviam acostumado à vida tranquila e livre de perigos. Visto que os antigos habitantes do Império não queriam ir ao campo de batalha, recorreu-se à solução fácil – mas suicida – de encher as legiões de bárbaros dispostos a lutar pelo Império. Logo, a defesa de Roma contra os bárbaros estava nas mãos dos próprios bárbaros. Uns como defensores de Roma, outros como seus invasores – e muitos alternadamente a título de ambas as coisas –, os povos bárbaros foram instalando-se e estabelecendo reinos próprios dentro do Império. Esse processo foi lento e – mesmo existindo momentos de grande significação histórica, como o do saque de Roma por Alarico, no ano de 410, ou a deposição do Imperador Rômulo Augústulo por Odoacro, em 476 – a maior parte das pessoas que viveram nessa época provavelmente não teve consciência de sua importância.

a) O desafio dos bárbaros à "romanitas cristã"

Do ponto de vista da história da civilização, as invasões dos bárbaros apresentavam um grande desafio. Ao longo de séculos de desenvolvimento cultural, havia aparecido no mundo o que os contemporâneos chamavam de *romanitas*, ou "romanidade" – a herança greco-romana que criam ser a civilização mais elevada que a Europa havia conhecido. Era a *romanitas* que havia tornado possível a riqueza que os bárbaros ambicionavam, e um dos motivos que os impulsionava até o território romano era tornar-se participantes dela. Contudo, esses mesmos bárbaros, com costumes distintos dos romanos e a falta de compreensão dos verdadeiros fundamentos da *romanitas*, ameaçavam de morte aquilo que desejavam obter.

Do ponto de vista das missões, as invasões dos bárbaros apresentavam também um desafio. Os invasores traziam consigo suas tradições e seus deuses. Visto que os diversos povos nórdicos que invadiram o Império Romano tinham origens e tradições comuns, com frequência tornava-se difícil distinguir entre a religião de um e a de outro. Além disso, nossas principais fontes literárias para conhecer essas religiões datam de vários séculos depois das primeiras invasões; portanto, podem refletir influências e interpretações posteriores. Contudo, em termos gerais, é possível assinalar que todos esses povos criam na vida após a morte, pelo menos para os guerreiros valorosos, que participariam de festas e banquetes no salão do deus da guerra – deus que recebe um nome entre os godos, outro entre os celtas e outro entre os escandinavos. Tanto a esse deus como a outros de seus muitos deuses, esses povos ofereciam sacrifícios de animais, colheitas e até seres humanos. Em alguns casos, seguiam uma política semelhante à de Israel ao tomar Jericó, sacrificavam a seus deuses todo o despojo de alguma conquista – inclusive os cativos. Por outro lado, um elemento importante de sua religião eram os lugares sagrados, especialmente os bosques e as árvores sagradas.

A imensa maioria dos povos que se estabeleceram nos antigos territórios imperiais era pagã, e seguia a religião que acabamos de descrever. Os que eram cristãos haviam sido convertidos por meio do contato com os arianos e seguiam a doutrina ariana, que os demais cristãos consideravam herética. Algumas das regiões em que o cristianismo conseguiu propagar-se mais efetivamente – as Gálias, a Itália, a Espanha e a África do Norte – viam-se ocupadas por gente nova, sendo necessário empreender uma nova obra missionária.

Para os cristãos da época que se haviam formado sob a *égide da romanitas*, o desafio para a civilização e o desafio para o cristianismo eram a mesma coisa. Para eles, o Império Romano era obra do próprio Deus, que em sua providência o havia estabelecido como fundo e veículo para a transmissão do evangelho. Se Deus permitia que esse império fosse ameaçado pela barbárie, isso também era parte do plano divino para a redenção do mundo, pois assim os bárbaros podiam ter acesso a fé. Também fazia parte do plano de Deus que esses bárbaros tivessem acesso à fé fazendo-se participantes da *romanitas*. É por essa razão que, ao longo desse período, a obra missionária da igreja se une a sua obra civilizadora, e ao mesmo tempo em que se busca converter os bárbaros busca-se romanizá-los. Além disso, alguns escritores cristãos, como Paulino de Nola, argumentavam que se devia fazer um esforço para converter os pagãos, pois desse modo eles deixariam de ser uma ameaça ao Império e à civilização.

Contudo, isso não quer dizer que todos os cristãos vissem em sua religião um modo de salvar a *romanitas*, mas, sim, pelo contrário, ao menos alguns estavam dispostos a que a própria estrutura da civilização fosse destruída se Deus decidisse usar esse meio para a evangelização dos bárbaros. Assim, Orósio, discípulo espanhol de Agostinho, dizia:

> Se somente para isso esses bárbaros foram enviados para dentro das fronteiras romanas: para que por todo o Oriente e o Ocidente a igreja de Cristo se enchesse de hunos e suevos, de vândalos e borgonheses, de diversos e inumeráveis povos de crentes, louvada e exaltada há de ser a misericórdia de Deus, porque o conhecimento e a verdade de Deus têm chegado a tantas nações que não poderiam tê-lo sem essa oportunidade, ainda que isso seja mediante nossa própria destruição (*História*, vii: 41).

A reconquista, por parte da igreja, do território perdido por causa das invasões começou no mesmo dia em que se tornou necessária. Os povos pagãos estabeleciam-se no território romano e logo começavam a adaptar-se aos costumes e às crenças de seus vizinhos conquistados. Ao mesmo tempo, os novos métodos de missão e a configuração do encontro entre essas culturas transformavam a fé cristã, fazendo-a mais germânica e menos latina. Um pouco mais lenta foi a conversão ao catolicismo dos bárbaros[1] que eram arianos antes de atravessarem o Império – godos, lombardos e vândalos. Assim era de esperar porque os bárbaros tendiam aceitar os costumes dos romanos.

b) *A conversão dos pagãos*

O processo de conversão dos invasores germânicos é um exemplo de como uma maioria não-cristã, impressionada pela cultura e civilização "cristã" de uma minoria,

---

[1] Aqui e no restante deste capítulo, usamos o termo "católico" não em contraposição a "protestante" que é o sentido atual, mas em contraposição a "ariano".

pouco a pouco aceita a fé da minoria. No processo, naturalmente misturam-se elementos das duas culturas, de modo que o cristianismo resultante leva o selo tanto da tradição cristã anterior quanto das tradições dos povos recém-convertidos.

Os próprios líderes da igreja viam-se, então, numa tensão que será característica da história do cristianismo ao longo dos tempos. Por uma parte, parecia-lhes necessário desfazer-se, da maneira que fosse possível, de tantos elementos da antiga religião dos convertidos. Por outra, percebiam que essa religião tinha raízes profundas nas tradições e nos costumes dos povos. Essa ambivalência pode ser vista nas cartas do bispo de Roma (o papa) Gregório, o Grande, que, depois de receber notícias de que o rei Etelberto de Kent se havia convertido, lhe enviou instruções no sentido de que todos os templos pagãos devessem ser destruídos. Pouco tempo depois, ele escreveu a um missionário que se dirigia a esse mesmo reino de Kent:

> Levo longo tempo debatendo comigo mesmo sobre o caso dos anglos e tenho chegado a conclusão de que os templos dos ídolos desse povo não devem ser destruídos, mesmo que haja ídolos neles. Que seja preparada e aspergida água benta nesses templos e se construam altares [cristãos] e se depositem relíquias [de santos]. Visto que esses templos estão bem construídos, é bom que passem do cultos aos ídolos ao culto a Deus verdadeiro. Assim, quando as pessoas virem que seus templos não foram destruídos, afastarão o terror de seus corações e, conhecendo e adorando o verdadeiro Deus, irão agora a esses mesmos lugares a que antes acostumavam ir. E, visto que costumavam sacrificar muito gado aos demônios, devem continuar tendo alguma celebração parecida, mas transformada, de modo que ao tempo da dedicação ou nos aniversários dos santos mártires, cujas relíquias estarão nos templos se construam ramadas em torno desses antigos templos, que agora são igrejas, e celebrem a ocasião com festas religiosas. Que já não sacrifiquem animais ao diabo, mas que agora os

sacrifiquem em adoração a Deus e os comam adorando ao Deus que lhes dá esse gozo, de modo que, enquanto seus corpos desfrutam esses prazeres externos, suas mentes possam ser levadas a desfrutar os prazeres internos. Porque, sem dúvida, é impossível tirar-lhes tudo isso dos corações de uma vez (BEDA, *História*, 1.30).

Se o processo de conversão dos bárbaros pagãos teve início logo que se estabeleceram nos territórios do Império Romano, e povos como os suevos e borgonheses contavam com grande número de cristãos, o passo decisivo era frequentemente a conversão de um rei e de seus nobres, ao que se seguia a conversão em massa do povo. Nesse sentido, o acontecimento principal, tanto por sua importância imediata como por suas consequências ao longo dos séculos, foi a conversão dos francos, cujo ponto culminante foi o batismo do rei Clodoveo, no ano 496.

Foi em 481 que Clodoveo chegou a ser rei dos francos sálios. Esse não era um reino de grande extensão ou poderio, e durante cinco anos o jovem rei parecia contentar-se com isso. Mas, no ano de 486, Clodoveo empreendeu uma série de campanhas militares que rapidamente estenderam as fronteiras do seu reino. Em 493, tomou por esposa a princesa católica Clotilde, filha de Chilperico, rei dos borgonheses. Ainda que já fizesse anos que o rei dos francos se mostrasse respeitoso para com o cristianismo e seus bispos, parece que foi Clotilde quem mais influenciou em sua conversão. Primeiro, Clodoveo consentiu que seus filhos fossem batizados e foi só algum tempo mais tarde que ele próprio recebeu o batismo. A cerimônia aconteceu em Rheims no dia de Natal do ano de 496; vários nobres – e, com o tempo, todo o povo – seguiram o rei à pia batismal.

Aparentemente, os motivos que impulsionaram Clodoveo a aceitar o batismo foram mais políticos do que religiosos – ainda que não devamos esquecer a influência de Clotilde. Com efeito, a igreja podia ser uma grande aliada nas conquistas a que Clodoveo se propunha, e, sobretudo, na organização do nascente Império Franco. Para isso, era necessário que o rei fosse cristão e que suas ações pudessem ser interpretadas como inspiradas por sua fé. Ao aceitar o batismo e ao instar seus súditos – ainda que não por meios violentos –, Clodoveo aceitava e convidava o apoio que a igreja e, sobretudo, seus bispos podiam prestar a seus propósitos políticos.

É necessário assinalar que, ainda sem o acontecimento notável do batismo de Clodoveo, os francos, como os demais povos bárbaros que haviam invadido o Império, acabaram aceitando o cristianismo como parte da cultura romana a que tendiam a se conformar.

Por outro lado, contudo, o batismo de Clodoveo é importante porque assinala o começo do grande reino franco, que chegaria a constituir um novo império. Nesse império, o séc. IX creu ver um novo despertar do Império Romano Ocidental então desaparecido, e foi por meio de sua influência que o cristianismo alcançou alguns de seus maiores avanços geográficos. A história do Império Franco e de sua importância para a expansão do cristianismo pertence a outra seção deste capítulo.

c) A conversão dos arianos

Ainda que estivesse destinado a desaparecer, o arianismo mostrou-se mais resistente à fé ortodoxa que os velhos cultos pagãos. À parte dos vândalos, que logo atravessaram o estreito de Gibraltar e se estabeleceram no norte da África e cuja persuasão ariana continuou até as conquistas muçulmanas, os principais povos arianos que se estabeleceram nos antigos territórios do Império Ocidental foram os ostrogodos, os lombardos e os visigodos. Os ostrogodos deixaram de ser um desafio para os cristãos ortodoxos quando cederam a hegemonia da Itália aos lombardos. Esses, por sua vez, logo começaram a receber a influência de seus vizinhos católicos e das princesas católicas que se casavam com seus reis, e acabaram aceitando a fé nicena. Isso nos recorda mais uma vez de que, ao longo de toda a história, os vínculos familiares, com os intercâmbios culturais e religiosos que às vezes acarretam, têm sido um importante método de evangelização. Os visigodos que se estabeleceram na Espanha a princípio foram tolerantes com os católicos. Os ostrogodos também o haviam sido, ainda que, nem por isso, deixasse de haver perseguições e pressão de diversas formas para induzir os ortodoxos a que se tornassem arianos. Contudo, tudo isso terminou quando, no ano de 589, o rei Recaredo – cujo falecido pai havia perseguido os ortodoxos – abraçou a fé nicena. Mesmo assim, o arianismo não desapareceu da Espanha, mas perdurou até que a invasão muçulmana pusesse fim ao reino godo na península.

O processo de conversão dos arianos, que já se consideravam cristãos, introduz uma problemática que veremos repetir-se no curso desta história: a evangelização que acontece entre os que já se chamavam cristãos. Os católicos criam que os arianos, para que fossem verdadeiros cristãos, deviam abandonar o arianismo e, por isso, buscavam a sua conversão. Séculos mais tarde, no Oriente Médio, os católicos romanos tratariam de converter os ortodoxos orientais, e na América Latina os protestantes se dedicariam à conversão dos católicos romanos.

2. As missões nas ilhas britânicas

O Império Romano havia alcançado somente a porção sul da Grã-Bretanha – o que hoje chamamos de Inglaterra. Agora, entretanto, esse território estava em posse de vários reis anglos. Mais ao norte e a oeste, o que hoje é a Escócia, o País de Gales e a Irlanda, todavia, habitavam antigos povos celtas, cuja religião era muito parecida com a que temos descrito ao falar dos germanos. No entanto, as missões nas ilhas britânicas, durante esse período, merecem discussão à parte, pois nessas ilhas se fundou uma igreja forte, que logo serviria de ponto de partida para empresas missionárias ao continente. Além disso, nas ilhas britânicas dão-se quatro fenômenos dignos de menção: 1) a conquista para o cristianismo do território além das fronteiras do velho Império, com a obra de Patrício e outros; 2) a expansão do cristianismo a começar da Irlanda por meio de instituições monásticas como a de Iona; 3) a primeira missão organizada pela sede romana de que temos notícias – a missão de Agostinho à Inglaterra; 4) o desenvolvimento de uma metodologia missionária sancionada por Roma que levava muito a sério o contexto religioso e cultural das pessoas evangelizadas – foi nesse contexto que Gregório escreveu a carta sobre os templos pagãos que citamos anteriormente.

a) Patrício

Esse missionário, que a posteridade conhece como São Patrício e que é, até o dia de hoje, o santo padroeiro da Irlanda, nasceu no final do séc. IV, na atual Inglaterra. Seu pai, um decurião romano, era de fé cristã, como o havia sido também seu avô. Para o jovem Patrício, contudo, sua fé não era de grande importância até que seu próprio infortúnio o fez voltar-se para ela.

Sendo, todavia, adolescente, Patrício foi arrebatado de seu lar e levado para a Irlanda por um grupo de assaltantes dessa ilha. Na Irlanda, como escravo, passou vários anos pastoreando gado. Ao negociar com o capitão de um barco, conseguiu escapar até o continente. Mesmo lá, teve dificuldades para libertar-se não de seus antigos amos, mas agora de quem o havia ajudado a escapar. Por fim, depois de longas viagens que o levaram até o Mediterrâneo, Patrício regressou ao lar, levando no ardor de sua fé o resultado de seus muitos infortúnios.

Ao regressar à Grã-Bretanha, Patrício recebeu em sonho o chamamento para ir como missionário à terra de seu cativeiro:

Vi, em uma visão noturna, um homem que vinha como da Irlanda, cujo nome era Vitório, com muitas cartas. Ele me deu uma. Li o princípio de uma carta que dizia ser a "voz dos irlandeses", e, enquanto lia o princípio da carta, pareceu-me que ouvia as vozes dos que viviam junto a mim no bosque de Focluth, que está junto ao mar ocidental; clamavam, como uma só boca: "Rogamos-te, santo jovem, que venhas e de novo andes entre nós". Meu coração se comoveu, e não pude ler mais; despertei.

Na Irlanda, Patrício parece haver empregado diversos meios para levar pessoas à conversão. Em geral, aproximava-se primeiro dos dirigentes das comunidades e logo, por meio da influência desses, obtinha a conversão, ou pelo menos o batismo, das massas. Nisso, Patrício levava em conta a tradição celta, na qual havia um profundo sentido de unidade na comunidade, de modo que as decisões importantes, uma vez tomadas pelos chefes, eram decisões de todo o grupo. No campo da religião, isso queria dizer que, se os chefes decidissem abraçar o cristianismo, o restante da população os seguiria. Portanto, foi a esses chefes que Patrício se dirigiu principalmente. A fim de chegar aos reis e às demais pessoas influentes, não vacilava em levar-lhes presentes. Em certas ocasiões, nem sequer isso lhe valia para ser bem recebido, e então Patrício viu sua vida peregrinar com a alegria de quem vê no martírio a coroa de sua fé.

Por esses meios, Patrício batizou milhares de pessoas, e deve-se supor que a fé de tais convertidos havia sido bem superficial. Contudo, é notável que foi precisamente a Irlanda recém-convertida que serviu de centro para um grande movimento missionário que haveria de se estender por quase todo o norte da Europa. Talvez isso se deva ao fato de que, ao mesmo tempo em que se dedicava a batizar as multidões, Patrício ordenava sacerdotes irlandeses que se ocupavam de nutri-las na fé. A princípio, esses pastores devem ter sido quase tão ignorantes como seu rebanho, mas logo se fez sentir a influência dos monastérios que iam resultando da obra de

Patrício e que eram verdadeiros centros de estudo e devoção. Isso assinala o fato, frequentemente esquecido, de que muitas vezes o maior desafio da missão da igreja não é a *expansão* da fé, mas seu *aprofundamento*. Fazer discípulos é muito mais do que ganhar convertidos.

Por meio da obra de Patrício – e sem dúvida de muitos outros cujos nomes a fé histórica tem esquecido – estabeleceu-se na Irlanda uma igreja autônoma que se tornou parte da própria tradição do povo irlandês. De algum modo que os historiadores não puderam decifrar ao todo, mas que são reflexos de alguns elementos da antiga cultura celta, essa igreja chegou a ter certas características peculiares quanto à sua organização, à data em que celebrava a Páscoa da Ressurreição e outras coisas semelhantes. Assim, por exemplo, a autoridade eclesiástica foi firmada não no bispo a cargo de uma diocese, mas nos abades dos monastérios, cuja autoridade era semelhante à dos antigos bardos celtas. Mais adiante, tudo isso seria motivo de conflito entre os missionários irlandeses e os que seguiam os costumes de Roma e o restante do cristianismo ocidental.

b) Columba e a comunidade de Iona

Pouco depois dos primeiros esforços missionários de Patrício, a ilha da Irlanda já era um centro missionário importante. Peregrinos irlandeses passeavam por toda a Europa, pregando e chamando os cristãos a uma vida mais de acordo com os princípios do evangelho. Quase sempre iam de um lugar a outro estabelecendo monastérios que logo abandonavam para prosseguir viagem. Com frequência, seus costumes e interesses entravam em conflito com a hierarquia eclesiástica local, então prosseguiam seu caminho em busca de um lugar mais adequado a seus propósitos.

Em geral, os peregrinos não eram levados por um ideal missionário, mas viam em suas peregrinações um modo de tornar mais estreita sua vida monástica. Quem havia abandonado suas posses e ambições para dedicar-se à vida ascética, empreendia grandes peregrinações como um modo a mais de renunciar ao que mais amava: sua pátria e seus entes queridos. Com frequência, suas peregrinações aconteciam em territórios que já eram cristãos, então os problemas que causavam faziam que as autoridades eclesiásticas os vissem com receio. Isso nos recorda de que a atividade missionária, por estar na fronteira da igreja com outros povos e culturas, em certas ocasiões desafia as estruturas das igrejas que se acostumam a seu lugar cultural – razão pela qual muitas das histórias da igreja, escritas "a partir do centro", dão pouca atenção ao tema da missão. Além disso, no caso dos missionários irlandeses, como em tantos outros, volta-se à difícil questão da evangelização dos povos que já se dizem cristãos. Em outras ocasiões, suas viagens os levavam a lugares em que a população não era cristã, então a peregrinação nascida de propósitos ascéticos culminava em trabalho evangelístico. Como em outros casos, o discipulado levou ao testemunho e vice-versa.

Entre esses peregrinos irlandeses, o mais destacado é, sem dúvida alguma, Columba. Filho da aristocracia irlandesa, Columba educou-se no ambiente monástico que havia conservado algo da erudição da Antiguidade. Na Irlanda, antes de partir em suas viagens missionárias, Columba fundou vários monastérios. Aos 42 anos de idade, acompanhado de doze discípulos, atravessou o mar e estabeleceu-se na ilha de Iona, à costa da Escócia. Era uma pequena ilha de poucas milhas de extensão, na qual, segundo um antigo historiador, só havia cinco famílias. Em Iona, Columba fundou um monastério que mais tarde seria de enorme importância para a expansão do cristianismo.

De Iona, Columba fez repetidas viagens à Escócia, onde, por meio da conversão do rei Bridio, fez muito pela conversão dos pictos do norte.

Contudo, a influência de Iona e de Columba não se limitou à Escócia e a sua geração, mas estendeu-se muito além dela. Foi a partir de Iona que o cristianismo lançou suas mais profundas raízes em Nortúmbria. Quando o rei Osvaldo, que durante seu exílio havia recebido o batismo, pediu a Iona que lhe enviasse um bispo que pudesse instruir seus súditos na fé cristã, começou um movimento de grandes consequências para toda a Inglaterra. O segundo bispo que Iona enviou foi Aidán, representante digno do espírito de Columba. Seguindo o exemplo do fundador de Iona, Aidán estabeleceu um monastério na ilha de Lindisfarne, da qual o próprio Aidán e seus companheiros faziam viagens em que pregavam, ensinavam e administravam os sacramentos. Por causa disso, quando Osvaldo morreu e ocorreu depois uma reação pagã, esta não conseguiu desarraigar o cristianismo do coração dos novos crentes. Aidán morreu nove anos depois, mas seu sucessor, Finán, continuou sua obra, de modo que, desde Lindisfarne, o cristianismo se estendeu até os reinos de Mércia, Essex e Wessex.

Na obra de Columba e de seus sucessores – tanto em Iona quanto em Lindisfarne e em muitos outros lugares semelhantes – temos um tipo de obra missionária que não havíamos encontrado antes em nossa história. Nos séculos anteriores, vimos como o cristianismo se propagou de diversas maneiras. Algumas vezes as igrejas enviavam missionários; outras o próprio bispo ocupava-se de visitar as comarcas vizinhas a sua cidade; outras a nova fé propagava-se por meio de pessoas, tais como comerciantes, escravos, etc., que viajavam pelas mais variadas razões; outras, o intercâmbio cultural entre nações e os novos vínculos familiares que se formavam produziam convertidos. Por outro lado, no séc. IV aparecerem centros de vida comunitária e monástica cujos membros se dedicavam a cultivar a fé cristã. Em Iona, porém, vemos a união frutífera do ideal monástico com a tarefa missionária. A comunidade de Iona era de caráter monástico, mas também de caráter missionário. Por meio do estudo e da oração, os residentes dos monastérios, como os de Iona e os de Lindisfarne, não procuravam fortalecer somente a sua própria vida espiritual, mas, além disso, levavam a cabo a tarefa missionária. A partir desse momento, a missão da igreja adquiriu uma nova dimensão: o melhor do ideal monástico e sua busca por fortalecer a fé se tornam parte da tarefa missionária. Mais adiante veremos diversos modos pelos quais o cristianismo medieval tentou pôr o melhor do ideal monástico a serviço da obra missionária. Bem depois, ao chegar ao séc. XVI, veremos que, ao rechaçar o monasticismo, o protestantismo se desfez de um instrumento missionário importante, e que essa foi uma das principais razões para ter levado séculos para se equiparar ao catolicismo em seu trabalho missionário.

c) Agostinho de Canterbury

Conta a lenda que, aproximadamente na mesma época em que Columba trabalhava entre os pictos da Escócia e lançava as bases do que chegaria a ser um movimento missionário, um jovem, a quem mais tarde a história daria o nome de Gregório, o Grande, passava pelo mercado de escravos de Roma quando rapazes loiros que estavam à venda atraíram sua atenção. "A qual nação pertencem esses jovens?" perguntou Gregório e, quando viu que eram anglos, comentou: "Anglos devem ser verdadeiramente, pois têm rostos de anjo". "De qual província são?" — "São da província de Deiri", responderam. — "De ira são verdadeiramente, pois têm sido chamados da ira para a misericórdia de Deus. Quem é seu rei?" — "Aella." — "Aleluia! É necessário que em sua terra se adore o Deus criador".

Gregório tentou partir como missionário para o país dos anglos, mas a plebe enfurecida não permitiu, e teve de permanecer em Roma. No ano 590, chegou a ser papa e nove anos mais tarde transformava em ação seu antigo interesse pela Inglaterra. Dentre os membros do monastério que ele mesmo havia fundado, Gregório escolheu vários monges a quem encomendou a tarefa de evangelizar os anglos. Para dirigir-lhes, nomeou um monge chamado Agostinho, que havia sido abade do convento.

Agostinho e os seus desembarcaram no reino de Kent, onde foram bem recebidos pelo rei Etelberto, cuja esposa era cristã. Durante algum tempo, mesmo que Etelberto lhes permitisse pregar e ensinar com toda liberdade, Agostinho e seus companheiros não viram muitas conversões. Por fim, chegou o dia em que o próprio rei – e boa parte de seu reino depois dele – recebeu as águas do batismo. A partir de então, os esforços missionários progrediram rapidamente. O próprio Agostinho, que já havia recebido o nome de arcebispo de Canterbury – a capital de Kent – nomeou e consagrou vários bispos que contribuíram para propagar o evangelho em partes distintas do reino. Quando morreu, menos de dez anos depois de sua chegada a Kent, grande parte do país era cristã.

Foi com relação a essa missão que Gregório escreveu a carta a Etelberto, dizendo-lhe que os templos pagãos deviam ser destruídos, e depois a outra que citamos, dando instruções contrárias a Agostinho e seus ajudantes (p. 98).

Mesmo que a morte de Etelberto tenha produzido uma breve reação pagã, logo o novo rei se converteu ao cristianismo e pôs fim a ela. A partir desse momento, o cristianismo continuou sendo propagado por todo o sul da ilha, estendendo-se até a Nortúmbria, a partir de Kent, e depois a Ânglia Oriental, através da Nortúmbria.

Naturalmente, não foi Agostinho e os seus os únicos que trabalharam em favor da conversão dos anglos, e é até provável que a comunidade de Iona tenha sido mais frutífera em sua obra missionária. Contudo, a missão de Agostinho deixou uma marca indelével no cristianismo inglês ao introduzir nele os costumes romanos, estabelecendo a autoridade e a hierarquia romana, com respeito ao que temos visto serem as características das igrejas de origem celta. Por isso, até os dias de hoje o principal prelado da Igreja da Inglaterra é o arcebispo de Canterbury.

Por outro lado, a missão de Agostinho à Inglaterra foi a primeira ocasião em que um papa enviou diretamente e oficialmente uma missão a um país distante. Até esse momento, a maior parte da ampliação do cristianismo havia sido levada a cabo por causa de circunstâncias alheias a uma missão "estrangeira" ou aos interesses ou mandatos da hierarquia eclesiástica. No caso de Agostinho e de Gregório, temos algo novo. Agora a tarefa missionária é assunto que concerne à Igreja toda, especialmente a sua hierarquia, que se responsabiliza por sua planificação e estratégia. Em certa medida, isso se relaciona com a crise pela qual passava a igreja no restante da Europa, segundo a qual a expansão geográfica por meio das missões era vista como um ponto de esperança em um horizonte cheio de incertezas.

Como todos sabem, as ilhas britânicas continuaram sendo um centro missionário por longos séculos. Até mesmo depois da Reforma Protestante, foi na Inglaterra e na Escócia que se iniciou boa parte da expansão do cristianismo protestante. O que muitas vezes esquecemos é até que ponto esse cristianismo britânico conservou elementos herdados das antigas tradições celtas. Assim, por exemplo, a festa que hoje se chama "Halloween", ou o Dia das Bruxas, não é senão a continuação das antigas práticas dos celtas, que nessa noite se trancavam em suas casas, pensando que os demônios estavam soltos. Nesses mesmos países, e entre cristãos, conservam-se, todavia, costumes ancestrais de celebrar as festas da primavera com coelhos e ovos, e as do inverno com ramas de visgo, planta sagrada dos antigos cultos celtas.

3. As missões orientais

a) O cristianismo ortodoxo

Durante o período que vai desde a queda de Roma até o avanço do Islã, o Império Romano, conhecido como Império Bizantino, foi uma das grandes potências do mundo, sem mais rivais verdadeiramente temíveis do que a vizinha

Pérsia. Esse Império inclui boa parte do norte da África, o Mediterrâneo oriental e a porção sul-oriental do continente Europeu, e é o principal foco da atividade missionária no Oriente.

Foi durante o reinado de Justiniano que o Império recobrou os territórios do norte da África que haviam sido conquistados pelos vândalos. Imediatamente teve início a tarefa de reconstruir a comunidade ortodoxa dessa região que havia sido sufocada com a fé ariana dos invasores vândalos. Também durante o reinado de Justiniano, o cristianismo estendeu-se até o sul do Egito, na região da Núbia, onde trabalharam vários missionários tanto ortodoxos como monofisistas. Em suas fronteiras até o norte, Justiniano viu a conversão de alguns povos do Cáucaso e de vários hérulos. Por último, seguindo a política estabelecida por seus predecessores, Justiniano promulgou e fez aplicar leis contra os pagãos, provocando numerosas porém superficiais conversões à fé cristã.

b) Os nestorianos e os monofisistas

Ainda que a expansão do cristianismo até o Oriente obtivesse o estabelecimento de algumas comunidades ortodoxas em território persa, os grupos maiores fora das fronteiras do Império Romano eram os nestorianos e os monofisistas – dois grupos surgidos das controvérsias cristológicas do séc. IV.

O nome nestoriano derivava de Nestório, o patriarca de Constantinopla que fora condenado pelo Concílio de Éfeso no ano de 431. Insistiam na distinção entre a natureza divina de Jesus Cristo e sua natureza humana, pois temiam que, de outro modo, a humanidade do Salvador ficasse obscurecida. Por isso, em lugar da fórmula ortodoxa, que declarava que Jesus Cristo existe "em duas naturezas – a divina e a humana – e uma pessoa", os nestorianos prefeririam falar de "duas naturezas e duas pessoas". Partindo da perspectiva ortodoxa, isso parecia dividir Jesus em dois, e, portanto, negar a verdadeira encarnação de Deus. Depois da condenação de Nestório, seus seguidores marcharam até o Império Persa, onde se fizeram numerosos. Nos dias de hoje, são um grupo relativamente pequeno cuja principal concentração está no Iraque e no Irã.

Os monofisistas, por sua vez, não aceitavam a fórmula "duas naturezas e uma pessoa", estabelecida pelo Concílio de Calcedônia no ano de 451, e preferiam dizer "uma natureza e uma pessoa". Desse modo, sublinhavam a unidade da divindade e a humanidade de Jesus Cristo. Esse ponto de vista para os ortodoxos parecia negar a verdadeira humanidade de Jesus, que ficava obscurecida por sua divindade. Os monofisistas eram particularmente numerosos – e continuam sendo – no Egito, na Etiópia e na Síria.

O cristianismo nestoriano estendeu-se principalmente entre pessoas de língua síriaca que estavam espalhadas pelo território persa e além de seus limites, na Ásia Central, na Índia e na Arábia. Por causa das relações históricas entre a teologia antioquena e seu expoente Nestório de um lado e a cultura síriaca de outro era de esperar que boa parte do cristianismo síriaco seguisse o caminho do nestorianismo. Por meio desses nestorianos de língua síriaca, o cristianismo continuou estendendo-se e teve também algumas conversões entre os persas. Entre eles, o mais notável talvez seja Mar Aba, que chegou a ser "Catholicós" de Seleucia-Ctesifón, e, portanto, cabeça da igreja nestoriana em toda a Pérsia.

Os monofisistas estenderam-se também pelo Oriente durante esse período. Já falamos da fundação da igreja de Copta, no Egito, e da igreja da Etiópia – ambas monofisistas. Mas os monofisistas que mais se expandiram durante os primeiros anos da Idade Média foram os chamados "jacobinos". Ainda que dissessem derivar seu nome de Tiago (em latim Jacobus), o irmão do Senhor, sua origem lhes foi dada pelo trabalho pelo trabalho missionário de Jacobus Baradeus, que durante o séc. VI percorreu o oriente de Nísibis à Alexandria, fortalecendo, organizando e propagando o cristianismo monofisista. Antes do avanço do Islã, os jacobinos eram numerosos na Síria, na Mesopotâmia, na Pérsia e no Egito. Em todo caso, a mais notável e distante expansão missionária desse período foi a chegada do cristianismo nestoriano à China na pessoa do missionário Alopén, precedente da Síria. Sua obra está descrita no chamado "monumento nestoriano", uma inscrição do ano de 781, que diz o seguinte sobre a chegada de Alopén à China, no ano 635:

> Quando o ilustre imperador T'ai-Tsung inaugurou sua magnífica carreira em glória e esplendor [...] eis que havia no reino de Ta-ch'in um homem de grande virtude chamado Alopén. Levado por augúrios no azul do céu, decidiu levar consigo os verdadeiros oráculos e, observando as correntes dos ventos, chegou depois de grandes dificuldades a Chang'an. O Imperador enviou seu ministro, o duque Fahn Hsuan-ling, a esse subúrbio ocidental com uma guarda de honra, para encontrar-se com o visitante e levá-lo ao palácio. Os oráculos foram traduzidos na Biblioteca Imperial. Sua majestade investigou "o Caminho" em seus próprios recintos e, depois de se convencer de sua verdade e veracidade, deu ordens especiais para que fosse anunciado...

Alopén chegou à China sob a dinastia T'ang no ano de 635, seguindo o antigo caminho do tráfico da seda, que ia da China até a Europa. Os nestorianos, conhecidos por sua destreza mercantil, viajavam à China e transmitiam a fé. Há referências que indicam que a primeira igreja nestoriana foi fundada por uma família de imigrantes chamada Mar Sergis. É importante salientar que, por essa época, a dinastia T'ang começava uma era de tolerância religiosa e revitalização educativa que permitiu a abertura ao zoroastrismo e ao cristianismo. No ano de 638, data em que se apresenta um edito de tolerância, a primeira igreja cristã foi construída na China com a proteção do Imperador.

Alopén foi bem recebido pela casa real e dedicou-se a traduzir as escrituras e a fundar monastérios. Ainda que o cristianismo, introduzido por Alopén, constituísse um grupo notável, é quase certo que a maior parte dos membros desse grupo fosse estrangeira – possivelmente comerciantes nestorianos – e que a influência cristã havia penetrado somente de maneira muito superficial alguns círculos intelectuais da China. Mesmo que isso pertença a outro período da história, devemos assinalar que o cristianismo nestoriano da China não conseguiu resistir à perseguição resultante de uma troca de dinastia e, portanto, desapareceu.

4. O avanço do Islã

Os sécs. VII e VIII marcam um dos períodos mais tristes na história do cristianismo no Oriente Médio e no norte da África. Durante esses séculos, ocorreram grandes perdas territoriais, e muitas das mais antigas e importantes igrejas cristãs desapareceram ou foram conquistadas.

No ano 622, inicia-se a hégira, ou começo da era muçulmana. No ano da morte de Maomé, em 632, seus seguidores ocupavam uma zona limitada na costa ocidental da Arábia, e não haviam conseguido estender sua influência além dos limites daquela península. Seu sucessor, Omar (634-644), com a ajuda do habilíssimo general Calid e da debilidade dos Impérios Bizantino e Persa, guiou a conquista da Síria, da Mesopotâmia, do Egito e de boa parte da Média e da Pérsia.

A conquista da Síria foi facilitada pelas dissensões produzidas com a divisão teológica entre monofisistas e ortodoxos. Além disso, o povo siríaco era de origem semita e, portanto, não viu com excessivo desgosto a chegada dos árabes. No ano de 634, estes invadiram a Síria e no de 636 toda a região estava em suas mãos – exceto pelas cidades de Jerusalém e Cesaréia, que se renderam nos anos 638 e 640, respectivamente. Como consequência da conquista da Síria, a porção romana da Mesopotâmia, separada da capital bizantina, não tardou em cair. No ano 634, os árabes invadiram a Mesopotâmia persa e, ainda que houvessem sofrido algumas derrotas iniciais, no ano 637 Ctesifón rendeu-se diante deles. Dali continuaram até o Ocidente, invadindo primeiro a Média e depois a Pérsia, mas a conquista desses territórios não se completou senão no ano 649, após a morte de Omar. Então, a velha cultura iraniana continuou existindo e conseguiu imprimir sobre a religião islâmica da região seu selo particular. No ano 640, as tropas de Omar, sob o comando do general Amr, invadiram o Egito. A resistência foi leve, pois o patriarca Ciro, que o imperador de Constantinopla havia feito patriarca e governador, mostrou carecer de firmeza de caráter e de vontade para resistir. No ano 642, com a rendição de Alexandria, todo o Egito ficou nas mãos muçulmanas.

O califa Otman (644-655) não mostrou ser um bom sucessor de Omar. Seu nepotismo e suas políticas fiscais logo semearam o descontentamento, e as únicas conquistas notáveis de seu califado foram a do leste da Pérsia e a de Chipre.

Após o assassinato de Otman, Ali o sucedeu, mas este não pôde reter o poder e logo estourou a guerra civil. Sucederam-se numerosos pretendentes ao califado até que no ano 692 se estabeleceu o califado de Damasco na pessoa de Abd-al-Malik.

Apesar da dissensão interna, o Islã continuou avançando, e no ano 698 todo o norte da África estava em seu poder. A conquista dessa região foi difícil em razão da resistência dos berberes. Contudo, logo eles adotaram a religião dos conquistadores, de modo que no ano 711 a força muçulmana que invadiu a Espanha era formada, em sua maior parte, por mouros. A conquista da Espanha foi fácil. Toda a península Ibérica, exceto Astúrias, caiu em poder dos muçulmanos. No ano 720, e depois em 725, as forças islâmicas invadiram o reino franco, avançando pelo oeste até perto da cidade de Tours, e por Rodano até mais ao norte de Léon.

A batalha de Tours no ano 732, quando Carlos Martel alcançou uma vitória sobre os muçulmanos, deteve o avanço do Islã no ocidente da Europa. Enquanto alguns historiadores cristãos apresentam essa vitória como o fim do avanço do Islã e o começo da ideologia das Cruzadas, outros historiadores muçulmanos atenuam a importância da derrota. As duas perspectivas apontam para o lado crítico da batalha com relação às duas religiões.

Ainda que no Oriente os muçulmanos tivessem atacado repetidamente diversas províncias de Anatólia, chegando a ameaçar a cidade de Constantinopla nos anos 716 e 717, as fronteiras entre o Islã e os diversos reinos cristãos foram fixadas por volta do ano 720. Nessa data, os muçulmanos dominavam todo o antigo Império Persa, a Armênia, a Mesopotâmia, a Síria, a Arábia, todo o norte da África e a quase totalidade da península Ibérica.

O ano 650 marca a ascensão do califado dos abássidas, cuja capital logo foi Bagdá, fundada no ano 762. O califado abásida não realizou grandes conquistas militares, mas conseguiu desenvolver uma civilização herdeira ao mesmo tempo das ciências e da filosofia ocidental, bem como da religião muçulmana. Com isso, termina o período do primeiro impulso expansionista do Islã.

Nos países conquistados pelos muçulmanos, o cristianismo continuou existindo. Durante a liderança de Maomé, os cristãos pagavam um tributo e podiam continuar professando a fé cristã, mas alguns abraçaram a fé muçulmana. O Alcorão concedia certa categoria especial ao cristianismo como um dos "povos do Livro" – ao lado do judaísmo. Isso evitou que os muçulmanos obrigassem os cristãos a se converterem, e até houve cristãos que participaram em assuntos do governo muçulmano. De fato, muitos dos cristãos não-calcedonenses – ou seja, nestorianos e monofisistas – aceitaram a ordem de seus novos conquistadores, proclamando o fim da injustiça e da corrupção anteriores. Não foram poucos os escritores monofisistas no séc. VII que viram na força do Islã um sinal do juízo de Deus sobre as igrejas ortodoxas. Por regra geral, ainda que com sérias exceções, não houve perseguição contra os cristãos nos territórios muçulmanos.

Por outro lado, o cristianismo e seus seguidores ficavam em condições desvantajosas. Ainda que existisse a tolerância religiosa, os cristãos eram considerados cidadãos de segunda classe, e os convertidos ao Islã eram considerados inferiores aos conquistadores árabes. Havia também obrigações e restrições, tais como vestir roupas características e evitar todo sinal externo que pudesse servir de propaganda para o cristianismo – desde tocar os sinos da igreja até criar porcos à vista dos muçulmanos. Se, por um lado, não se perseguia de morte quem havia sido cristão nos tempos da conquista muçulmana, tampouco a seus descendentes, existiam, por outro, penas severas – até a de morte – para os muçulmanos que se convertessem ao cristianismo.

Um caso extremamente interessante é o de João Damasceno, o filho de Mansur ibn Sarjur, um cristão siríaco (jacobino) que serviu como administrador sob a dinastia Umayyad no primeiro centro muçulmano fora de Meca em 661. João Damasceno tornou-se cristão ortodoxo e é famoso pela sua grande obra *Da fé ortodoxa*. Não menos importante é seu *Diálogo entre um serraceno e um cristão*. Nesse tratado, João Damasceno escreveu uma apologia que caracteriza a missiologia cristã do séc. VIII no contexto muçulmano. Ao mesmo tempo em que considera a fé muçulmana uma heresia, João Damasceno provê um modelo para compreender os métodos e o entendimento dos muçulmanos, capacitando os cristãos a argumentar com eles sobre a fé. Os assuntos que aborda nesse tratado refletem as preocupações e os confrontos entre cristãos e muçulmanos mesmo depois de doze séculos.

Na Pérsia, na Síria e no Egito, o cristianismo continuou existindo tanto em seu ramo ortodoxo, quanto no nestoriano e monofisista. Contudo, nenhuma dessas igrejas mostrou ter vitalidade capaz de reconquistar o terreno perdido, ainda que continuasse seu trabalho missionário colocando bispos no Tibete, na Índia, na China e em outras regiões do centro e sudeste da Ásia.

Com a conquista do Egito, as regiões da Núbia e da Etiópia ficaram separadas do restante do cristianismo; por essa razão, a igreja nessa área tendeu a tornar-se conservadora e a perder o estímulo missionário.

No norte da África, o cristianismo continuou existindo durante algum tempo, mas poucos séculos depois da conquista muçulmana havia desaparecido por completo. Talvez isso se deva ao fato de que o cristianismo nunca conseguiu conquistar os corações dos habitantes mais antigos da área, como também de que boa parte dos cristãos imigraram para a Itália e para a França.

Na península Ibérica, o cristianismo continuou existindo não só em Astúrias, mas também nos territórios dominados pelos muçulmanos. Como se sabe, essa foi a região mais importante que o cristianismo conseguiu recobrar das mãos do Islã, e isso por força das armas. Mas a história dessa reconquista pertence à outra parte do presente capítulo.

B. Do impulso missionário britânico até as Cruzadas

O avanço do Islã e a conversão das ilhas britânicas, que narramos na seção anterior, mudaram totalmente o quadro da distribuição e da expansão geográfica do cristianismo. Até então, esse havia encontrado seu eixo central na bacia do Mediterrâneo, em uma ampla faixa que se estendia desde Constantinopla, Antioquia e Alexandria, a oeste, até Roma no oeste. Com as conquistas muçulmanas, Antioquia, Alexandria e Cartago perderam sua preponderância como centros missionários, e Constantinopla ficou limitada a estender suas forças até o norte, pois ao sul e a leste a cercava o Islã. Por um lado, a conversão das ilhas britânicas foi tão completa, que logo se tornaram centros de missões. Com a chegada ao poder dos carolíngios e o consequente florescimento do reino franco, ficou estabelecido um novo eixo de vitalidade cristã no Ocidente, que ia desde a Inglaterra, ao norte, até Roma, ao sul, incluindo em seu centro o reino franco. Por outro, Constantinopla continuou existindo como outro centro de missões cristãs. Esse eixo europeu e o núcleo constantinopolitano foram os focos do impulso missionário durante o restante da Idade Média.

1. As missões no norte da Europa

a) As primeiras missões nos Países Baixos e na Alemanha

Ainda que as primeiras tentativas de levar o evangelho aos Países Baixos partissem do reino franco, foram os missionários ingleses que conseguiram estabelecer firmemente o cristianismo nesses países. O primeiro desses missionários foi Wilfrido, que visitou a região em duas ocasiões e batizou numerosos pagãos convertidos. Pouco depois, no ano de 690, segui-o Wilibrordo, também inglês, que chegou a Frísia com onze companheiros, à maneira dos velhos grupos irlandeses. Ao ter dificuldades com o rei frisão Radbod, Wilibrordo dirigiu-se a Pepino de Heristal, que lhe prestou seu apoio. Dali seguiu para Roma, onde obteve a bênção do papa. Com os avanços de Pepino diante de Radbod, Wilibrordo conseguiu chegar aos Países Baixos e estabelecer-se na cidade de Utrecht, de onde dirigiu a expansão do cristianismo por todo o Sul dos Países Baixos. Mesmo que com a morte de Pepino de Heristal ocorressem desordens no reino franco que permitiram a Radbod conquistar algum terreno perdido, logo Carlos Martel conseguiu unificar o poderio franco e obrigar Radbod a retirar-se.

O mais importante dos missionários que se dedicou à conversão dos frisões foi Bonifácio, cujo verdadeiro nome era Winfrido, e em quem se conjugava o espírito aventureiro característico dos monges britânicos de sua época e uma paixão ardente pela conversão dos pagãos. Sua primeira visita aos Países Baixos teve pouco êxito, pois coincidiu com o período de instabilidade que ocorreu depois da morte de Pepino de Heristal; mas Bonifácio não recuou em seu empenho missionário e logo regressou ao continente europeu. Nessa ocasião foi diretamente a Roma onde, após algumas vacilações, o papa Gregório II lhe deu sua bênção e o dotou de relíquias que haviam de acompanhá-lo e fortalecê-lo em sua missão. Essa missão, contudo, não consistia tanto na pregação aos pagãos como na organização e reforma de igrejas já existentes – tarefa essa que não se ajustava de todo aos interesses de Bonifácio. De Roma, Bonifácio passou à Turíngia, onde se dedicou à tarefa que lhe havia sido encomendada pelo papa. Mas, ao saber da morte de Radbod, resolveu regressar à Frísia, trabalhando ali durante alguns anos sob a direção de Wilibrordo. Depois voltou de novo à Alemanha, país em que transcorreria a maior parte de sua vida. Nesse país, da mesma forma que na Frísia, houvera missionários francos e irlandeses, mas parece que foi Bonifácio quem mais fez pela conversão da região. Depois de trabalhar algum tempo na Baviera, passou a Hesse e logo regressou a Roma, para ser consagrado bispo antes de voltar à Turíngia. Nessa região, os antigos missionários irlandeses haviam estabelecido o mesmo tipo de cristianismo distinto do romano, que já vimos ao tratar da conversão das ilhas britânicas. A obra principal de Bonifácio foi então estabelecer a uniformidade entre a igreja dessa região e o restante das igrejas relacionadas com Roma. Depois de uma terceira viagem a Roma, Bonifácio dedicou-se a reformar a Igreja do reino franco, com o apoio das autoridades. Por último, para coroar uma vida de trabalhos longos e frutíferos, regressou a seu primeiro amor, na Frísia, onde, no ano de 754, tendo mais ou menos oitenta anos de idade, morreu vítima de um ataque por parte de um grupo pagão. Contudo, o cristianismo já estava firmemente consolidado nos Países Baixos, e seu avanço não foi interrompido após a morte de Bonifácio.

b) Carlos Magno e a conversão dos saxões

Ainda que seus antecessores tivessem utilizado a força das armas para apoiar o trabalho missionário, Carlos Magno o fez em um grau e de uma maneira nunca antes vista. Suas armas contribuíram para completar a conversão dos frisões depois da morte de Bonifácio. Mas foi, sobretudo, no caso dos saxões que Carlos Magno utilizou impiedosamente o poder da espada. As lutas de Carlos Magno com os saxões ocupam todo o período que vai desde sua ascensão ao trono, no ano de 771, até sua morte, em 814. Mediante repetitivas campanhas, Carlos Magno conseguiu estabelecer seu poderio e sua religião no território dos saxões. As rebeliões foram muitas, frequentes e sangrentas, mas Carlos Magno esmagou-as violentamente. Ao término de cada campanha entre os saxões, Carlos Magno obrigava os rendidos a aceitar o batismo, com o qual fazia da fé cristã um instrumento para seus propósitos políticos, bem como de sua política um instrumento para a expansão do cristianismo. Após cada vitória de Carlos Magno, vinham os missionários, que se estabeleciam na região com o apoio das autoridades francas e ali se dedicavam a instruir na fé os recém-batizados.

Se os saxões aceitaram o batismo à força – e não se pode dizer que houve entre eles uma conversão genuína antes de batizá-los –, é interessante notar que logo se encontraram entre os mais dedicados defensores da fé cristã. Alguns dos saxões que aceitaram o batismo sob a ameaça das armas chegaram a ser cristãos decididos e contribuíram, em seguida, para a expansão da nova fé entre os companheiros de sua etnia. Possivelmente isso se dava, pelo menos em parte, a um fenômeno que encontramos repetidamente na história da expansão do cristianismo. Os saxões, sendo ainda pagãos, criam que havia certo poder no batismo, de tal modo que, uma vez que fossem batizados, eram abandonados por seus deuses e não lhes restava outra alternativa senão serem fiéis seguidores de Jesus Cristo, tal como eles entendiam o que isso significava. Em todo caso, temos aqui uma prova surpreendente de que nem sempre o uso das armas leva a uma aceitação efêmera do cristianismo. E temos também um exemplo de como esse mesmo cristianismo, adaptado a culturas e tempos violentos, é capaz de adotar a violência como método missionário.

Por outro lado, deve-se realçar que os métodos empregados na missão impactam o próprio conteúdo da mensagem que se comunica. No caso dos saxões, os métodos violentos de Carlos Magno e seus exércitos francos combinaram com as tradições bélicas dos próprios saxões para produzir uma versão da mensagem cristã carregada de imagens violentas. Isso pode ser visto no poema anônimo *Heliand*, uma grande poesia de quase seis mil linhas, escrita por um bardo saxão poucos anos após a conversão do país pela força das armas francas. Nesse poema, Jesus é o guerreiro por excelência, chefe de um bando de doze valentes aventureiros. Na história de seu nascimento, no lugar de ovelhas e pastores, há cavalos e guardas. Dada tal leitura da mensagem do cristianismo, não se deve estranhar que logo os próprios saxões se lançassem na tarefa de converter os vizinhos pela força das armas.

c) A missão aos escandinavos: Ansgar

Pouco depois da morte de Carlos Magno, aparece na história européia o fenômeno de uma nova série de invasões que outra vez ameaçavam a civilização existente. Trata-se das invasões dos normandos e escandinavos, um povo guerreiro de raça germânica que costumava atacar a costa dos países vizinhos a fim de se apoderar de suas riquezas.

Sua cosmovisão religiosa, por ser um grupo germânico, era muito similar à de outros povos de tradição semelhante, como dissemos. A princípio, os normandos limitavam-se a ataques momentâneos nos quais saqueavam o território invadido, especialmente igrejas e monastérios, para que se retirassem imediatamente. Mais tarde, começaram a estabelecer colônias em alguns dos países que costumavam invadir e assim chegaram a se estabelecer na Inglaterra, na Irlanda, na Islândia e na Groenlândia. Ao se estabelecerem em países cristãos, os normandos arruinavam as igrejas locais, mas depois aceitavam a fé do povo conquistado e recebiam o batismo.

Visto que as invasões dos normandos coincidiram com o declínio do poderio carolíngio, não foi possível realizar entre eles uma missão semelhante à que antes havia sido feita por Bonifácio entre os frisões. A princípio, os únicos que chegavam a Escandinávia eram os escravos vikings – aventureiros e salteadores normandos – ou algum outro normando que havia aceitado a fé cristã em uma de suas viagens.

No princípio do séc. IX, aparece em cena a figura de Ansgar ou Askar, monge saxão que dedicou a vida ao trabalho missionário entre os escandinavos. Por causa de circunstâncias políticas, um rei dinamarquês e outro rei sueco pediram missionários à corte do rei franco Ludovico Pio. Depois de alguns esforços infrutíferos para encontrar pessoas interessadas nessa missão, Ludovico decidiu enviar Ansgar, monge que pertencia a um monastério da velha tradição Iona. Ansgar estabeleceu seu centro de operações na cidade de Hamburgo, e dali viajou repetidamente para a Dinamarca e para a Suécia. Por meio da influência de Ludovico Pio, Roma estabeleceu um arcebispado em Hamburgo e colocou Ansgar na sede. Além de viajar pessoalmente aos territórios de sua missão, Ansgar enviou sacerdotes para que pregassem entre os escandinavos e, ao ver meninos dinamarqueses à venda como escravos, comprou-os para ensinar a eles o trabalho missionário. Ao apresentar o evangelho, Ansgar proclamava

Cristo como Deus poderoso capaz de dar a seus seguidores a vitória na batalha. Visto que esse tipo de mensagem era afim com a cosmovisão religiosa e cultural dos escandinavos, não foram poucos os que o aceitaram. Ainda que não tenhamos notícias de que as comunidades cristãs estabelecidas por Ansgar e seus companheiros nos países escandinavos tenham continuado por muito tempo, não há dúvidas de que por meio delas os escandinavos conheceram um pouco do cristianismo, e desse modo se foi preparando o caminho para as futuras missões. Por outro lado, a sede de Hamburgo, fundada por Ansgar, seria um dos centros de trabalho missionário na Escandinávia nos anos por vir e seu papel na conversão da região não seria desprezível.

d) A conversão da Escandinávia: Dinamarca

Da mesma maneira que o poderio carolíngio ocupou um papel preponderante na conversão dos saxões, assim também o novo poderio saxão foi de importância primordial para a conversão da Escandinávia. No princípio do séc. X, com Henrique, o Falcoeiro, começou um período de expansão saxônica que mais tarde daria lugar ao Sacro Império Romano Germânico, cujo primeiro imperador foi Otón I, filho de Henrique, o Falcoeiro. Em razão do prestígio desse Império nascente, já convertido ao cristianismo e em processo de fazer-se cada vez mais germânico e menos latino, seus vizinhos dinamarqueses, e mais tarde o restante dos escandinavos, começaram a sentir o impacto do cristianismo em suas fronteiras. Encontraremos, repetidamente, reis escandinavos que, por afinidade cultural com o cristianismo germânico e por outras razões não tão claras, aceitaram a fé cristã e trataram de implantá-la em seus domínios.

O primeiro desses reis foi Harald Blaatand (Haroldo Dente Azul), poderoso rei da Dinamarca e também da Noruega, que fez todo o possível para estabelecer o cristianismo em seus domínios. Contudo seu filho Svend I se opôs ao governo e às medidas religiosas do pai, dirigindo uma rebelião na qual o matou, apoderando-se de seu trono. Como era de esperar, a isso se seguiu uma reação pagã. Foi o neto de Harald Blaatand e filho de Svend, chamado Knud, o Canudo, que restabeleceu o cristianismo na Dinamarca. Primeiro, Knud conseguiu tornar-se senhor da parte da Inglaterra que estava em mãos dinamarquesas e; mais tarde, chegou a governar a Dinamarca, a Inglaterra e a Noruega. Knud era cristão convicto e fez tudo quanto esteve a seu alcance para alcançar o restabelecimento de sua fé em seus domínios, mesmo que não tenhamos notícias de que tenha pretendido impor o batismo a seus súditos por força das armas. Sua fé profunda impulsionou-o a fazer uma peregrinação a Roma, a pedir ao arcebispo de Canterbury que consagrasse três bispos para a Dinamarca – o que naturalmente desgostou o arcebispo de Hamburgo – e a se interessar pela instrução cristã de seus súditos. Menos de setenta anos após a morte de Knud, a Dinamarca chegou a ter hierarquia própria com um arcebispo na cidade de Lund – que hoje pertence à Suécia.

e) A conversão da Escandinávia: Noruega

Ainda que antes houvesse cristãos na Noruega, a conversão do país teve lugar com a pressão que exerceram alguns de seus reis cristãos. O primeiro deles foi Haakon, o Bom, filho do fundador do reino norueguês, que havia sido batizado na Inglaterra. Haakon fez todo o possível para alcançar a conversão dos noruegueses mas a maioria negou-se a aceitar o batismo e insistiu em que seu rei deveria participar dos velhos sacrifícios pagãos. Por fim, Haakon sucumbiu a essa petição e participou da carne e da bebida do sacrifício. Dizem que mais tarde, pouco antes de morrer, deu mostras de arrependimento por sua apostasia.

Após a morte de Haakon, o Bom, ocorreram distúrbios internos durante os quais Harald Blaatand, da Dinamarca conseguiu tornar-se dono da Noruega. Contudo, os esforços de Harald para estabelecer sua fé não foram frutíferos.

Os dois reis noruegueses que conseguiram implantar definitivamente o cristianismo em seus territórios foram Olaf Tryggvason e Olaf Haraldson.

Olaf Tryggvason, que havia nascido no exílio e cuja juventude transcorreu na Rússia e na Inglaterra, tratou de implantar o cristianismo quando, no final do séc. X, conseguiu tornar-se dono do reino norueguês, que havia sido fundado por seu bisavô, Harald Haarfager. Seus métodos foram violentos; não vacilou em fazer uso do desterro e ainda do castigo físico. Em outras ocasiões, mediante diversos tipos de concessões, comprava o favor da assembléia de dirigentes de uma região e fazia-os decidir que a região se tornaria cristã. Foi por seus esforços que o cristianismo se estendeu à colônia Escandinávia da Islândia e logo à Groenlândia, para, por fim, chegar com Leif Ericson à costa da América do Norte – região a que Leif chamou Vinland, ou terra do vinho. No entanto, não tardou a surgir um forte movimento de oposição à política de Olaf. Esse movimento contava com o apoio de Svend I da Dinamarca e culminou em uma batalha na qual Olaf perdeu a vida e o reino. A Noruega passou às mãos de Svend e da reação pagã.

Dezenove anos mais tarde, Olaf Haraldson conseguiu conquistar a independência da Noruega e dedicou-se a continuar a obra de conversão iniciada por Olaf Tryggvason. Seus métodos não eram tão violentos quanto os de seu antecessor, ainda que não vacilasse em usar a força quando lhe parecia necessário. Seus esforços cessaram quando de novo apareceu um movimento de oposição e Olaf perdeu o trono e a independência de seu país, desta vez em proveito do rei Knud, da Dinamarca. Contudo a obra de Olaf estava feita e, além do fato de que o próprio Knud também fosse cristão, a conversão dos pagãos que estavam na Noruega continuaria sem impedimento algum.

f) A conversão da Escandinávia: Suécia

Da mesma forma que nos casos da Dinamarca e Noruega, a conversão da Suécia deveu-se à adesão de alguns reis à fé cristã. O primeiro rei cristão sobre o qual temos notícias fidedignas foi Olov Skotönung, que governou no princípio do séc. XI. Por outro lado, não devemos esquecer que muito antes Ansgar havia realizado viagens missionárias na região e que ali haviam ficado comunidades cristãs sobre as quais não temos notícias, mas cuja influência deve ter persistido. Em todo caso, os sucessores de Olov eram em sua maioria cristãos que trataram de levar os súditos a aceitar sua fé. Raras vezes a força física foi utilizada para alcançar esse propósito. Posto que a conversão da Suécia aconteceu uns cem anos mais tarde que a da Dinamarca e a da Noruega, ela se viu favorecida por um movimento de despertar religioso que existiu em todo o cristianismo ocidental e cujos principais expoentes foram, primeiro, o monge Hildebrando, que chegou a ocupar o trono papal com o nome de Gregório VII, e em seguida o monasticismo cisterciense. Por esses motivos, a conversão da Suécia foi, em certo sentido, mais rápida e mais profunda.

É importante destacar que na conversão dos países escandinavos se seguiu um método que se ajustava às estruturas sociológicas, culturais e políticas de cada um deles. Era costume dos escandinavos levar todas as decisões importantes a uma assembleia de pessoas principais de uma região. Nessa assembleia, que levava o nome de *Thing*, tomavam-se decisões que logo seriam adotadas por todos. Em várias ocasiões – e, sobretudo, no caso da conversão da Islândia, não discutida aqui, mas decidida em assembleia geral, ou *Althing* – os reis e os missionários que pretendiam obter a conversão de uma comunidade apresentavam a questão diante do *Thing*, que debatia, e decidia, por todos se deviam aceitar o cristianismo. Aqui temos o exemplo de um método missionário seguido em muitas partes do mundo e em momentos distintos da história, que não busca conversões individuais entre os que não pensam em termos individualistas, mas aceita a estrutura sociológica, cultural e a política coletivista do povo cuja conversão se almeja, e se prega o Evangelho não a indivíduos particulares, mas à comunidade como um todo.

2. As missões na Europa Central

Quando os escandinavos aceitaram a fé cristã, ficou praticamente completo o panorama da conversão dos povos germânicos que, desde o fim da Idade Antiga, invadiram o Ocidente da Europa. Contudo, existiam na Europa Central outros grupos não-germânicos que haviam chegado como parte da grande migração que empurrou os germânicos até as fronteiras romanas. Quase todos esses grupos eram eslavos, ainda que houvesse outros de importância tais como os avaros, os magiares e os húngaros. Durante o período que estamos estudando, o cristianismo ocidental começou a estender-se até os territórios ocupados por esses povos. Como era de esperar, essa expansão geográfica foi algo posterior e mais lenta que a expansão nos territórios ocupados pelos germanos, que estavam mais perto da Europa Ocidental cristã, tanto geográfica como culturalmente. Logo, a conversão desses povos não chegou, durante o período que estamos estudando, ao mesmo nível que a conversão dos povos germânicos. Por outro lado, as fronteiras na Europa Central eram muito mais fluidas que as da Europa Ocidental, e isso torna mais difícil um estudo detido da expansão da fé cristã nesses países. Além disso, o processo de conversão nas distintas regiões da Europa Central repete de tal maneira as mesmas características que basta que façamos alguns comentários gerais e digamos algo sobre os mais importantes missionários que foram para a região.

As primeiras missões cristãs dos povos estabelecidos na Europa Central aconteceram provavelmente durante o grande florescimento do poderio carolíngio. Mais tarde, o poder crescente da Saxônia e de seu descendente, o Sacro Império Romano Germânico, veio ocupar o vazio político que havia deixado o desmembramento do Império Carolíngio. Por outro lado, em virtude de sua posição entre Roma e Constantinopla, essa zona foi centro de tensão entre ambas as sedes, que disputavam a autoridade sobre os novos campos missionários. Por essa razão, ao estudar a expansão do cristianismo no centro da Europa, é necessário levar em conta três fatores: a pressão política e imperialista primeiramente carolíngia, e depois do Sacro Império Romano Germânico; a sede romana e sua rival em Constantinopla; e os interesses imperialistas, mas limitados do Império Bizantino.

De todos os povos estabelecidos no centro da Europa, o mais importante era o dos eslavos. Os primeiros cristãos entre os eslavos apareceram por causa do contato com seus vizinhos cristãos – os saxões ao ocidente e o Império Bizantino ao sul. Entretanto o mais notável esforço missionário é o que levaram a cabo dois irmãos, de nome Constantino e Metódio, no séc. IX. Esses irmãos foram originalmente missionários do cristianismo bizantino, ainda que seu trabalho culminasse sob apoio financeiro de Roma. Por sua importância, e também pelo fato de que nela se descobrem os diversos fatores que temos apontado acima, narraremos a história desses dois irmãos. Antes de partir para a Morávia, onde começariam sua missão entre os eslavos, Constantino – a quem a história conhece como Círilo – e Metódio já tinham certa experiência como missionários. Constantino havia sustentado disputas com os muçulmanos e tanto ele quanto Metódio haviam participado de uma missão a Crimea. Por outro lado, é possível que eles conhecessem algo do idioma eslavo antes de partirem para a Morávia, pois se criaram em Tessalônica, onde havia um grande número de habitantes de descendência eslava.

A missão de Constantino e Metódio começou quando o príncipe morávio Ratislao pediu ao imperador de Bizâncio,

Miguel III, que lhe enviasse missionários cristãos. É difícil saber as verdadeiras razões desse pedido. Talvez Ratislao quisesse debater a influência ocidental que se fazia sentir por meio da união entre o cristianismo e o imperialismo político que era característica de seus vizinhos ocidentais. Talvez se tenha deixado levar simplesmente pelo prestígio do patriarca Fócio, um dos homens mais sábios que ocupou a sede constantinopolitana. Em todo caso, o Imperador Miguel III decidiu enviar os dois irmãos, Constantino e Metódio, em resposta a petição de Ratislao.

Ainda que esses dois missionários se tenham dedicado arduamente à conversão e instrução do povo ao qual foram enviados, o aspecto mais importante de sua obra está na criação de um alfabeto com o qual foi possível transcrever a Escritura para o idioma eslavo e traduzir os primeiros livros cristãos nesse idioma. Parece que, mesmo antes de partir em sua missão, Constantino já havia começado a versão da Bíblia para o eslavo. Uma vez na Morávia, tanto Constantino quanto Metódio se dedicaram a esse trabalho. Esse é mais um exemplo dos muitos casos em que o interesse missionário levou os cristãos a criar os meios necessários para traduzir a Escritura para um idioma e estabelecer uma dinâmica intercultural, cujos efeitos sobre a contextualização da fé cristã estamos apenas começando a entender melhor.

Além da Bíblia, Cirilo [Constantino] e Metódio traduziram para o eslavo a liturgia da igreja; esse fato é importante pelo modo com que ilustra a tensão existente entre as forças missionárias ocidentais e as que provinham do Oriente. No Oriente, era costume celebrar a liturgia no idioma vernáculo de cada população. No Ocidente, pelo contrário, o costume era celebrar a liturgia somente em grego e mais tarde em latim. Por essa razão, além do zelo político, os bispos germânicos que já começavam trabalhar entre os eslavos opuseram-se decididamente à obra de Círilo e Metódio – e isso apesar de a própria Roma ter autorizado o uso da liturgia traduzida. Devido a essa tensão, surgiu uma série de vicissitudes, que não é necessário relatar aqui, que mostram como a vida de Círilo e Metódio transcorreu em meio ao turbilhão de zelos entre Roma e Constantinopla, e entre os poderes políticos de Bizâncio e do Império Romano Germânico. Mas, quanto aos irmãos em questão, fizeram todo o possível para resolver essa tensão, viajando repetidamente a Roma, e alcançaram o apoio papal para uma missão que, em sua origem, era oriental. Contudo, isso não adiantou muito, pois os bispos germânicos continuaram opondo-se à missão de Círilo e Metódio não só abertamente, mas também com intrigas políticas.

Como era de esperar, não só por causa da divisão entre os próprios missionários, mas também da magnitude da obra, Círilo e Metódio morreram sem ver completada a tarefa da conversão dos eslavos. No entanto, suas traduções e sobretudo o alfabeto eslavo que haviam preparado foram posteriormente o grande instrumento que serviu para levar o cristianismo aos povos que falavam essas línguas – e é, até mesmo, o alfabeto utilizado por várias línguas de origem eslava, como o russo.

Com a morte de Círilo e de Metódio, o campo missionário entre os eslavos continuou dividido entre a igreja bizantina e a ocidental. Foi, sobretudo na Rússia, que a igreja oriental levou a cabo seu trabalho missionário – mas essa história corresponde à outra seção do presente capítulo. Na parte ocidental do território eslavo – que hoje é Polônia, Estônia, Lituânia e Latvia – foi o Ocidente, aliado ao poder das armas do Império Romano Germânico, que levou a cabo a conversão formal da população.

É interessante notar que os saxões, que um século antes haviam sido forçados ao cristianismo pelas armas de Carlos Magno, agora aplicavam o mesmo método para levar ao cristianismo os vizinhos orientais, os eslavos. Desde os tempos de Henrique, o Falcoeiro, sobretudo com o grande florescimento do poderio saxão de Otón I, que os distintos povos eslavos se viram, um após outro, impelidos a aceitar o cristianismo pelas forças superiores das armas germânicas. Em diversas regiões, especialmente nas costa do Báltico, a conversão foi efetuada de uma maneira que era simples repetição da conversão dos saxões sob o domínio de Carlos Magno. Houve, contudo, outro fator que contribuiu para a conversão dos eslavos: a união do sentimento nacionalista com o cristianismo. Um caso típico é o da Polônia, em cuja unificação o cristianismo ocupou um papel preponderante. O mesmo se pode dizer dos húngaros, ainda que esses não sejam povos eslavos. Na cristalização do sentimento nacional húngaro e, sobretudo, na obra de seus reis Geisa e Estêvão, o cristianismo alcançou um papel de primeira magnitude.

3. A expansão do cristianismo bizantino

Com o avanço do Islã, o cristianismo bizantino viu-se limitado a estender-se até o noroeste, na península dos Balcãs, e até o norte, ou seja, o que hoje é a Rússia.

a) A conversão da Bulgária

O primeiro episódio notável na expansão do cristianismo bizantino, no período do qual nos ocupamos, foi a conversão da Bulgária. Mesmo que antes tenha havido missionários nesse país, tanto latinos como bizantinos, o cristianismo na Bulgária recebeu maior impulso quando o rei Boris aceitou o batismo. Tanto o cristianismo ocidental quanto o bizantino buscavam a aliança da Bulgária, que ficava na fronteira de ambos. Quando em certa ocasião as tropas búlgaras lutavam contra as germânicas, os bizantinos aproveitaram para invadir a Bulgária e exigir que o rei Boris aceitasse o batismo e se declarasse súdito do imperador bizantino Miguel III. Boris aceitou e desde então se dedicou a propagar a fé cristã em seus territórios. Talvez o que o tenha levado a isso foi o interesse em utilizar o cristianismo como meio para quebrantar o poder dos nobres, que se opunham à centralização monárquica e, ao mesmo tempo, defendiam os velhos costumes pagãos. Como era de esperar, surgiu uma reação entre os nobres pagãos, mas Boris esmagou-a definitivamente. A partir de então os batismos se multiplicaram ao mesmo tempo em que Bizâncio e Roma disputavam a hegemonia sobre o novo território cristão. Depois de longas idas e vindas, Boris decidiu-se pelo cristianismo oriental, que correspondeu a seus favores com a sagração de um arcebispo búlgaro, com o qual se fixou estreita relação entre Bulgária e Constantinopla.

Quando Boris renunciou ao trono para retirar-se a um monastério, foi sucedido por Simeão, seu filho. Ainda que este tivesse a princípio algumas dificuldades com a guerra civil, conseguiu continuar a obra da conversão da Bulgária. Pelo fato de Simeão ter sido monge, bem como ter tido uma profunda compreensão do caráter do cristianismo, a conversão da Bulgária foi mais profunda que a dos outros povos que também tiveram conversão em massa. Simeão ocupou-se em traduzir para o búlgaro os livros cristãos e utilizou alguns dos discípulos de Círilo e Metódio para ajudar na obra de conversão de seus súditos eslavos. Além disso, Simeão ocupou-se em estabelecer e defender a independência da Bulgária, tomando para si o título de Imperador e nomeando um patriarca búlgaro, de modo que a Igreja nesse país fosse autocefálica – ou seja, tivesse sua própria cabeça.

b) A conversão da Rússia

A mais notável expansão bizantina durante o período que nos ocupa foi a que ocorreu ao norte, no que hoje é a Rússia. Essa zona era habitada por eslavos, mas sobre eles dominavam invasores escandinavos que se haviam estabelecido primeiro na cidade de Novgorod e depois na de Kiev.

Ao mesmo tempo em que seus parentes na Escandinávia aceitaram a fé cristã, os senhores de Kiev aceitaram essa mesma fé, ainda que na forma bizantina.

Não sabemos como o cristianismo chegou pela primeira vez ao reino de Kiev. Havia em Constantinopla soldados russos que serviam sob as ordens do Imperador, e é provável que alguns deles tenham aceitado o cristianismo nessa cidade e tenham regressado a seu país natal, levando consigo a nova fé. Também o patriarca Fócio e, mais tarde, o imperador Basílio I enviaram missionários ao reino escandinavo que se estendia até o norte.

Em todo caso, sabemos que, em meados do séc. X, a rainha Olga se converteu ao cristianismo e fez tudo quanto esteve a seu alcance para estender a fé a seus súditos. Realizou a maior parte de seus contatos com o Ocidente, especialmente por meio do imperador Otón I, e não parece que seus esforços tenham tido maiores consequências.

Foi um neto de Olga, Vladimir, quem verdadeiramente fez de Kiev um reino cristão. Isso foi no final do séc. X, mas não sabemos quais razões levaram Vladimir a aceitar a fé cristã, e muito menos o que o fez inclinar-se para Bizâncio antes que para Roma. Tampouco sabemos com certeza o que fez Vladimir em favor da conversão de seus súditos ao cristianismo. Segundo algumas fontes, Vladimir, da mesma forma que os reis escandinavos da Noruega, fez uso da força para obrigar seus súditos a aceitar o batismo. Segundo outras versões, sua obra foi mais pacífica e consistiu, sobretudo, em fundar monastérios, estabelecer cortes eclesiásticas, importar relíquias e ícones, e estimular a obra missionária. Diz-se que Vladimir fez a estátua do deus Perún, no topo da montanha mais alta de Kiev, com cabeça de prata e bigodes de ouro, ser destruída. Mais tarde seu filho, Yaroslav, continuou sua obra, tendo especial interesse na produção de literatura cristã em língua eslava. Desde então, a tradição ortodoxa converteu-se na religião da Rússia e gozou do apoio do Estado até o ano de 1917.

Os "monges colonos" também participaram da evangelização das tribos finlandesas na Rússia. Uma vez mais, o monasticismo converte-se em um veículo de evangelização e, simultaneamente, transmite a civilização russa de sua época. Alguns historiadores ortodoxos assinalam que os "monges colonos" manifestavam uma espiritualidade em que se abandonam os prazeres do mundo para depois voltar a esse mesmo mundo e levar o evangelho.

Finalmente, merece menção a obra do laico Trífono, que trabalhou e levou o Evangelho aos lapones nas regiões nortistas da Rússia.

Ainda que a conversão da Rússia pareça ter sido muito superficial, é notável que o cristianismo nesse país tenha resistido às invasões dos mongóis no séc. XIII, pois, já por essa data, era um dos pilares da crescente identidade nacional russa, que saiu dessa dificuldade ainda mais forte.

Com o passar do tempo, o cristianismo russo chegaria a ter tanta ou mais importância que a igreja-mãe em Bizâncio, a ponto de Moscou ter sido considerada a "terceira Roma do cristianismo".

4. O cristianismo no Oriente

Durante o período que estamos estudando, o cristianismo nas regiões conquistadas pelo Islã não conseguiu escapar da paralisação em que havia caído. Sabemos, contudo, que o cristianismo nestoriano continuou estendendo-se lentamente ao norte da Ásia Central. Temos notícias de certo rei turco que, no fim do séc. VII, aceitou a fé cristã, bem como da expansão dessa fé no princípio do séc. XI entre os povos nômades do Turquestão chinês.

Na China, um imperador que favorecia o taoísmo ordenou uma perseguição que destruiu as pequenas comunidades cristãs que haviam aparecido por meio da obra de Alopén e talvez de outros missionários.

Em todo caso, a escassez de dados concretos sobre a expansão cristã nessas regiões mostra que, se houve tal expansão, não foi o suficientemente duradoura para deixar testemunho de sua existência.

5. A ofensiva contra o Islã

Durante o período que nos ocupa, os cristãos fizeram poucas tentativas para alcançar a conversão dos muçulmanos por meios pacíficos e pela persuasão verbal. Houve, contudo, três tentativas notáveis de reconquistar militarmente a terra que havia sido tomada pelos muçulmanos: a reconquista da Espanha, o estabelecimento do reino normando da Sicília e as Cruzadas.

a) A reconquista da Espanha

Ainda que as hordas muçulmanas tivessem conquistado quase a totalidade da península Ibérica, ficaram alguns focos de resistência nos montes Cantábricos e nos Pirineus. O primeiro desses focos de resistência era formado por cristãos descendentes dos antigos visigodos. De fato, somente dez anos após a invasão, Astúrias aparece na história como centro de resistência do poderio muçulmano. Nos Pirineus, a oposição aos muçulmanos deveu-se, sobretudo, à influência do reino franco que era próximo. Das montanhas asturianas, os cristãos desceram até Leão, onde estabeleceram um novo centro de resistência. Mais tarde, Castela, ao separar-se da monarquia leonesa, apareceria como o mais importante Estado espanhol. Nas ladeiras dos Pirineus, a origem de Navarra e de Catalunha mostra a influência franca.

As primeiras batalhas da reconquista aconteceram ao norte do rio Douro. Parece que todas essas batalhas foram de importância menor do que poderiam fazer-nos supor os cronistas cristãos. A primeira foi a batalha de Covadonga, que aconteceu no princípio do séc. VIII e que os cronistas árabes omitem. Pouco depois, começaram as dissensões entre os muçulmanos, e os cristãos aproveitaram essa conjuntura para avançar até o sul. Por sua parte, impulsionados por razões políticas complexas, os francos atravessaram os Pirineus na campanha que a história recorda por causa da terrível matança de Roncesvalles, na qual os franceses caíram em uma emboscada vasca.

Foi a partir do séc. XI que começou a mais importante batalha da Reconquista. No ano 1085, os cristãos tomaram a velha capital de Toledo. Depois desse desastre, os muçulmanos foram reforçados pelos almorávides, procedentes da África, que derrotaram repetidamente os exércitos cristãos. Contudo suas próprias dissensões internas os impediram de deter definitivamente a Reconquista da Espanha. Quando, no final do séc. XII, a nova invasão africana dos almohades pôs em perigo a independência dos reinos cristãos, o rei Alfonso VII, de Castela, respondeu organizando uma grande cruzada contra o poderio muçulmano. Ainda que poucos cavaleiros estrangeiros tenham respondido ao chamado de Alfonso, este conseguiu a aliança dos reinos de Castela, Navarra e Aragão para enfrentar a ameaça muçulmana. Em 16 de julho de 1212, na batalha das Navas de Tolosa, os muçulmanos foram completamente derrotados. Daí em diante, as vitórias seguiram-se uma após outra, interrompidas somente pelas desavenças internas entre os cristãos. Córdoba foi tomada pelo rei São Fernando no ano de 1236, e Sevilha no de 1248. Mas não foi antes de 2 de janeiro de 1492 que Granada se rendeu diante das forças dos reis Isabel e Fernando, com os quais terminou a Reconquista da península Ibérica.

Tal é a história segundo a narrativa oficial e tradicional. Mas o certo é que a chamada "Reconquista" não foi tão linear nem tão direta como frequentemente é descrita. Pelo contrário, na maioria das guerras ibéricas a religião ocupou um lugar secundário, e as alianças entre cristãos e muçulmanos foram frequentes – às vezes, para fazer guerra contra algum vizinho cristão. O próprio El Cid, herói lendário da Reconquista, em certa ocasião tomou as armas aliado aos muçulmanos para pelejar contra cristãos. Ainda que mais tarde a Espanha se tornasse famosa pela intolerância religiosa de seus governantes e cidadãos, durante o período da Reconquista tanto cristãos quanto muçulmanos mostraram uma tolerância assombrosa. Havia cristãos que viviam entre os mouros – moçárabes – assim como mouros viviam entre os cristãos – os mudéjares. Na maior parte dos territórios que os cristãos reconquistaram, permitiu-se aos muçulmanos conservar suas mesquitas e seus antigos costumes. Com relação aos judeus, seguiu-se política semelhante. Apesar de tais concessões, repetidamente pressionaram judeus e muçulmanos para que se convertessem, e cada vez foi maior o número de mouros e judeus que abandonaram sua antiga fé e aceitaram o batismo. Foi no final do séc. XV, na época dos reis católicos e do cardeal Jiménez de Cisneros, que a Espanha se tornou intolerante em matéria de religião, decretando a expulsão de mouros e judeus. Já por essa data boa parte dos muçulmanos que aceitaram o batismo – os chamados mouriscos – haviam sido assimilados pela população espanhola e se tornaram um elemento constituinte dela. Além disso, ainda depois da expulsão de mouros e judeus – e até o dia de hoje – ficaram muitos indícios de seu impacto na cultura, na arquitetura e na língua espanhola.

b) O reino normando da Sicília

Durante a primeira metade do séc. IX, a Sicília havia caído nas mãos dos muçulmanos procedentes da Tunísia. No séc. XI, foi reconquistada para o cristianismo, ainda que esse não fosse o propósito de quem levou a cabo tal reconquista. O impulso de exploração e conquista dos normandos havia-lhes levado a se estabelecer no sul da Itália, na região da Calábria, onde haviam estabelecido um condado escandinavo. Durante o séc. XI, os emires muçulmanos da Sicília estavam divididos entre si, e o conde Normando Rogelio I aproveitou a oportunidade para invadir desde a Calábria até a ilha vizinha da Sicília. Após a campanha, que durou onze anos e terminou com a queda de Palermo, Rogelio tornou-se dono da ilha. Seu sucessor, Rogelio II, aproveitando uma cisão papal, fez-se coroar rei por um dos pretendentes à sede romana. Desse modo, ficou constituído o Reino das Duas Sicílias, que subsistiria até a Idade Moderna. Os normandos não invadiram a Sicília com o propósito de impor a ela o cristianismo, e durante mais de cem anos conviveram nela, em relativa harmonia, cristãos ocidentais e bizantinos, além de muçulmanos e judeus. No séc. XIII, a Sicília ficou nas mãos do imperador Frederico II da Alemanha, e com ele começou a intolerância religiosa e a decadência política. Pouco mais de um século depois, o cristianismo romano havia sido implantado como a religião da população siciliana.

c) As Cruzadas

De todas as tentativas de reconquistar com armas o território conquistado pelos muçulmanos, a mais notável foi a das Cruzadas, ainda que nem tanto pelos seus resultados diretos, que foram efêmeros, como pela permanência de seus ideais ao longo dos séculos, e sobretudo por seu indelével impacto nas relações entre cristãos e muçulmanos.

Se muitos outros incidentes e tendências da época constituíram o pano de fundo das Cruzadas, de forma geral tem-se como ponto de partida desse novo fenômeno o chamado, na cidade de Clermont, do papa Urbano II para que um exército cristão marchasse até o Oriente a fim de arrebatar dos muçulmanos os santos lugares: "Digo aos presentes; faço-o dizer aos ausentes: Cristo manda". Esse eloquente chamado aconteceu no ano de 1095. Chegava com a culminação de uma série de acontecimentos e movimentos que haviam despertado o interesse da Europa Ocidental para o Oriente. Os peregrinos deleitavam-se trazendo histórias e relíquias dos lugares santos. A devoção inclinava-se para a contemplação da humanidade de Cristo, humanidade que havia vivido na terra santa. Constantinopla, o antigo baluarte cristão no Oriente, achava-se ameaçada pelos turcos selêucidas. No Ocidente, os jovens desafogavam seu espírito guerreiro em pequenas guerras internas. Por que não voltar esse impulso e essa mística para o Oriente? Em todo caso, o verdadeiro impulso missionário estava ausente.

O chamado de Urbano pareceu confirmado por uma série de sinais maravilhosos, e logo o fogo das Cruzadas incendiou a Europa. Houve primeiro uma série de cruzadas populares nas quais as multidões sem organização, nem outro propósito senão o de chegar a Jerusalém, partiram para o Oriente. No caminho, cometeram arbitrariedades contra a população local, e em particular contra os judeus. A maior parte desse grupo desapareceu antes de chegar a Constantinopla, vítima de sua própria desordem e das dificuldades do terreno que deviam atravessar. O que restou desse primeiro impulso uniu-se à Primeira Cruzada, que partiu pouco depois e contava com a direção de vários nobres europeus.

Não é necessário repetir aqui a história das Cruzadas. Basta dizer que a Primeira Cruzada reuniu suas forças em Constantinopla, onde atravessou o Bósforo para tomar a cidade vizinha de Nicea, que se rendeu após um cerco de seis semanas. No caminho através da Ásia Menor, as diversas ambições dos nobres que dirigiam as Cruzadas tornaram-se cada vez mais patentes, até que por fim Balduino se separou da maior parte da expedição e marchou sobre Edessa, onde fundou um estado cristão no ano de 1098. Nesse mesmo ano, após um cerco difícil e com a traição de um armênio residente na cidade, Antioquia caiu nas mãos dos cruzados. Um ano depois, chegaram a Jerusalém, que caiu após o cerco de mais de um mês. Com a tomada dessa cidade e o estabelecimento do Reino Cristão de Jerusalém sob o governo de Godofredo de Bouillon, a Primeira Cruzada alcançou seu propósito. No caminho em que havia seguido, estabeleceu estados cristãos como os de Edessa, Antioquia e Trípoli.

O êxito da Primeira Cruzada deveu-se, em parte, à debilidade interna dos turcos selêucidas e, em parte, pela rivalidade que existia entre esses e os árabes fatimistas. No entanto, a cristandade ficou convencida de que era possível reconquistar o território perdido para o poderio muçulmano com a força das armas. Essa foi a razão pela qual o conceito medieval de cruzada exerceu grande poder sobre a mentalidade medieval. Também por essa razão a Europa continuou enviando novas expedições até o Oriente, ainda que nenhuma delas tivesse o êxito da primeira. A queda de Edessa, no ano de 1144, foi a ocasião do início da Segunda e da Terceira Cruzada. A Segunda terminou em um desastre total. A Terceira só conseguiu conquistar a Acre. A Quarta Cruzada foi desastrosa, pois, em lugar de lutar contra os muçulmanos (seu propósito inicial havia sido atacar Saladino em seus quartéis generais no Egito), dedicou-se à conquista e ao saque da cidade cristã de Constantinopla.

Visto que a Quarta Cruzada implantou um imperador e um patriarca ocidental em Constantinopla, com isso pareceu haver ficado corrigida a cisão entre Roma e Constantinopla. Mas, na realidade, só conseguiu debilitar ainda mais o Império Bizantino, baluarte da Europa diante das invasões orientais. Quando Constantinopla conseguiu reconquistar sua independência de Roma, a distância que a separava da sede papal havia se tornado maior ainda, e seu poderio político, econômico e militar havia sofrido uma perda irreparável, cuja consequência final seria a separação do Império Bizantino.

Ainda que o ideal das Cruzadas continuasse exercendo forte atração sobre a mente medieval, somente a Primeira

Cruzada e, em certa medida, a Terceira alcançaram seus objetivos. Por outro lado, como meio de expansão do cristianismo em território muçulmano, as Cruzadas fracassaram redondamente. Todos os estados estabelecidos no Oriente pelas Cruzadas sucumbiram ante o poder do Islã. Tampouco se alcançou a conversão dos muçulmanos; pelo contrário, o ódio destes para com o cristianismo se fez mais violento. Até o dia de hoje, a memória das Cruzadas continua inflamando as relações entre muçulmanos e cristãos.

Contudo, em outras regiões do Globo, o ideal das Cruzadas contribuiu em boa medida para a cristianização de territórios antes pagãos. Tais foram os casos da Finlândia, da Espanha e, em certa medida, de nossa América. Esses acontecimentos, no entanto, pertencem a outras seções da nossa história.

C. Do renascimento do séc. XII até o final da Idade Média

1. A europa ocidental

Por razões que não é necessário nem possível discutir aqui, o séc. XII viu um renascimento na cultura e em toda a vida da Europa Ocidental. Ironicamente, os contatos com os muçulmanos da Espanha e do Oriente por meio das Cruzadas abriram novos horizontes aos cristãos ocidentais. O comércio aumentou, e com ele as grandes cidades e a mobilidade da população. Novas correntes de pensamento penetravam o mundo cristão – sobretudo a filosofia de Aristóteles, a princípio por meio de traduções feitas na Espanha. Era a época do florescimento da arquitetura gótica e dos primeiros escolásticos. O poderio do papa aumentava. A isso se unia a profunda piedade que encontramos em alguém como Bernardo de Claraval.

O apogeu de tudo isso chegou no séc. XIII – o século de ouro da Idade Média. É a época dos grandes escolásticos e de Inocêncio III. É a época do florescimento das universidades de Paris, Oxford e Bolonha. Sobretudo, é a época das Ordens Mendicantes de Francisco de Assis e Domingos de Gusmão.

a) Francisco de Assis e a ordem dos frades menores (franciscanos)

Francisco, cujo verdadeiro nome era João, nasceu no final do séc. I na população italiana de Assis. Desde a juventude, Francisco mostrou sensibilidade religiosa. Sua devoção se dirigia principalmente para a contemplação dos sofrimentos de Jesus Cristo. Quando tinha quase trinta anos, Francisco sentiu-se chamado a contrair matrimônio com "a senhora pobreza" e a dedicar-se a pregação de lugar em lugar. Francisco começou a tarefa em seu próprio povoado; é interessante que, em seu caso, não se cumpriu o ditado segundo o qual ninguém é profeta em sua terra, pois logo alguns companheiros de infância se uniram a ele. Esses também venderam tudo quanto tinham e deram aos pobres a fim de estarem livres para a tarefa da pregação que estava adiante. Pouco depois, Francisco e um grupo dos seus foram a Roma, onde obtiveram a aprovação de Inocêncio III e com isso foi constituída a Ordem dos Frades Menores.

Na nova situação europeia do séc. XIII, com cidades cujo crescimento fazia o antigo sistema eclesiástico de divisão paroquial perder a eficácia, a Ordem dos Frades Menores veio a preencher uma verdadeira necessidade. Sua flexibilidade e seu zelo permitiam preencher necessidades que a estrutura hierárquica e territorial da igreja não podiam satisfazer. Aos quinze anos de sua fundação, a nova ordem havia alcançado todas as regiões da Europa e além dos limites daquele continente. É importante assinalar que os votos de pobreza permitiram aos franciscanos trabalhar entre os pobres e os fracos, e a entender um pouco de suas penúrias e tristezas. É por isso que bem rápido alguns franciscanos, e os dominicanos também, consistiram nos defensores dos fracos e oprimidos. Isso seria visto mais claramente séculos depois, nos tempos da conquista da América. A pregação aos não-cristãos foi sempre uma das principais preocupações de Francisco. Ele mesmo visitou várias vezes os territórios muçulmanos e se reuniu com seus chefes, particularmente com o sultão de Damieta no Egito, Ayyubid saultan al-Kamil, em 1219. Por sua fé e simplicidade, foi ouvido com respeito pelos muçulmanos. Com igual respeito, Francisco propôs um método pacífico para deles se aproximar, na chamada *Regra final* de 1221, cujo capítulo, trata sobre "os que vão entre os sarracenos e outros infiéis".

Em poucos anos, já havia missionários franciscanos desde Marrocos, no Ocidente, até Pequim, no Oriente. Entre os muçulmanos, os franciscanos ocuparam-se de continuar o trabalho missionário na terra santa mesmo depois do fracasso das Cruzadas. Nessa obra, houve ao longo dos séculos mais de dois mil mártires. Também em Marrocos e no sul da Espanha, que nessa época era território muçulmano, foram muitos os franciscanos que derramaram o próprio sangue ao dar testemunho do seu Senhor. Para o Oriente, marcharam missionários como João de Plano Carpino, Odorico de Udine e, sobretudo, João de Montecorvino.

No ano de 1275, João de Montecorvino começou uma vida de missões no Oriente que continuaria até sua morte. Foi delegado papal diante do sultão da Pérsia, que depois da invasão mongol governava os territórios que haviam pertencido aos califas abássidas de Bagdá, e diante do imperador da Etiópia. Mais tarde foi à Índia, onde, na região de Madrás, conseguiu fundar uma comunidade cristã. Seguiu até Pequim, na China, que foi o cenário do restante de sua vida como missionário.

Em Pequim, João de Montecorvino alcançou certa liberdade de ação e certo respeito por parte dos funcionários civis da população. Sua obra teve tal êxito que logo outros o seguiram – entre eles Arnoldo de Colônia –; o próprio papa fundou um arcebispado de Pequim, no qual colocou João de Montercovino. Logo chegaram outros missionários, a maior parte deles franciscanos com a categoria de bispos, e João estendeu seu trabalho a outras regiões da China. Sua obra levou tal selo de amor e respeito que em sua morte foi venerado tanto por cristãos como por não-cristãos.

Ainda que não pertencesse à Ordem dos Frades Menores, é aqui que devemos destacar a obra e o interesse do missionário Ramón Lull, conhecido também como Raimundo Lulio. Lull nunca chegou a ser franciscano, mas o espírito de Francisco de Assis foi um dos principais propulsores de sua vida. Separando a lenda da realidade histórica, podemos dizer que Ramón Lull nasceu em Mallorca por volta do ano 1235. Sua juventude transcorreu em meio à aristocracia do país. Quando tinha pouco mais de 20 anos, casou-se. Mesmo depois de casado, Ramón continuou levando uma vida amorosa dissoluta, segundo ele mesmo conta em seu *Liber de Contemplació en Déu*, até que aos trinta anos de idade se converteu: "Estava escrevendo versos amorosos quando repetidamente tive uma visão do Cristo crucificado". Isso o fez arrepender-se de seus caminhos, empreender uma vida cujos propósitos seriam o trabalho missionário entre os não-crentes, a produção de livros para rebater seus erros e a fundação de um monastério, em que se prepariam missionários. Durante nove anos, estudou latim e árabe, preparando-se para sua missão. Depois foi ao monte Randa, onde se diz que recebeu por iluminação direta boa parte de sua sabedoria – razão pela qual recebe o título de Doutor Iluminado. A isso se seguiram repetidas viagens pelas principais capitais da Europa, especialmente Paris e Roma, para que as autoridades estabelecessem centros de estudos de línguas orientais nos quais pudessem ser preparados futuros missionários. Todo o restante de sua vida transcorreu em empreendimentos desse tipo, com exceção do tempo em que visitou regiões distintas do norte da África para pregar aos muçulmanos. Em duas ocasiões, foi expulso e na terceira vez foi apedrejado antes de ser enviado de volta a Mallorca. Diz-se que morreu em consequência dos ferimentos, no barco que o levava a sua pátria. Mesmo que Lull não tenha visto o estabelecimento dos centros de estudo, que foram seu principal interesse, sua obra não deixaria de dar frutos, e logo se fundaram na Europa centros de estudo de línguas como o árabe e o hebraico.

b) Domingos e a ordem dos pregadores

Mesmo durante o período que estamos estudando, foi a ordem de Francisco de Assis a que alcançou maior extensão geográfica; a Ordem dos Pregadores, fundada por Domingos de Gusmão, também deu uma grande contribuição para o trabalho missionário.

Domingos de Gusmão era castelhano de nascimento e foi agostiniano antes de sentir-se chamado para fundar a ordem que comumente se conhece por seu nome. Domingos sentiu esse chamado quando, em companhia do bispo Don Diego de Acevedo, atravessava o sul da França. A heresia dos cátaros florescia na região, e para detê-la a igreja e os Estados do norte haviam decretado uma cruzada. A crueldade dos cruzados, cujos motivos eram mais políticos do que religiosos, fazia pouco para obter a conversão dos cátaros. Nessa situação, Don Diego e Domingos conscientizaram-se de que o único modo de enfrentar eficazmente a heresia era o da persuasão, e que essa deveria ser empreendida por monges de total dedicação e ampla erudição. Quando Don Diego regressou a sua diocese na França, Domingos ficou a cargo dessa obra e dedicou-se a organizá-la e a estendê-la até que, no ano 1215, o papa Inocêncio III a reconheceu como uma ordem legítima da igreja.

Diferentes dos franciscanos, os dominicanos – chamavam-se assim os membros da Ordem de Pregadores de Domingos de Gusmão – sublinharam desde o começo a necessidade do estudo para levar a cabo sua missão. Por essa razão, distinguiram-se no trabalho que empreenderam nas universidades – mesmo que seja necessário notar que também os franciscanos se estabeleceram desde muito cedo nos centros de estudos. A essa ordem pertenceram alguns dos mais distintos teólogos do séc. XIII, como Alberto, o Grande, e Tomás de Aquino; contudo, apesar de seu interesse na erudição, os dominicanos perderam de vista seu propósito missionário. Assim, por exemplo, diz-se que a *Suma contra Gentiles*, de Tomás de Aquino, foi escrita com o propósito de servir de manual de teologia aos missionários em terras muçulmanas.

Os dominicanos destacaram-se, sobretudo, por seu trabalho missionário entre judeus e muçulmanos. Como é de supor, esse tipo de trabalho requeria uma preparação intelectual muito mais ampla que a que se levava a cabo entre os pagãos. Na obra de conversão dos muçulmanos, destaca-se Guillermo de Trípoli, que, nessa cidade, e indubitavelmente ajudado pela presença dos cruzados, alcançou a conversão de grande número de muçulmanos.

Foi entre os judeus, particularmente na Espanha, que os dominicanos alcançaram suas mais espetaculares conversões. Dentro desse contexto, devemos mencionar Raimundo de Peñafort e, sobretudo, Vicente Ferrer. Vicente nasceu em Valença, no ano de 1350, unindo-se à Ordem de Pregadores quando tinha apenas 18 anos. Logo se destacou por seus dotes de pregador e estudioso, e no ano 1385 chegou a ocupar a cátedra do Cabildo Central de Valência. Seu grande trabalho de pregação aos judeus começou no ano 1390 quando o cardeal Pedro de Luna, que mais tarde chegaria a ser o papa, o levou consigo em um percurso pela península. Desde então, Vicente Ferrer dedicou-se a uma obra de pregação que resultou na conversão de milhares de judeus, inclusive um rabino que mais tarde chegou a ser bispo.

A vida de Vicente Ferrer foi marcada por visões que o faziam sentir novos chamados de Deus. Por volta do ano 1398, teve uma visão na qual Jesus Cristo ordenava que se dedicasse a pregar a proximidade do juízo final. Essa visão levou-o por toda a Europa até a sua morte, no ano 1419. Foi canonizado pouco depois e por seu trabalho entre os judeus é conhecido como "o Apóstolo dos judeus".

c) As mulheres como agentes da missão

A importante contribuição das mulheres para a missão da igreja, durante esse período, merece particular reconhecimento. Frequentemente, essa contribuição desconhecida, é porque se entende a missão em termos de ir a lugares distantes, algo geralmente vedado à maioria das mulheres. Mas, se entendermos missão no sentido de viver a plenitude do Evangelho, sobretudo manifestando o amor de Cristo às pessoas marginalizadas e carentes, as mulheres medievais ocuparam um lugar importante nessa tarefa.

Como exemplo disso, podemos mencionar as "beguinas", mulheres que, sem autorização eclesiástica oficial, se reuniam para levar uma vida comum de pobreza voluntária, devoção, disciplina ascética e serviço aos necessitados. Seus conventos extra-oficiais, ou "beguinajes", tornaram-se frequentemente centros de alimentação para os famintos, postos de assistência médica, hospitais para leprosos etc.

Os primeiros beguinajes datam de antes de Francisco de Assis e Domingos de Gusmão. Além disso, há fortes indícios de que a prática da pobreza, da vida simples e do serviço aos necessitados impactaram tanto a Francisco como a Santa Clara, fundadora do ramo feminino dos franciscanos.

Paulatinamente, as beguinas foram alcançando autorização oficial por parte da hierarquia eclesiástica, até que Gregório IX, no séc. XIII, as reconheceu oficialmente. No entanto, essa mesma autorização limitou a originalidade e a flexibilidade que antes as caracterizava.

Isabel da Hungria (1207-1231), foi uma mulher que seguiu o caminho traçado pelas beguinas, profundamente influenciada pelo espírito franciscano e por Santa Clara. Era filha do rei desse país e esposa de Landgrave da Turingia. Seus atos de caridade foram tais, que, com a morte do esposo, o novo Landgrave expulsou-a da corte, dizendo que seus gastos em obras de caridades eram excessivos. Refugiou-se então em Marburgo, de onde transferiu todas as suas possessões aos pobres e se dedicou aos cuidados dos enfermos e dos pobres. Várias das organizações femininas de serviços sociais e médicos vêem nela a sua precursora ou fundadora.

Ainda à parte de tais casos famosos, há centenas de outros exemplos de mulheres que, mediante seu compromisso de viver a plenitude do Evangelho, se fizeram participantes da missão em suas comunidades.

d) A continuação do ideal das Cruzadas

O ideal da Cruzada continuou ocupando um lugar de importância na vida europeia ao longo de todo o restante da Idade Média até a entrada da Idade Moderna. Das verdadeiras Cruzadas, ou seja, as dirigidas à conquista da terra santa, somente a primeira conseguiu êxito notável. O ideal das Cruzadas, porém, estava semeado no espírito medieval e renasceria em diversas ocasiões. Já vimos como na Espanha aconteceu o caráter das Cruzadas e a guerra da reconquista, mesmo que essa fosse anterior às expedições à terra santa. Também na França se promulgou uma cruzada, não contra os muçulmanos, mas contra os cátaros ou albigenses do sul do país. Durante o período que estamos estudando, o método das Cruzadas foi usado especialmente para estender o cristianismo até a região do centro da Europa, sobretudo nas costas do Báltico e no que hoje é a Finlândia. Com as Cruzadas foram conquistadas Livonia e depois a Prússia, Lituânia e parte da Estônia. Para essas Cruzadas, utilizou-se a ordem monástica e militar dos Cavaleiros Teutônicos. Mesmo que essa ordem tivesse certas características monásticas, era formada por soldados que invadiam uma região, a conquistavam em nome de Cristo e depois a governavam e a exploravam em proveito próprio, sem prestar atenção aos interesses dos habitantes. O rei Eric, o Bom, da Suécia, levou outra cruzada até a Finlândia e subjugou a região. Além disso, algumas cruzadas foram dirigidas contra outros cristãos, umas sem premeditação, como no caso da que tomou Constantinopla, e outras com toda a intenção, como a que foi dirigida contra Frederico II.

2. A expansão do cristianismo oriental

Como era de esperar, a tomada de Constantinopla pelos cruzados e depois a constante pressão dos turcos não permitiram a essa antiga metrópole cristã fazer um amplo trabalho missionário. Além disso, Constantinopla foi rodeada pelos muçulmanos de um lado e pelos cristãos do outro. Portanto, correspondeu à igreja Russa a tarefa de continuar estendendo o cristianismo ortodoxo. Ainda que a princípio a conversão da Rússia fosse bastante superficial, pouco a pouco se foi tornando mais profunda e chegou a fazer parte da vida do povo. Quando no séc. XIII os mongóis invadiram a região, o cristianismo tornou-se um símbolo de unidade nacional para os russos. Visto que os mongóis eram tolerantes com o cristianismo, este pôde estender-se sob a asa da relativa calma que os novos conquistadores haviam imposto na região circundante. Em direção ao Oriente, o cristianismo russo estendeu-se entre os finlandeses e lapões. A princípio, essa expansão não foi o resultado de um impulso missionário. Tratava-se simplesmente de alguns cristãos russos que, por viver sob o domínio dos mongóis, imigraram para o norte e ali estabeleceram capelas que logo se convertiam em monastérios e por último davam lugar a pequenas populações. Isso pôs os russos em contato com os povos não-cristãos e, por essa razão, lhe deu um novo impulso missionário.

O mais importante dos missionários entre os finlandeses foi Estêvão de Pema. Estêvão era um erudito que abandonou os livros com o propósito de levar as novas do evangelho aos finlandeses que viviam ao norte da Rússia. Igual a tantos antes e depois dele, Estêvão transcreveu a Escritura ao idioma daqueles entre os quais trabalhava. Além disso, dedicou-se à obra social em meio ao rebanho, defendendo-o ante os invasores estrangeiros e ajudando-o a obter alimento em tempo de escassez. Seu prestígio aumentou por meio de alguns milagres, e logo conseguiu batizar um bom número de finlandeses, fundando monastérios e dedicando-se a ensinar e a estabelecer um clero nativo. Com sua morte, os discípulos Jerônimo e Pitirim continuaram sua obra, que selaram com o martírio. Mas o cristianismo continuou estendendo-se na região graças à recordação e ao impulso da obra de Estêvão.

Também entre os laponeses e até o Mar Branco se estendeu a obra missionária do cristianismo russo, mas não temos notícias exatas e fidedignas sobre essa obra. Na Lituânia, estabeleceu-se o cristianismo ortodoxo por meio das conquistas russas dos sécs. XIII e XIV, mas, quando os lituanos vieram a formar parte do reino da Polônia, a igreja ortodoxa que ali existia se uniu ao cristianismo romano.

D. Considerações gerais

Ao terminar nosso estudo da expansão do cristianismo durante a Idade Média, devemos deter-nos e fazer algumas considerações gerais sobre essa expansão. Foi durante a Idade Média que o cristianismo conseguiu arraigar-se no norte da Europa, estendendo-se, além disso, até China e Rússia. Por outro lado, foi também durante esse período que o cristianismo sofreu ante o Islã algumas de suas perdas territoriais mais notáveis. Tudo isso dá testemunho do caráter complexo dos mil anos que recebem o nome de Medievo, não convendo simplificá-los como se se tratasse de uma realidade monolítica, sem variações e vacilações de nenhuma classe.

Contudo, é possível extrair das páginas que antecedem certas generalidades que podem ajudar-nos a compreender o caráter da expansão do cristianismo da Idade Média. Em primeiro lugar, parece interessante que a conversão em massa de todo um povo ou nação, longe de ser um fenômeno fora do comum, foi durante toda a Idade Média o modo de conversão mais frequente. Naturalmente, isso redundava quase sempre em prejuízo à compreensão do próprio evangelho por parte dos novos convertidos, e para fazê-los compreender um pouco do caráter de sua nova fé era necessário um longo processo de educação que, com frequência, não se seguiu. A mente moderna, acostumada como está a pensar em termos individualistas, sente certa repugnância por tais conversões que não permitem ao indivíduo decidir sobre sua própria religião. É necessário recordar que, na sociedade medieval, acostumada a tomar as decisões coletivamente, teria sido pouco realista esperar a conversão de pessoas individualmente à parte de suas comunidades.

Em segundo lugar, as conversões em massa ocorriam frequentemente mediante a ação de um rei, que bem podia ser o da própria nação – como no caso dos reis da Inglaterra – ou podia ser um invasor que via no cristianismo um apoio para sua política expansionista – como no caso de Carlos Magno e os saxões. Na maioria das vezes, a função do rei na conversão limitava-se a emprestar o patrocínio de seu prestígio à nova fé, mas foram frequentes os casos em que o rei apelava para a força para levar seus súditos às águas batismais. Além disso, houve ocasiões em que, com o fim de proteger sua fronteira, um governante enviava missionários aos países vizinhos – como no caso da proteção prestada a Bonifácio por parte de Carlos Martel.

Em terceiro lugar, deve-se destacar a importância do monasticismo na expansão da fé cristã. São frequentes os casos de monges que abandonaram seus lares em busca de solidão e acabavam sendo, sem se propor a isso, precursores e fundadores do cristianismo em locais aonde esse não havia chegado ainda. Em outros casos, como no de muitos monges irlandeses, lançavam-se às terras dos pagãos e o faziam consciente de sua responsabilidade missionária, mas com o propósito primordial de fazer de sua obra entre os pagãos um ato a mais de renúncia. Por outro lado, ainda em casos como o dos franciscanos e o dos dominicanos, para quem a tarefa missionária constituía o interesse predominante, a disciplina monástica foi um dos pilares de sua obra.

Em quarto lugar, convém notar que os papas e a hierarquia romana não tiveram na expansão do cristianismo medieval a preponderância que se poderia supor. De fato, antes da missão de Agostinho à Inglaterra, não temos notícias fidedignas de casos de que algum papa tenha se ocupado de enviar missionários e depois de dirigí-los em seus trabalhos. Mais tarde, Bonifácio e Wilibrordo estabeleceram relações com Roma, mas não foi esta que os enviou em primeira instância. Se as Cruzadas receberam de Roma parte de seu impulso inicial, não se pode dizer que seu propósito tenha sido missionário no sentido estrito. As ordens de Francisco de Assis e de Domingos de Gusmão também não surgiram por iniciativa papal, mesmo que se tenham disposto às ordens da sede romana e considerassem que o aspecto fundamental de sua missão consistia em trazer toda a humanidade à obediência dessa sede. Isso não quer dizer que Roma não gozava de grande prestígio, influência e autoridade, especialmente durante os melhores séculos da Idade Média; mas assinala o fato de que, apesar dessa preponderância, seu papel na expansão do cristianismo não foi tão central como seria mais tarde. De fato, não foi senão na Idade Moderna que se começou a organizar o trabalho missionário católico de tal modo que tudo fosse supervisionado e dirigido de Roma.

Em quinto lugar, mesmo que seja impossível medir tais coisas, não há dúvida de que as atitudes dos cristãos e da hierarquia eclesiástica diante das necessidades físicas da população influíram notavelmente sobre as conversões e sobre o prestígio da igreja. Já mencionamos as beguinas e outras mulheres cujo serviço ao necessitado fez muito para mostrar o caráter prático do amor cristão. Um dos elementos do cristianismo que mais impactaram os pagãos na Antiguidade foi sua atenção aos enfermos em tempos de epidemia. Assim constataram na Antiguidade tanto Constantino – que declarou que antes de se tornar cristão isso o impressionava profundamente –, quanto o imperador pagão Juliano – que declarou que o contraste entre cristãos e pagãos nesse sentido era uma vergonha para o paganismo. No entanto o contrário aconteceu até o final da Idade Média, quando se desencadeou a peste bubônica e muitos dos prelados e sacerdotes fugiram do contágio. Essa foi uma das causas que contribuíram para o desprestígio da igreja nos últimos anos da Idade Média, e que preparariam o caminho para a Reforma do séc. XVI.

Em sexto, a presença do Islã, muito mais que a presença de outras religiões e tradições anteriores, começou a obrigar os cristãos a enfrentar a variedade de contextos nos quais a missão acontecia. Como resultado disso, começaram a aparecer diversos modos de entender e estruturar a missão.

Por último, devemos dizer algo sobre a mensagem dos missionários medievais. O ponto de partida da maioria dos sermões missionários na Idade Média que se conserva é o ataque aos deuses pagãos. Algumas vezes, acusando-os de impotência, outras, dizendo que neles habita o diabo ou algum de seus representantes. Sempre o ouvinte é convidado a abandoná-los e a seguir o Deus verdadeiro. Este enviou seu filho Jesus Cristo para salvar o mundo, e quem não segue sofrerá os tormentos do fogo eterno. Por outro lado, alguns missionários apontavam para a prosperidade dos países cristãos e prometiam a seus ouvintes bênçãos semelhantes. Se o rei apresentava batalha ao inimigo ou se havia perigo de que a colheita se perdesse, o missionário prometia que seu Deus havia de ajudar a seus seguidores. Em última instância, se isso não bastasse, alguns missionários recorriam às ameaças e até a força.

Essa era a mensagem e esses eram os métodos dos missionários cristãos na Idade Média. Por mais errados que possam parecer no dia de hoje, não se pode negar que tiveram bom êxito, e que os povos que por meio deles aceitaram o cristianismo foram fiéis a sua fé durante séculos. Em mais de uma ocasião, os povos convertidos pelos métodos menos adequados deram origem a fortes movimentos missionários, mas é necessário notar que alguns deles – como os saxões – logo começaram a utilizar métodos tão pouco cristãos como os que haviam sido empregados para sua própria conversão.

Capítulo V
As missões na Idade Moderna

A segunda metade do séc. XV e a primeira do séc. XVI caracterizam-se por uma série de mudanças que vinham germinando desde os séculos anteriores, mas que culminaram todas nesse período, de tal maneira que se pode dizer que começa então uma nova etapa na história da Europa. No ano 1453, os turcos otomanos tomaram a cidade de Constantinopla e com isso deram fim à grande história do Império Bizantino. Mesmo que alguns séculos antes Constantinopla estivesse perdendo sua importância como centro missionário, a partir dessa data essa importância será quase nula. Ao mesmo tempo, os exploradores da Europa Ocidental, sobretudo da Espanha e de Portugal, começavam a descobrir novas terras e novos caminhos para territórios já conhecidos. No ano 1492, Cristóvão Colombo chegou à América. Em 1497 e 1498, Vasco da Gama rodeou a África e chegou até a Índia. Somente vinte e quatro anos mais tarde, Magalhães e seu sucessor, El Cano, deram a volta ao mundo. Essas viagens abriram novos horizontes ao cristianismo europeu, e muito especialmente à Espanha e a Portugal. Esses novos horizontes e a queda de Constantinopla conjugam-se para mudar totalmente o quadro geográfico da expansão do cristianismo, que agora partirá principalmente do extremo Ocidente até a América, por um lado, e até o Oriente, por outro.

Na própria Europa, apareceram, nesse período e nos séculos anteriores, movimentos e situações que fizeram supor que o cristianismo não estaria em condições de empreender o grande trabalho missionário que esses territórios apresentavam diante dele. A antiga unidade política perdia-se devido ao nacionalismo crescente. A unidade filosófica da alta escolástica havia desaparecido diante dos embates do nominalismo. A própria unidade eclesiástica havia sofrido as consequências de uma série de fatos que tendiam a debilitar a autoridade do papa. Primeiro foi o período do papado de Avinhão, logo o Grande Cisma do Ocidente e por último o movimento conciliatório. A moral dos altos dirigentes da igreja era duvidosa, como dava a entender as muitas vozes que, no séc. XV, se levantaram para protestar contra ela. Além disso, havia nas universidades e demais centros de estudos os que se perguntavam se a Igreja estava sendo verdadeiramente fiel ao evangelho ou se sua teologia havia se pervertido.

Tudo isso culminou na Reforma do séc. XVI, quando personagens como Lutero e muitos outros protestaram energicamente contra a teologia e as práticas da Igreja Romana. A divisão que se seguiu é conhecida por todos, e podemos perguntar se não debilitou o impulso missionário do cristianismo europeu rumo a novos horizontes geográficos.

Era a época do renascimento na Itália e do desenvolvimento do humanismo no norte da Europa. O renascimento italiano, especialmente, tendia a centrar seu interesse na antiguidade clássica, de tal modo que o período cristão da história da Europa era visto com certo desprezo. Por outro lado, o humanismo mostrava como ao longo da História os antigos documentos cristãos, especialmente as Escrituras, haviam sido deturpados e mal interpretados. Com a invenção da imprensa de tipos móveis, era fácil fazer essas ideias chegarem a círculos em que antes não haviam adentrado.

Todas essas mudanças na condição europeia apresentavam um grande desafio para o cristianismo. Do ponto de vista de nossa história, perguntava-se de se esse seria capaz de encarar as oportunidades que os novos descobrimentos e horizontes geográficos abriam ou se simplesmente ficaria estancado no velho continente europeu. Durante a primeira parte do período que nos ocupa, quase todas as missões cristãs foram levadas a cabo por católicos romanos. Mais tarde apareceram em cena as missões protestantes. Mas não é errôneo dizer que o período que vai do séc. XVI ao séc. XVIII se caracteriza pela expansão geográfica e a riqueza na reflexão teológica missional católica. Quanto ao cristianismo oriental, continuou nos mesmos lugares onde antes havia estado representado; foi só o cristianismo russo que conseguiu estender-se para novas regiões.

A. As missões católicas

1. As razões da preponderância das missões católicas e as limitações nas missões protestantes

A tarefa de missões realiza-se no contexto da realidade histórica dos povos. As situações geopolíticas, econômicas, culturais e religiosas em um determinado contexto condicionam as oportunidades e os limites nesse trabalho. No caso das missões católicas, podemos assinalar as seguintes razões que fizeram o catolicismo romano se estender mais que o cristianismo protestante durante o período que nos ocupa:

a) *A vantagem geográfica do catolicismo*

O catolicismo romano conseguiu conquistar para si Espanha e Portugal, que eram as grandes potências marítimas. Quando esses países começaram a perder importância, seu lugar no avanço missionário católico foi ocupado pela França. Como era de esperar, nos países que tinham comércio constante com as distantes regiões da América e do Antigo Oriente seria muito mais vivo o interesse missionário, além de que esses países contribuiriam para a extensão do cristianismo romano com suas conquistas militares e econômicas. O protestantismo, pelo contrário, nasceu no centro da Europa, em regiões não-costeiras, mas grande poderio marítimo. Quando conseguiu conquistar nações como Holanda, Inglaterra e países escandinavos, estas não eram potências navais. A grande época da expansão marítima dos escandinavos havia passado, e a dos ingleses e dos holandeses não havia chegado ainda.

b) *A vantagem militar e política*

O séc. XVI foi o começo da grande expansão colonial da Espanha e de Portugal, que se enriqueceram com o ouro e com outros produtos de suas novas colônias; com base nessa riqueza, alcançaram certa hegemonia na Europa. Logo, ainda que a empresa colonial requeresse grandes recursos humanos, essas duas potências católicas sempre tiveram recursos suficientes para enfrentar as guerras religiosas sem que sua própria existência fosse ameaçada. Para Espanha e Portugal, tais guerras nunca foram questão de sobrevivência. Além disso, no caso da Espanha, a unidade nacional recém-alcançada teria uma forte dose de sentido de missão, de destino histórico unido ao empreendimento da Reconquista e da defesa da fé católica. A outra grande potência europeia que havia alcançado unidade nacional e que disputava com a Espanha a hegemonia sobre o continente era a França, também católica.

Em contraste, durante seus primeiros anos o protestantismo se viu ameaçado de morte pela pressão militar e política que exerciam sobre ele as grandes potências da Europa. A Alemanha e a Suíça, que foram os dois focos iniciais do movimento protestante, não eram ainda nações unificadas, e no princípio da Reforma o imperador que governava os territórios onde o novo movimento nasceu era

Sua Majestade católica Carlos I, da Espanha, Carlos V, da Alemanha. A Holanda pertencia à Coroa espanhola. Os países escandinavos estavam demasiadamente distantes para intervir ativamente na contenda, e só a Suécia, sob o domínio do rei Gustavo Vasa, conseguiu fazer sentir seu poder militar de uma maneira decisiva. Quanto à Inglaterra, a sobrevivência do protestantismo nela esteve em dúvida durante algum tempo; em todo caso, durante os primeiros anos do período que nos ocupa, não era ainda uma das grandes potências européias. Por essas razões, o protestantismo viu-se rapidamente ameaçado pelas guerras religiosas, enquanto o catolicismo sempre teve forças para o trabalho missionário e para as conquistas em terras distantes.

c) A unidade católica

Não há dúvida de que outra das vantagens que gozou a igreja romana diante do protestantismo no que concerne às missões foi sua própria unidade interna. O catolicismo, mesmo que não fosse a massa monolítica que a princípio alguns protestantes supunham, tinha certa capacidade de coordenar suas ações. Assim, por exemplo, em diversas ocasiões, Roma serviu de árbitro entre potências católicas distintas que pretendiam estabelecer-se em algum dos novos territórios. Além disso, ainda que o trabalho missionário fosse levado a cabo por meio das diversas ordens religiosas e das conquistas dos países católicos, Roma pôde oferecer certas diretrizes gerais e estabelecer instituições como a *Sacra Congregatio de Propaganda Fide*. A *Propaganda*, cuja sede estava em Roma e que continua existindo até o presente, foi fundada no ano 1622. Sua função era servir de instrumento para a preparação e supervisão do trabalho missionário não só entre os não-cristãos, mas também entre os protestantes e outros católicos. Logo contou com um colégio no qual se educavam jovens de nacionalidades distintas, bem como com uma magnífica imprensa na qual se produziam livros em diversos idiomas. Como é de supor, essa organização contribuiu grandemente para o trabalho missionário da igreja romana.

Por outro lado, durante séculos as divisões internas do protestantismo impediram-no de enfrentar coordenadamente o desafio missionário. Além disso, os protestantes entendiam que seu trabalho missionário era a reforma da igreja, concentrando a maioria de seus esforços em combater a igreja romana, ou lutando entre si para descobrir e estabelecer a legítima reforma de Jesus Cristo.

d) A continuação de um velho impulso

Para a igreja romana, o trabalho missionário era a continuação de um velho impulso que existiu em toda sua história e que recebeu uma preponderância notável a partir da fundação das ordens mendicantes no séc. XIII. Havia amplos tratados que mostravam a necessidade do trabalho missionário e alguns que versavam sobre seus métodos. O protestantismo, pelo contrário, em seu afã de regressar à Bíblia, via-se frequentemente obrigado a julgar duvidosamente o que havia recebido da tradição e a reconstruir toda sua teologia a partir de suas próprias bases. Como consequência disso, os velhos argumentos a favor da tarefa missionária foram questionados, e o próprio Lutero chegou a afirmar que o mandamento de Jesus, ao enviar seus discípulos por todo o mundo para pregar o Evangelho, limitava-se aos apóstolos, que já o haviam cumprido (ainda que, à medida que a Alemanha se foi solidificando politicamente, Lutero desenvolvesse uma inquietude missional pelos não-cristãos em sua região geográfica, ou seja, turcos e alguns judeus). Portanto, segundo Lutero, não era necessário que os cristãos continuassem tomando a grande comissão como obrigação. Como é de supor, isso deteve grandemente o avanço missionário do protestantismo, até que a situação política e religiosa dos protestantes começou a mudar, e eles se aperceberam do erro dessa interpretação.

e) As ordens monásticas

Lutero e a maioria dos protestantes rechaçaram o monasticismo por o considerarem uma perversão do Evangelho. Naturalmente, o que os levou a isso foram os vários abusos e deturpações que se haviam feito do ideal monástico, além dos conceitos errados de justificação que haviam cristalizado no próprio ideal monástico. Contudo, ao rejeitar o plano do monasticismo, a Reforma se desfez de um dos mais úteis e antigos instrumentos missionários. Ao longo de toda a história da igreja, sobretudo na Idade Média, os monges eram aqueles que mais se haviam destacado na expansão do Evangelho. Mesmo quando o cristianismo se impunha em alguma área pela força das armas, sempre eram os monges que seguiam os soldados e com seu trabalho de instrução e pregação faziam conversões forçadas se tornassem sinceras. Ao se desfazer do monasticismo, o protestantismo foi obrigado a descobrir e a criar novos instrumentos missionários, alguns dos quais teriam afinidades com o monasticismo, e era de esperar que isso levasse séculos.

2. As missões espanholas

a) A unificação religiosa da Espanha

Se o último foco que escapava à dominação política por parte dos cristãos na Espanha desapareceu no ano 1492 com a rendição de Granada, isso não quer dizer que a partir dessa data a população espanhola tenha sido cristã. Pelo contrário, ficaram fortes minorias judias e muçulmanas. No mesmo ano, os reis católicos ordenaram que todo judeu que rejeitasse o batismo teria de abandonar a Espanha. Ainda que muitos tivessem aceitado o batismo, havia a questão da sinceridade de sua conversão. Isso, por sua vez, tornou necessários os ofícios da Inquisição, fundada por um processo gradual que culminou no séc. XIII, e cuja função, na Espanha e na época que nos ocupa, era em parte descobrir entre os "novos cristãos" aqueles que na verdade continuavam sendo judeus. O ódio do povo espanhol aos "marranos" – como eram chamados os judeus convertidos, em sinal de desprezo – tornou-se cada vez maior; por isso muitos imigraram para outros países da Europa e até para o norte da África.

Os muçulmanos encontravam-se, sobretudo, no sul do país. Segundo os termos da capitulação de Granada no ano 1492, seria tolerada a religião dos muçulmanos. Durante algum tempo esse princípio se aplicou, mas o cardeal Jiménez de Cisneros, pensando que isso refletia uma debilidade imperdoável, exigiu a conversão dos muçulmanos. Algumas rebeliões foram esmagadas sem misericórdia. Por fim, no ano 1524, Carlo V expulsou da Espanha todo muçulmano que não estivesse disposto a aceitar o batismo. Ainda assim, os "moriscos" – como se chamavam os muçulmanos convertidos – apresentaram o mesmo problema que os judeus convertidos, e logo a Inquisição começou a implicar com eles. No ano 1567, Felipe II proibiu que os moriscos conservassem seus costumes, vestimentas e língua peculiares, ordenando-lhes que se adaptassem aos costumes espanhóis. Alem disso, a Coroa espanhola estabeleceu leis que proibiam os convertidos que haviam sido judeus ou muçulmanos de viajarem para a América. Depois das consequentes rebeliões e matanças, no ano 1609 os moriscos que ainda conservavam seus costumes foram expulsos da Espanha. Desse modo, ficava unificado o reino, mas a influência tanto judaica quanto muçulmana continuaria sendo sentida nas expressões culturais, arquitetônicas e religiosas do povo espanhol e seria motivo de suspeita e perseguição por parte da Inquisição.

b) A América

É surpreendente o fato de que, ainda antes de alcançar a total assimilação dos muçulmanos e judeus que nela ficaram, a Espanha lançou-se a levar seu poderio, sua fé e sua cultura a territórios muitas vezes mais extensos do que ela própria. A primeira metade do séc. XVI foi testemunha de um desdobramento sem precedentes em que a Espanha se derramou sobre o Novo Mundo. As razões que deram lugar a esse fenômeno são objeto de conjecturas e especulação, mas podemos dizer ao menos que a Espanha se lançou ao Novo Mundo impulsionada por três motivos entretecidos e capazes de unir em uma aventura comum os espíritos mais distintos: a glória, o ouro e a religião. Para aqueles cuja ambição era alcançar glória e renome, o Novo Mundo apresentava a ocasião de conquistar terras nunca antes sonhadas. Para quem só desejava enriquecer, as "Índias" ofereciam suas lendas de grandes tesouros que algumas vezes pareciam ser certas. Por último, a existência de amplos territórios não evangelizados atraía quem fazia da religião o motivo central de sua vida e, sobretudo, os membros das ordens regulares – franciscanos, dominicanos e outros.

A expansão da Espanha no Novo Mundo durante o séc. XVI foi surpreendente. No ano 1492, Colombo chegou pela primeira vez a essas terras. No ano 1496, fundou a cidade de Domingos de Gusmão na ilha a que deu o nome de Espanhola. Já no ano 1500, João de Cosa dava a conhecer o primeiro mapa das novas terras. Nessa mesma época, explorava a costa norte da América do Sul e boa parte da América do Norte. No ano 1508, Sebastião de Ocampo contornou a ilha de Cuba e com isso provou que não era parte de um continente. A expedição de Vasco Nuñez de Balboa, nos anos 1509 a 1515, descobriu o oceano Pacífico. Em 1513, João Ponce Leon desembarcou na Flórida, e dois anos mais tarde João Diaz de Solís chegou ao Rio da Prata.

Foram muitas as expedições para a costa da América do Norte e pelo continente, mas entre elas se destaca a de Alvar Núñez Cabeça de Vaca, que nos anos de 1527 a 1536 atravessou o continente desde a Flórida até o México. Hernando de Soto foi da Flórida até o Mississipi de 1539 a 1541. Ao mesmo tempo, Francisco de Orellana explorava a bacia do Amazonas. O propósito principal dessas viagens era buscar um caminho até o Oriente e descobrir os ricos tesouros que, se supunha, terem os índios. Além disso, não há dúvidas de que tais explorações também ocorreram por causa do espírito de aventura que se apropriou da alma espanhola durante o séc. XVI.

A ironia do começo dessa exploração cristaliza-se na pessoa e obra de Cristóvão Colombo, que acreditou ter chegado às "Índias". O seu "descobrimento" foi por equívoco. Daí que o continente americano não leva o seu nome, mas o de Américo Vespúcio, segundo o qual essas terras eram um novo continente, o que produziu uma mudança na geopolítica daquele tempo.

Os exploradores seguiram os conquistadores. As Antilhas Maiores não ofereciam grande resistência ao impulso espanhol; logo, todos os aborígines foram submetidos aos novos senhores e, finalmente, foram eliminados. Como centros de operações para viagens e futuras conquistas, os espanhóis fundaram cidades que perduram até o dia de hoje: além de São Domingos, que já mencionamos, fundaram no ano 1508 a cidade de Porto Rico (hoje São Jõao): em 1514 Santiago de Cuba e em 1515 a de Havana. Em 1519 Hernão Cortez desembarcou no México, e dois anos mais tarde a conquista do Império Asteca (hoje também conhecido como o Império "Mexicano") ficou completa. Depois de algumas tentativas falidas, Francisco Pizarro e Diego de Almagro empreenderam a conquista definitiva do Peru. Dois anos mais tarde, os espanhóis apoderavam-se de Cuzco. Ainda que logo ocorresse a guerra civil entre os bandos de Pizarro e Almagro, a conquista do Império Inca havia se realizado. A partir desse momento, os principais centros da cultura e civilização pré-colombianas, exceto Yucatán, caíram em mãos espanholas. A conquista da América Central e de Yucatán começou no ano 1523 e levou menos de vinte anos. Com isso, e com outras conquistas menores no Rio da Prata, no Paraguai e na América do Norte, completam-se as grandes conquistas espanholas no continente americano. Não obstante, essas conquistas não se realizaram sem resistência por parte dos indígenas, ou sem debates filosóficos e religiosos que, os quais discutiremos mais adiante.

Como era de esperar, depois dos descobridores e conquistadores vieram os colonizadores. O propósito destes não era descobrir novas terras, mas estabelecer-se nos centros de população onde pudessem alcançar certos benefícios com o comércio, com a agricultura e, sobretudo, com a exploração das minas. Foi a colonização espanhola o que deu permanência às grandes conquistas do séc. XVI. Se muitos homens – e mais tarde mulheres que estavam dispostas a se estabelecerem permanentemente nas terras conquistadas – não houvessem seguido a Hernán Cortez ou Francisco Pizarro, supõe-se que bem rápido os indígenas, sobretudo os das altas civilizações como os astecas, os maias e os quéchuas, haveriam conseguido expulsar os espanhóis.

A colonização do Novo Mundo, pelos espanhóis, foi um dos acontecimentos de maior importância em toda a história da expansão do cristianismo.

Na segunda viagem de Colombo, a igreja já estava representada. A partir de então – como era de esperar, dado o caráter religioso da Coroa e do povo espanhol –, sempre houve sacerdotes nas expedições de exploração e de conquista, assim como nas novas colônias. Alguns desses sacerdotes – especialmente os seculares – consideravam que sua missão se limitava a ministrar as necessidades espirituais dos colonizadores. Alguns até chegaram a se perguntar se era possível converter os índios. Mas logo apareciam outros que contestavam a pergunta, dizendo que não só era possível, como também era a obrigação da igreja e da Coroa espanhola, e que o principal propósito da conquista e da colonização do Novo Mundo era precisamente a conversão dos indígenas.

Para levar a cabo sua tarefa, a Espanha contava, antes de tudo, com um profundo espírito religioso messiânico surgido da Reconquista e que, combinado com o afã de conquista e aventura da época, se prestava para a obra missionária. No princípio do séc. XVI, floresciam na Espanha as ordens mendicantes, sobretudo a dos franciscanos e a dos dominicanos. Além disso, a Espanha era o berço de Inácio de Loyola e, por essa razão e muitas outras, a Companhia de Jesus havia alcançado grande arraigamento e alcance no país. Essas ordens e os missionários seriam o principal instrumento do trabalho missionário no Novo Mundo.

Por outro lado, desde o começo da conquista a Coroa espanhola contou com o poder de domínio quase absoluto sobre a igreja nos novos territórios, que se conhece como *Patronato Real*. Em uma série de cinco bulas, *Inter caetera*, a primeira, e a segunda, *Eximiae devotionis, Piis fidelium* e *Duum siquidem*, todas do ano 1493, Alessandro VI concedeu ao reis da Espanha autoridade política e religiosa sobre todas as terras descobertas, ou por descobrir, até uma linha de demarcação de cem léguas a oeste de Açores. Isso não era só um privilégio que se concedia aos reis católicos – e, naturalmente, aos reis de Portugal, sempre que se navegasse ao Oriente – como também era uma obrigação missionária a uma gestão e uma responsabilidade de conquista que se impunha a eles. De fato, era o modo fácil mediante o qual os papas do Renascimento, mais interessados na política e nas artes que na religião, descarregavam suas responsabilidades sobre os reis da Espanha e de Portugal.

A partir de 1501, essa nova configuração política e religiosa permitiu à Coroa receber os dízimos das novas igrejas, mas, ao mesmo tempo, dava-lhe a responsabilidade de financiar todos os gastos do empreendimento missionário.

Quando se estabeleceram as primeiras sedes episcopais, o papa Júlio II concedeu aos reis da Espanha o direito de propor os nomes das pessoas que, a seu juízo, deviam ocupar alguns cargos eclesiásticos. Ainda que as bulas pontífices limitassem a um patronato a função da Coroa espanhola, logo se desenvolveu entre os teólogos espanhóis, tanto na América quanto na península, a teoria do *Vicariato Regio,* segundo a qual o rei era vicário do papa no Novo Mundo.

Essa união entre os interesses da expansão do cristianismo foi completa e funesta em determinados aspectos e ocasiões. As missões foram utilizadas como um meio de estender a cultura e o poderio espanhol. Em mais de uma ocasião, o propósito da fundação de alguma missão não foi tanto a conversão dos indígenas como a prevenção do estabelecimento na região de alguma outra potência europeia.

Apesar de tudo isso, é necessário recordar que a própria Coroa espanhola via com tal naturalidade essa união entre a Igreja e o Estado que não pensava, como a mentalidade moderna às vezes imagina a situação, em termos de um Estado usando a Igreja, ou vice-versa. Para os reis católicos e para seus seguidores, a cultura europeia – especialmente a espanhola – era sinônimo de fé cristã. Logo, a espanholização dos indígenas americanos para eles era o mesmo que sua cristianização. Tampouco devemos esquecer os debates e os conflitos que os reis enfrentaram na evangelização dos povos indígenas. Em muitas ocasiões, a Coroa defendeu os direitos dos povos nativos diante da tentativa de explorá-los e escravizá-los. Se tais tentativas tiveram pouco êxito e se houve matanças de indígenas que ficaram sem castigo, isso se deveu à complexa relação do Império Espanhol com suas colônias do outro lado do mundo e à enorme distância que impediria os reis de fazer que essa vontade de justiça e proteção aos indígenas se cumprisse cabalmente.

Em termos gerais, muitos dos trabalhos dominicanos, franciscanos, jesuítas e outros opuseram-se às explorações nas quais os espanhóis tornaram os indígenas objetos e procuraram o apoio da Coroa em busca de maior justiça. Frequentemente, era o clero diocesano que prestava apoio às práticas desumanas dos conquistadores. Essas asserções foram comprovadas ao se estudar a vida e obra de pessoas como Frei Bartolomeu de las Casas e Frei Antônio Montesinos.

Alguns dos maiores abusos foram cometidos contra os indígenas de cultura primitiva que habitavam as Antilhas Maiores. Os espanhóis não vinham a essa terra com o propósito de cultivá-las ou explorá-las com suas próprias mãos; por isso era necessário fazer uso do trabalho dos indígenas. Isso se tornava difícil por meios pacíficos, pois os indígenas das Antilhas Maiores não estavam acostumados ao trabalho contínuo e organizado que os espanhóis exigiam deles. Logo o novo regime se tornou para eles escravidão. Tudo isso era coberto com o manto do propósito missionário, e os indígenas "submetiam-se" aos colonizadores com o propósito de que, ao mesmo tempo em que trabalhavam para eles, fossem instruídos na fé cristã. A instituição resultante, chamada "submissão", era uma forma velada de escravidão, com a agravante de que aqueles que os submetiam não tinham sequer uma recompensa econômica que os estimulasse a cuidar daqueles que lhes eram "submissos". Naturalmente, o que de fato acontecia era que aqueles que os submetiam nem sequer se ocupavam em aprender os dialetos indígenas e dedicavam-se com esforço a obrigar os índios a produzir o máximo.

Ainda que as comendas fossem feitas com o beneplácito da Corte espanhola, não deixaram de criar grandes debates e dilemas sobre o caráter da evangelização, sobre a humanidade dos indígenas e sobre a liberdade desses povos. Infelizmente, a Coroa nem sempre estava ciente do uso que se fazia das comendas. Até onde sabemos, o primeiro a protestar contra elas foi o padre Antônio Montesinos, da Ordem de Domingos de Gusmão. Ao ver que sua pregação no Novo Mundo não produzia efeito, Montesinos fez chegar suas queixas à própria Corte. O resultado foi que no ano

1512 se proclamou a chamada Lei dos Burgos, que pretendia garantir o tratamento justo aos indígenas. Segundo essa lei, não era permitido escravizar os indígenas, os que estivessem submissos a um colono espanhol não podiam ser vendidos nem trocados, e por seu trabalho deveria ser pago um preço justo.

Como era de esperar, a lei dos Burgos nunca foi fielmente aplicada na América. Contudo, isso serve de testemunho do apoio que a Coroa prestava aos esforços dos frades pela humanização do regime colonial e não deixou de ter algum efeito no Novo Mundo. Por outro lado, isso nos recorda da complexa relação que existia entre a evangelização e a conquista, na qual os interesses dos conquistadores, dos colonizadores e de alguns na metrópole espanhola sobrepujavam a tentativa de uma evangelização justa. Isso nos adverte de que a tarefa missionária pode estar impregnada de ideologias destrutivas.

Outro defensor dos índios, muito mais conhecido que o padre Montesinos, foi o Frei Bartolomeu de las Casas. Depois de renunciar a sua comenda, vendeu suas propriedades na América e regressou à Espanha com o propósito de alcançar leis mais justas em favor dos indígenas. Na Espanha, recebeu o título de Protetor Geral dos Índios e com ele regressou às Antilhas. Ali foi tratado como um sonhador que acreditava que os indígenas fossem pessoas como as demais e que podiam ser pacificados somente com o amor. Devido à possibilidade de fazer cumprir as leis em favor dos índios, e las Casas regressou à Espanha, e com isso começou uma vida de idas e vindas com breves paradas no Novo Mundo, durante as quais tratava de tornar mais suportável a condição dos indígenas. Suas viagens à América levaram-no desde o México até o Peru, sempre intervindo em favor dos povos nativos. Por fim, no ano 1542, seus esforços foram recompensados com as "Novas Leis", com as quais o Conselho das Índias outorgou e garantiu alguns direitos aos indígenas. Seu trabalho, contudo, não careceu de conflitos, particularmente quando e las Casas, em dado momento, sugeriu que se trouxessem negros africanos como escravos para assim poder dar liberdade aos indígenas. Depois de ser consagrado Bispo de Chiapas, onde levou a cabo um ministério exemplar, e las Casas regressou à Espanha, onde se retratou da sugestão com relação aos escravos africanos e escreveu seu testamento com reflexões críticas e teológicas sobre a evangelização e a colonização da América. Morreu em sua terra natal no ano 1576.

O caso e las Casas não é o único na história da América, mas é o mais típico. Na cidade do México, o bispo de Zumarraga, homem de extensa cultura humanista, distinguiu-se por seu trabalho a favor da educação e da instrução religiosa dos indígenas. Graças a seu interesse, estabeleceu-se a primeira imprensa do Novo Mundo. Além disso, os nomes de Bartolomeu de Olmedo, de Eusébio Kino, de Luís Câncer, de Luis Beltrão e de Francisco Solano não são senão uns poucos que nos chegaram de entre as centenas de homens que se dedicaram a tornar mais suportável a condição dos povos nativos. Além disso, é necessário destacar que houve também autoridades civis que levaram a sério o bem-estar dos indígenas – entre eles o célebre Cabeça de Vaca.

Ainda que as comendas continuassem sendo utilizadas no Novo Mundo, o principal método para a expansão do cristianismo entre os indígenas de tradições menos urbanas foram as chamadas "reduções". Em algumas regiões, a população indígena vivia espalhada pelos campos e pelas selvas em pequenas comunidades que, poucas vezes, chegaram a ser uma família extensa. Tal condição tornava mais difícil evangelizá-los, e muito mais difícil ajustar e supervisionar seus costumes. Por essas razões, e com o apoio da Coroa, os freis tendiam a reunir essas famílias dispersas em uma comunidade maior, à qual davam o nome de "redução" ou "missão".

A redução era uma pequena aldeia cujo centro era a igreja e a praça que havia junto dela. O trabalho cotidiano era supervisionado pelos freis, que ensinavam aos indígenas novos métodos de cultivo e artesanato. Ao mesmo tempo, instruíam-nos na fé cristã e supervisionavam seus costumes para torná-los mais concordantes com o que os freis tinham por cristãos. Essas missões eram indubitavelmente melhores que as comendas, cujo único resultado verdadeiro era a exploração. As missões, porém, também tinham seus defeitos, especialmente o excessivo paternalismo e processo de civilização, ou espanholização, que, depois de tirar as pessoas de seus antigos meios de vida, não as preparava verdadeiramente para cuidarem de si próprias na nova civilização com os costumes que haviam adotado. Isso os deixava em um vazio cultural, religioso e existencial que progressivamente também foi uma forma de genocídio para os indígenas. Por essa razão, muitas das missões desapareceram quando, por um motivo ou por outro, os freis tiveram de abandoná-las. Isso aconteceu, sobretudo, no Paraguai, onde os jesuítas haviam estabelecido uma rede extensa de missões que ia do Norte da Argentina até alguns estados do Sul do Brasil. Quando, no ano 1567, os jesuítas foram expulsos de todos os territórios espanhóis – uma vez mais ilustrando a complexa relação entre a monarquia, as colônias e a igreja romana – e os franciscanos, os dominicanos e os demais freis tornaram-se insuficientes para ocupar o vazio que os jesuítas deixaram, a grande maioria das missões do Paraguai desapareceu.

    Além de fazê-lo no Paraguai, os freis de diversas ordens – franciscanos, dominicanos e jesuítas – estabeleceram missões em todos os territórios onde havia indígenas cuja cultura não era sedentária. Em certas ocasiões, os missionários eram escoltados por pequenos núcleos de soldados que lhes protegiam a vida. Mas, em muitas outras ocasiões, iam além das fronteiras do poderio militar dos espanhois, serviam de frente. Muitos desses missionários morreram como mártires, pelas mãos dos próprios indígenas a quem tratavam de servir e também de outros que invadiam e tomavam suas missões.

Teoricamente, uma vez que as missões ficavam devidamente estabelecidas, o clero regular passava-as para as mãos do clero secular e seguiam adiante, a fim de fundar novas missões. Na prática, isso ocorreu somente em ocasiões raras, pois regularmente não estavam dispostos a abandonar suas missões, e os seculares não se sentiam dispostos a ocupar paróquias cujos benefícios materiais eram muito pequenos.

Ao conquistar países de alta civilização como México e Peru, os espanhóis seguiam uma política um pouco diferente. A conquista consistia em suplantar os antigos senhores do território – que, da mesma forma que os espanhóis, eram conquistadores que oprimiam e exploravam as outras populações e até mesmo seu próprio povo – e continuar administrando o Império da maneira que haviam seguido seus antigos donos. Para os propósitos políticos e econômicos, esse tipo de conquista tinha a imensa vantagem de não perturbar os meios de produção e administração que os próprios indígenas haviam estabelecido. Para os propósitos missionários, tinha também a vantagem – talvez superficial e enganosa – de que os povos conquistados, que estavam acostumados a seguir as ordens de seus superiores, se mostravam dispostos a receber o batismo sem grandes dificuldades.

Primeiro no México, e logo no Peru, foram centenas de milhares os indígenas que receberam o batismo sem ter uma noção, sequer ligeira, do sentido desse rito. A princípio, poucos espanhóis se interessavam por aprender os idiomas desses povos. Mas com a obra do bispo de Zumárraga, no México, e do bispo Toribio Alfonso de Mogrovejo, em Lima, o cristianismo começou a lançar raízes mais profundas entre os antigos habitantes desses dois grandes impérios. Na imprensa de Zumárraga, publicaram-se livros nas línguas maternas dos indígenas para desse modo fazê-los conhecer um pouco mais do sentido do cristianismo. Também se fundaram universidades em Lima e no México, além de vários seminários para preparar obreiros entre os nativos.

Tudo isso, porém, não fez desaparecerem de todo os vestígios das antigas religiões, que subsistiriam e se revitalizariam em nosso século. De fato, como discutiremos no último capítulo desta História, hoje se torna evidente a riqueza e a complexidade da interação entre as religiões indígenas e a fé cristã, tanto em sua expressão católica como na protestante e pentecostal. Essa riqueza e complexidade têm obrigado historiadores e missiólogos a reavaliar a história da evangelização dos povos nativos na América Latina. Nessa reavaliação, descobre-se que o processo de evangelização e civilização foi também um processo de intercâmbio religioso e cultural. Isso inclui atos de resistência que resultaram, por um lado, na criação de novos símbolos tanto cristãos como indígenas; por outro, em uma reflexão crítica sobre o sincretismo religioso e a identidade cristã indígena.

Além dos indígenas, logo houve na América negros procedentes da África. Esses eram trazidos ao Novo Mundo como escravos a fim de prover a mão-de-obra que os próprios espanhóis não estavam dispostos a prestar. Não é necessário assinalar a tragédia que implicava a vida de escravidão para homens e mulheres que haviam sido arrancados de suas próprias terras e levados além-mar para condições que lhes eram totalmente estranhas, para ali trabalharem segundo o capricho de seus novos senhores. É notável o fato de que, apesar do crescente número de escravos africanos trazidos ao Novo Mundo, a igreja parecia não ter percebido a importância do trabalho missionário entre eles. Raras vezes houve quem se dedicasse a pregar-lhes o evangelho. Talvez isso se deva ao conceito puramente geográfico das missões, segundo o qual se pensava no trabalho missionário em termos de ir a terras ainda não evangelizadas. Em todo caso, houve cristãos que, motivados por sua fé, trabalharam especialmente entre os escravos negros. Nesse sentido, merece ser citado Alonso de Sandoval, que escreveu um extenso livro sobre os métodos, problemas e desafios da evangelização dos negros, intitulado *Instauranda Aethiopium*

Salute [Sobre a instauração aos africanos], e, muito especialmente, Pedro Claver.

Esse último era um jesuíta de origem catalã que na cidade de Cartagena das Índias se dedicou a visitar os escravos que chegavam da África. Seu trabalho, além da pregação e da instrução, incluía o cuidado físico e a alimentação dos escravos recém-chegados, que frequentemente estavam enfermos por causa da viagem. É notável, particularmente na catequização e em outros trabalhos de evangelização aos negros, o fato de que o esforço de Pedro não partia de um sentimento de condescendência a seres inferiores, mas estava convencido de que os negros deviam ser considerados pessoas, em todos os sentidos, iguais aos brancos, e capazes de ocupar na igreja o mesmo lugar que os brancos ocupavam. Não há dúvidas de que sua obra mitigou muitos sofrimentos. Mas também não há dúvidas de que ele e o punhado de homens que se interessaram pela sorte dos escravos africanos encontravam-se isolados em um mar de falta de interesse e compreensão, por um lado, e de conflitos políticos e econômicos relacionados ao trabalho e aos benefícios que produziam os escravos, por outro. Se com o tempo os descendentes dos escravos aceitaram a fé cristã, isso se deveu não a um interesse missionário trilhado, mas à tendência dos escravos em adotar os costumes e a fé de seus senhores. Não obstante, tal como mencionamos acima em relação aos indígenas, hoje em dia a fé cristã em muitas comunidades negras tem vestígios dos cultos africanos antigos e novos, demonstrando o intercâmbio religioso e cultural entre o cristianismo e as religiões africanas, e criando um novo contexto em que a fé cristã busca sua identidade nas culturas afro-latino-americanas.

Se já resumimos o principal dos métodos missionários que os espanhóis aplicaram no Novo Mundo, parece aconselhável agora fazer uma breve recapitulação do desenvolvimento do cristianismo em cada uma das principais regiões da América Latina e do Caribe, no período que nos ocupa. Isso nos obrigará, sem dúvida, a repetir muito do que acabamos de dizer, mas, por razões de clareza de exposição, parece-nos necessário incluir nesta história, além da discussão geral dos métodos missionários que se aplicaram na América, um breve esboço por zonas geográficas.

As *Antilhas* foram as primeiras terras americanas descobertas por Colombo; portanto, foi também nelas que começou a colonização e a evangelização do hemisfério Sul. A consequência natural de tais circunstâncias foi que os indígenas das Antilhas sofreram os desmandos dos conquistadores em maior grau que o restante do Continente: foi nas Antilhas que, primeiro e mais cruelmente, se implantou o regime de comendas. Visto que os povos nativos das Antilhas não estavam acostumados a tal vida e que os colonizadores fizeram pouco por torná-la mais suportável, o resultado foi a extinção quase total da raça indígena, que sobreviveu de maneira quase exclusiva pelos filhos mestiços dos espanhóis e das índias com quem se amancebavam. Por essas razões, a obra dos espanhóis nas Antilhas, mais do que em qualquer outra parte da América, foi de colonização em vez de evangelização e aculturação. Em termos gerais, os escravos africanos que começaram a chegar tão logo começou a diminuir a população indígena apresentaram um problema muito maior que o da conversão dos índios. No entanto, o domínio das ilhas por parte dos espanhóis já era tal, que os métodos de evangelização mudaram e os escravos se convertiam por meio de um processo de adaptação à fé cristã ao mesmo tempo em que conservavam muitos elementos das religiões africanas.

Em um território totalmente colonizado como foram as Antilhas Maiores, a hierarquia eclesiástica pôde estabelece-se bem rápido. No ano 1508, fundaram-se as três primeiras dioceses em La Espanhola. No ano 1511, estabeleceu-se a hierarquia de Porto Rico, e em 1517 a de Cuba.

Desde as Antilhas, os conquistadores – e com eles os missionários – passaram para a *Flórida*, "descoberta" por

Ponce de Leon em 1513. As primeiras tentativas de conquista foram infrutíferas, e não foi senão já bem avançado o século, quando a presença dos franceses na Flórida levou os espanhóis do México a agir, que se começou a conquista efetiva da região. Nesse ínterim, e ainda depois, foram muitos os frades, tanto dominicanos quanto jesuítas e franciscanos, que tentaram penetrar a região por meios pacíficos e cuja ousadia terminou em martírio. Partindo da Flórida, e como parte da mesma missão, os frades adentraram no que hoje é a Geórgia e a Virgínia. Em todos esses territórios, o trabalho missionário foi difícil e terminou quando, no ano 1763, a Flórida passou para as mãos dos ingleses.

Também através das Antilhas chegou o cristianismo ao *México*. Cortéz, o conquistador do México, era um homem de profunda convicção cristã – como entendiam o cristianismo os espanhóis de seu tempo. Em sua expedição, acompanhavam-no vários clérigos e religiosos que, tão logo se alcançou a vitória militar, se dedicaram a batizar os índios aos milhares.

Os primeiros missionários ativos na Nova Espanha foram os franciscanos, que desde o ano 1524 se estabeleceram no México e em Puebla. A partir desses dois centros, e durante os 40 anos seguintes, as missões franciscanas estenderam-se até o Oeste e logo até o Norte, chegando a Durango.

Os dominicanos chegaram no ano 1526 e também se estabeleceram no México e em Puebla, mas dali tenderam a se estender para o Sul, ao redor de Oaxaca.

Os agostinianos chegaram sete anos depois que os dominicanos (1533) e estabeleceram-se no México, a partir de onde se estenderam até o Norte e o Oeste, localizando-se, sobretudo, nos enormes espaços vazios entre os distintos estabelecimentos franciscanos e dominicanos.

Os jesuítas, que consistiam na outra grande ordem que estabeleceu trabalho missionário no México, não chegaram até o ano 1572. Distinguiram-se pela formação de instituições educativas e por suas missões no norte do país. Da mesma forma que em outras partes do mundo, os jesuítas foram expulsos no séc. XVIII.

A hierarquia mexicana constituiu-se quando, no ano 1530, Frei João de Zumárraga foi nomeado o primeiro bispo do México. Em 1534, fundou-se a sede de Antequera (Oaxaca), e pouco depois a de Michoacán, Chiapas, Guadalajara e Cozumel. Para completar a localização da igreja espanhola na Nova Espanha, no ano 1569, e pelo Edito Real, estabeleceu-se no México e no Peru o Santo Ofício da Inquisição. Mesmo que antes houvesse processos inquisitoriais, o estabelecimento do Santo Oficio trouxe consigo uma nova época de repressão, tanto para os índios quanto para os espanhóis, e especialmente para os estrangeiros. Três anos depois de seu estabelecimento, o Santo Ofício tinha sob processo mais de quatrocentas pessoas. Mas, apesar da Inquisição e às vezes com a anuência das autoridades eclesiásticas, os antigos cultos indígenas subsistiam sob o manto do cristianismo. O caso mais notável é o caso da Virgem de Guadalupe, cujas origens se confundem com o culto à antiga deusa da fertilidade, Tonantzin.

A partir do México, só dois anos depois da conquista do Império de Montezuma, os espanhóis, sob o comando de Don Pedro de Alvarado, empreenderam a conquista da *América Central*. Essa se organizou em uma Capitania Geral com sede na Guatemala e dela dependiam as províncias de Chiapas, Salvador, Honduras, Nicarágua e Costa Rica, além da própria Guatemala. Nessa região, trabalharam franciscanos, dominicanos, *mercedários* e jesuítas. Os primeiros bispos foram os de Guatemala, Nicarágua, Comayagua, São Salvador e Verapaz. Na América Central, a inquisição funcionou sob a jurisdição do Santo Ofício do México, sob o qual existiam numerosos comissários nos principais povoados da América Central. Em termos gerais, a conversão dos indígenas marchou muito lentamente, e ainda hoje se podem encontrar na Guatemala comunidades nas quais continua a prática da antiga religião e se segue o calendário maia.

As primeiras regiões conquistadas do que depois chegou a ser o *Virreinato de Nueva Granada* foram Darién – hoje Panamá – e Urabá. Já as expedições de Ojeda e Nicuesa levaram consigo frades franciscanos. A primeira colônia foi a de Sebastião de Urabá, que logo foi transferida para Darién, onde, no ano 1513, se fundou a sede episcopal de Santa Maria do Darién. A partir dali, procedeu-se o trabalho missionário entre os indígenas, que às vezes consistia simplesmente em que os soldados conquistadores, sem esperar sequer a chegada dos sacerdotes, batizavam os "convertidos". Através de todo o período colonial, trabalharam em Darién e Urabá os missionários católicos, tanto franciscanos como dominicanos, recolatos, capuchinhos e jesuítas. Sem dúvida, ainda no séc. XXI ficava por fazer um extenso trabalho missionário em Urabá.

A Colômbia foi o centro do Virreinato de Nova Granada. Além de Urabá, os espanhóis estabeleceram-se na zona de Cartagena, conquistada por Adelantado Don Pedro de Heredia no ano 1533. No ano 1534, chegou à Cartagena o dominicano Frei Tomas del Toro, primeiro bispo da cidade. A partir de então, e com o apoio do bispo Don Tomas e seus sucessores, começou-se uma intensa atividade missionária na qual se destacaram os dominicanos e os franciscanos. Os jesuítas não chegaram até o ano 1598, mas então eles começaram um longo trabalho missionário.

A partir de Cartagena, os espanhóis dirigiram-se até o sul, onde fundaram a cidade de Santa Fé de Bogotá, cidade que no ano 1562 veio a ser sede episcopal e cabeça da arquidiocese em 1564. Desde muito cedo, a igreja colombiana começou a produzir seu próprio clero, com o qual dava testemunho da profundidade de seu enraizamento na região. Contudo, esse clero era recrutado somente entre os criúolos e mestiços, e passaram-se longos anos antes que fosse ordenado o primeiro indígena.

Também a Venezuela fazia parte de Nova Granada. Nessa região, as primeiras tentativas de estabelecer missões terminaram em martírios. Foi no séc. XVII, graças à ousadia de Francisco de Pamplona, que os capuchinhos conseguiram estabelecer-se na Venezuela. Seis anos mais tarde estabeleceram-se os observantes, ao mesmo tempo em que por toda a região adjacente à Colômbia adentraram os jesuítas. Esses últimos tiveram grande êxito, mas quando foram expulsos da região os demais religiosos não tiveram os recursos necessários para continuar sua obra. Em 1530, erigiu-se a sede episcopal de Caracas.

Ainda que o Equador também fizesse parte de Nova Granada, sua conquista foi empreendida a partir da Guatemala por Pedro Alvarado, e do Peru por Diego de Almagro. Mesmo que a princípio houvesse rivalidades entre ambos os grupos para ver quem possuiria os sonhados tesouros de Quito, depois de se reconciliarem ambos tomaram a cidade. Desde esse momento, estabeleceu-se em Quito um convento franciscano e, no ano 1537, outro *mercedário*. Quatro anos mais tarde, estabeleceram-se também os dominicanos. Como em toda a América hispânica, os sacerdotes seculares acompanharam também os conquistadores e desde muito cedo estabeleceram paróquias, embora esses clérigos não se ocupassem do trabalho missionário como faziam os mendicantes. No reino de Quito, como em todo o antigo Império Inca, o trabalho missionário viu-se obstruído pela conduta dos conquistadores em mais alto grau do que no restante da América. A destruição do Império Inca mediante a mentira e a traição, seguidas pelas guerras civis entre espanhóis, semeou entre os índios um ódio profundo e um desprezo para tudo o que se relacionasse com os invasores. Esse sentimento existia especialmente na nobreza do antigo Império, pois os súditos eram, na maioria, povos conquistados pelos incas antes da chegada dos espanhóis, e para os quais esse último acontecimento era pouco mais que uma nova mudança de senhores. Nessa situação, as ordens mendicantes fizeram muito por levar o cristianismo aos indígenas do interior do país. Um dos mais notáveis desses esforços missionários foi o dos jesuítas na região de Mainas, que perdurou ao longo dos séculos. Quanto a sua organização eclesiástica, Quito dependeu originalmente do Peru, até que no ano 1545 se estabeleceu o Bispado de Quito. Da mesma forma que no restante das colônias espanholas, a igreja erigiu hospitais e escolas que, mesmo insuficientes, eram a única tentativa de assistência social existente.

A conquista do *Peru* é uma das páginas mais nefastas da história da colonização na América. A destruição, por parte da Espanha, do antigo Império Inca e de sua elevadíssima civilização não tem justificação possível. Francisco Pizarro, o estremenho criador de porcos, convertido em cavaleiro e conquistador, deve levar boa parte da responsabilidade. Mas não é pouca a que corresponde também à igreja, e muito especialmente a seu representante Valverde, cuja famosa leitura do "Requerimento" a Atahualpa em Cajamarca ficou na história como um exemplo notável, se não de traição, pelo menos de fanatismo religioso. À traição de Cajamarca acrescenta-se aquela outra cometida por Pizarro que, depois de haver prometido a liberdade a Atahualpa, mandou matá-lo. Por ele ter aceitado o batismo, concedeu-lhe a graça de ser estrangulado em vez de queimado vivo. À morte de Atahualpa seguiu a guerra civil entre os espanhóis, que não se contentavam com os tesouros roubados dos indígenas e queriam agora se despojar mutuamente de seu poder e de suas riquezas. Assim, não surpreende que, em meio a tudo isso e até o séc. XVIII – sob o domínio de Túpac Amaru – os indígenas se tenham rebelado contra os espanhóis, e, portanto, contra o cristianismo que representavam.

Apesar das dificuldades surgidas por causa da conduta dos conquistadores e apesar também da atuação do primeiro dominicano no Peru – Frei Vicente Valverde –, as ordens mendicantes fizeram no Peru um trabalho missionário surpreendente. A primeira ordem a estabelecer-se foi a de

Domingos de Gusmão, que chegou com os conquistadores e no ano 1539 já constituía uma província independente da do México sob o título de Província de São João Batista do Peru. Pouco depois dos dominicanos, chegaram os franciscanos e os mercedários e, no ano 1567, os jesuítas. A princípio, esses missionários limitaram-se à evangelização dos antigos territórios do Império Inca, mas já no princípio do séc. XVII os missionários espanhóis começaram a cruzar as fronteiras daquele antigo império. Entre os missionários que, nos sécs. XVII e XVIII, contribuíram para essa expansão do cristianismo até as selvas orientais são dignos de menção o Frei Francisco de São José, Frei Pedro González de Aguero, Frei Manuel de Sobreviela e Frei Narciso Girbal e Barceló.

A primeira sede episcopal estabelecida no Peru foi a de Túmbez, cuja fundação estava estipulada em Capitulações de Toledo, e pouco depois se estabeleceu a de Cuzco. Não foi até o ano 1543 que Lima recebeu seu primeiro bispo, e três anos mais tarde se fazia nela a sede metropolitana. O mais ilustre arcebispo de Lima no séc. XVI foi Toribio de Mogrovejo.

A Inquisição foi introduzida no Peru no ano 1529, e continuou operando até 1820, um ano antes que se declarasse a independência do país.

A conquista do *Chile*, na qual Almagro fracassou e Valdívia perdeu a vida, foi muito mais lenta que a do Peru, pois o valor dos araucanos obrigou os espanhóis a conformar-se com a região ao norte do rio Bío-Bío. Não foi senão no séc. XVIII, depois de haver sido precedido pelos missionários, que o poderio espanhol se estendeu até o sul desse país. Nesse ínterim, no ano 1561, erigiu-se a sede episcopal de São Tiago do Chile, que no séc. XIX viria a ser a sede metropolitana, e a de La Imperial no ano 1567. Também se estabeleceram na região os conventos de dominicanos, franciscanos e mercedários. Mas foram os jesuítas que mais arduamente se ocuparam de entrar no território dos araucanos, bem como de aprender sua língua e estabelecer missões entre eles.

Também no Chile se implantou a inquisição, que não foi abolida senão no ano 1820.

O primeiro estabelecimento permanente dos espanhóis no que depois veio a ser o *Virreinato de la Plata* foi o de Assunção, no ano 1537, do qual, assim como do Peru, teria lugar a conquista do restante do futuro vice-reinado. Durante a segunda metade do séc. XVI, forças procedentes do Peru e de Assunção fundaram as cidades de Santiago del Estero, Tucumán, Córdoba e Buenos Aires, essa última pela segunda vez.

Ainda que tenham trabalhado outras ordens na região, os que mais se distinguiram no trabalho missionário no Paraguai foram os jesuítas. Eles se estabeleceram na província do Paraguai no ano 1607 e já nessa data estavam presentes em Assunção, em Santiago del Estero, em Tucumán e em Córdoba. Sua obra constituiu principalmente – além do trabalho de escolas que sempre lhes têm caracterizado – no estabelecimento de "reduções" de indígenas, especialmente de guaranis. Essas reduções eram semelhantes às que se organizaram em outras regiões do continente, com a exceção de que não havia nelas guarnições de soldados espanhóis, mas os próprios indígenas; até os sacerdotes, se armavam para defendê-las. Por seu número e por seu grau de independência, essas missões tornaram-se motivo de receio por parte dos funcionários civis, cuja desconfiança era incitada pelos colonizadores que viam nos jesuítas um obstáculo a seus interesses econômicos e de expansão. Essa oposição chegou a seu ponto máximo quando, depois de firmado o tratado de limites entre Europa e Portugal no ano 1750, os indígenas se amotinaram em oposição ao deslocamento que o dito tratado obrigava. Houve quem, culpando os jesuítas da rebelião, convocou "guerra aos jesuítas", contribuindo assim para a campanha que já havia anos se travava na Europa contra a Sociedade de Jesus. No ano 1761, foi anulado o Tratado de Limites e os indígenas puderam regressar às suas antigas reduções. Mas o mal já estava feito. Os indígenas estavam ainda tratando de reparar os males causados nas reduções durante sua ausência quando chegou a ordem de expulsão dos missionários jesuítas – no ano 1767. Mesmo que missionários de outras ordens tenham ocupado o vazio deixado pelos jesuítas, a obra era demasiadamente grande para suas forças, e a decadência não pôde ser detida. Assim desapareceu aquele experimento missionário que, apesar de paternalista – não foi pior que o tratamento a que outros "cristãos" submeteram os indígenas –, foi a tentativa mais séria e duradoura dos missionários católicos na América de organizar os indígenas em comunidades cristãs.

Na *Bolívia*, estabeleceram-se conventos nas principais cidades quase ao mesmo tempo de sua fundação e organizaram-se reduções não só pelos jesuítas do Paraguai, mas também pelos franciscanos. A diocese de Charcas – hoje Sucre – estabeleceu-se no ano 1551.

O cristianismo atravessou o Rio da Prata tanto pelo mar quanto pelo norte. As primeiras tentativas de se estabelecer diretamente nas margens do estuário fracassaram, e os colonizadores, que vieram pelo mar para fundar Buenos Aires, viram-se obrigados a se unirem aos de Assunção. A partir do Peru, os primeiros missionários franciscanos chegaram a Tucumán, entre os quais se encontravam Frei João de Rivadeneyra e Francisco Solano, a quem já nos referimos e que foi o primeiro grande missionário entre os índios do norte da Argentina. Os mercedários contribuíram também na obra missionária, levando a cabo um trabalho de tal índole que vários deles foram mortos pelos indígenas. O trabalho dos dominicanos dependia do Chile, e seu progresso não parece ter sido tão rápido como o dos franciscanos. Os jesuítas chegaram no ano 1585, e em 1587 outro contingente chegou a Buenos Aires procedente do Brasil, mas seu trabalho mais permanente ocorreu no norte do país, nas missões que já estudamos e cujo centro estava no Paraguai. No ano 1570, estabeleceu-se a sede de Tucumán, e em 1620 a de Buenos Aires.

Em resumo, podemos dizer que a conquista da América Latina por parte do catolicismo romano deveu-se a uma combinação de fatores e circunstâncias. Por causa da multiplicidade de tais fatores, a evangelização da América foi, por um lado, uma história de abusos, injustiças, invejas e ambições desmedidas e, por outro, uma história de grandes aventuras e desafios de fé que, não poucas vezes, resultaram em martírio. A presença dos colonizadores foi sempre uma ameaça para o bem-estar dos indígenas. Com os colonizadores, e às vezes antes que eles, vinham os missionários, que, em muitas ocasiões, combatiam os abusos por parte dos colonizadores. Por outro lado, em alguns casos a força das armas foi empregada para proteger os missionários e até para obrigar os indígenas a aceitarem o batismo. Mas, na maioria dos casos, a distinção entre o missionário e o soldado se manteve mais claramente que nos últimos séculos da Idade Média europeia.

Também é necessário assinalar que a cristianização da América Latina e do Caribe ficou incompleta não só no que se refere a sua extensão geográfica, mas também e, sobretudo, no que se refere à penetração e ao aprofundamento do cristianismo na totalidade dos costumes e das crenças do povo. Aqui também se deve reconhecer que isso é o mesmo que aconteceu desde os primeiros séculos da história da igreja, quando as estruturas e as teologias de missão e evangelização esperavam dos novos convertidos um abandono total das antigas religiões e uma descontinuidade radical com suas culturas. Talvez no caso da América Latina e do Caribe isso tenha acontecido com mais frequência e alcance que em outros países, mas não se trata de modo algum de um fenômeno novo na história das missões cristãs.

c) As ilhas Filipinas

As ilhas, que recebem seu nome em honra a Felipe II da Espanha, foram visitadas por Magalhães no ano 1521. Como se sabe, o grande navegante português que viajava sob as ordens da Espanha perdeu a vida nelas. Só meio século mais tarde é que começou a conquista das Filipinas. A partir de então, foram muitas as pessoas que, procedentes do México, chegavam a essas ilhas. A maior parte não vinha com os mesmos propósitos com que os conquistadores e colonizadores haviam chegado à América. As Filipinas estavam demasiadamente longe da Espanha – para ela se viajava seguindo a rota Pacífico – México – Atlântico – para chamar a atenção como centro de comércio. Para os espanhóis nas Filipinas, essas ilhas foram durante muito tempo ponto de partida para o estabelecimento de colônias e missões no Oriente. Por essa razão, os missionários desempenharam ali um papel muito mais preponderante que na América. E também por isso não aconteceram os mesmos abusos, nem no mesmo grau, em que havia acontecido no continente. Visto que os habitantes dessas ilhas eram pouco urbanizados, seguiu-se nelas o velho procedimento das comendas, que não parecem ter sido tão abusivas quanto no continente americano. No final do séc. XVI, agostinianos, franciscanos, dominicanos, jesuítas e recoletos chegaram em grande número. Da mesma forma que na América, esses frades dedicaram-se, sobretudo, a estabelecer "missões" ou centros comunitários nos quais se ensinavam a fé cristã e alguns dos costumes europeus. Essas missões alcançaram certo êxito, e no final do período que estudamos a grande maioria da população filipina considerava-se cristã.

O trabalho missionário nas Filipinas tropeçou em vários inconvenientes. O primeiro deles foi a presença de muçulmanos na região do sul. Entre eles os espanhóis só puderam ver alguns poucos convertidos. Além disso, japoneses e chineses haviam chegado antes que os espanhóis, e, ainda que opusessem grande resistência à pregação dos frades e muitos até a aceitaram com gosto, os espanhóis temiam seu número crescente, o que deu lugar a tristes episódios de matanças de chineses. Os holandeses disputavam o direito da Espanha para governar as Filipinas. Na segunda metade do séc. XVIII, a expulsão dos jesuítas causou graves danos às missões que estes haviam empreendido.

Mas não houve obstáculo maior ao trabalho missionário nessas ilhas do que a divisão entre os próprios cristãos. As autoridades civis competiam com as eclesiásticas. O clero secular encarregava-se das missões fundadas pelos regulares, e esses não resistiam a isso. As diversas ordens competiam entre si, apesar dos decretos reais proibirem que duas ordens trabalhassem na mesma província. Isso, combinado ao caráter paternalista e condescendente dos dirigentes eclesiásticos e civis para com os filipinos, impediu que as Filipinas se convertessem verdadeiramente em um centro de missões até o Extremo Oriente, com uma igreja nativa capaz de contribuir o trabalho missionário.

d) Outras missões espanholas

A partir das Filipinas, os espanhóis empreenderam trabalho missionário até o continente asiático. Mesmo que houvesse missionários espanhóis nas Índias Orientais, no Japão, na Ásia sul-oriental e na China, sua obra não teve a profundidade nem a permanência que teve a de seus compatriotas na América e nas Filipinas.

3. A expansão missionária a partir de Portugal

Limitado como estava em sua expansão na península Ibérica pela Espanha sua vizinha, Portugal começou a expansão marítima antes da própria Espanha. Sob Henrique, o Navegante (1394-1460), a navegação veio a ser uma das principais ocupações do reino português. Na primeira metade do séc. XV, foram descobertos os Açores e as ilhas de Cabo Verde. Quando, a partir 1453 com a queda de Constantinopla, se tornaram cada vez mais difíceis as comunicações com o Oriente através dessa rota, era natural que os portugueses se lançassem a procurar um caminho até as Índias, beirando a África. No ano 1486, Bartolomeu Dias chegou ao cabo da Boa Esperança, e onze anos mais tarde Vasco da Gama chegava à Índia. Com base nesses descobrimentos, os soberanos portugueses conseguiram em repetidas bulas pontifícias, que se lhes concedessem a soberania de todas as terras por descobrir. Quando as viagens de Colombo introduziram a Espanha no combate atrás de novas terras, o Sumo Pontífice viu-se na obrigação de determinar que territórios corresponderiam a cada um dos dois reinos. Na ocasião, ocupava a sede romana o papa de triste memória, Alexandro VI, espanhol. Depois de grandes negociações e repetidos protestos por parte dos portugueses, o papa dividiu a terra com uma linha imaginária que corria a 370 léguas a oeste das ilhas de Cabo Verde. Dessa maneira, ficavam para Portugal os territórios que incluíam o extremo oriental da América do Sul, todo o continente africano e o Oriente. Para a Espanha, corresponderia o restante da América e a quase totalidade do oceano Pacífico. Mesmo que as Filipinas ficassem em território português, mais tarde se chegou a um acordo segundo o qual passaram para as mãos da Espanha.

Após as viagens de exploração, e às vezes concomitante a elas, surgiu a intenção de colonizar os novos territórios. A base da colonização foi estabelecida por Alfonso de Albuquerque nos anos que vão 1510 a 1516. Com a finalidade de dominar o comércio com as Índias, Albuquerque apropriou-se de pontos estratégicos nas rotas marítimas. No mar da Arábia, os portugueses ocuparam Socotra, Ormuz e Adén, com o que se tornavam donos das rotas até o noroeste. Na Índia, tomaram e fortificaram a praça Goa; no Ceilão, a de Colombo. Fazendo-se donos de Malaca, todas as demais nações apressaram o passo em direção ao Oriente próximo, no tempo em que eles próprios se estabeleciam em Macau e em outros pontos da China. Visto que nesses países havia vastas populações que não podiam ser totalmente subjugadas, os portugueses se contentaram em tomar os pontos estratégicos que lhes permitiam obter o benefício do comércio do Oriente sem a necessidade de conquistar todo o território.

Na América do Sul e na África, pelo contrário, a população aborígine era escassa, e sua civilização rudimentar; de modo que foi possível para os portugueses seguir uma política semelhante à que adotaram os espanhóis na colonização da América e das Filipinas.

Apesar de as bulas papais lhes conferirem um território tão extenso como o da Espanha, Portugal nunca alcançou o êxito colonizador que teve essa outra nação. Isso aconteceu, por um lado, porque muitos dos territórios que deviam ser colonizados e evangelizados por Portugal estavam ocupados por populações de um alto desenvolvimento cultural, cujas religiões tinham mais resistência ao cristianismo que as religiões mais primitivas dos povos colonizados pelos espanhóis. Por outro lado, nas regiões da América e da África – que por sorte correspondiam aos portugueses –, onde havia populações cuja cultura e religião primitiva as tornavam suscetíveis a uma colonização semelhante à que a Espanha levava a cabo, as dificuldades do clima, a vegetação e as comunicações eram maiores que em boa parte da América hispânica.

a) A colonização portuguesa na América

Se as bulas papais, e logo o Tratado de Tordesilhas, conferiam a Portugal uma pequena porção do extremo oriental da costa da América do Sul, logo a expansão dos colonos que ali se estabeleceram conquistou para a civilização portuguesa uma área muito mais extensa que a que legalmente lhe correspondia. A essa zona deu-se o nome de "Brasil" por causa de uma árvore de mesmo nome ("pau-brasil") que ali crescia e era cobiçada como fonte de uma tinta que se utilizava na indústria têxtil.

A colonização definitiva do Brasil foi empreendida sem grande pressa, pois a monarquia portuguesa estava muito mais interessada em seus territórios no Oriente. Em todo caso, estabeleceram-se no Brasil as "capitanias", que não eram mais que um transplante ao Novo Mundo do velho sistema feudal. Essas capitanias ficavam nas mãos de alguns fidalgos pobres de Portugal que buscavam terras para colonizar. No geral, compreendiam umas cinquenta ou cem léguas de costa, e sua posse era hereditária. Das doze capitanias originalmente estabelecidas, somente duas tiveram bom êxito. Por essa razão, no ano 1549, só quinze anos depois do estabelecimento da primeira capitania, o rei de Portugal decidiu estabelecer uma "capitania geral" na cidade da Bahia.

As populações indígenas que os portugueses encontraram nas costas do Brasil foram submetidas à escravidão, às vezes com um subterfúgio semelhante ao das comendas espanholas, e às vezes sem subterfúgio algum. Segundo as leis, os índios apreendidos em "guerra santa" podiam ser feitos escravos. Até o interior, os frades, sobretudo os jesuítas e os franciscanos, estabeleceram algumas missões semelhantes às dos espanhóis, às quais se dava o nome de "doutrinas". Essas missões se viram frequentemente atacadas pelos próprios colonizadores brancos que buscavam escravos para suas plantações. Apesar dos trabalhos de missionários tais como José de Anchieta e Antônio Vieira, que dedicaram a vida para melhorar as condições dos indígenas, não foi senão no ano 1755 que se proibiu escravizar os indígenas americanos. Ainda que a Coroa portuguesa não estivesse a favor do maltrato dos nativos, tampouco se ocupou de evitá-los, sequer em grau limitado, como o fez a Coroa espanhola.

Em termos gerais, o trabalho missionário no Brasil não chegou a ter o mesmo desenvolvimento que teve na América espanhola. Se, por um lado, os jesuítas fundaram escolas, por outro sempre houve a necessidade de uma universidade, e quem quisesse seguir os estudos superiores se via obrigado a ir para Coimbra, na Europa. Tampouco houve no Brasil quem se ocupasse de trazer a imprensa desde cedo, como o havia feito no México o bispo de Zumárraga. Em grau muito maior que na América espanhola, no Brasil a Igreja Católica fracassou na assimilação total da população negra que fora trazida da África quando começaram a escassear os braços indígenas, de modo que as antigas religiões africanas persistiram. Talvez isso se deva, em parte pelo menos, ao fato de Portugal ter tido outras colônias que atraiam o melhor de seus aventureiros e missionários, de maneira que os que chegaram ao Brasil não representavam o melhor da grande expansão portuguesa.

No ano 1551 ou 1552, erigiu-se o primeiro episcopado do Brasil, que foi o de São Salvador da Bahia. Em 1575, fez-se de São Sebastião do Rio de Janeiro um vicariato apostólico, e no ano 1676 foi lhe dado o título de diocese sob a jurisdição da sede metropolitana da Bahia. A sede de Pernambuco, também sob a jurisdição da Bahia, foi criada no mesmo ano em que a do Rio de Janeiro. No ano seguinte, erigiu-se o episcopado de São Luís do Maranhão, e no séc. XVIII os de Belém, São Paulo e Mariana.

b) A expansão portuguesa na África

Como já assinalamos, Portugal havia começado a explorar as costas do continente africano muito antes das viagens de Cristóvão Colombo. Durante o séc. XV, os portugueses estabeleceram-se em várias das ilhas do lado ocidental da África, especialmente as de Cabo Verde e a de Fernando Poo. A começar dessas ilhas, fez-se algum trabalho missionário em terra firme africana. Mas foi no séc. XVI que começou a verdadeira expansão portuguesa na costa da África. O primeiro interesse dos portugueses era estabelecer ali centros que lhes servissem de base em seu caminho para as Índias. Os colonizadores que se estabeleciam nessas bases eram seguidos por sacerdotes, e logo começou o trabalho missionário. Esse trabalho estendeu-se primeiro pela costa ocidental da África, sobretudo na região de Angola e no reino do Congo, cuja capital, Baji, se encontrava a poucos quilômetros da desembocadura do rio de mesmo nome. Nessa última zona, o trabalho missionário alcançou êxitos notáveis, ainda que efêmeros. Diz-se que um rei do Congo, a quem os portugueses chamavam Alfonso, aceitou o batismo, e que dessa maneira se introduziu o cristianismo na região. Pouco depois, um filho de Alfonso foi consagrado bispo de Baji, a quem coube a distinção de ser o primeiro bispo da raça negra consagrado por uma igreja romana. Parece que, alguns anos depois, as condições mudaram e a Igreja do Congo desapareceu. A de Angola continua existindo até hoje.

Após a colonização da costa ocidental da África, os portugueses dedicaram-se a estabelecer bases na costa oriental. O Islã havia penetrado nessa região algum tempo antes; portanto, o trabalho missionário se tornou mais difícil. Apesar disso, os portugueses, e com eles a igreja que representavam, alcançaram forte enraizamento em lugares como Moçambique e Mombasa.

As missões na África foram as mais pobres de todas as missões portuguesas. Isso se deve em parte ao fato de que o interesse de Portugal se centrava no Oriente, não no continente africano, que vinha a ser para eles um obstáculo em vez de uma oportunidade missionária. Além disso, os portugueses dedicaram-se a levar escravos da África para o continente americano e, como era de esperar, isso fez muitos danos ao trabalho missionário. Por último, antes dos portugueses terem a oportunidade de adentrar até o interior da África, apareceram outras potências europeias que disputaram com eles o direito de conquistar e colonizar esse continente. O resultado de tudo isso foi que, no final do período que estudamos, a África continuava sendo para os europeus um continente desconhecido e para a Igreja um vasto campo missionário apenas lavrado.

c) O oriente

Como dissemos anteriormente, boa parte do território que o papa havia colocado sob a responsabilidade da Coroa e das missões portuguesas pertenciam à Ásia Oriental. Foi nessa região que Portugal se mostrou mais incapaz de realizar a tarefa que lhe havia sido encomendada. É fácil compreender isso se considerarmos que se tratava da região mais densamente povoada do Globo e que existiam nela as mais antigas culturas. Como é de supor, as velhas culturas orientais, com religiões altamente desenvolvidas, opor-se-iam à cultura europeia e ao cristianismo e que com elas vinha uma resistência muito mais tenaz que a que podia haver oferecido as culturas americanas e africanas. Como veremos mais adiante, tais culturas requeriam um método missionário mais distinto do que se empregava nas demais colônias espanholas e portuguesas.

No Oriente, Portugal nunca pôde fazer mais do que estabelecer pequenas colônias costeiras que lhe serviam para alcançar o domínio dos mares e do comércio, mas não da totalidade dos países em que se estabeleciam. Fazendo-se fortes na costa ocidental da Índia (especialmente em Goa), no Ceilão e no estreito de Malaca, os portugueses tinham em suas mãos as principais rotas de acesso ao comércio do Oriente. Na China, a pequena feitoria de Macau permitia-lhes comerciar com esse imenso país.

Naturalmente, as primeiras igrejas cristãs estabelecidas pelos portugueses no Oriente coincidiam com as pequenas colônias que ali haviam fundado. Seu ministério ocupava-se principalmente dos próprios portugueses, mesmo que buscassem também a conversão dos nativos que ficavam sob o domínio ou a influência dos colonizadores. Em tais casos, confundia-se o cristianismo com a cultura de Portugal e obrigava-se o converso a aceitar, com o batismo, todos os modos de vida e até o nome de um português. Como é de supor, esse método afastava aqueles asiáticos que amavam a sua cultura e que criam ser necessário abandoná-la para aceitar a fé cristã.

Por limite de espaço, não podemos narrar aqui a maneira pela qual o cristianismo se estendeu nos vários países do

Oriente. Portanto, limitamo-nos a narrar a obra do maior missionário português do séc. XVI, Francisco Xavier, e a mostrar como os missionários da segunda geração, tais como Robert Nobili e Mateus Ricci, tentaram métodos mais atrevidos que os de seus antecessores.

Francisco Xavier nasceu em Navarra no ano 1506. Quando ainda não tinha 20 anos, passou para a Universidade de Paris, onde estudou até 1530. Pouco depois, estabeleceu amizade com Inácio de Loyola. Francisco, Inácio e um grupo de mais cinco companheiros foram o núcleo que deu origem à Companhia de Jesus, aprovada pelo papa Paulo III em 1539.

Desde sua origem, a Companhia de Jesus esteve interessada no trabalho missionário. Um dos primeiros a empreender essa obra foi o próprio Francisco Xavier, que partiu no ano 1541 rumo à Índia, levando consigo cartas de recomendação do rei de Portugal João II, assim como o título de Núncio da Índia Oriental. Começava assim uma vida de idas e vindas pelo Oriente, pregando o evangelho, organizando e fortalecendo igrejas, instruindo portugueses e indígenas.

Depois de passar uns quatro meses em Goa, Francisco Xavier dirigiu-se ao sul da Índia, região habitualmente chamada Pesqueira, onde uns seis ou sete anos antes haviam sido batizadas mais de 20 mil pessoas. Ali centrou seu esforço missionário até 1545, mesmo que isso não o tenha impedido de fazer outras viagens a Goa e Cochin. Foi no ano 1544 que, com sua intervenção em uma pequena guerra local, Xavier levou 10 mil pessoas a aceitarem o batismo. Seu trabalho missionário foi principalmente com crianças, ensinando-lhes orações e catecismos (em latim) para prover um fundamento de fé entre aqueles que desde pequenos eram parte da comunidade cristã.

No ano 1545, Francisco Xavier empreendeu uma viagem até Malaca, onde permaneceu poucos meses antes de passar para a cidade de Amboina, nas Molucas. Nessas ilhas, encontraram-se sete aldeias que haviam recebido o batismo algum tempo antes, mas lá não havia sacerdote trabalhando. Ali também se dedicou a dar a esses cristãos a instrução e o cuidado que precisavam. Quatro meses depois, seguiu até a capital das Molucas, Temate, onde continuou seu trabalho de evangelismo e catequese e onde, além disso, escreveu cartas em que pedia que viessem trabalhar nas Molucas outros membros da Companhia de Jesus.

Em 1547, Xavier partiu das ilhas Molucas com o propósito de regressar à Índia, onde sua presença era necessária para supervisionar e organizar o trabalho dos jesuítas na região. Ao se deter em Malaca, conheceu três japoneses e começou a sonhar com a possibilidade de empreender um trabalho missionário no Japão. No entanto, prosseguiu viagem à Índia, onde novamente visitou as zonas de Cochin, Pesqueira e a própria Goa. Em todos esses lugares, dedicou-se a reorganizar o trabalho dos jesuítas, o qual estava a seu cargo. No ano 1549, os missionários que trabalhavam sob a direção de Francisco Xavier eram mais de trinta.

Por fim, Xavier sentiu-se livre para empreender a missão que havia sonhado no Japão. Acompanhado dos três japoneses que havia conhecido em Malaca e de dois jesuítas, empreendeu uma missão ao Japão e esteve nesse país mais de dois anos. Ao se retirar, tudo parecia indicar que a igreja nascente chegaria a ser uma das mais notáveis do Oriente. Xavier não podia supor que, pouco depois de sua morte, por razões não de todo claras, haveria de se desencadear nesse país uma perseguição tal, que o cristianismo desapareceria quase por completo.

Ao regressar a Malaca, Xavier recebeu notícias de que havia sido fundada uma nova província da Companhia de Jesus que compreendia tudo quanto se encontrava ao leste do Cabo da Boa Esperança, exceto a Etiópia, e que ele havia sido nomeado seu superior. Isso interrompeu por algum tempo o sonho de Xavier de empreender a evangelização da China, pois teve de se dedicar à reorganização e à supervisão missionária em todos os lugares que estavam nas mãos dos jesuítas. De novo suas viagens o levaram a Cochin e Goa, de onde partiu rumo à China no ano 1552. Mas o governo chinês opunha-se à entrada de estrangeiros; por essa razão Xavier teve de permanecer na ilha de Sanchon, esperando a ocasião oportuna para trasladar-se ao continente. Foi ali, sonhando ainda com a missão na China, que morreu em 1552.

Os métodos missionários de Francisco Xavier deixam muito a desejar. Seu costume – que foi também o de muitos jesuítas – de batizar em massa os adultos convertidos sem quase lhes dar instruções cristãs, exceto aos pequeninos, opõe-se às práticas estabelecidas em todas as igrejas. Seu interesse em sempre viajar para novos territórios impediu-o de estabelecer contatos verdadeiros com as culturas nas quais trabalhava, de modo que quase sempre se via obrigado a depender de intérpretes. Esse método, talvez aceitável quando se aplica a quem tem afinidade e disposição para se adaptar à cultura europeia, é totalmente errôneo quando aplicado a culturas cujo desenvolvimento é pelo menos tão elevado como o da Europa. Contudo, a fim de fazer justiça a Francisco Xavier, devemos dizer que isso não era uma característica sua, mas o normal em seu tempo. Para os portugueses, a conversão de um pagão qualquer queria dizer que ele se tornava súdito da Coroa portuguesa; davam-lhe um nome português e esperavam que ele se vestisse e se comportasse da mesma maneira que seus novos concidadãos.

Foram os missionários jesuítas do final do século XVI e princípio do XVII os primeiros que começaram a levar a sério as culturas nas quais trabalhavam e a tentar fazer surgir um cristianismo que não fosse alheio a seu próprio meio, usando um processo de adaptação cultural. Entre esses missionários, destacam-se, na Índia, Robert de Nobili e Mateus Ricci, na China.

O caso de Nobili e de Ricci, junto àqueles que de alguma maneira se relacionaram com esse trabalho missionário, mostra a importância que tem, no trabalho missionário, a formação cultural e social bem como o contexto dos missionários. Ambos, Nobili e Ricci, de origem italiana, viveram em um tempo e contexto em que havia efervescência pela cultura. Esses missionários foram educados com o apreço e o reconhecimento da beleza e da cultura de uma comunidade. Além disso, seu contexto não estava ligado a projetos imperialistas, comumente unidos a atitudes paternalistas e de superioridade cultural, que, como temos visto, não são os melhores aliados no trabalho missionário.

Ainda que de origem italiana, Robert de Nobili foi enviado à Índia pela Companhia de Jesus com a aprovação da Coroa portuguesa. Depois de algumas experiências em pesqueiro, passou para Madura, onde empreendeu seu experimento no trabalho missionário. Nobili fez todo o possível para adaptar-se aos costumes da Índia. Dedicou-se a estudar os idiomas da região e também o sânscrito, porque pensou que nele deveria celebrar-se a liturgia cristã. Adotou a dieta vegetariana dos hindus[1] e tomou para si o título de "Mestre". Sua adaptação à cultura da Índia chegou a tal ponto, que aceitou a prática da separação de castas como um fenômeno de caráter sociológico, muito mais que religioso, e que, portanto, podia ser aceito pelos cristãos. Em sua própria igreja só podiam entrar as pessoas das castas superiores. Para as demais, cria Nobili que deviam ser estabelecidas igrejas especiais. Com base em seus conselhos, os jesuítas seguiram a prática de utilizar missionários distintos para trabalhar entre as diversas castas. Com a aceitação das castas como fenômeno sociológico, Nobili também aceitou a prática do *sahti*, a incineração da viúva de um hindu de casta alta com o cadáver do esposo.

Como era de esperar, os métodos de Nobili foram duramente criticados. Dessas críticas, surgiu a chamada

---

[1] [NA] Usamos o termo "índio" para referir-nos a quem é natural da Índia, e "hindu" para quem professa a religião com esse nome.

"Controvérsia dos ritos malabares". Mais adiante, veremos que na China Mateus Ricci seguiu um método semelhante, e que isso também provocou uma controvérsia mais acalorada que a que girava em torno de Nobili. No ano 1704, após longas vacilações, Roma declarou-se contra as práticas dos jesuítas. Parece que essa decisão foi tomada com base pouco exata. Em todo caso, a disputa continuou durante mais quarenta anos, até que uma bula papal proibiu a continuação dos métodos missionários introduzidos por Nobili. Como é de supor, toda essa controvérsia causou muito dano ao trabalho missionário na Índia.

Ainda mais notável que Robert de Nobili foi Mateus Ricci. Como dissemos anteriormente, Francisco Xavier morreu buscando acesso à China. Alguns anos depois, um espanhol afirmaria: "com ou sem soldados, querer entrar na China é querer alcançar a Lua". Alexandre Valignano, que a partir de 1573 foi o superior das missões jesuíticas nas Índias Orientais, parece ter sido o primeiro que percebeu a necessidade de um novo método missionário com a finalidade de poder entrar na China. Foi Valignano quem ordenou a Michele Ruggieri que se dedicasse ao estudo do chinês a fim de algum dia poder levar a cabo o trabalho missionário nesse país. Compreendendo exatamente a intenção de Valignano, Ruggieri dedicou-se não só ao idioma, mas também aos costumes da China. Seu conhecimento de tais costumes fez que os chineses de Cantão, e depois os da capital provincial de Chaochín, o tivessem em alta estima. Depois de uma primeira tentativa frustrada motivada por uma mudança política, Ruggieri conseguiu estabelecer-se na cidade de Chaochín, onde foi designado para acompanhá-lo o sacerdote jesuíta Mateus Ricci.

Da mesma forma que Nobili, Valignano e Ruggieri, também Ricci era de origem italiana. No ano 1571, havia ingressado na Companhia de Jesus. Depois de ter estudado na Universidade de Coimbra, partiu para o Oriente em 1578 com a aprovação da Coroa portuguesa. Suas primeiras experiências em Goa fizeram que Valignano pensasse nele como o acompanhante adequado para Ruggieri. Uma vez dedicado às missões na China, Ricci fez todo o possível para compreender e apreciar a civilização na qual deveria trabalhar.

Naquela ocasião, a China era governada por uma classe de eruditos. Convencido de que lhe seria impossível levar a cabo um trabalho entre as classes baixas, Ricci dedicou-se a fazer o possível para penetrar no meio dos eruditos. Para isso, foram muito úteis os conhecimentos de matemática, astronomia e geografia que havia obtido na Europa. Os relógios europeus eram motivos de admiração por parte dos visitantes que Ricci recebia em casa. Seu mapa do mundo logo alcançou grande renome em toda a China, com muito proveito para o seu autor e para a causa que representava. Além disso, o respeito e o interesse com que Ricci se aproximava da cultura chinesa serviram para que outras pessoas se aproximassem dele e de sua mensagem com o mesmo respeito e interesse. Ricci dedicou-se a estudar os clássicos chineses e escreveu em chinês um *Tratado sobre a amizade* que logo circulou entre os filósofos do país, provando-lhes que também no Ocidente e entre cristãos admirava-se essa virtude, que ocupava um lugar tão especial no pensamento chinês. Não obstante, é importante destacar que Ricci, com todo seu apreço pela cultura confucionista da China, teve um grande desprezo pelas tradições religiosas do país, tais como o budismo e o taoísmo. Assim como as elites chinesas de sua época tinham conflitos com essas expressões religiosas, Ricci também desenvolveu a mesma desconfiança de seus aliados chineses para com tais expressões culturais.

Ricci nunca estabeleceu igrejas abertas no território chinês. Isso se deveu, em parte, à cautela necessária para não despertar a suspeita das autoridades e também, em parte, ao temor que tinha de que a população pudesse seguir o costume que se aplicava aos templos budistas, tendo-os como centros de diversões e de banquetes públicos. Tampouco Ricci tentou alcançar um grande número de conversões, mas limitou-se a um trabalho pessoal entre os eruditos que governavam o país. Ele próprio não pretendia ser outra coisa senão um sábio do Ocidente e, portanto, colega dos sábios com quem tratava.

O êxito de Ricci está na maneira pela qual conseguiu introduzir-se em um país totalmente fechado como a China. De Chaochín, Ricci passou para Nankín, e dali para Pequim, onde trabalhou durante nove anos, até sua morte, em 1615.

Mesmo que Ricci não tenha alcançado um grande número de convertidos, em cada lugar onde esteve deixou outros missionários jesuítas que continuaram seu trabalho. Na cidade de Pequim, alcançou tal respeito para os membros de sua ordem que eles foram colocados a cargo das investigações astronômicas.

Quando, em meados do séc. XVII, a dinastia Ming se viu obrigada a se retirar até o Sul devido ao crescente poderio manchu, os jesuítas gozavam de tal prestigio que lhes foi possível continuar seu trabalho missionário tanto na corte Ming como na manchu. Também seus conhecimentos científicos tornaram-se úteis, pois os jesuítas alcançaram grande influência entre os manchus graças à ajuda que lhes prestaram na fundação dos cânones para a guerra contra a dinastia Ming – de modo que trabalharam como aliados de ambos os lados na contenda.

Pouco menos de um século depois da morte de Ricci, os cristãos na China eram centenas de milhares.

Da mesma forma que no caso de Nobili na Índia, a obra de Ricci e de seus sucessores na China viu-se debilitada pela oposição de outros missionários católicos – especialmente franciscanos e dominicanos – que se opunham às praticas de Ricci e dos seus de se amoldar à outra cultura. Os jesuítas diziam que a veneração a Confúcio e aos antepassados não era de caráter religioso, mas social; portanto, poderia continuar a ser realizada mesmo depois do batismo. Além disso, os termos chineses que usavam para fazer referência a Deus tinham conotações que podiam fazer pensar que se tratava de um ser impessoal, não o Deus bíblico. A controvérsia a respeito dessas práticas foi muito mais acalorada que a controvérsia semelhante, que já discutimos anteriormente com relação à Índia. Com o tempo, Roma tomou a mesma posição que no caso da Índia, proibindo a veneração aos antepassados e a Confúcio e declarando que o termo que estava sendo empregado para referir-se a Deus não era adequado. Como era de esperar, tal gesto provocou a ira dos chineses que se interessavam pela questão, e, sobretudo, do imperador, que perguntou como "um bárbaro", que não tinha a mínima ideia do idioma chinês, se atrevia a julgar se uma palavra era ou não adequada. A partir de então, as dificuldades para o trabalho missionário na China se tornaram cada vez maiores.

A história das missões portuguesas no Oriente serve para expor um dos mais sérios problemas do trabalho missionário: como podem ser determinados o grau justo e os meios adequados de adaptação a uma dada cultura? Duas coisas ficam claras: por um lado, a tentativa de levar a mensagem missionária sem adaptação alguma resulta em confusão indesejável entre a mensagem cristã e a cultura de quem a proclama; por outro lado, corre-se sempre o risco de que, na tentativa de se adaptar a uma nova cultura, se perca algo essencial à mensagem cristã. Além disso, parece interessante notar que não foram os portugueses, mas os missionários italianos, sob amparo português, que mais rapidamente perceberam a necessidade de estabelecer a distinção entre cultura, poderio português e fé cristã. Talvez o fato de não serem portugueses permitiu que vissem a falta de razão da tentativa de "portugalizar" os novos convertidos.

4. As missões francesas

A França também contribuiu para a expansão do catolicismo romano durante o período que nos ocupa, mesmo que não na mesma medida em que o fizeram a Espanha e

Portugal. Uma parte dessa obra foi levada a cabo pela conquista e pela colonização, enquanto outra parte foi o resultado da *Société des Missions Étrangères de Paris*.

a) A expansão geográfica da França

Da mesma forma que a Espanha e Portugal, a França lançou-se durante a Idade Moderna à conquista e colonização de novas terras. Nesse empreendimento, viu-se obstruída pelas condições internas do país e, além disso, pelas bulas papais que distribuíam os novos territórios a serem descobertos entre a Espanha e Portugal. Contudo, durante a Idade Moderna, a França conseguiu estabelecer colônias na América do Norte (onde ocupou boa parte da costa oriental do que hoje é o Canadá, além da bacia do Mississipi), em algumas das ilhas do mar do Caribe e no norte da América do Sul (que ficaram conhecidas como Guianas Francesas ou Cayenne). Em todos esses territórios, a população indígena era escassa e sua civilização pouco regulamentada. Por essa razão, os franceses não puderam concluir entre eles um trabalho semelhante ao que os espanhóis realizaram nos antigos impérios asteca e inca. O trabalho missionário mais importante que os franceses realizaram na América foi o que aconteceu entre os índios furões na bacia de São Loureço. Ainda que tenha dado bons resultados, esse trabalho desapareceu quando, em meados do séc. XVII, os índios iroqueses invadiram e destruíram os furões.

Do ponto de vista de nossa história, o que mais nos interessa é o estabelecimento na América de novas comunidades cristãs, formadas em sua maior parte por imigrantes europeus e por africanos que posteriormente se converteriam ao cristianismo. Visto que no séc. XVII a França se viu obrigada a ceder para a Inglaterra e para a Espanha boa parte de seus territórios na América do Norte, seu estabelecimento permanente nesse continente se limitaria à região do Quebec. Mesmo que esse território passasse depois para as mãos britânicas, a influência do catolicismo francês não desapareceu, mas se tornou ainda mais marcante. Em relação à bacia do Mississipi, a influência francesa continuou perto da desembocadura desse rio, especialmente na cidade de Nova Orleans. Nas Antilhas e na Guiana Francesa, acrescentou-se à população de origem europeia um forte contingente de escravos trazidos da África. Visto que a Igreja francesa, especialmente o clero regular, estava profundamente interessada na conversão dessas pessoas, conseguiu-se estabelecer comunidades permanentes de cristãos católicos romanos.

b) A Société des Missions Étrangères de Paris

Essa sociedade tinha o propósito de fazer surgir em terras missionárias um clero nativo. Segundo seus fundadores, enquanto as igrejas fundadas em terras de pagãos tivessem de continuar recebendo a totalidade de seu clero da Europa careceriam de vida própria, e não poderiam elas mesmas empreender novo trabalho missionário. Por essa razão, a *Société des Missions Étrangères* interessava-se, sobretudo, pelo envio de clérigos para as terras de missionários para ali contribuir para a preparação de clero secular nativo. Entre seus dirigentes e fundadores, havia missionários e clérigos distintos, tais como François Pallu e François Xavier de Laval-Montmorency, que foi o bispo de Quebec e no ano 1668 fundou na cidade um seminário para a preparação do clero secular segundo os princípios da *Société*.

Boa parte do trabalho dessa "sociedade de missões estrangeiras" teve lugar no Oriente, especialmente na Índia, na Ásia Sul-oriental e na China. Nesses territórios, a presença da *Société* tornou-se extremamente valiosa, especialmente depois da expulsão dos jesuítas de todos os territórios portugueses em 1759. O desastre que isso significou para o trabalho missionário podia ter sido maior se não houvesse a intervenção do clero secular enviado pelo *Société* de Paris. No ano 1662, estabeleceu-se em Siam o francês La Motte Lambert, a quem dois anos mais tarde se uniu o próprio Pallu. A partir dali, dedicaram-se à preparação de um clero secular indígena para a Conchinchina e para outras regiões da Ásia Sul-oriental. Mais tarde, esse centro de preparação de sacerdotes foi transferido para a Índia.

A participação da *Société des Missions Étrangères* no trabalho missionário do Oriente trouxe certos atritos com as autoridades portuguesas e espanholas, que criam que as bulas papais lhes concediam o monopólio do trabalho missionário nessas regiões. Além disso, os representantes dos Impérios Português e Espanhol temiam que os missionários franceses servissem de ponto de apoio para a expansão colonial francesa. De fato, isso foi o que aconteceu, ainda que seja necessário assinalar que, não fosse pelos missionários franceses, boa parte do trabalho católico romano no Oriente teria desaparecido juntamente com o poderio português e espanhol.

5. O começo da missiologia católica

O grande auge das missões do catolicismo romano durante a Idade Moderna provocou nos círculos teológicos dessa confissão um novo interesse missiológico. Esse interesse refletiu-se tanto entre os teólogos que permaneciam na Europa quanto entre os missionários. O dominicano espanhol Francisco de Vitória, que estabeleceu as bases do direito internacional moderno, dedicou-se ao estudo do Direito das Índias e criticou fortemente as políticas de seus compatriotas na América. O carmelita Tomás de Jesus, também espanhol, que a princípio se opôs à participação de sua ordem no trabalho missionário, posteriormente escreveu *De procuranda salute omnium gentium*, que tentava reunir em uma obra o principal da ciência missiológica de sua época. Mas, apesar de muitos exaltarem Tomás de Jesus, parece que o certo é que o grande teólogo das missões, durante o período que estudamos, é o jesuíta espanhol José de Acosta.

José de Acosta combinava em sua experiência longos anos de trabalho acadêmico e docente com um conhecimento direto das missões entre os habitantes da América – especialmente do Peru, onde trabalhou por dezesseis anos. Sua principal obra é *De procuranda Indorum salute*, publicada em 1588. Nessa obra, em seis livros, Acosta trata de justificar o trabalho de evangelização entre os indígenas e oferece também considerações abundantes de caráter metodológico geral, assim como de caráter teológico.

Para Acosta, a razão das missões é a vontade salvífica de Deus, que não deseja que os indígenas se percam. Seu propósito é a pregação do evangelho e a salvação das almas – diferente de muitos teólogos católicos romanos do séc. XX, para os quais o objeto das missões era o estabelecimento da igreja em diversas regiões, ou o que chamavam de *plantatio ecclesiae*.

Por outro lado, ainda que Acosta procurasse a conversão dos nativos da América, considerava-os inferiores, porque deficiências intelectuais e morais não devem ocupar o sacerdócio.

B. A expansão do cristianismo ortodoxo

Durante o período que estamos estudando, o cristianismo ortodoxo não pôde alcançar grande expansão partindo do centro, Constantinopla, por causa do constante pressão dos turcos. Contudo, o cristianismo ortodoxo russo conseguiu estender-se até o leste ao mesmo tempo em que o Império Russo se expandia nessa direção. No séc. XVI, a Rússia estendeu-se até o leste dos Urales, e já no séc. XVII suas fronteiras chegavam até o oceano Pacífico. Durante o início do séc. XVII, os russos começaram a colonizar as ilhas Aleutinas e o Alasca. A expansão política por parte da Rússia era acompanhada de uma expansão religiosa por parte da igreja, que estava unida ao Estado russo. Nem toda essa expansão limitou-se à população russa que imigrava para o leste, mas houve também missionários que se dedicaram a levar o evangelho aos novos povos que ficavam sob o domínio do czar. Entre esses missionários, é necessário mencionar Filoteo Leszcynskij, metropolitano de Tobolsk, que dedicou boa parte de sua vida ao trabalho missionário nas novas regiões onde se estendia o Império Russo. Além disso, pouco depois da morte de Leszcynskij, fundou-se, na cidade de Irkutsk, um seminário para a preparação de missionários, no qual se ensinavam os idiomas de alguns dos povos subjugados, bem como o chinês. Também durante esse período existiu uma missão russa em Pequim, ainda que seu trabalho se limitasse ao cuidado eclesiástico da pequeníssima colônia russa e da representação diplomática dos interesses russos.

Além da pregação de sacerdotes e monges, o principal instrumento que os missionários utilizavam para conseguir que os pagãos aceitassem o batismo era o oferecimento por parte do governo de eximir dos impostos quem se convertesse ao cristianismo. Boa parte dos convertidos assim alcançados não tinha uma ideia muito clara nem uma convicção muito profunda sobre o sentido do passo que davam. Contudo, é notável o fato de que, exceto nos territórios russos da América do Norte, a igreja ortodoxa russa conseguiu lançar raízes que perdurariam pelo menos até o séc. XXI.

C. O começo das missões protestantes

1. A oposição da ortodoxia protestante às missões entre pagãos

Já dissemos que, durante o período que estamos estudando, a expansão católica oculta a protestante. Isso se deve a uma conjunção de fatores políticos e teológicos. Era de esperar que os primeiros reformadores, que viviam em países sem contato com as terras recém-descobertas, não sentissem o mesmo interesse missionário que sentiam os cristãos da Espanha e de Portugal. Além disso, os reformadores das primeiras gerações justificavam com argumentos teológicos sua falta de interesse missionário, e por essa razão muitos de seus sucessores se sentiram obrigados a tomar a mesma posição.

a) Martinho Lutero

O interesse de Lutero pelas missões foi sempre marginal. Isso não se deveu a uma oposição ao trabalho missionário, mas sim ao fato de que a tarefa de reformar a igreja e converter os "pagãos" que seguiam os velhos costumes e doutrinas ocupava todo seu tempo e atenção. Levado pelo impulso da controvérsia, Lutero chegou a afirmar que a comissão de ir por todo o mundo pregando o evangelho foi dada somente aos apóstolos, e que os cristãos da modernidade não tinham semelhante mandamento, senão o de permanecer cada um no lugar onde foi colocado para trabalhar pela causa do evangelho. Em todo caso, sustenta o reformador que sempre há cristãos que são levados para terras pagãs em cativeiro, ou em condição semelhante, e tais pessoas são usadas por Deus para ali dar testemunho de sua fé.

Contudo, isso não quer dizer que Lutero rejeitasse o trabalho missionário. Pelo contrário, há em suas obras textos abundantes que se referem à esperança da conversão dos pagãos e dos muçulmanos. Além do mais, em alguns desses textos, Lutero dá indícios de uma atitude relativamente positiva em relação a judeus e muçulmanos, ainda que com o correr do tempo suas posturas manifestem, por um lado, a esperança da conversão desses e, por outro, um sentido de desprezo. Além disso, devemos assinalar que determinados aspectos da teologia de Lutero, especialmente a doutrina do sacerdócio de todos os crentes, posteriormente dariam um grande estímulo missionário ao protestantismo.

b) Melanchthon

Diante das missões, Felipe Melanchthon teve posição semelhante à de Lutero. Para ele, a Grande Comissão foi dada somente aos apóstolos, que já a haviam cumprido. Por essa razão, a igreja não se devia ocupar do trabalho missionário. Por outro lado, Melanchthon pensava que as autoridades civis é que tinham a obrigação de se ocupar da pregação da mensagem cristã.

c) Zwinglio, Calvino e Bucero

Esses três reformadores tomaram uma posição semelhante à de Lutero e à Melanchthon, mesmo que estivessem dispostos a aceitar o fato de que a propagação do evangelho não havia se cumprido ainda. Calvino pensava que o apostolado fora um ofício extraordinário confiado somente aos primeiros discípulos do Senhor, e que a expansão do evangelho devia ser levada a cabo, na atualidade, com a intervenção das autoridades civis. Bucero e Zwinglio, por outro lado, pensavam que o ofício apostólico continuava através da história da igreja. Para eles, Deus chama as pessoas e as envia a partes distintas do mundo a fim de que o evangelho seja pregado; mas esse chamado é dado somente a um número muito pequeno de pessoas, e quem pretende cumprir o ofício apostólico deve primeiramente assegurar-se de que foi chamado por Deus para isso. Quanto à responsabilidade da igreja e a necessidade de projetar e organizar um programa missionário, nenhum desses reformadores disse algo a respeito.

d) Adrianus Sarávia e a resposta de Teodoro de Beza

Entre os teólogos protestantes do séc. XVI, somente Adrianus Sarávia fez uma defesa aberta e decisiva do esforço missionário. Mesmo que de origem holandesa, Sarávia passou boa parte de seu tempo na Inglaterra, onde, no ano 1590, publicou uma obra na qual, entre outras coisas, tratou de abordar as missões e o ministério apostólico: *De diversis ministrorum gradibus, sic ut a Domino fuerunt imstituti*.

Nessa obra Sarávia afirma que, da mesma maneira que a promessa: "Eis que estou convosco todos os dias até a consumação dos séculos" foi dada não só aos apóstolos, mas a toda a igreja, a ordem de ir por todo o mundo e pregar o evangelho foi dada a todos os cristãos. Além disso, os próprios apóstolos, ao nomear companheiros e sucessores, deram a entender que sua obra deveria ser continuada depois de morrerem, e assim o tem feito a igreja através de toda a sua história. Finalmente, seria absurdo pensar que a grande obra de evangelização do mundo pudesse ser realizada pelo pequeno número de apóstolos durante os poucos anos de seus ministérios. Por essas razões, é necessário que a igreja se ocupe da proclamação do evangelho em todo o mundo, pois é para isso que lhe tem sido dado o poder e as chaves do reino.

A isso respondeu, no ano 1592, Teodoro de Beza, o sucessor de Calvino em Genebra, com o tratado *Ad tractationem de ministrorum evangelii gradibus ab Hadriano Sarávia*. Nessa obra, Beza rejeita as diversas doutrinas de Sarávia, especialmente no que se refere às ordens eclesiásticas. No que concerne às missões, toma uma posição semelhante a de Calvino, mesmo que estabeleça uma distinção entre dois aspectos do mandamento "Ide por todo o mundo e pregai o Evangelho". Segundo Beza, a primeira parte desse mandamento – a que se refere a ir por todo o mundo – aplica-se unicamente aos apóstolos, enquanto a segunda parte – a da obrigação de pregar o evangelho – deve ser tomada como referência à toda a igreja através de todos os tempos. Contudo, é necessário dizer, com toda justiça, que Beza aceita o princípio de Sarávia segundo o qual as igrejas têm a obrigação de trabalhar pela expansão do Reino de Deus, ainda que não ofereça projeto algum a respeito e o leitor tenha a impressão de que não se trata de enviar missionários às terras dos pagãos.

e) Johan Gerhard

Esse famoso teólogo de Jena publicou, no princípio do séc. XVII, seus *Loci theologici*, nos quais desenvolveu toda uma dogmática evangélica. Sua posição ante a tarefa missionária era a mesma dos reformadores. Segundo Gerhard, os apóstolos pregaram a todas as nações, mesmo que algumas não tenham recebido a mensagem pregada a elas. Das nações a que os apóstolos pregaram, descendem todas as demais nações da terra, e, portanto, o fato de que alguns não conheçam o evangelho na atualidade se deve, não à negligência da igreja nem a uma injustiça da parte de Deus, mas ao fato de que nos tempos antigos os antecessores dos que vivem hoje não aceitaram a pregação apostólica. Isso está certo, segundo Gerhard, não só a respeito das nações da bacia do Mediterrâneo, mas ainda de alguns indígenas da América, visto que tanto no México como no Brasil e no Peru os colonizadores europeus encontraram vestígios de um cristianismo desaparecido. O ilustre teólogo afirmou a mesma coisa com respeito às antigas culturas orientais.

Quanto ao ministério apostólico, Gerhard afirmou que os ministros da igreja têm autoridade para a pregação do evangelho e a administração dos sacramentos, mas que seus ministérios diferem do apostólico porque não têm um chamamento direto, não podem fazer milagres, não são infalíveis, não viram Cristo na carne e porque seus ministérios estão restritos a um determinado lugar. A isso segue uma refutação detalhada de todas as razões que parecem militar a favor da tese segundo a qual a igreja tem sempre uma obrigação missionária. Estas seções serão especialmente dedicadas a refutar a obra de Sarávia.

f) Justiniano von Weltz

Na segunda metade do séc. XVI, esse notável nobre austríaco tomou sobre si a tarefa de fazer a igreja luterana ver sua obrigação missionária. No ano 1664, publicou seu primeiro tratado em defesa das missões e depois destes outros dois. Nesses tratados, von Weltz foi o primeiro a levar a sério as acusações de que os católicos romanos fizeram ao protestantismo ao argumentar que a falta de interesse destes nas missões provava que não se tratava de uma igreja católica e apostólica. Os teólogos protestantes anteriores a von Weltz costumavam responder a essas acusações rejeitando a ideia de que as missões fossem parte da tarefa da igreja. Von Weltz, por sua vez, viu a justiça da acusação feita ao protestantismo e propôs-se a responder a ela, não mediante simples argumentos contrários à necessidade das missões, mas chamando "todos os cristãos de fé reta da Confissão de Augsburgo" a formar uma sociedade para levar a cabo a obra missionária. Essa sociedade seria formada por um grupo de pessoas cuja tarefa seria recolher recursos necessários para o trabalho missionário, outras que se dedicariam à direção da sociedade e outras, finalmente, que iriam aos não-crentes pregar o evangelho. Para Von Weltz, era necessário que os missionários conhecessem devidamente o idioma e os costumes dos países onde iriam trabalhar.

O chamado de Von Weltz não foi bem recebido pelas autoridades eclesiásticas, mas ele mesmo selou seus ensinamentos com a própria vida, dando-a como missionário na Guiana Holandesa (Suriname).

Como exemplo da reação do protestantismo ortodoxo às propostas de Von Weltz, podemos citar as seguintes palavras do teólogo de Ratisbona Ursinus, segundo o qual, para realizar o projeto de Von Weltz, seria necessário que os pagãos não fossem sem dúvida alguma selvagens, carentes de toda característica humana. Além disso, seria necessário que não fossem ferozes e trágicos, pessoas que não permitem a nenhum estrangeiro viver entre eles. Em terceiro lugar seria necessário que não fossem blasfemos obstinados, perseguidores dos cristãos, destruidores da religião cristã que seus antecessores perderam por razão de sua odiosa ingratidão. [...] As coisas santas de Deus não devem ser jogadas a tais cães e porcos.

2. A expansão do protestantismo através da expansão política das nações protestantes

Como vimos, a maior parte dos primeiros teólogos protestantes afirmava que a tarefa missionária deveria ficar nas mãos da autoridade civil. Contudo, é necessário assinalar o fato de que, salvo notáveis exceções, a maior parte dos governos protestantes teve menos interesse na expansão do evangelho que os governos católicos. Em todo caso, o começo da expansão das nações protestantes foi uma das principais causas de surgirem dentro das igrejas da Reforma movimentos que consideravam a existência de povos fora do âmbito da cristandade aos quais era necessário levar o evangelho. Diferente da tentativa falida por parte dos protestantes de estabelecer uma colônia no Brasil sob a direção de Villegaignon, e da obra do rei da Suécia Gustavo Vasa em favor do estabelecimento e a reforma da igreja entres os lapões, a expansão colonial protestante teve lugar por meio do poderio da Inglaterra, da Holanda e da Dinamarca. Isso aconteceu especialmente nos sécs. XVII e XVIII, ao mesmo tempo em que decaía o poderio espanhol e português. No ano 1588, com a destruição da Armada Invencível de Felipe II pela Inglaterra, esta, juntamente com as outras potências protestantes, começou a disputar seriamente o poderio marítimo que até então havia pertencido somente à Espanha e a Portugal. Dessa maneira, estava em gestação a grande expansão protestante dos sécs. XIX e XX.

a) A expansão holandesa

Tão logo conseguiu a independência da Coroa espanhola, a Holanda apareceu na cena europeia como forte potência marítima. Seus marinheiros começaram a desbravar os mares competindo pelo comércio que antes havia estado exclusivamente nas mãos portuguesas e espanholas. Isso deu origem a Companhia das Índias Orientais. A Companhia das Índias Orientais teve, desde o princípio, um propósito missionário. Seguindo as antigas teorias dos reformadores, as missões deviam estar a cargo do poder civil e, por essa razão, foi a Companhia, não a igreja, que se ocupou de organizar o trabalho missionário. Mesmo que fosse a igreja que ordenasse os missionários, seu trabalho era dirigido e contratado pela Companhia das Índias. Devido à escassez de pessoas preparadas para esse tipo de trabalho, fundou-se, na cidade de Leiden, no ano 1622, um *Seminarium Indicum* que se dedicou à preparação de missionários para as Índias, mas essa instituição não teve mais de uma dezena de anos de vida. A maioria dos missionários contratados pela Companhia das Índias não se dedicava tanto à pregação aos não-crentes como à edificação e ao cuidado espiritual dos colonos holandeses. Mesmo assim, houve lugares nos quais os missionários holandeses alcançaram um grande número de convertidos.

A região do Globo onde os missionários holandeses tiveram maior permanência foi o Oriente. Em Java, no Ceilão, nas Molucas e em Formosa, os missionários conseguiram estabelecer fortes comunidades evangélicas. Nesses lugares, ocorreu o procedimento de conversões em massa que repetidamente encontramos na história da igreja. Conta-se, por exemplo, que um rei do Timor se uniu à igreja com todos os seus súditos. Além disso, pagava-se aos missionários uma quantia por todo batismo realizado; por essa razão, alguns dos menos escrupulosos tendiam a administrar o batismo, sem preparar quem o recebia. É importante levar em consideração esse fato para perceber que, em sua origem, as missões protestantes nem sempre buscavam a conversão de indivíduos, nem insistiam na instrução catequética antes do batismo.

Os holandeses também se estabeleceram na América do Sul. Além de uma breve incursão na Bahia, estabeleceram no ano 1630 uma colônia em Pernambuco que durou pouco mais de trinta anos. Em nenhum desses casos, houve resultados permanentes no que se refere a missões. Quanto à colônia holandesa do Suriname, parece que os próprios holandeses não deram grande importância ao trabalho missionário entre os indígenas e escravos negros, e foi necessário o impulso morávio para que tivesse início um trabalho vigoroso de missões entre eles. A obra de Justiniano von Weltz na região não parece ter alcançado grande êxito.

Na América do Norte, as colônias holandesas tiveram repercussões bem mais amplas. Foram os holandeses que fundaram Nova Holanda, que veio depois a ser a colônia inglesa de Nova York. O propósito foi mais comercial que religioso; por essa razão, não se fez nela um trabalho missionário amplo. O mais destacado missionário nessa colônia holandesa foi Johannes Megapolensis, que no ano 1643 começou a trabalhar entre os mohawks, cujo idioma aprendeu a fim de lhes poder pregar. Ainda que a maioria dos colonos de Nova Holanda pertencesse à igreja reformada holandesa, quase sempre havia um alto grau de tolerância religiosa que permitia que se estabelecessem protestantes de diversas confissões. Quando Nova Holanda passou para as mãos inglesas, a influência dos holandeses começou a declinar.

Talvez o mais importante nessa expansão colonial por parte da Holanda tenha sido o fato de que começou a aparecer, nesse país, um verdadeiro interesse missionário, tal como se vê na obra de Justus Heurnius *De legatione evangelica ad Indos capessenda admonitio*. Essa obra logo foi seguida por outras de diversos escritores holandeses nas quais se vê a influência do contato com o Extremo Oriente e com a

América. Esse novo interesse daria frutos no séc. XIX, com o grande despertar protestante missionário.

b) A grande expansão inglesa

Ao mesmo tempo em que a Holanda, e também à custa da Espanha e de Portugal, a Inglaterra começou a desenvolver seu poderio marítimo e a fundar colônias especialmente na América do Norte. No final do séc. XVI, ocorreram as primeiras tentativas por parte dos ingleses de se estabelecer nesse continente; desde o princípio um dos propósitos explícitos de tais tentativas foi a propagação da fé cristã, ainda que, na realidade, outros motivos econômicos e políticos ocupassem um papel muito mais importante que o interesse missionário. Em todo caso, quando sir Walter Raleigh estabeleceu a colônia de Virgínia, começou-se nela a pregação do evangelho aos nativos da comarca, e diz-se que no ano de 1587 recebeu o batismo aquele que, com toda probabilidade, foi o primeiro nativo americano convertido ao protestantismo. O próprio sir Walter Raleigh proveu recursos financeiros para que a organização comercial conhecida como Companhia da Virgínia se ocupasse da pregação do Evangelho aos nativos.

No ano 1607, a Companhia da Virgínia fundou a cidade de Jamestown, em cuja carta aparece como um dos principais propósitos da Companhia a propagação da religião cristã àqueles que "todavia vivem na escuridão de uma ignorância miserável do verdadeiro conhecimento e adoração a Deus". O missionário mais importante nessa colônia foi Alexander Whitaker, que se dedicou a pregar o evangelho e a instruir os nativos da região – entre eles a famosa Pocahontas. Seu trabalho foi desfeito quando no ano 1622 aconteceu uma matança de indígenas. Mais tarde, continuou-se o esforço de evangelizar e educar os habitantes da Virgínia com a fundação do *William and Mary College,* cujo propósito era educar tanto índios quanto brancos. Contudo foram poucos os indígenas que estudaram na instituição.

Entre os peregrinos da Nova Inglaterra, houve também um vivo interesse missionário. Esses peregrinos haviam abandonado a Inglaterra e haviam marchado para a Holanda em busca de alívio da perseguição da qual eram objeto por não se submeterem às normas eclesiásticas que regiam a Inglaterra. Mais tarde, as mesmas razões levaram-nos a abandonar a Holanda e a se estabelecerem no Novo Mundo. O propósito missionário de converter os habitantes em suas novas terras não ocupava um papel predominante em seu pensamento, mas estava presente nele. Entre esses peregrinos, distinguiu-se Roger Willians, um dos primeiros protestantes a pregar o evangelho a nativos. Além disso, os sucessivos pastores da congregação de Plymouth ocuparam-se de pregar aos indígenas e de fundar congregações entre eles.

O mais conhecido entre os missionários da Nova Inglaterra foi John Eliot, que, no ano 1646 e sob o amparo da Massachusetts Bay Company, começou a trabalhar entre os moicanos. Seu trabalho missionário se estendeu por um período de quase meio século, durante o qual Eliot se dedicou não só a pregar o Evangelho aos moicanos, mas também a traduzir a Bíblia para o idioma deles e a ensinar-lhes a ler. Sua motivação teológica tinha uma dimensão escatológica, pois Eliot pensava que talvez os nativos da América fossem as dez tribos perdidas de Israel, e sua conversão seria então um cumprimento das antigas profecias. Talvez tenha sido também essa conjectura que o levou a aplicar a lei mosaica entre aqueles que recebiam o evangelho. Seus convertidos viviam em catorze aldeias, nas quais essa lei era seguida e em cujo centro havia um edifício que servia de escola e de igreja. Além do ensinamento religioso, ensinava-se sobre agricultura e outros meios de subsistência.

Mesmo que os esforços de Eliot se tornassem insignificantes por causa dos estragos da guerra, deram fruto no modo pelo qual despertaram na Inglaterra um novo interesse com relação às missões. As notícias que chegaram a Inglaterra sobre o trabalho de Eliot foram uma das principais razões que levaram o parlamento a criar no ano 1649 a *Society for the Propagation of the Gospel in New England*. Essa sociedade teve uma longa história de serviço missionário, e foi a precursora de outras instituições semelhantes, às quais faremos referirência mais adiante.

Outro experimento interessante foi o dos Mayhew, na ilha de Nova Inglaterra conhecida como Martha's Vineyard. A partir do ano 1642, essas terras foram concedidas à família Mayhew, que teve especial interesse na evangelização e na educação dos indígenas que viviam em seus territórios. Esse trabalho passou de pais para filhos durante cinco gerações, até que no ano 1806 morreu Zacarias Mayhew, o último dessa ilustre família.

Como sinal do interesse missionário dos primeiros colonizadores, podemos assinalar o fato de que a Universidade de Harvard, fundada no ano 1650, contava, entre seus propósitos, com "a educação dos jovens ingleses e índios do país no conhecimento da piedade".

Com as notícias que chegavam do Novo Mundo, e muito especialmente a respeito da obra do Dr. Thomas Bray, comissário eclesiástico de Maryland a partir de 1696, surgiu entre os anglicanos da Inglaterra um novo interesse missionário. Isso se refletiu na fundação de várias sociedades para apoiar o trabalho missionário. No ano 1698, fundou-se a *Society for Promoting Christian Knowledge;* em 1701, a *Society for the Propagation of the Gospel in Foreing Parts* e em de 1723, o grupo de "Sócios do Dr. Bray". Todos esses grupos, especialmente o segundo, dedicaram-se a apoiar as missões entre os indígenas e entre os negros da América. Contudo, pelo fato de que muitos dos colonizadores brancos no Novo Mundo temessem que o trabalho dos missionários enviados ou apoiados por essas sociedades anglicanas servisse para fortalecer a igreja oficial da Inglaterra na América, o trabalho de tais missionários tornou-se extremamente difícil e frequentemente pouco frutífero.

Foi no ano 1709 que se fundou a *Society in Scotland for Propagating Christian Knowledge*. Essa sociedade era semelhante às que os anglicanos haviam fundado na Inglaterra, mas tinham a vantagem de que a igreja escocesa desfrutava de mais simpatia entre os colonos do Novo Mundo. A sociedade escocesa organizou juntas de correspondentes na América, entre elas uma na cidade de Nova York, que foi de grande importância para o desenvolvimento missionário nas colônias de Nova York, Nova Jersey e Pensilvânia. O mais notável dos missionários que trabalharam sob a direção da sociedade escocesa foi David Brainerd, que trabalhou entre os indígenas em diversas colônias. Brainerd contou com poucos anos de serviço missionário, pois morreu com a idade de 29 anos por causa de seu incessante trabalho pela expansão do evangelho. Seu método consistia, sobretudo, em fundar escolas e em agrupar os indígenas em lugares onde era possível dar-lhes instruções religiosas. A principal razão da importância de Brainerd está no fato de que, no ano 1749, Jonathan Edwards publicou a "Vida de Brainerd", que se baseava no diário do missionário falecido. O impacto dessa obra foi enorme, atingindo pessoas de tanta importância para a história missionária como Guillermo Carey e Francisco Asbury.

Nós nos referimos apenas a uns poucos dos muitos missionários que trabalharam entre os nativos na América inglesa, mas basta para mostrar que houve, desde o começo da colonização britânica na América, um verdadeiro interesse pela conversão dos aborígines nas regiões colonizadas – ainda que em geral esse interesse não fosse tanto da Igreja em sua totalidade como de grupos cristãos individuais que, de uma maneira ou outra, se organizavam para o trabalho missionário.

Além das treze colônias que deram origem aos Estados Unidos da América do Norte e aos territórios do Canadá, a Inglaterra ocupou várias ilhas do Atlântico e especialmente do Caribe, assim como também parte da costa oriental da

América Central – nas regiões de Honduras e Mosquitia. Nesses territórios, os ingleses dedicaram-se ao cultivo da cana de açúcar, para a qual trouxeram grande número de escravos. Em quase todas essas colônias, os indígenas chegaram a formar apenas uma pequena parte da população. Logo, o principal desafio missionário era o da evangelização dos escravos – e, quando a igreja adquiriu consciência disso, houve sua emancipação. A maior parte desse trabalho foi levada a cabo no princípio pela igreja anglicana, mesmo que com a oposição tenaz dos colonos, os quais temiam as consequências da evangelização e, sobretudo, da educação dos escravos. Uma das soluções que a *Society for the Propagation of the Gospel in Foreing Parts* tratou de utilizar foi adquirir plantações com escravos e dedicar-se à evangelização dos que ficavam em sua propriedade. Entre outras desvantagens, esse método apresentava o grande obstáculo de ser praticável somente para a evangelização de uma pequeníssima porção da totalidade dos escravos e, sobretudo, de fazer da igreja dona de escravos. Não foi senão com a chegada dos morávios e dos metodistas, na segunda metade do séc. XVIII, que se começou verdadeiramente um intenso trabalho de evangelização nas colônias inglesas do Caribe. Também os quacres e os "Irmãos de Schwenkfeld" se estabeleceram na região.

Em termos gerais, a colonização britânica na América deu origem a comunidades cristãs de imigrantes, tanto europeus quanto africanos, mas em seus territórios a população indígena tendia a desaparecer em um grau muito maior que nos territórios colonizados pelos espanhóis. Isso parece ter ocorrido, em parte, porque nos territórios britânicos a população indígena sempre fora muito escassa, isso porque seu caráter seminômade fazia-os sofrer muito mais quando perdiam grandes extensões de terreno; além disso os brancos cobiçaram as terras dos indígenas mais que seu trabalho; e porque a igreja não tinha o mesmo poder que tinha a igreja católica, apoiada pela Coroa espanhola, para deter os abusos dos brancos.

Por último, é necessário assinalar que os ingleses também se dedicaram à viagem de exploração até o Oriente, ainda que nessa região do Globo e durante o período que estamos estudando sua influência não fosse tão ampla nem tão permanente como no Novo Mundo.

c) A expansão dinamarquesa

No princípio do séc. XVII, a Dinamarca começou sua expansão comercial até o Oriente e na segunda metade do mesmo século instalou-se nas Índias Ocidentais e na África. Os colonos dinamarqueses mostraram ainda menos interesse pela tarefa missionária que os holandeses e os ingleses. Foi o rei da Dinamarca, Federico IV, quem pela primeira vez se ocupou da evangelização dos povos não-cristãos nas colônias dinamarquesas. Contudo, quando o rei pediu ao pregador da corte que buscasse pessoas para enviar como missionários às colônias dinamarquesas, este não pôde encontrar em toda a Dinamarca alguém a quem recomendar e, portanto, viu-se obrigado a recorrer ao nascente movimento pietista da Alemanha. Essa foi a origem da famosa Missão de Tranquebar, na Índia. Mesmo que sustentada economicamente pela Coroa dinamarquesa, essa missão foi concretizada por missionários pietistas alemães. Por isso a discutiremos ao estudar esse movimento. Além disso, é necessário assinalar que, apesar da falta de interesse dos primeiros colonos dinamarqueses na obra missionária, seus estabelecimentos foram mais tarde utilizados por missionários morávios e pietistas para a expansão do evangelho.

3. Novos movimentos dentro do protestantismo e sua importância para as missões

No final do séc. XVII e ao longo de todo o séc. XVIII surgiu na história do protestantismo um despertar de religiosidade individual que veio com um novo interesse em missões. Os dirigentes desse novo despertar protestavam contra a rigidez da velha ortodoxia protestante e, ainda que esses mesmos em geral fossem teólogos devidamente treinados, tendiam a priorizar em meio às fórmulas teológicas a importância da vida cristã prática. Essa vida cristã era entendida, geralmente em termos individualistas, de modo que se destacava a experiência pessoal do cristão e sua obediência como indivíduo aos mandamentos divinos. Em termos gerais, esse movimento não pretendia constituir novas seitas ou igrejas, mas seu propósito era o de servir de levedura dentro das igrejas já existentes. Se em algumas ocasiões esse não foi o resultado de tais movimentos, isso não se deveu tanto ao espírito cismático de seus fundadores quanto à rigidez das igrejas dentro das quais surgiram.

a) O pietismo e a Universidade de Halle

O primeiro desses movimentos, que às vezes dá seu nome aos demais, é o pietismo alemão. O pai é Philipp Jakob Spener, que, no ano 1675, expôs em sua obra *Pia desideria* os princípios do pietismo alemão. Spener opunha-se à fria e rígida ortodoxia da igreja luterana de seu tempo. O motivo dessa oposição não era tanto doutrinal quanto prático, pois Spener não se oponha às próprias doutrinas de sua igreja, mas ao modo pelo qual a igreja, nessas doutrinas, tendia a obscurecer a necessidade de uma vida cristã pessoal. Após longos anos de trabalhos pastorais e docentes, Spener fundou a Universidade de Halle, que teria grande importância para a história futura das missões.

O companheiro e depois sucessor de Spener na direção do movimento pietista nascente foi August Hermann Francke, professor de teologia na Universidade de Halle e quem além disso, fundou nessa mesma cidade um asilo para órfãos no qual estudavam crianças carentes. Da mesma forma que Spener, Francke interessou-se pela obra missionária e fez da Universidade de Halle um centro de missões.

Foi a essa Universidade que a Corte dinamarquesa se dirigiu quando seu rei Federico IV decidiu começar um trabalho missionário no Oriente e não encontrou em todo o reino pessoas capazes e dispostas a levarem a cabo essa obra. Foi assim que começou a Missão Dinamarquesa de Tranquebar, na qual trabalharam em princípio Bartholomaeus Ziegenbalg e Heinrich Plütschau.

Ziegenbalg e Plütschau tiveram dificuldades no início do trabalho missionário, pois primeiro as autoridades eclesiásticas na Dinamarca e em seguida as autoridades coloniais na Índia opuseram-se a eles por serem pietistas. Isso não deteve sua obra, e a partir do ano 1706 estabeleceram-se em Tranquebar, na Índia. Plütschau regressou à Europa cinco anos mais tarde, mas Ziegenbalg continuou vivendo em Tranquebar até o fim de seus dias. O trabalho desses missionários foi variado, pois, além de ministrar aos colonos dinamarqueses e alemães, trabalhavam entre católicos que falavam português e entre os índios. A maior parte de sua obra entre estes foi conduzida em tâmil, idioma para o qual traduziram o *Pequeno catecismo de Lutero*. No ano 1711, apareceu a tradução do novo Testamento para o tâmil.

A missão de Tranquebar alcançou amplo apoio em diversos círculos europeus, pois, enquanto a maior parte dos missionários vinha do pietismo centrado na Universidade de Halle, os recursos financeiros procediam da Dinamarca e, pouco depois, também da *Society for Promoting Christian Knowledge* da Inglaterra.

Ziegenbalg teve uma série de dignos sucessores que foram ampliando cada vez mais o alcance missionário de Tranquebar, de modo que logo houve literatura cristã não só em tâmil, mas também em telegu e hidostano.

Entre todos os sucessores de Ziegenbalg, sobressaiu-se Christian Friedrich Schwartz, que começou o trabalho missionário na Índia no ano 1750 e continuou até sua morte, quarenta e oito anos mais tarde. Seu espírito sensível, mas firme, ganhou o respeito tanto dos ingleses quanto dos indianos, de modo que, em mais de uma ocasião, sua mediação evitou ou deteve um encontro bélico.

Mesmo que o pietismo alemão fosse um movimento tão geral e, ao mesmo tempo, tão difuso, que é impossível descobrir todas suas ramificações, é possível relacioná-lo não só com a Missão de Tranquebar e as que dela surgiram, mas também com o colégio de missões que se fundou em Copenhague e do qual partiram missões para Lapônia e Groelândia. Essas últimas não tiveram o resultado tão desejado como o de Tranquebar, mas a missão na Groelândia tem importância pela maneira de impactar o conde Zinzendorf.

b) Zinzendorf e os morávios

O conde Nikolaus Ludwig von Zinzendorf foi educado na Universidade de Halle, onde recebeu a influência de seus fundadores. Em razão dessa influência pietista e de seu próprio caráter, Zinzendorf era um homem de religiosidade cristã sincera. Quando no ano 1722 os irmãos morávios, cujas origens remontam pelo menos até os tempos de Jan Hus, buscavam um lugar para se estabelecer onde não fossem perseguidos, o conde Zinzendorf ofereceu-lhes a possibilidade de se estabelecer em seus territórios na Saxônia. Ali fundaram a aldeia de Hermhut, conhecida na história das missões pelo grande movimento que dela surgiu. Zinzendorf sempre teve um profundo interesse em missões, o qual foi despertado quando, no ano 1731, em visita a Copenhague, conheceu dois esquimós oriundos da Groelândia que haviam sido batizados pelo missionário Hans Egede. Isso animou o seu interesse missionário, e, ao regressar ao seu estado, dedicou-se a comunidade de Hermhut, um centro de missões. Devido ao seu entusiasmo contagiante e à profundidade de seu sentimento religioso, Zinzendorf não teve dificuldades em fazer-se seguir pelos irmãos morávios, que logo se espalharam por boa parte do mundo levando o evangelho.

Como era esperado, as primeiras missões morávias se dirigiram-se à Groenlândia, mas, no mesmo ano 1732, penetraram no mar do Caribe, estabelecendo-se na ilha de Saint Thomas e três anos depois na Guiana Holandesa (Suriname). Pouco mais tarde, dirigiram-se até o Oriente, onde trabalharam na Índia e no Ceilão; e até a África, onde se estabeleceram no Cabo da Boa Esperança.

A expansão missionária dos morávios não foi de grande duração. Seu número limitado lhes impediu de estabelecer muitas missões amplas e duradouras. Seu impulso não havia de se perder, mas seu chamado para uma nova responsabilidade missionária influenciou em boa parte a igreja europeia.

c) *Os irmãos Wesley e o metodismo*

Entre as muitas pessoas e movimentos em que se fez sentir a influência de Zinzendorf e dos morávios, nenhuma é tão importante para a história das missões como John Wesley e o movimento metodista que surgiu de sua obra. John Wesley era um ministro da igreja anglicana que se sentia decepcionado com a própria fé e seu trabalho missionário na Geórgia. Durante determinada viagem à América, quando o barco em que viajava esteve a ponto de naufragar, Wesley sentiu-se profundamente impressionado com a fé imperturbável que mostravam os companheiros morávios. Essa experiência levou-o a se interessar pelo movimento morávio e a estabelecer contato com Zinzendorf. Em geral, assinala-se a experiência da cidade de Aldersgate, quando Wesley sentiu em seu coração "um ardor estranho", como o ponto de partida do metodismo. Mas não há dúvida de que Zinzendorf e seus companheiros contribuíram grandemente para determinar o caráter do novo movimento.

Em sua origem, o metodismo não pretendia constituir uma nova igreja, mas era só um despertar da religiosidade individual dentro da igreja anglicana e em meio ao restante da população protestante da Inglaterra. Durante toda sua vida, Wesley e seus primeiros seguidores continuaram sendo membros da igreja anglicana e participando de seu culto. Foram somente os acontecimentos posteriores que os levaram à fundação da igreja metodista.

Em todo caso, o metodismo foi um novo despertar religioso tanto nas ilhas britânicas como na América do Norte, e isso teria amplas consequências para o movimento missionário. A primeira sociedade metodista foi fundada em Londres no ano 1739, e já no ano 1766 existia uma na América. É no ano 1771, com a chegada de Francis Asbury, que começava a grande expansão do metodismo na América. Logo o movimento seria muito mais numeroso no Novo Mundo que no Velho. Foram muitos os pregadores metodistas que contribuíram para o enorme crescimento desse movimento na América, e o mais distinto entre eles foi sem dúvida Asbury, que pregou mais de 16.500 sermões, ordenou pelo menos 4.000 pregadores e viajou meio milhão de quilômetros. A maior parte desse trabalho aconteceu na fronteira ocidental das colônias britânicas na América do Norte, que se movia para o oeste mais rápido do que as antigas igrejas podiam fazê-lo. Dessa maneira, os metodistas – juntamente com os batistas, que nesse período experimentaram também um despertamento – contribuíram grandemente para a manutenção da fé cristã entre os colonos.

Os métodos do metodismo consistiam na pregação pública e simples e na organização de pequenos grupos ou "classes" para a alimentação da vida espiritual de seus membros. Com o passar dos anos, o metodismo foi se tornando uma igreja estabelecida, e o sistema de classes e, em certa medida, a pregação pública ao ar livre foram perdendo a preponderância que haviam tido no princípio.

Mesmo que a princípio o metodismo trabalhasse especialmente na Grã-Bretanha e em suas colônias, a expansão nesses territórios foi tal que no séc. XIX chegou a ser uma das principais fontes do movimento missionário protestante.

d) O "Great Awakening" na América do Norte

Em meados do séc. XVIII, e depois no final do mesmo século e no princípio do seguinte, produziu-se na América britânica uma série de movimentos de caráter religioso que é difícil classificar ou explicar.

Trata-se de um despertamento geral na religiosidade dos colonos que era paralelo ao pietismo europeu. As figuras principais da primeira etapa desse despertamento foram Jonathan Edwards e George Whitefield. Por meio das relações deste com John Wesley, é possível descobrir a influência do metodismo nesse movimento, que também se caracterizou pela pregação pública ao ar livre e pelo aprofundamento da vida cristã individual. Quando, no final do séc. XVIII e começo do séc. XIX, produziu-se um novo despertamento religioso conhecido como o *Second Great Awakening*, também nele se pôde notar a influência metodista, especialmente por meio da obra de Asbury na área da Nova Inglaterra.

Mesmo que esses movimentos não se tenham cristalizado em instituições religiosas, e, portanto, seja difícil seguir sua história, não há dúvida de que o aprofundamento da vida religiosa, que foi seu resultado, contribuiu para o grande movimento missionário que começaria no princípio do séc. XIX.

É notável como a influência do pietismo alemão, e especialmente de Spener e Francke, pôde continuar por meio de Zinzendorf, de Wesley e do Grande Despertamento na América do Norte. Visto que foi por meio desses movimentos que começou a grande expansão missionária protestante do séc. XIX, não nos surpreende que essa expansão tenha tido algumas das características do pietismo e dos demais movimentos que dele surgiram. Assim, por exemplo, os missionários protestantes do séc. XIX tendiam a destacar a necessidade de uma decisão individual por parte dos convertidos muito mais do haviam feito os missionários católicos e os primeiros missionários protestantes. Não há dúvida de que isso, em boa parte, se deveu à ênfase do pietismo na necessidade de uma religião pessoal.

Por outro lado, é necessário assinalar que, apesar do muito que se tem dito sobre a tendência do pietismo a se afastar da realidade do mundo, foi esse movimento o que deu origem ao interesse da Igreja na totalidade geográfica do mundo. Se em determinadas ocasiões as missões que surgiam do movimento pietista tendiam a separar os convertidos do mundo e da cultura em que viviam, também é certo que o mesmo pietismo, em geral, serviu para fazer os protestantes verem que o mundo era muito mais amplo que a velha Europa.

D. Considerações gerais

O período que acabamos de estudar marca a mais ampla expansão territorial em toda a história do cristianismo. Foi nesse período que a fé em Jesus Cristo deixou de ser a de um pequeno canto do mundo para estender-se por todo o Globo. Até então o alcance geográfico do cristianismo se havia limitado à Europa, ao norte da África, ao Oriente Próximo e a algumas porções do Extremo Oriente. Durante esses duzentos anos, estendeu-se por toda a América e começou a penetrar quase todos os países do Extremo Oriente, além de se estabelecer em diversos pontos na costa da África.

A maior parte dessa grande expansão do cristianismo deu-se por meio das conquistas e da colonização por nações europeias, especialmente Espanha e Portugal. A Espanha dedicou-se à conquista e à colonização da América dali passou para as Filipinas. Portugal dedicou seus principais esforços ao Extremo Oriente, mas estabeleceu-se também na África e na América do Sul. Em termos gerais, e por razões que já foram citadas, a Espanha conseguiu deixar em suas colônias um selo cultural e religioso muito mais profundo que Portugal. Também a França e a Inglaterra estabeleceram colônias que contribuíram para a expansão do cristianismo, tanto em sua forma católica quanto em sua forma protestante.

As missões espanholas e portuguesas não estavam sob a jurisdição direta do papa, mas eram dirigidas pela Coroa em virtude do direito de patronato que a sede romana havia concedido aos reis da Espanha e de Portugal. Se esse patronato foi útil durante o começo das conquistas, já que obrigava as potências colonizadoras a dedicar um pouco de seu esforço à obra eclesiástica, mais tarde, com a decadência dessas potências, esse mesmo sistema viria a ser um espinho na carne da igreja romana.

Em sua obra missionária, a igreja católica contou com o valiosíssimo recurso que eram os frades. Franciscanos, dominicanos, jesuítas e mercedários lançaram-se às novas terras em uma avalanche missionária nunca vista antes. Se houve entre eles quem se tornasse um obstáculo antes de ser uma ajuda, a grande maioria dedicou-se com afinco à sua tarefa. Por outro lado, os frades tiveram um papel importantíssimo por causa do interesse em tornar mais suportável a situação dos povos conquistados.

Por último, devemos assinalar que a maior parte das conversões desse período aconteceu não individualmente, mas em massa. Contudo, no Extremo Oriente, onde os missionários começaram a trabalhar entre civilizações e estruturas políticas que não se renderam com a chegada dos europeus, houve situações nas quais não era possível batizar mais que alguns convertidos individualmente.

CAPÍTULO VI

As missões na época contemporânea

Introdução

O séc. XIX apresentou para as missões cristãs o maior desafio e uma ampla oportunidade. As novas condições do mundo eram tais que poderia se supor que o impulso missionário do cristianismo, unido como estava a algumas das velhas condições, não conseguiria sobreviver. No final do séc. XVIII e no começo do séc. XIX, apareceu na história do Ocidente uma série de movimentos que tendiam a debilitar o apoio que, desde a época de Constantino, o Estado havia prestado à Igreja. A Revolução Francesa caracterizou-se por seu anticlericalismo, e tudo indicava que um de seus resultados seria a perda de vitalidade por parte de toda a Igreja europeia, especialmente a católica romana. As guerras napoleônicas arruinaram a Europa e debilitaram grandemente as duas nações que, até então, haviam sido a principal fonte do impulso missionário: Espanha e Portugal. Na América do Norte, os forjadores da nova nação advogavam pela separação entre a Igreja e o Estado.

No campo do intelecto, os sinais tampouco pareciam ser favoráveis à Igreja cristã. Os novos descobrimentos históricos, biológicos e astronômicos faziam surgir dúvidas da veracidade da Bíblia. A história da criação do Gênesis parecia estar desmentida pela teoria da evolução. Toda a cosmologia bíblica ficava em suspeita ante as novas teorias astronômicas. Logo se duvidaria da própria existência de Jesus, ou pelo menos se tentaria reconstruir a realidade histórica que se encontrava por trás do Novo Testamento. Nas principais universidades da Europa, e ainda nas cátedras teológicas, dava-se a impressão de que o cristianismo estava a ponto de chegar a ser somente uma recordação histórica, deixado para trás pelos novos descobrimentos.

Por outro lado, alguns teólogos reinterpretavam os princípios da fé à luz das grandes mudanças nas ciências naturais e sociais. Algumas dessas interpretações mantinham a igreja em diálogo com a época, mas sem criar distúrbios e contendas sobre o significado da fé em um contexto de tanta mudança.

Em boa parte do mundo, as igrejas, especialmente a católica romana, haviam-se aliado às forças que se opunham aos movimentos revolucionários que buscavam uma nova ordem. Com o triunfo das revoluções na França e na América do Norte e do Sul, era de supor que o cristianismo perderia boa parte de sua força.

Por último, dentro da mesma igreja cristã havia divisões e contendas que debilitavam a eficácia de seu testemunho. Essas contendas, como indicamos antes, existiam não somente entre as diversas denominações, mas ainda dentro de cada denominação, e com frequência giravam em torno da maneira pela qual os cristãos deviam ver os novos descobrimentos e as novas teorias cientificas.

A expansão do cristianismo no séc. XIX é complexa. Se a expansão do cristianismo tivesse dependido unicamente da unidade interna da igreja, o séc. XIX teria visto o fim do avanço missionário. Não obstante, o séc. XIX, com seu impulso imperialista a começar na Europa Ocidental e posteriormente nos Estados Unidos, incide de maneira complexa na tarefa missionária. Veremos que, em certas ocasiões, o imperialismo europeu serviu de aliado para a tarefa missionária; que, em outras, os missionários se converteram em fortes inimigos da política imperialista, e, em outras, os missionários tiveram um papel ambíguo e confuso entre os interesses nacionais e a política imperialista.

Contrário ao que poderia ser esperado, o séc. XIX é um dos pontos culminantes na história das missões cristãs euroatlânticas. Dada a ambiguidade das missões na relação com as autoridades civis, a igreja descobriu, na falta de apoio por parte dos governos, um desafio cujo resultado foi a divulgação do interesse missionário em meio a uma parcela maior do povo cristão. As perguntas que o séc. XIX propôs sobre a veracidade da Bíblia e do cristianismo serviram para que os próprios cristãos propusessem novamente perguntas fundamentais sobre o caráter de sua fé, e assim se lançaram por novos caminhos de obediência a Deus. Além disso, os movimentos de caráter pietistas, que mencionamos no capítulo anterior, continuaram crescendo e ocuparam um papel de suma importância.

Em termos gerais, podemos dizer que o séc. XIX é o século da expansão protestante euro-atlântica. Tanto a igreja católica romana quanto a ortodoxa russa continuaram seu trabalho missionário. Mas o protestantismo, por sua relação direta com os países europeus que se levantavam como novas potências mundiais e pelas mudanças políticas e econômicas dentro desses países (industrialização, mudanças nas estruturas políticas e um despertar antropocêntrico), mostrou uma capacidade maior para adaptar-se às novas circunstâncias e também mais vitalidade para penetrar terras até então virgens da pregação missionária. Em todo caso, discutiremos primeiramente as missões católicas romanas, para depois passarmos para as ortodoxas e, por último, chegarmos ao movimento missionário protestante.

Antes de seguir adiante, contudo, convém assinalar que o presente capítulo é somente uma introdução geral à história do avanço missionário durante os sécs. XIX e XX. De fato, a expansão do cristianismo durante esse período é tal que seria inútil tratar de discuti-la em um só capítulo. Por essa razão, depois da presente introdução passaremos a discutir separadamente as distintas regiões do Globo. Visto que a história do cristianismo na Europa e nos Estados Unidos, durante esse período, é usualmente estudada nos cursos gerais de história eclesiástica, somente a discutiremos aqui quando se relacionar com a obra missionária em outras regiões.

A. A Igreja Católica Romana

Para as missões católicas romanas, o séc. XIX não representou um novo ponto de partida no mesmo sentido que o foi para as missões protestantes. Os católicos – diferentemente dos protestantes – tiveram desde os séculos anteriores um profundo interesse missionário. Contudo, o séc. XIX apresentava para eles, e em certas ocasiões em maior grau que para o protestantismo, os mesmos desafios que para o restante da Igreja. Diversos acontecimentos históricos – culminando na Revolução Francesa –, as guerras napoleônicas e as guerras da independência da América haviam feito declinar o poderio colonial e político da Espanha e de Portugal, que durante séculos haviam sido o centro das missões católicas. O outro grande país de fé católica, a França, não havia prestado grande atenção à obra missionária mesmo nos tempos de seu auge político, e não era de supor que depois da Revolução esse país fosse capaz de servir de centro a um grande movimento missionário.

Apesar de tais circunstâncias, o séc. XIX viu o desenvolvimento de diversos aspectos do catolicismo romano que, por toda parte, fortaleceriam sua obra missionária.

O primeiro fato notável na história do catolicismo romano do séc. XIX é a unificação da Igreja sob um poder papal consolidado. Os diversos Estados europeus e americanos, ao insistirem na separação entre a Igreja e o Estado, pretendiam evitar a ingerência daquela nesse último, mas também renunciavam à autoridade que alguns Estados haviam exercido sobre a igreja em seus domínios. Ainda no caso dos países em que continuou existindo uma união estreita entre a igreja e o Estado, esse último estava em geral tão debilitado, que não podia opor-se ao domínio direto da igreja por parte da sede romana. Esse movimento foi aparelhado a outro de caráter muito oposto dentro da igreja romana, mas cuja consequência prática era a mesma: o ultramontanismo, que defendia o acréscimo da autoridade pontifícia. Tudo isso culminou no Concílio Vaticano I (1869-1870), que promulgou oficialmente a doutrina da infalibilidade papal.

Outro aspecto importante da vida da igreja católica romana no séc. XIX, que afetaria seu trabalho missionário, foi a revitalização de alguns dos antigos instrumentos das missões católicas, muito especialmente a Companhia de Jesus e a *Sacra Congregatio de Propaganda Fide*. A primeira havia sido dissolvida pelo papa no ano 1773, e a partir de 1801 se começou a autorizar sua existência até que em 1814 lhes foram novamente concedidos seus antigos direitos. A *Congregatio de Propaganda Fide* foi usada por Napoleão como um instrumento de sua política, mas depois recomeçou a obra com novos brios. Cada vez mais, essa organização veio a ser o foco de todo o trabalho missionário católico, até que, no ano 1938, mudaram suas funções legislativas, e a *Congregatio* adquiriu responsabilidades administrativas para fomentar o desenvolvimento de um clero autóctone e a contextualização da fé católica em partes distintas do mundo.

A terceira característica da igreja romana durante esse período está no desenvolvimento de novos meios para subvencionar os gastos missionários que antes corriam por conta dos Estados coloniais. Quando as potências coloniais católicas se mostraram incapazes ou pouco desejosas de sustentar economicamente o trabalho missionário em suas colônias, a igreja viu-se na necessidade de buscar novas fontes de apoio econômico. Essas fontes foram principalmente as numerosas sociedades para o apoio às missões que apareceram em toda a Europa, muito especialmente na França. Algumas delas, como a Associação da Propagação da Fé, reuniam dinheiro para o trabalho missionário. Outras reuniam roupas e outros meios físicos necessários. O resultado de tudo isso foi que o interesse missionário dentro do catolicismo romano se fez cada vez mais amplo, estendendo-se entre os laicos.

Contudo, em termos gerais, o séc. XIX não é para as missões católicas um novo começo, do mesmo modo que era para as protestantes. A maior parte dos instrumentos católicos que foram empregados no séc. XIX era apenas continuação dos que haviam sido usados anteriormente. Se as guerras napoleônicas e a independência das nações da América foram para o catolicismo uma pausa durante a qual seu empreendimento missionário perdeu muito de seu ímpeto, quando as missões foram retomadas, a teologia e os métodos missionários da igreja católica romana continuaram sendo os mesmos que haviam sido empregados anteriormente. De fato, no caso da igreja católica romana, os primeiros anos do séc. XX marcam um ponto de partida muito mais significativo que o princípio do séc. XIX.

B. As Igrejas Ortodoxas

Mesmo que no séc. XIX existissem no Oriente e no centro da Europa várias igrejas ortodoxas, foi a igreja ortodoxa russa a que fez mais pela expansão do cristianismo, e ainda faz, mesmo que pouco fora das fronteiras do Império Russo. As mais notáveis missões russas durante o séc. XIX aconteceram na Sibéria, onde ainda não havia habitantes não-cristãos. Entre todas as missões russas nessa região, a que mais se destacou foi a de Altai, no ocidente siberiano, que se acha indissoluvelmente unida ao nome de Makarij Glucharev. Houve também missões notáveis em Tobolsk, Irkutsk e o Transbaikal.

No estrangeiro, a principal missão ortodoxa russa foi a do Japão, que floresceu com o padre Nikolai, à qual nos referiremos em outro capítulo. Além disso, houve missões ortodoxas na China, na Coreia e no Cáucaso. Por último, a igreja ortodoxa russa estendeu-se até o continente americano, cujo empreendimento mais amplo foi no Alasca, ainda que esse se tenha detido quando a Rússia, no ano 1887, vendeu a península aos Estados Unidos. Houve um bom número de imigrantes russos que foram para a América do Norte e alguns para a América do Sul, para as regiões de São Paulo e de Buenos Aires. A primeira igreja ortodoxa russa na América Latina organizou-se em Buenos Aires no final do séc. XIX, e a primeira sede episcopal foi a de São Paulo, estabelecida no ano 1934.

Como era de esperar, a Revolução Russa trouxe um novo período na história da igreja e do país. Visto que Igreja perdeu o apoio econômico e político do qual dependiam suas missões, estas sofreram grandemente, sobretudo nos primeiros anos depois da Revolução. Além disso, fora dos territórios dominados pelos bolcheviques, produziram-se cismas que refletiam diversas atitudes com relação à situação política da Rússia.

C. As missões protestantes

O séc. XIX caracterizou-se pela expansão colonial e missionária do protestantismo. Vários países protestantes, especialmente a Grã-Bretanha, estenderam seu poder econômico e político a regiões distintas do Globo. O império que a Grã-Bretanha construiu chegou a ser o mais amplo que a história já conheceu, com milhões de súditos, abarcando diversas culturas antiquíssimas. Por sua vez, os Estados Unidos continuaram seu trabalho de expansão em direção a oeste, algumas vezes pela colonização, outras mediante compras de territórios e outras mediante a conquista armada.

Os descobrimentos do capitão Cook, em suas viagens pelo sul do Pacífico, abriram para o mundo - muito especialmente para Inglaterra, que gozava então da hegemonia marítima - novos horizontes. Era de esperar que tudo isso fizesse despertar um novo interesse missionário na Inglaterra e nos demais países protestantes. Foi de fato o que aconteceu, mas é necessário assinalar que a expansão protestante do séc. XIX, especialmente a que partiu dos Estados Unidos, foi muito mais independente da colonização política e econômica que a expansão católica romana dos séculos anteriores. Se houve missionários ingleses e holandeses nos territórios em que esses países estabeleceram interesses coloniais, também houve grandes empreendimentos missionários nos países em que os interesses políticos e econômicos da Inglaterra, dos Estados Unidos e das demais potências protestantes ainda não haviam surgido. Um exemplo notável disso é a missão de Adinoram Judson na Birmânia, que estudaremos no próximo capítulo.

Outro fator importante no desenvolvimento das missões protestantes foram as agências de missões, que passaram a ter o caráter do que Spener havia chamado de uma *ecclesiola in ecclesia* – uma comunidade particularmente comprometida dentro da igreja em geral. O movimento missionário europeu do séc. XIX caracterizou-se por grupos de cristãos com um grande fervor missionário que trabalharam à margem (e, em certas ocasiões, apesar) de certas denominações protestantes. Nos Estados Unidos, o movimento missionário adquiriu vigor com o espírito do trabalho voluntário, ou *voluntarismo*, um aspecto importante da ideologia do individualismo que marcou tanto a Europa como os Estados Unidos durante o final do séc. XIX e o princípio do séc. XX.

1. O precursor: William Carey

Um dos maiores missionários de todos os tempos e o principal precursor do movimento missionário moderno é

William Carey, que nasceu na Inglaterra, no ano 1761, em uma família de classe média baixa intimamente ligada com a igreja da Inglaterra. Quando tinha 6 anos de idade, seu pai veio a ser professor de escola, o que permitiu ao jovem William ocupar uma posição de certo grau de educação, apesar dos recursos limitados da família.

Lendo um periódico que o pai recebia como professor de escola, Carey soube pela primeira vez das viagens do capitão Cook, que lhe despertaram o interesse pelas terras distantes e por tudo o que se relacionava com geografia. Também, desde a infância, William Carey manifestou um vivo interesse, que continuou por toda a vida, pelas ciências naturais.

Quando tinha apenas 16 anos, seu pai enviou-o a um povoado próximo para aprender o ofício de sapateiro. Ali, em contato com outro aprendiz um pouco mais velho que ele, Carey descobriu na vida cristã profundidades até então desconhecidas, e decidiu tornar-se batista.

Quando seu matrimônio o obrigou a buscar uma base econômica mais ampla, empreendeu novas atividades, dedicando-se ao ensino e ao ministério, mesmo sem abandonar o ofício de sapateiro. Durante esse período, com a finalidade de ensinar geografia a seus discípulos, preparou um globo terrestre feito de couro no qual assinalou as diferentes terras conhecidas. Além disso, fez para o seu estudo pessoal um mapa mais detalhado no qual apareciam os nomes de diversas regiões, bem como o caráter e a religião de seus habitantes. Tudo isso lhe foi dando uma visão mundial que mais tarde seria importante para sua carreira missionária. Ao mesmo tempo, dedicou-se a estudar latim, grego, hebraico, holandês e italiano, com o que deu mostra de uma habilidade linguística que logo lhe seria muito útil.

Mediante o estudo da Bíblia e inflluenciado por seus conhecimentos de geografia, Carey chegou à conclusão de que a tarefa missionária era obrigação dos cristãos não só do período apostólico, mas de todas as épocas. Foi essa convicção que o levou a publicar seu tratado *An Enquiry into the Obligations of Christians to Use Means for the Conversion of the Heathens* (Um estudo sobre as obrigações dos cristãos de empregar meios para a conversão dos pagãos). No mês de maio do ano 1792, pregou para a Associação de Ministros Batistas seu famoso sermão sobre Isaías 54.2-3, cujos dois pontos principais eram: "Esperai grandes coisas de Deus" e "Empreendei grandes coisas por Deus". No mês de outubro do mesmo ano, e como consequência dos esforços de Carey, foi constituída a *Particular Baptist Society for Propagating the Gospel among the Heathen* (Sociedade Batista Particular para a Propagação do Evangelho entre os Pagãos). No começo, essa sociedade era formada por um número reduzido de ministros e amigos de Carey, e seu orçamento anual era insignificante – menos de catorze libras esterlinas. Apesar da limitação da quantia, Carey começou a se preparar para partir para a Índia com o médico John Thomas, que antes havia estado nesse país.

A princípio, as dificuldades pareciam insuperáveis. A esposa de Carey negou-se a segui-lo até a Índia, e somente permitiu que partisse com o filho mais velho de ambos. A reposta de Carey foi que, se ele possuísse todo o mudo, com gosto o daria para estar com ela e com seus filhos, mas não podia abandonar a obrigação missionária por essa razão. Outra dificuldade apareceu quando se descobriu que o Dr. Thomas tinha dúvidas que impediam sua partida da Inglaterra. Por último, todos sabiam que a Companhia Britânica das Índias Orientais não via com simpatia a chegada de missionários às suas colônias, e que faria todo o possível para evitá-la.

Apesar de todas essas dificuldades, Carey continuou firme em seu propósito. Sua esposa concordou por fim em acompanhá-lo e, após longas gestões, fizeram-se os arranjos necessários para que Dr. Thomas e a esposa fizessem o mesmo.

No final do ano 1793, William Carey e seus acompanhantes desembarcaram na cidade de Calcutá, sem notificar as autoridades de sua chegada, pois, se o fizessem, correriam o risco de ser enviados de volta para a Inglaterra. O plano de Carey consistia essencialmente em ganhar o próprio sustento e o de sua família, para desse modo não ter de depender economicamente da sociedade que havia ficado na Inglaterra e que havia custeado sua viagem. Para isso, contava com a ajuda do Dr. Thomas. Mas logo viu que o amigo, apesar de ser um cristão sincero e bom médico, era totalmente incapaz de administrar as próprias finanças. O dinheiro que haviam trazido da Inglaterra com eles logo se tornou insuficiente, e o Dr. Thomas contraía dívidas sobre dívidas, que colocavam sob suspeita o caráter dos missionários. A tudo isso se acrescentava a dificuldade de que Carey e seus acompanhantes não podiam tomar o título oficial de missionários, o que causaria sua expulsão da Índia por parte das autoridades da Companhia. Essas dificuldades ilustram a situação complexa de muitos missionários da época, que tinham de desfrutar certos benefícios e legitimação por parte do império, mas reter, por sua vez, certa autonomia para realizar o trabalho missionário desejado. Carey, portanto, tentou estabelecer-se em vários lugares, trabalhando em qualquer ocupação que parecesse oferecer a possibilidade de um ingresso modesto. Ao mesmo tempo, ocupava-se com o estudo do bengali e com a pregação aos indianos[1].Visto que esse período durou vários anos, aproveitou-o também para aprender o sânscrito e para começar a traduzir a Bíblia para o bengali. Quando todas as circunstâncias pareciam estar contra o seu empreendimento, Carey escreveu para a Inglaterra as seguintes linhas memoráveis: "Minha posição já se torna insustentável [...] há dificuldades por toda parte,

---

[1] [NA] Daqui em diante, usaremos o termo "indianos" para nos referirmos a uma pessoa nativa da Índia, e o termo "hindu" para nos referirmos a uma pessoa cuja fé é o hinduísmo.

e muitas mais adiante. Portanto, teremos de seguir em frente".

Seu espírito indomável levou-o a pedir que fossem enviados da Inglaterra outros missionários que pudessem participar da grande tarefa que devia ser realizada na Índia. O plano de Carey consistia em reunir um número de famílias em uma pequena comunidade na qual todos compartilhassem os gastos, e tanto homens quanto mulheres participassem de diversos aspectos da obra missionária. Em resposta a suas petições, chegaram à Índia outros missionários para colaborar com ele.

A chegada desse contingente de reforços foi a ocasião que levou Carey a se estabelecer em Serampore, território que pertencia aos dinamarqueses. Quando os novos companheiros chegaram, as autoridades britânicas não permitiram seu desembarque em Calcutá, e por essa razão passaram para Serampore, que se encontrava do outro lado da baía, na frente da colônia britânica. Depois de longas gestões e vendo que o governador dinamarquês de Serampore mostrava-se favorável ao trabalho missionário, Carey decidiu mudar sua missão para esse lugar, onde aconteceram os maiores empreendimentos de Carey e de seus companheiros.

O trabalho que realizaram os missionários britânicos em Serampore foi surpreendente. Um dos recém-chegados, Ward, tinha o ofício de impressor e dedicou-se a imprimir as bíblias que Carey traduzia. Outro, Marshman, mostrou ser homem de tanto caráter quanto Carey, dedicando-se à obra docente. O próprio Carey continuou ampliando cada vez mais suas habilidades linguísticas, de maneira que logo chegou a dominar vários idiomas da Índia, para os quais escreveu gramáticas e dicionários. Quando morreu, Carey havia traduzido a Bíblia, ou porções dela, para pelo menos 35 idiomas e dialetos da Índia. Hoje sabemos que alguns de seus trabalhos carecem do rigor linguístico necessário para produzir traduções aceitáveis e compreensíveis. Contudo, o que ficou marcado na história foi a paixão de Carey em traduzir a Bíblia e torná-la acessível às comunidades da Índia em seus próprios idiomas.

Uma mudança no governo local pôs no poder um governador que via com simpatia a obra de Carey. Com o propósito de preparar adequadamente os empregados da Companhia das Índias, esse governador estabeleceu um colégio no qual se ensinava, entre outras coisas, os idiomas da região. Carey foi convidado para a cátedra de bengali. Depois de consultar seus colegas, decidiu aceitar o convite, mesmo assim sempre entregou ao fundo comum da missão o dinheiro que recebia em pagamento de seus trabalhos docentes. Essa atividade facilitou o contato com os indianos de diversas regiões do país que, portanto, podiam ajudá-lo a traduzir porções bíblicas e outras literaturas para seus respectivos idiomas e dialetos. Dessa maneira, a imprensa de Serampore chegou a produzir literatura cristã em 42 idiomas.

O trabalho missionário na Índia era complexo. A princípio, não parecia que a missão de Serampore alcançaria grande número de convertidos. Mas, no ano 1800, batizaram o primeiro convertido, um carpinteiro que antes havia escutado o evangelho dos lábios dos morávios. A essa conversão seguiram-se motins públicos, e uma nova onda de animosidades por parte das autoridades coloniais, que temiam que o trabalho dos missionários despertasse a rebeldia da população do país não só contra o trabalho missionário, mas contra todo o regime colonial. Apesar disso, os missionários continuaram sua obra, e três anos mais tarde batizaram o primeiro brâmane[2] convertido ao cristianismo. Sua política de oposição à distinção de castas, que era tradicional na cultura da Índia, trouxe-lhes sérias dificuldades, mas, mesmo assim, mantiveram-se firmes nela, a tal

---

[2] [NA] Um "brâmane" é um homem que pertence à casta alta na sociedade indiana e que pratica o hinduísmo.

ponto que, no mesmo ano 1803, um brâmane convertido casou-se com a filha de um carpinteiro. A oposição ao trabalho missionário continuou, e em várias ocasiões a chegada de um novo governador, que dava atenção aos inimigos das missões, pôs em perigo o empreendimento todo. Essa situação continuou até que no ano 1813, e muito especialmente devido às gestões de lord Wilberforce e da sociedade que na Inglaterra apoiava Carey, o parlamento exigiu que, na carta patente da Companhia das Índias, se introduzisse uma cláusula na qual se estabelecia que as colônias britânicas deviam estar abertas ao trabalho missionário. Se essa decisão, por um lado, trouxe benefício para a obra missionária, por outro, não obstante, serviu de estorvo, em certas ocasiões legitimando a imposição da fé cristã aos hindus. Mais adiante, a carta patente foi interpretada por alguns hindus como uma versão religiosa do imperialismo inglês.

Desde o começo de sua obra, Carey e os companheiros estavam convencidos de que, em última instância, a pregação do evangelho na Índia devia ser levada a cabo pelos próprios missionários indianos. Por essa razão, começaram a estabelecer frentes da missão de Serampore em outros pontos próximos, onde colocavam um grupo de convertidos com suas famílias vivendo em uma comunidade semelhante à que tinham os missionários – ainda que com a supervisão, por algum tempo pelo menos, de um missionário. O propósito desse plano de ação era com o tempo estabelecer em toda a comarca uma rede de centros de evangelização que estivesse nas mãos dos indianos cristãos.

Para levar a cabo esse projeto, assim como também contribuir para que a Índia participasse dos benefícios técnicos da cultura ocidental, Carey e Marshman projetaram e tornaram realidade um centro de estudos superiores que seria o modelo de muitos semelhantes, estabelecidos em outros campos missionários. Essa escola tinha estudantes de diversas religiões. O propósito era levar a todos os seus discípulos um conhecimento amplo não só de alguns dos avanços técnicos ocidentais, mas também de sua própria cultura. No caso dos discípulos cristãos, o propósito era dar-lhes um conhecimento tal do cristianismo, por um lado, e dos livros sagrados e das religiões da Índia, por outro, para que lhes fosse possível apresentar o evangelho aos compatriotas pertencentes a essas religiões, discutindo, não como estrangeiros, mas como cristãos indianos. Com respeito aos discípulos não-cristãos, o colégio de Serampore buscava, naturalmente, sua conversão, mas, ainda assim, se essa não acontecesse, considerava-se satisfeito por haver ampliado sua educação. Para poder levar a cabo o trabalho educativo, o colégio começou a reunir uma vasta biblioteca de livros – tanto impressos e manuscritos – tanto ocidentais quanto indianos. Como parte fundamental da política do colégio, a educação era ministrada em sânscrito ou em árabe, e o inglês era reservado para os alunos mais adiantados. Infelizmente, o que parecia um esforço para dar à fé cristã na Índia um caráter nacional, provocou em muitos casos um isolamento cultural e atitudes apologéticas de superioridade em alguns cristãos indianos que se instruíram e eram parte dessas comunidades cristãs. Sem dúvida, a tarefa missionária de Carey reflete a dificuldade em desenvolver uma comunidade de fé em um contexto que tem elementos culturais e religiosos tão complexos como os da Índia.

Além dessas atividades, os missionários de Serampore dedicaram-se a atacar alguns dos males mais sérios na sociedade indiana. Foram dois os que mais atraíram sua atenção: o costume de sacrificar crianças e o de queimar as viúvas na pira fúnebre do esposo – o *sahti*, prática que Robert de Nobili havia aceitado em seu trabalho missionário. Quando o governador Wellesley soube da prática de sacrificar crianças no rio Ganges, comissionou Carey para que estudasse os antigos livros sagrados da Índia com o propósito de ver se tais práticas se baseavam neles. Carey chegou à conclusão de que nos livros sagrados da Índia não se ordenava o sacrifício de crianças. Fortalecido por esse argumento, lord Wellesley ordenou que tal prática cessasse imediatamente e estabeleceu meios de vigilância para evitar que fosse continuada. Em poucos anos, e com a contribuição de Carey e de hindus que também não concordavam com os sacrifícios de crianças, os hindus da região deixaram de sacrificar crianças. Algo semelhante aconteceu no caso das viúvas – mas o costume de oferecê-las na pira fúnebre do esposo estava tão arraigado que foi muito mais difícil fazê-lo cessar. Também nesse caso, Carey demonstrou que o costume, que se dizia religioso, não se baseava em nenhum mandamento dos livros sagrados. Depois de um longo período de oscilação, as autoridades inglesas decidiram proibir que se queimassem as viúvas com o cadáver do esposo. Quando Carey recebeu o edito, traduziu-o rapidamente para o bengali, para assegurar-se de que nenhuma só vida pereceria por causa de sua negligência.

A obra de Carey e de seus acompanhantes teve amplas repercussões. Os filhos do próprio Carey tornaram-se missionários, um na Birmânia, onde não houve a perseverança de seu pai; outro em Java. Na Inglaterra, as notícias da obra que se realizava em Serampore fizeram despertar um novo interesse em centenas de cristãos. A Sociedade Batista Particular para a Propagação do evangelho enviou a Serampore outros missionários mais jovens – o que não deixou de criar conflitos e até um cisma. Na Inglaterra, surgiram numerosas sociedades missionárias, além da *British and Foreing Biblical Society* (Sociedade Bíblica Britânica e Estrangeira) em cuja origem foi grande a influência das notícias que chegavam de Serampore, a qual desde o princípio pediu ao grupo que ali trabalhava que colaborasse com ela na tradução e na distribuição da Bíblia. Logo o entusiasmo missionário alcançaria todos os cantos da igreja na Inglaterra e até nos Estados Unidos.

Devemos assinalar que a motivação teológica do trabalho de Carey não se caracterizava por um sentimento de lástima ou compaixão para com os pagãos que estavam se perdendo, como acontecia no caso dos morávios. Carey cria que os pagãos que não conheciam Jesus Cristo estavam perdidos, mas o motivo que o impulsionava não era tanto um sentimento de compaixão para com essas pessoas quanto a obrigação que sentia provir do mandamento de Jesus Cristo de ir por todo o mundo e pregar o evangelho. Para Carey, as missões são um ato de obediência a Deus mais do que a compaixão. A compaixão ocupa um papel importante, mas é apenas o resultado da obediência.

Por último, é interessante notar que, apesar das circunstâncias não lhe permitirem realizar esse sonho, Carey sempre pensou que a obra missionária devia ser empreendida sem espírito sectário e que as divisões da igreja nos países de origem das missões não deveriam ser levadas ao campo missionário. Cem anos antes que acontecesse na história a Conferência Missionária Mundial de Edimburgo em 1910, Carey já sonhava com uma grande assembleia mundial na qual se reuniriam, na cidade do Cabo, missionários de diferentes partes do mundo com os representantes das sociedades que os enviava. Com esse sonho, Carey antecipava-se à história, ao mostrar que o espírito ecumênico, necessário em todas as fases da vida da igreja, torna-se imprescindível no trabalho missionário.

2. Os centros missionários durante esse período

Em grande medida, como consequência da obra de Carey e de seus companheiros, os últimos anos do séc. XVIII e os primeiros do séc. XIX viram um despertar do interesse missionário na Grã-Bretanha. Já mencionamos algumas das sociedades que surgiram como resultado direto da obra de Carey. Suas cartas e as demais notícias que chegavam da Índia faziam que muitas pessoas, para quem a fé cristã era o centro da vida, começassem a questionar se não deviam participar de uma maneira ou de outra no esforço missionário. No ano 1795, fundou-se a *London Missionary Society*, e quatro anos mais tarde a *Church Missionary Society*. A primeira reuniu pessoas de diferentes denominações – especialmente congregacionais e presbiterianos – enquanto a segunda compreendia só anglicanos da ala evangélica. Como consequência desse despertamento, e também por causa de um interesse antigo que já mencionamos, os metodistas organizaram uma sociedade missionária, e o mesmo aconteceu com outros grupos numerosos. É notório que essas sociedades tivessem um alcance mundial, não limitando sua ação às propriedades britânicas, como faziam as sociedades que haviam aparecido antes de Carey. Não há dúvida de que boa parte dessa visão mundial se deve à obra do missionário de Serampore.

Com a fundação dessas sociedades, aparece na história das missões protestantes um fenômeno que não havia existido anteriormente, e nele se amplia o alcance dessas missões não só em seu sentido geográfico, mas também na amplitude do apoio financeiro, que vinha de um número de pessoas cada vez maior. Além disso, essas sociedades são a primeira tentativa protestante de organizar o trabalho missionário de tal maneira que tivesse, além da missão propriamente dita, uma organização que servisse para manter vivo o interesse no país de origem.

A existência de tais sociedades missionárias – não como parte oficial das denominações, mas como *eclesiolas* dentro da igreja – criou uma distância entre a "igreja" e a "missão", que mais tarde seria necessário salvar.

Por outro lado, a distância entre essas organizações missionárias e as denominações proveu certo espaço para uma reflexão missiológica que contribuiu para a contextualização das novas igrejas no campo missionário. Por exemplo, a missiologia de Henry Venn (da *Church Missionary Society*) e depois a de Rufus Anderson (*American Board of Commissioners*

Missions) foram possíveis, em parte, porque tais missiólogos não tinham de se sujeitar por completo aos interesses de suas igrejas de origem. A principal contribuição de Anderson nesse sentido é o princípio das três autogestões (*three-self principle*), segundo o qual as igrejas fundadas pelas sociedades missionárias deviam chegar a ponto de ser autogovernáveis, autosustentáveis e autopropagáveis. Isso em si é uma contribuição importante para as eclesiologias mais tradicionais.

Durante todo o séc. XIX, em consequência tanto de seu crescente poderio marítimo e colonial como da obra de William Carey e de outros que depois dele fizeram trabalhos semelhantes, a Grã-Bretanha foi a principal fonte de missões protestantes. Contudo, os antigos países protestantes da Europa, assim como os Estados Unidos, lançavam também seus empreendimentos missionários. Com o tempo, o trabalho missionário do protestantismo norte-americano seria muito mais amplo que o dos demais centros protestantes.

No continente europeu, os principais centros de missões protestantes durante o séc. XIX estiveram na Alemanha e na Suíça, onde a influência do movimento missionário britânico se conjugava com a antiga tradição pietista, originando um genuíno interesse missionário. Era característica do trabalho das missões nesses países, seguindo o exemplo da antiga Universidade Halle, a organização de escolas que se dedicassem especialmente à preparação de missionários. Entre elas, as mais notáveis foram as de Berlim e de Basiléia. Além disso, fundaram-se sociedades missionárias, muitas das quais, mais tarde, fundiram-se para poder realizar um trabalho mais efetivo. Na Holanda, organizou-se a Sociedade Missionária Holandesa, estreitamente relacionada com a London Missionary Society, que trabalhou especialmente na África do Sul. Também nos países escandinavos, organizaram-se sociedades missionárias durante o séc. XIX. A Sociedade Dinamarquesa distinguiu-se por seu trabalho na

Groenlândia e na Índia, enquanto a Suécia dedicou mais atenção às missões na Lapônia.

Durante o séc. XIX, e ainda mais no séc. XX, os Estados Unidos foram um dos principais centros missionários protestantes. Já vimos como desde muito cedo começaram, nas treze colônias da América do Norte, as missões entre os índios. No final do séc. XVIII, os morávios organizaram uma sociedade missionária, e um grupo de cristãos da Nova Inglaterra fundou outra cujo propósito era preparar e enviar negros norte-americanos como missionários à África. Mas foi durante o séc. XIX que se fundaram as grandes sociedades missionárias norte-americanas. Um dos principais impulsos que contribuíram para o despertamento missionário do séc. XIX nos Estados Unidos foi o grande movimento religioso que se conhece como o *Second Great Awakening*, que começou no final do séc. XVIII. Além disso, as notícias que chegavam da obra evangelizadora da Inglaterra na Índia, muito especialmente as de Carey e de seus acompanhantes, contribuíram naturalmente para estimular o interesse missionário nos Estados Unidos.

A principal sociedade missionária dos Estados Unidos durante a primeira metade do séc. XIX foi a *American Board of Commissioners for Foreign Missions*, que cativou o interesse de um grupo de estudantes do Seminário Teológico de Andover, especialmente o de Adinoram Judson e Samuel J. Mills. Seu centro estava nos estados de Connecticut e Massachusetts e representava os congregacionalistas dessa região. A American Board enviou Adinoram Judson para a Índia, mas durante a viagem ele decidiu unir-se aos batistas. Em outro capítulo desta história voltaremos a encontrá-lo como o mais distinto dos missionários protestantes na Birmânia. Sua presença no Oriente levou os batistas norte-americanos a organizar a Sociedade Batista para a Propagação do Evangelho na Índia e em outras Terras Estrangeiras. Por sua vez, Mills continuou a obra de despertar o interesse missionário nos Estados Unidos; graças a seus esforços e a sua cooperação organizaram-se várias sociedades missionárias, assim como outras sociedades para a distribuição de bíblias e literatura cristã. Durante a primeira metade do séc. XIX, as principais denominações protestantes dos Estados Unidos organizaram sociedades missionárias e enviaram representantes a diversas partes do Globo, especialmente ao Extremo Oriente. Visto que, em meados de século, quase todas as denominações protestantes se dividiram como consequência dos acontecimentos que levaram à Guerra Civil, as divisões de igrejas nos Estados Unidos foram refletidas em suas divisões missionárias e assim começou a haver, em diversas partes do mundo, batistas, metodistas e presbiterianos do Norte e do Sul. Em alguns casos, foi no campo missionário que primeiro se viu a futilidade de tais divisões e, portanto, chegou-se à união dos dois ramos de uma mesma denominação. Em mais de uma ocasião, tais uniões no campo missionário apresentaram para as igrejas-mães a questão de serem justificáveis ou não as divisões que haviam surgido em uma guerra já passada. Dessa maneira e ainda inconscientemente, as igrejas filhas contribuíram para o desenvolvimento de suas igrejas-mães.

Quando se produziu nos Estados Unidos a grande controvérsia entre fundamentalistas e liberais, foram os primeiros os que mais arduamente continuaram o trabalho missionário; visto que, em todo caso, o nascimento do movimento missionário nos Estados Unidos havia estado estreitamente ligado ao *Second Great Awakening*, e visto que já se havia desenvolvido nos Estados Unidos um espírito de tecnologia e eficiência, não nos surpreende que o tipo de cristianismo protestante que os missionários norte-americanos levaram para as igrejas por eles fundadas foi o individualista, que destacava a necessidade de uma experiência de conversão pessoal, que frequentemente se mostrara suspeita de tudo quanto fosse estudo racional da verdade revelada e que concedia um valor especial ao pragmático e eficiente. Uma triste consequência dessas circunstâncias foi o fato de que, quando nos Estados Unidos a questão entre os liberais e os fundamentalistas já estava quase esquecida nos círculos eclesiásticos, todavia nas igrejas jovens fundadas por missionários norte-americanos ainda se apresentava e se discutia o mesmo problema. Além disso, muitos desses grupos missionários confundiram a tarefa missionária com a transmissão de valores das sociedades ocidentais que eles representavam.

Antes de passar adiante, devemos assinalar que, por um lado, o interesse missionário norte-americano procede historicamente dos interesses econômicos e políticos dos Estados Unidos. Durante o séc. XIX, a maioria dos missionários norte-americanos foi às nações que tinham escassas relações com seu país de origem. Quando a expansão econômica e política dos Estados Unidos levou os representantes da diplomacia, da indústria e do comércio norte-americanos para as distantes terras do Oriente, fazia décadas que os primeiros missionários de seu país se haviam estabelecido nelas. Por outro lado, não podemos descartar que, para o final do séc. XIX, consolidava-se nos Estados Unidos a ideologia messiânica, que entendia a nação norte-americana como uma nova Jerusalém, um povo escolhido para levar ao mundo todo a verdade do evangelho e os valores de uma cultura cristã.

Por último, é importante recordar que durante o séc. XIX o protestantismo se estabeleceu em algumas regiões que logo chegariam a ser novos centros de atividades missionárias. No Pacífico do Sul, a Austrália e a Nova Zelândia logo começaram a enviar missionários às ilhas próximas, assim como ao Extremo Oriente. Na África, os ingleses e os holandeses estabelecidos no sul do continente realizaram trabalho missionário entre seus vizinhos, mesmo que esse trabalho logo fosse debilitado pela política racista dos colonos brancos. Também na África, nas regiões de Serra Leoa e da Libéria, por causa dos movimentos na Inglaterra e nos Estados

Unidos, estabeleceram-se negros libertos procedentes desses dois países. Visto que muitos dos colonos negros de ambos os países eram cristãos e que, além disso, suas relações estreitas com a Inglaterra e com os Estados Unidos abriam o caminho para outros missionários, essas duas regiões foram desde sua origem centros de atividade missionária. No séc. XX, cidadãos da Libéria e de Serra Leoa contribuíram para a evangelização de seus irmãos de raça na África.

3. As missões e o movimento ecumênico

Já dissemos que William Carey, que pode ser considerado o primeiro missionário moderno, sonhava em fazer das missões um empreendimento universal e não sectário. Esse sonho de Carey, que não aconteceu por causa de seu caráter prematuro, baseava-se em necessidades bem reais que todo esforço missionário tinha de enfrentar.

A primeira dessas necessidades era a de um testemunho unido, de tal modo que os diversos interesses missionários, com zelos e lutas entre si, não viriam a ser obstáculos no caminho da fé para as pessoas cuja conversão se esperava. O missionário que abandonava sua terra natal para trabalhar na Índia queria dedicar-se a apresentar aos indianos a mensagem de Cristo, não a das diferenças e semelhanças entre um batista e um anglicano. No entanto, muitas vezes os indianos em questão pensavam ser necessário explicar-lhes a razão da existência de diversos grupos cristãos antes de serem convidados a abraçar a fé.

A segunda dessas necessidades nasceu do próprio contexto, particularmente na Índia. Tanto o hinduísmo quanto o Islã apareceram nessa época como dois blocos religiosos sem divisões internas dentro das tradições, pelo menos no plano da localidade. Muitos indianos não haviam experimentado diversidade dentro de uma tradição religiosa. Portanto, as divisões denominacionais no protestantismo converteram-se em um impedimento para criar um espaço de legitimidade no contexto do subcontinente. De fato, isso ocorreu também com o budismo, com o confucionismo e com outras tradições religiosas na Ásia.

A outra necessidade que levou muitos missionários a buscar a companhia de seus colegas denominacionais foi compartilhar seus sonhos e frustrações com outros cristãos de interesses semelhantes. Outra razão para a busca da unidade no trabalho missionário foi a consciência de que, muitas vezes, havia trabalho missionário duplicado em uma mesma comunidade. A duplicação do trabalho missionário não só foi considerada uma mordomia deficiente dos recursos, com também produzia outros problemas missiológicos como os que mencionamos acima.

Não obstante, há uma necessidade que não surgiu do contexto missionário, mas do desafio que enfrentaram os executivos das sociedades missionárias nos territórios de origem: a comunicação coerente do trabalho missionário nos países de origem. A ausência de um trabalho coordenado entre as diferentes sociedades missionárias produzia informações com diferentes interpretações da tarefa missionária, o que potencialmente podia afetar de forma negativa o apoio missionário. Portanto, foi se desenvolvendo entre as sociedades missionárias uma rede de apoio e de coerência na comunicação que influiria de forma marcada a unidade das missões desde os países de origem.

Tudo isso fez surgir no campo missionário um espírito de cooperação entre cristãos de diversas denominações. Esse espírito levou-os a deixar de lado as antigas discussões e preconceitos que ainda reinavam nas igrejas da Europa e dos Estados Unidos. Por outro lado, muitas das sociedades missionárias que se organizaram nos Estados Unidos e na Europa incluíam em seu meio membros de diversas igrejas, e isso contribuiu para a aproximação entre os cristãos.

Logo, pode-se dizer que o movimento ecumênico é filho das missões. Ainda que esse movimento alcançasse maior desenvolvimento no séc. XX, desde o século anterior já se podiam ver seus primeiros sinais. Esses sinais apareceram primeiro na Índia, onde, a partir do ano 1825, se começou a celebrar conferências regionais que assistiam missionários de diversas denominações. As primeiras – como a de Bombay no ano 1825 e a de Madrás em 1830 – limitavam-se a uma cidade e a seus arredores. Já no ano 1855 teve início uma série de assembleias com maior alcance geográfico, tanto no norte da Índia quanto, três anos mais tarde, no sul. No ano 1872, reuniu-se em Alajabad a primeira conferência missionária de toda a Índia, e logo continuaram a celebrar reuniões semelhantes a cada 10 anos. No Japão e na China, também houve conferências missionárias, mas essas começaram mais tarde que na Índia: em 1872 no Japão e em 1877 na China. Na América Latina, salvo raras exceções como a do México em 1888, não se celebraram conferências missionárias interdenominacionais, a não ser no séc. XX. O mesmo pode ser dito sobre a África, que teve a primeira conferência em 1904.

Ao mesmo tempo em que se celebraram no campo missionário as conferências que assinalamos, aconteciam na Europa e nos Estados Unidos outras nas quais participavam pessoas e organizações interessadas no trabalho missionário. No ano 1837, reuniram-se em Basiléia representantes de várias sociedades missionárias europeias. Em 1846, organizou-se na Grã-Bretanha a Aliança Evangélica, cujo propósito era fomentar a compreensão e a cooperação entre evangélicos de diversas denominações, a qual desde sua fundação teve um interesse missionário marcante. Devido, em parte, a essa Aliança, celebraram-se várias conferências missionárias no mundo anglo-saxão: em Nova York, em 1854; em Liverpool, em 1860; em Londres, em 1878 e 1888; e outra vez em Nova York, em 1900. Além disso, tanto no mundo anglo-saxão como no continente europeu, os dirigentes da obra missionária começaram a se reunir e a fazer acordos para cooperar entre si e para evitar conflitos no campo missionário. Consequentemente, essas conferências buscavam discutir problemas e desafios no campo missionário. Mas ainda não se havia desenvolvido uma teologia que buscasse integrar a tarefa missionária com a vida da igreja; por isso, em grande medida, esses congressos refletiam uma tensão entre a missão – tarefa das sociedades missionárias – e a igreja no país de origem.

Contudo, é triste notar que esses primeiros passos para a unidade, especialmente do mundo anglo-saxão, não levavam em consideração a totalidade do trabalho que estavam realizando, mas somente o dos grupos e dos movimentos apresentados em cada conferência ou reunião.

Por último, entre os precursores do movimento ecumênico do séc. XX devemos mencionar o Movimento Estudantil Cristão. Não podemos relatar aqui a história desse movimento até a fundação da Federação Mundial de Estudantes Cristãos. Basta dizer que desde sua origem todo o movimento estudantil – muito especialmente o *Student Volunteer Movement* – foi animado por um profundo interesse missionário. Além disso, foi dele que surgiram as principais figuras que, durante a primeira metade do séc. XX, dirigiram o movimento ecumênico.

Se durante todo o séc. XIX pode ser visto um espírito crescente de unidade, é no séc. XX que esse espírito ganha ímpeto de força universal, começando-se a chamá-lo de "movimento ecumênico". A obra e o interesse missionário encontravam-se na própria raiz do espírito de unidade, já que o principal precursor do Conselho Internacional Missionário e do Conselho Mundial de igrejas foi a Conferência Missionária Mundial celebrada em Edimburgo, Escócia, no ano 1910.

Na conferência de Edimburgo, estavam representados os principais corpos protestantes. Contudo, de mais de mil delegados, somente dezessete pertenciam às igrejas nascidas do trabalho missionário do Ocidente. Os demais eram todos europeus ou norte-americanos. Por outro lado, a fim de incluir os anglicanos, foi necessário excluir da agenda tudo o que se referia a questões de fé e de constituição, assim como a questão das missões na América Latina. Essas foram as duas grandes omissões, mas ainda nisso a Conferência teve resultados positivos, pois a omissão desses temas de primeira importância levou à fundação, por parte de pessoas que haviam estado presentes em Edimburgo, de movimentos dedicados especialmente a esses dois assuntos. Foi assim que de Edimburgo surgiram o movimento de Fé e Constituição (ou de Fé e Ordem) e, em 1912, o Comitê de Cooperação na América Latina. Este, por sua vez, levou esse movimento ao grande Congresso do Panamá em 1916, no qual o Comitê de Cooperação na América Latina foi ratificado.

Ainda que a Conferência de Edimburgo tenha aberto o caminho para o movimento ecumênico do séc. XX, é necessário assinalar uma limitação teológica que afetou todos os seus estudos. Já dissemos que havia somente dezessete representantes das igrejas jovens; isso se devia não só a certo preconceito ou falta de interesse, mas também, e muito especialmente, a uma falsa perspectiva teológica, mencionada acima, que não havia chegado ainda a uma integração entre Igreja e missão. Pensava-se que o trabalho missionário correspondia às igrejas e, sobretudo, às sociedades missionárias ocidentais, mas não se levava em conta que, se as novas igrejas eram verdadeiras, tinham também de ser missionárias, pois a missão pertence à essência da própria igreja. Logo, a Conferência tratou da responsabilidade e dos problemas missionários das igrejas ocidentais, mas omitiu essa mesma responsabilidade e esses mesmos problemas no que se refere às igrejas surgidas das obras missionárias recentes.

Apesar das limitações que eram de esperar em uma conferência como a de Edimburgo, a começar daquela grande assembleia o movimento ecumênico alcançou um ímpeto inesperado. A própria Conferência de Edimburgo nomeou um Comitê de Continuação cuja obra culminou na formação do Conselho Internacional Missionário no ano 1921. Já nessa data, haviam surgido organismos de cooperação missionária na Europa, nos Estados Unidos, no Canadá e na Austrália, os quais formaram o núcleo da membresia do Conselho. Além disso, estabeleceu-se que as igrejas jovens da África, do Oriente e da América Latina teriam sua representação no Conselho. O propósito deste – da mesma forma que o das diversas conferências regionais celebradas anteriormente, assim como o da Conferência de Edimburgo – não era estabelecer normas para a obra missionária das igrejas, mas servir de lugar de encontro entre os diversos interesses missionários.

O Conselho Internacional Missionário celebrou conferências em Jerusalém (1928), Madrás (1938), Whitby (1947), Willingen, Alemanha (1952) e Gana (1957-1958). No ano 1961, em Nova Délhi, fundiu-se com o Conselho Mundial de Igrejas, que havia sido fundado em Amsterdã em 1948 e que veio a ser o principal expoente do movimento ecumênico.

A Assembleia de Jerusalém de 1928 reuniu-se no monte das Oliveiras. Quase a quarta parte de seus membros pertencia às igrejas jovens, o que já era um passo adiante com respeito à Conferência de Edimburgo. Nesse ínterim, no ano 1927, o Movimento de Fé e Constituição, nascido também em Edimburgo, havia celebrado em Lausanne sua primeira conferência. Muitos dos delegados de Jerusalém haviam estado em Lausanne, e a influência dessa última se fez sentir no modo pelo qual os delegados de Jerusalém enfrentaram a questão teológica fundamental da natureza e do conteúdo da mensagem cristã.

A começar de Jerusalém, e cada vez mais, o Conselho Internacional Missionário passou a se aperceber da união indissolúvel entre igreja e missão. Em Madrás, a igreja veio a ocupar um lugar central na discussão, mas o impacto dessa assembleia viu-se debilitado pela Segunda Guerra Mundial. Boa parte da obra da assembleia de Whitby consistiu em restabelecer os vínculos que haviam sido interrompidos pelo conflito bélico, bem como em recobrar os êxitos que haviam sido alcançados antes da catástrofe. Em Willingen, no ano 1952, e em Gana, cinco anos mais tarde, continuou sendo desenvolvida a consciência da união entre igreja e missão. O resultado disso foi a fusão do Conselho Internacional Missionário com o Conselho Mundial de Igrejas (Nova Délhi, 1961), pois não parecia se justificar, do ponto de vista teológico, a existência de dois organismos diversos. A partir de então, a maior parte dos antigos interesses e preocupações do Conselho Internacional Missionário passou para a Divisão de Missão Mundial e Evangelismo do Conselho Mundial de Igrejas. Essa divisão continuou celebrando assembleias herdeiras da tradição de Edimburgo, tais como a que aconteceu no México no ano de 1963 – e depois outras em Bancoc, 1973; Melbourne, 1980; San Antonio (EUA), 1989, e Salvador, Bahia, 1996.

O impacto dessas reuniões também teve um efeito importante na América Latina, que foi sentido primordialmente nas Conferências Evangélicas Latino-americanas, no desenvolvimento de agências ecumênicas tais como a igreja e Sociedade na América Latina (SAL), na Comissão Evangélica Latino-Americana de Educação Cristã (CELADEC) e, posteriormente, na criação do Conselho Latino-Americano de Igrejas em 1979. Essa história será discutida no capítulo nove.

Nenhum dos organismos ecumênicos que mencionamos – e há muitos outros – tem poderes sobre seus membros, que conservam sua autonomia e direito para tomar decisões próprias. Mas a oportunidade de discutir e de expor problemas em conjunto, tanto de teologia quanto de estratégia, tem fortalecido grandemente a obra missionária protestante.

Nem todas as sociedades missionárias e líderes missionários abraçaram o ímpeto das conferências mundiais missionárias e do Conselho Internacional Missionário. Algumas, em grande medida, apoiadas em uma urgência missionária, por causa de sua expectativa da iminente vinda de Cristo e pelas controvérsias fundamentalistas e modernistas, formaram suas próprias organizações "interdenominacionais" (pois muitos rejeitam o termo "ecumênico") para discutir e planificar o trabalho missionário. A organização mais importante entre esses grupos missionários foi a *Interdenominational Foreign Misssion Association*, fundada em 1917. Essa associação missionária agrupou sociedades missionárias evangélicas, muitas delas conhecidas como *faith missions* ou *missões de fé*. Um exemplo dessas sociedades foi a *Missão Centro-Americana* fundada por Cyrus I. Scofield em meados do séc. XIX.

Muitas dessas sociedades criticavam as estratégias, as ideias e as propostas que os congressos missionários mundiais propunham. Não obstante, o caráter ecumênico e o espírito de unidade na missão, tal como havia proposto Carey, era evidente ainda entre essas sociedades e missões de fé.

As organizações de tom mais conservador e, às vezes, fundamentalista também têm contribuído para a criação de organismos "ecumênicos" na América Latina – mesmo que em tais círculos se prefira dizer "interdenominacionais" em vez de "ecumênicos" – tais como a Fraternidade Teológica Latino-americana (1969) e a Confraternidade Evangélica de Igrejas Latino-americanas (Conela), no final da década de 1970. Essa história também será discutida no capítulo nove.

Visto que este livro trata da história das missões – não da história do movimento ecumênico –, não podemos relatar aqui como, na segunda metade do séc. XX, o movimento, nascido entre protestantes, se estendeu às igrejas ortodoxas e ao catolicismo romano. Basta assinalar o fato de que no futuro, sem dúvida, irá influir na obra missionária, mesmo que no momento não seja possível dizer como.

D. Considerações gerais

O séc. XIX tem sido chamado de "O Grande Século" da história das missões. Nele se combina a maior expansão que a civilização conheceu com o mais genuíno interesse missionário. O grande avanço geográfico do cristianismo durante esse século, sem dúvida, foi devido, pelo menos em parte, ao auge político e econômico da Europa – e mais tarde da América do Norte. Mas os missionários dos sécs. XIX e XX foram mais independentes dos interesses políticos e econômicos de suas nações que os de qualquer outra época desde o início da Idade Média. Não faltaram missionários que se serviram do poder e prestígio das nações de sua procedência para levar sua mensagem àqueles que estavam sob o influxo desse poder ou prestígio. Mas, ainda entre eles, a maioria não o fazia com um espírito pragmático, querendo aproveitar-se de sua posição privilegiada, mas, sim, com a convicção sincera de que os interesses ocidentais, ainda em mãos de políticos um tanto corruptos ou de comerciantes somente com interesse financeiro, eram uma força civilizadora.

O que caracteriza o movimento missionário nessa época não é tanto o que havia sido instrumento da expansão do Ocidente – pois essa expansão tinha de ocorrer por causa do desenvolvimento tecnológico que o Ocidente havia alcançado – como o espírito de superioridade e condescendência por parte das culturas ocidentais até seus congêneres de outra raça, cultura e religião. Nos círculos missionários ocidentais, falava-se do *white man's burden* – a responsabilidade por parte das culturas ocidentais, encarnadas no homem branco, de levar aos demais sua civilização e, com ela, sua fé. Essa atitude não foi de todo universal, e nos capítulos seguintes encontraremos exemplos repetidos de missionários que tomaram outra atitude. Foi, no entanto, bem geral, refletindo-se no modo pelo qual se concebiam as missões, não como um aspecto fundamental da vida da igreja do qual todas as igrejas deveriam participar, mas como responsabilidade exclusiva das igrejas ocidentais.

Por causa de sua estreita relação com a expansão no Ocidente, a obra missionária dos sécs. XIX e XX tem estado sujeita às vicissitudes dessa expansão. Durante quase todo o séc. XIX, as potências ocidentais penetraram cada vez mais o restante do mundo. Ainda que houvesse países que, como a China e o Japão, durante algum tempo se negassem a permitir essa influência, seus esforços não foram vãos. Por isso, o séc. XIX trouxe uma expansão missionária quase ininterrupta.

No séc. XX, pelo contrário, começou a se fazer sentir uma reação nacionalista na qual velhas culturas, religiões e tradições serviam de instrumento e símbolo de oposição às culturas ocidentais. Mesmo que, repudiando toda a influência ocidental, essa reação se via obrigada a usar a tecnologia que havia sido dada pelos poderes coloniais e pelos missionários. Contudo, tentava-se separar os avanços técnicos do restante da civilização ocidental e fazer uso deles sem se deixar envolver pelo restante da cultura que lhes dera origem. Isso tornou mais difícil o trabalho missionário, pois logo as novas nações começaram a fazer uso por si próprias de alguns dos avanços tecnológicos – por exemplo, na medicina, na educação e na agricultura – que antes haviam servido aos missionários para fazer-se escutar.

Por outro lado, no séc. XX os cristãos começaram a pensar em termos não de uma igreja ocidental com missões no restante do mundo, mas sim de uma igreja representada em todas as nações da Terra e com uma missão em cada uma delas. Desse modo, o cristianismo começou a ser verdadeiramente uma fé universal, não a possessão do homem branco. Isso pode ser visto, por exemplo, no mundo em que tem aumentado a participação das antes chamadas igrejas jovens – hoje chamadas preferencialmente "igrejas do Hemisfério Sul" – no movimento ecumênico internacional.

Por último, convém assinalar que, pelo fato de a maioria dos missionários protestantes do séc. XIX pertencer à tradição pietista, a mensagem no campo missionário foi de caráter individualista. Isso não quer dizer que não se ocuparam do bem estar físico das pessoas (que o fizeram), mas somente que não tentaram descobrir as implicações do evangelho na totalidade da sociedade em que trabalhavam. Ainda que isso não deve ser exagerado, pois houve alguns casos, como o de Carey na Índia, nos quais os missionários fizeram todo o possível para alcançar leis mais justas. No entanto, falharam em comunicar às igrejas formadas por eles o sentido de sua própria responsabilidade social. No séc. XX, com os novos estudos bíblicos e a renovação teológica que deles surgiu, as igrejas jovens começaram a pensar mais em termos de sua própria responsabilidade social, ainda que, às vezes, dessem impressão de não estarem preparadas para descobrir por si mesmas o que isso implicava em situação concreta.

Capítulo VII

As missões ao extremo oriente e ao sul do pacífico

No capítulo anterior, assinalamos que um dos principais fatores que deram origem ao movimento missionário do séc. XIX foi a grande quantidade de descobrimentos realizados no Sul do Pacífico; também assinalamos que William Carey, que foi missionário na Índia, pode ser considerado o precursor desse grande movimento. É natural, portanto, que comecemos nosso estudo das missões modernas precisamente na região em que ele trabalhou e onde aconteceram os grandes descobrimentos do séc. XVIII.

Na região do Globo que passamos a estudar, existiam no começo do séc. XIX povos de culturas e condições muito diversas. Em lugares como a Índia e a China havia civilizações antiquíssimas unidas a religiões de alto nível moral e que, portanto, eram de difícil penetração para o cristianismo. Em regiões como o Japão, essas antigas culturas, todavia, haviam tido um contato muito escasso com o Ocidente, e suas tradições ancestrais serviram de resistência ao trabalho missionário. Por último, havia regiões recém-descobertas pelo Ocidente nas quais habitavam aborígines de cultura e religiosidade animista, cuja recepção ao evangelho, pela conquista ou por outras forças históricas, tornaram-nos muito mais receptíveis, facilitando a obra missionária.

Como o período que estamos estudando é o da extensão do Império Britânico, torna-se natural que repetidamente ingleses e escoceses apareçam em lugar preponderante na história de diversas regiões, assim como na história do trabalho missionário nelas realizado.

Quanto à ordem de nossa exposição, começaremos pela Índia, um dos territórios mais conhecidos pelos ocidentais no começo do séc. XIX, para passar depois ao Ceilão, à Ásia Sul-oriental, à Indonésia, às Filipinas, ao Japão, à China e, por último, aos territórios recém-descobertos nas ilhas do Pacífico, além da Austrália e da Nova Zelândia.

A. As missões na Índia

A Índia sempre foi um dos territórios preferidos pelos missionários cristãos. Diz uma tradição antiga que o apóstolo Tomé foi o primeiro cristão a pregar na Índia. Diz-se que no séc. II o mestre alexandrino Panteno também visitou a península. Mais tarde, os persas e os jacobinos sírios estabeleceram-se nela. Com a chegada dos jesuítas portugueses, os católicos começaram a realizar o trabalho missionário entre os indianos. Daí em diante, ali aconteceram alguns dos experimentos mais frutíferos na obra missionária – entre eles a missão dinamarquesa de Tranquebar e a obra de Carey e de seus acompanhantes.

Para sermos justos com os diversos grupos cristãos que existiram na Índia, faremos referência a eles por ordem de chegada, começando pelos chamados "cristão de São Tomé"; daí passaremos ao catolicismo romano, para terminar com o protestantismo.

1. Os cristãos de São Tomé durante os séculos XIX e XX

Os últimos anos do séc. XVIII e os primeiros do séc. XIX viram o estabelecimento do poderio britânico nas regiões onde eram numerosos os "cristãos de São Tomé", ou seja, em Travancore e Cochin. Os dois primeiros representantes do governo britânico nessa área, os coronéis Macaulay e Munro, eram pessoas de profunda convicção cristã que se interessaram sinceramente pelos jacobinos. Por meio de seus esforços, e com a presença da Sociedade Missionária da Igreja (Church Missionary Society – CMS, órgão missionário da igreja anglicana) e de vários missionários, começou-se a estabelecer relações entre as antigas igrejas da Índia e a igreja da Inglaterra. Nas instruções que eram dadas a esses missionários, estipulava-se claramente que seu trabalho não era tornar os cristãos jacobinos em anglicanos. Sua função consistia em servir à igreja jacobina como essa o solicitasse, dedicar-se a ensinar e, se possível, pregar as verdades bíblicas entre eles. O propósito dos missionários era que seus ensinamentos servissem de "levedura que fermenta toda a massa", uma ação missionária que ajudaria a igreja jacobina a se aprofundar na verdade do evangelho. Esse trabalho começou no ano 1816 e no começo teve grande êxito. A hierarquia jacobina mostrou-se disposta a receber ajuda dos missionários – mesmo que com certas reservas – e estes começaram um amplo trabalho de tradução e impressão de livros, de organização de escolas nas paróquias siríacas e até de educação teológica, pois um dos missionários tornou-se diretor do seminário em que se preparavam os sacerdotes jacobinos.

No ano 1825, começaram as dificuldades. Ainda que essas se relacionassem com questões circunstanciais, na realidade o problema tinha várias dimensões. Uma delas era a tensão entre a "tradição", a que os jacobinos estavam tão apegados, e as "inovações" dos anglicanos. Outra era a atitude de superioridade por parte daqueles missionários para os quais os jacobinos indianos representavam uma tradição deficiente. Quando, no ano 1827, os primeiros missionários anglicanos foram substituídos por homens mais jovens, que não compreendiam as sutilezas da situação, as relações pioraram rapidamente; no ano 1836, produziu-se a ruptura definitiva.

Mesmo depois dessa ruptura os missionários continuaram seus trabalhos, ainda que se dirigindo agora aos não-cristãos. Esse fato não foi obstáculo para que um número de congregações abandonasse a antiga igreja siríaca e se tornasse anglicana. Essas igrejas formam agora parte da igreja do Sul da Índia (Church of South India), da qual trataremos mais adiante.

Por outro lado, dentro da própria igreja jacobina persistia algo da semente plantada pelos missionários britânicos, pois a maioria dos jacobinos que havia favorecido as reformas pelas quais os anglicanos trabalharam, não abandonou sua antiga igreja. Durante algum tempo, pareceu que o partido reformador conseguiria levar consigo a maioria da igreja, especialmente visto que o governo o apoiava, mas uma visita do patriarca de Antioquia teve como resultado a debilitação do partido reformador. Isso, porém, não foi suficiente para evitar o cisma, surgido da raiz do que se conhece como "o caso do Seminário". Desse cisma surgiu, no ano 1889, com o apoio da CMS, a Igreja de Mar Thoma, primeiro sob a liderança de Tomé Mar Atanásio e depois sob Tito II.

A igreja de Mar Thoma era a princípio uma pequena minoria dos cristãos jacobinos, mas seu zelo evangelizador logo conseguiu espaço entre as principais igrejas da Índia. No ano 1889, fundou-se a Associação Evangelística de Mar Thoma, que alcançou numerosas conversões e cujo trabalho missionário se estende hoje até muitos grupos imigrantes no Ocidente. A partir 1895, a Igreja de Mar Thoma proporcionou reuniões anuais nas quais se congregaram milhões de cristãos para escutar a pregação de diversas denominações cristãs. Atualmente sua membresia na Índia é de mais de 900.000 pessoas, com onze dioceses, e em outras partes do mundo, umas 200.000 pessoas. Sua teologia aproxima-se do protestantismo ocidental, mas sua liturgia guarda o selo oriental.

O outro ramo da igreja jacobina também sofreu um cisma no ano 1910, ainda que não tanto por questões teológicas como por problemas de autoridade na hierarquia. Em meados de séc. XX, diversas circunstâncias pareciam indicar que esse cisma logo seria corrigido. Além disso, havia um pequeno número de nestorianos na região de Cochin.

2. O catolicismo romano

Na Índia, da mesma maneira que em outras partes do Globo, os primeiros anos do período que estamos estudando constituem um período triste na história da igreja católica romana. Ali também a decadência do poderio português, as guerras napoleônicas e a dissolução da Sociedade de Jesus haviam afetado o trabalho missionário. Além disso, a decadência portuguesa complicou a situação da igreja católica romana na Índia com uma prolongada disputa entre os vigários apostólicos, que eram enviados diretamente por Roma, e as autoridades eclesiásticas, que ainda dependiam do patronato português.

A disputa entre os católicos romanos que se consideravam sob o patronato português e os que descendiam diretamente de Roma começa quando, no ano 1831 o papa Gregório XVI, que antes havia sido prefeito do *De Propaganda Fide*, chegou ao trono pontifício. Em 1833, o governador português, desejoso de afirmar sua autoridade ante o Papa, rompeu com Roma. A resposta de Roma foi abolir algumas das antigas sedes que estavam sob a jurisdição portuguesa e intensificar seu trabalho missionário direto na Índia. Visto que, nessa data, a Sociedade de Jesus já havia sido reorganizada, numerosos jesuítas de todos os países católicos da Europa chegaram à Índia. A disputa tornou-se cada vez mais acirrada, e os missionários que eram enviados diretamente por Roma acusavam de cismáticos os que sustentavam o patronato português, enquanto estes afirmavam que não o eram, visto que o papa havia concedido anteriormente ao rei de Portugal sua autoridade na Índia.

Depois de longas controvérsias, fez-se uma série de acordos – o primeiro no ano de 1857 – que resolveram a questão. Mas, mesmo depois da independência da Índia, nos anos 1950 – 1953, Roma e Portugal continuavam tentando resolver sua antiga disputa. Como é de supor, tudo isso debilitou o trabalho missionário católico romano.

Apesar da profunda e prolongada disputa entre Roma e Portugal a respeito da jurisdição sobre a Índia, as missões católicas nessa região alcançaram certo progresso. De fato, foi o avanço das missões não portuguesas o que inspirou o conflito com aqueles que defendiam a permanência do velho patronato português. Um dos missionários católicos mais notáveis durante esse período foi o jesuíta flamengo Constant Lievens, que por motivo de saúde só pôde permanecer na Índia uns seis anos, mas apesar disso, conseguiu começar um movimento de conversão em massa. Lievens estabeleceu-se na zona de Ranchi, onde defendia os oprimidos ante aos proprietários das terras e os usuários. Frequentemente, levando os casos às cortes, conseguiu que se respeitassem os direitos das pessoas mais pobres. Dessa maneira, começou um movimento de numerosas conversões, primeiro entre os cristãos protestantes da região e depois também entre os hindus. Trinta e cinco anos depois que a tuberculose obrigou Lievens a partir para a América, estabeleceu-se a diocese de Ranchi, que contava na ocasião com 190.000 membros e que atualmente ultrapassa um milhão.

Se não podemos assinalar aqui todos os trabalhos missionários que a igreja católica realizou na Índia durante os últimos 200 anos, podemos dizer algo sobre seu trabalho na educação, na medicina, no diálogo inter-religioso e com respeito às castas. A igreja católica na Índia distinguiu-se por seu trabalho educativo, estabelecendo escolas em todos os níveis. Essas escolas receberam o apoio do governo, da mesma maneira que todos os centros educativos do país. Além disso, existem as universidades católicas de São José em Trichinopoly, de Loyola em Madrás e de São Francisco Xavier em Bombay e Calcutá. No campo da medicina, o trabalho católico mais notável foi a obra das freiras, que, em uma época que as antigas tradições impediam as mulheres hindus de serem enfermeiras, serviram como tais não só em hospitais católicos, mas também nos do governo. O trabalho missionário católico também se destacou pelo desenvolvimento precoce do diálogo inter-religioso e de grupos monásticos, cuja missão é a contínua intercessão pelas pessoas de outras tradições religiosas.

Com respeito às castas, a igreja católica não tomou uma atitude tão firme como a da maioria dos corpos protestantes. O leitor recordará que, desde os tempos de Nobili, havia missionários católicos romanos que consideravam que as castas eram um aspecto da cultura da Índia e que, portanto, não era algo que os convertidos deviam abandonar antes de realizar o batismo. Em termos gerais, essa continuou sendo a política da igreja católica ao longo de todo o séc. XIX, ainda que se tenha feito todo o possível para que dentro da igreja a distinção em castas fosse evitada. Pouco a pouco essas divisões iam sendo dissipadas, ainda que tendessem a ressurgir em meio ao fervor religioso desse século. Ultimamente, começou-se a preparar para o sacerdócio os indianos de castas inferiores, coisa que anteriormente era impossível. Ainda assim, em muitas regiões, as pessoas que estão fora da igreja consideram os cristãos como casta à parte.

Quanto aos antigos cristãos do rito siro-malabar, que se haviam unido a Roma em épocas anteriores, continuaram sua existência. Mas foram divididos por um cisma que deu lugar à igreja que se conhece como Siro-Malankara. Essas duas comunidades existem até o dia de hoje, cada uma com sua própria hierarquia, ambas sujeitas a Roma.

3. As missões protestantes

As missões protestantes na Índia foram ajudadas pela troca de política que o parlamento inglês obrigou a

Companhia Inglesa das Índias Orientais a adotar. Como vimos no capítulo anterior, a Companhia das Índias opunha-se ao trabalho missionário ou, no melhor dos casos, aceitava-o como um mal necessário. No ano 1813, expirou a cédula pela qual o parlamento concedeu sua autoridade a essa Companhia, e várias pessoas na Inglaterra, preocupadas com os impedimentos que a Companhia colocava no caminho dos missionários, decidiram agir para que o parlamento a obrigasse a tomar uma atitude mais positiva para com o trabalho missionário. Entre essas pessoas, distinguiu-se Wilberforce, o grande reformador social britânico de profunda motivação cristã. No ano 1813, o parlamento inglês renovou a cédula da Companhia das Índias, ainda que estipulando que a Companhia deveria oferecer todas as facilidades necessárias às pessoas que quisessem ir à Índia com o propósito de levar conhecimentos técnicos e religiosos. Essa ação do parlamento impulsionou, um grande movimento que levou numerosos súditos britânicos à Índia, que se estendeu até que, no ano 1833, o parlamento eliminou as restrições que antes haviam sido obstáculos para as sociedades missionárias de outros países. A partir dessa data, as sociedades missionárias do continente europeu e dos Estados Unidos começaram a enviar à Índia um grande número de missionários.

O trabalho missionário protestante na Índia concretizou-se de diversas maneiras; entre essas é necessário assinalar o trabalho educativo, as missões médicas, o trabalho entre as mulheres e a conversão em massa de certas tribos ou castas.

Pode-se dizer que o trabalho missionário protestante por meio da educação começou com a chegada a Calcutá do missionário escocês Alexander Duff. No ano 1817, fundou-se em Calcutá o Hindu College, mas este foi dirigido por pessoas embebidas no racionalismo europeu da época e que, portanto, tendiam a levar os alunos para o ascetismo religioso. Isso fez que tanto os hindus como os cristãos começassem a duvidar da conveniência de oferecer na Índia uma educação do tipo ocidental. Duff percebeu essa situação e decidiu estabelecer uma escola na qual se oferecia uma educação liberal semelhante à que se podia obter na Inglaterra ou no Hindu College, mas estreitamente ligada à fé cristã. Da mesma forma que alguns dos antigos pais da igreja, Alexander Duff cria que a educação secular era uma preparação para receber o evangelho – um *preparatio evangelica* – e como tal projetou oferecê-la em sua escola, que começou com somente cinco discípulos, mas logo chegou a quase duzentos; e ao final do primeiro ano Duff pôde surpreender a cidade oferecendo exames orais públicos nos quais os estudantes mostravam quanto haviam aprendido, tanto das matérias escolares quanto do cristianismo. A partir dessa data, a escola de Duff conseguiu um apoio cada vez maior. Além disso, Duff dedicou-se a estabelecer relações com os alunos do Hindu College, que, por meio de seus estudos na instituição, haviam abandonado o hinduísmo e não tinham religião alguma. Mediante longas seções de franca discussão, alguns deles se converteram.

A obra de Duff refletiu-se tanto no restante das missões protestantes quanto na política educativa do governo, que já promovia um tipo de missão "civilizadora". O governo decretou, no ano 1835, que a maior parte dos fundos governamentais destinados à educação devia ser utilizada para dar aos discípulos um conhecimento da língua, da cultura e da ciência inglesa. Quanto ao trabalho missionário, a partir 1832 fundaram-se numerosas escolas que seguiam a mesma política estabelecida por Duff. Nessa data, fundou-se a escola de Bombay, e poucos anos mais tarde a de Madras e a de Nagpur, além de Agra e outros lugares.

Todas essas escolas conseguiram convertidos entre as classes mais elevadas da Índia. Esses eram poucos, e cada conversão era seguida de um tumulto popular e de ameaças por parte da população hindu contra a escola. Os convertidos sofriam perseguição por parte de seus vizinhos e quase sempre suas famílias os expulsavam, além de que existiam leis que os colocavam em desvantagens, como a que impedia que um convertido ao cristianismo recebesse alguma herança. Apesar de tudo isso, durante todo o séc. XIX continuou havendo um número limitado de conversões ao cristianismo entre as classes mais elevadas e entre as pessoas educadas. Eram anos nos quais o hinduísmo não parecia responder às necessidades das pessoas mais cultas. Isso se combinou com a presença britânica, que mostrava o poderio superior da civilização ocidental. Como era de supor, essas conversões, entre as pessoas de classe mais elevada, diminuíram com o florescimento do sentimento nacionalista, que culminou com a independência da Índia, e com o renascimento do hinduísmo, que se mostrou capaz de reagir e receber nova vitalidade pelo impacto do cristianismo. A segunda metade do séc. XIX e os primeiros anos do séc. XX viram o florescimento de numerosos movimentos dentro do hinduísmo que tornaram mais fácil para as pessoas cultas continuar vivendo dentro de sua religião ancestral.

Outro aspecto notável das missões na Índia durante o séc. XIX é a presença das missões médicas. Ainda que os empreendimentos anteriores, tanto os de Tranquebar quanto os de Carey, incluíssem médicos em seu trabalho, não foi senão quando o séc. XIX já estava avançado que se começou a organizar adequadamente o trabalho missionário médico na Índia. A partir do ano de 1836, a *American Board* começou a enviar para a Índia médicos ordenados que serviam, por sua vez, no campo da medicina e no da evangelização. Na segunda metade do séc. XIX, as sociedades missionárias começaram a interessar-se mais pelo trabalho médico, e quase todas elas enviaram doutores à Índia. É notável que no ano 1858 havia somente sete missionários médicos na Índia e no Paquistão, e que em 1905 havia 280.

Os missionários cristãos dedicaram-se, sobretudo, ao trabalho com as crianças e com as mulheres, assim como ao estabelecimento de sanatórios para tuberculosos e leprosos.

Além disso, fundaram centros cristãos para o treinamento de enfermeiras e outras funções necessárias para a realização do trabalho médico. Esse trabalho continuou ao longo de todo o séc. XIX e da primeira metade do séc. XX, quando o crescente trabalho médico, por parte do Estado, fez que alguns cristãos questionassem a verdadeira função das missões médicas. Contudo, os recursos do Estado tornaram-se insuficientes para preencher as necessidades da nação e, por isso, tal questionamento não se apresentava com tanta urgência.

Outro questionamento do trabalho missionário na Índia é a conversão em massa de algumas aldeias e tribos, sobretudo entre as antigas tribos aborígines que habitavam a península antes da chegada dos arianos. Também, em vários casos, aconteceram conversões em massa de algumas castas inferiores da sociedade hindu. A primeira conversão em massa começou quando, no ano 1846, uma sociedade missionária luterana alemã começou a trabalhar entre as tribos aborígines da região de Nagpur que se conhece sob o nome de Kols. Depois de dez anos de trabalho, essa missão havia alcançado pouco menos de mil convertidos, mas esse número foi crescendo tão rapidamente e de tal maneira que, no começo do séc. XX, os cristãos da região eram aproximadamente 60.000. Ainda que alguns dos convertidos da região tenham passado para a igreja anglicana e outros para a igreja católica romana, a grande maioria continuou na tradição luterana, e organizou-se em uma igreja autônoma. Esse é somente um dos muitos casos que podem ser citados em diversas regiões da Índia, sobretudo no Sul do país. Esses movimentos de conversão em massa foram facilitados quando, no ano 1876, começou um período de escassez, durante o qual os missionários cristãos fizeram muito para aliviar a difícil situação das classes mais pobres. Por essa razão, foram muitos os hindus que se aproximaram dos missionários pedindo para ser batizados. Em algumas ocasiões, os missionários tiveram dúvidas diante de tal petição, mas com o tempo julgaram sábio administrar o batismo a quem assim o pedisse. Um exemplo desse fato aconteceu com o missionário batista J. E. Clough que, por causa de certos contratos com o governo, tinha a possibilidade de empregar numerosos trabalhadores. Por isso, começou a receber pedidos de batismo de pessoas que assim pensavam em obter trabalho com mais facilidade. A princípio, Clough negava-se a batizar tais pessoas, mas cedeu a isso quando percebeu que os católicos romanos haviam de fazê-lo se ele persistisse em sua oposição. Como é de supor, muitas dessas "conversões" eram extremamente superficiais e até fingidas, mas é necessário notar que continuaram mesmo depois de passado o tempo da escassez e que quatro anos mais tarde a comunidade cristã na região onde Clough trabalhava alcançou o número de 20.000 membros.

Além das conversões em massa de algumas aldeias ou tribos aborígines, aconteceram também, durante o séc. XIX, conversões em massa de algumas castas hindus. Mas, no geral, tratava-se de castas inferiores que viam no cristianismo a emancipação de sua condição. É impossível criticar a conversão em grupo de pessoas acostumadas a pensar em termos coletivos. Exigir uma decisão individual por parte de tais pessoas praticamente equivaleria a exigir um desajuste social antes de aceitá-las na igreja cristã.

Outro aspecto notável das missões protestantes na Índia do séc. XIX foi sua contribuição para a emancipação das mulheres. Na Índia antiga, considerava-se que as mulheres indignas de receber educação, e persistiam o infanticídio feminino e o costume de queimar eram viúvas com o cadáver do marido. Dentro desse contexto, não se deve duvidar que o trabalho das primeiras esposas de missionários que se dedicaram à educação das meninas era revolucionário. No começo, esse trabalho acontecia nos lares, mas no ano 1857 Alexander Duff fundou a primeira escola diária para meninas. A ela seguiram-se numerosas escolas fundadas por diversas sociedades missionárias.

Foi a indiana cristã Ramabai a mulher mais notável na obra de emancipação de seu sexo. Sua mãe – coisa rara entre os hindus da época – havia lhe ensinado o sânscrito. Depois de muitas vicissitudes, até mesmo a morte de boa parte de sua família, Ramabai decidiu dedicar-se a ajudar as meninas e as jovens que ficavam viúvas muito novas, por causa do costume de serem prometidas e casarem desde a infância. Por fim, estabeleceu contato com alguns missionários cristãos, que a enviaram à Inglaterra para que se preparasse para a tarefa a que se dedicaria. Na Inglaterra, converteu-se ao cristianismo. Logo passou para os Estados Unidos, onde conseguiu apoio para o trabalho que queria realizar na Índia. De regresso à sua terra natal, Ramabai fundou uma casa para viúvas, mesmo que esse não fosse o propósito inicial, logo havia algumas conversões entre suas protegidas. Isso lhe custou o apoio de alguns hindus, que antes haviam visto a casa com simpatia, mas Ramabai levou adiante seu trabalho. No ano 1896, depois de uma grande escassez que sacudiu todo o centro da Índia, Ramabai recolheu grande número de órfãs, as quais estabeleceu nas casas missionárias em lugares distintos. Mas, quando descobriu que não havia casas suficientes para estabelecer as meninas que havia recolhido, fundou uma casa para órfãos que chegou a ter mais de mil meninas e que existe até hoje.

É necessário mencionar o trabalho que as missões realizaram no campo da indústria e da agricultura. Tanto com o propósito de melhorar a condição econômica de algumas comunidades como com o de servir de meio para o desenvolvimento do caráter, os missionários protestantes dos sécs. XIX e XX estabeleceram na Índia diversas indústrias e vários projetos agrícolas. A maior parte das indústrias estabelecidas pelas missões tinha um caráter manual, com a finalidade de empregar um grande número de pessoas com pouco capital. Quanto ao trabalho agrícola, os missionários cristãos estabeleceram tanto centros nos quais se trabalhava diretamente com o gado ou avicultura quanto escolas de engenharia agronômica, tais como a que se acha relacionada com a Universidade de Allahabad.

A obra missionária de grupos pentecostais e carismáticos, particularmente no final do séc. XX, é de grande importância. Foi caracterizada pelo trabalho missionário dos nativos, o que torna difícil identificar os nomes de muitos líderes que começaram pequenos grupos de oração e estudo bíblico no centro das grandes cidades da Índia. Por outro lado e na medida que o projeto político da Índia preservava a liberdade de religião, grupos carismáticos das castas baixas, sobretudo dos *dalits*, celebravam grandes campanhas de evangelização e saneamento que continuavam promovendo a conversão em massa. Não há a menor dúvida de que o cristianismo alcançou uma inserção inovadora entre as castas baixas, tais como os *dalits*, por meio da experiência carismática pentecostal.

Os grupos carismáticos e pentecostais também desenvolveram projetos educativos inovadores. Enquanto grande parte dos projetos de educação no séc. XIX promovia uma educação civilizadora ocidental, muitos desses projetos promovidos e gerados por nativos e carismáticos afirmavam os valores da sociedade e das culturas da Índia, incluindo o cristianismo como uma das legítimas tradições religiosas na Índia. Havia escolas cristãs que ofereciam um nível de educação superior ao do sistema público e inseriam as tradições cristãs com as hindus e muçulmanas. É interessante notar que os projetos nacionais cristãos carismáticos promoviam a coexistência pacífica das tradições religiosas, observando-se semelhanças e diferenças, e ao mesmo tempo a convivência mútua dentro de um marco cristão educativo.

Outro desenvolvimento missionário inovador na Índia foi o fenômeno dos "cristãos sem igrejas". Um número significativo de hindus de casta alta aceitou o evangelho, mas não as estruturas eclesiásticas tradicionais. Esse movimento, fortemente impulsionado por hindus cristãos de casta alta, desafiava o cristianismo tradicional, já que aparentava ser um sincretismo entre as práticas hindus de contemplação e um cristianismo centrado na pessoa de Jesus.

Por último, na medida em que a globalização continuou exercendo uma força poderosa nas culturas e nas religiões da Índia, surgiram novos modelos de trabalho missionário dirigido por nativos e, em muitos casos, apoiados por sociedades missionárias no Ocidente. Evitando os conflitos entre as tradições religiosas – tais como o cristianismo com o Islã ou com grupos fundamentalistas hindus – cristãos indianos começaram a criar negócios – restaurantes, *coffee houses*, etc. – para apresentar o evangelho sem as estruturas tradicionais do trabalho missionário. Em muitos desses lugares, surgiu um tipo de missão apologética, um diálogo religioso, que se caracterizou pela defesa do evangelho diante de outras tradições religiosas. A cobertura que o mercado capitalista ofereceu e o desenvolvimento econômico nos centros urbanos ajudou o desenvolvimento desse modelo de missão que, paradoxalmente, é eclético ao mesmo tempo trabalhou dentro do encontro e do diálogo inter-religioso, da apologia cristã e do desenvolvimento econômico nacional e local; além disso, foi fortemente dirigido por nativos.

Fazendo um breve resumo do resultado da obra missionária protestante na Índia nos sécs. XIX e XX, podemos dizer que alcançou numerosos convertidos, sobretudo entre as tribos aborígines e as castas mais baixas, mas também entre as castas privilegiadas e as pessoas mais cultas. Além disso, as missões cristãs contribuíram e continuam contribuindo para o desenvolvimento educativo e econômico da Índia. A vitalidade da fé cristã e o trabalho missionário executado por nativos mostraram que a obra missionária não é exclusividade de missionários estrangeiros, sendo exemplos da criatividade dos grupos cristãos menos tradicionais. Em termos gerais, é necessário aceitar o fato de que as missões cristãs na Índia deixaram um resultado positivo e que já começa a se desenvolver um novo capítulo nas missões na Índia , no qual os nativos têm um papel predominante e inovador.

4. O movimento ecumênico e as igrejas unidas da Índia

Como era de esperar, a presença de numerosas e diversas missões na Índia dificultava o trabalho missionário. Para os europeus que ali trabalhavam, a existência das diversas denominações e sociedades missionárias não constituía problema algum. Não era assim para os cristãos indianos, para quem a diversidade de nomes e costumes do cristianismo levava a uma confusão, o que às vezes fazia que se interessassem mais por conhecer as razões das divisões entre os cristãos do que por conhecer o conteúdo essencial de sua fé. Além disso, os próprios missionários, que em seus países de origem não estabeleciam amplos contatos com membros de outras denominações, na Índia tendiam a se consultar mutuamente devido ao fato de serem uma pequena minoria e de se virem na necessidade de depender da sabedoria e dos conselhos de seus colegas. O resultado de tudo isso foi o desenvolvimento de um sentido de unidade cristã mais profundo que o que existia na Europa e nos Estados Unidos. Assim, temos um exemplo a mais de um fato que já assinalamos e que nossa história experimentou repetidamente: o movimento ecumênico é filho das missões e das circunstâncias missionárias.

Depois da Conferência Missionária Mundial celebrada em Edimburgo no ano 1910, as igrejas e as missões da Índia organizaram-se no Conselho Nacional Missionário da Índia, que, a partir do ano 1923, conhece-se como o Conselho Nacional Cristão. Esse conselho inclui a maior parte dos cristãos e católicos na Índia.

Além disso, na Índia, como em outras partes do mundo, o séc. XX tem testemunhado numerosas uniões orgânicas entre diversas igrejas. No princípio, tratou-se de uniões entre igrejas pertencentes à mesma tradição, como a dos diversos grupos presbiterianos do sul da Índia no ano 1901, e sua fusão com os presbiterianos do Norte da Índia no ano 1904.

Logo se estendeu o alcance desses acordos, de tal maneira que transcenderam as barreiras confessionais. Assim, fundou-se no ano 1908 a Igreja Unida do Sul da Índia, formada por presbiterianos e congregacionais. No ano 1924, também mediante a união de presbiterianos e congregacionais, fundou-se a Igreja Unida do Norte da Índia. A mais notável de todas as uniões entre igrejas foi a que se propôs em Tranquebar no ano 1919, resultando na Igreja do Sul da Índia. Essa união compreendia a Igreja Unida da Índia – formada, como já dissemos, por presbiterianos e congregacionais – a igreja anglicana e a igreja metodista. O êxito desse plano de união foi tal que logo serviu de exemplo e norma para outros planos semelhantes, especialmente para a Igreja do Norte da Índia, que incluiu à Igreja Unida do Norte da Índia – presbiterianos e congregacionais – os anglicanos; os metodistas, tanto de origem americana quanto de origem britânica; os batistas; os irmãos, e os Discípulos de Cristo.

Por tudo isso, além do fato de ter conseguido enfrentar a nova situação que surgiu depois da independência do seu país, a igreja da Índia é um exemplo de que isso aconteceu e pode acontecer em alguns dos mais antigos campos missionários do cristianismo. Além disso, esse projeto ecumênico não só contribuiu para a unidade da igreja, mas também fomentou e criou espaços para o diálogo inter-religioso e para assuntos da igreja e da sociedade, de formação e de educação teológica, e de desenvolvimento econômico. Atualmente, esse movimento ecumênico histórico na Índia enfrenta os desafios da presença pentecostal, grupos carismáticos e trabalho missionário do estrangeiro do terceiro mundo, indicando que a vida da igreja continua com grande vitalidade. É por essa razão que dedicamos mais espaço do que poderia parecer justo ao leitor que de fora examina a história das missões.

B. O cristianismo no Ceilão

No final do séc. XVIII, os ingleses tomaram as possessões holandesas no Ceilão e em 1815 apoderam-se da totalidade da ilha (hoje Sri Lanka). Os primeiros anos do governo britânico mostraram a superficialidade das conversões ao protestantismo que haviam acontecido sob os holandeses. Muitos dos supostos convertidos haviam aceitado a fé de seus senhores somente pelas vantagens que isso implicava e não haviam abandonado suas antigas religiões e nem costumes. Uma testemunha ocular narra a seguinte entrevista entre o governador inglês e um dos habitantes da ilha:

– Qual é a tua religião? Perguntou o governador.
– Sou cristão.
– Cristão, sim, mas de que seita?
– Sou cristão holandês.
– Então adoras a Buda.
– Naturalmente que o adoro!

Essa situação era vantajosa para os católicos, que receberam em suas igrejas um bom número de protestantes convertidos por holandeses. As leis contra o catolicismo que haviam sido promulgadas pelo governo holandês foram abolidas pelos britânicos em um edito do ano 1806, no qual se concedia aos católicos a liberdade de culto e a igualdade de direitos civis. Protegidos por esse edito e por uma lei do parlamento inglês, poucos anos depois, a igreja católica romana cresceu rapidamente. Ainda que a controvérsia sobre o *patronato* português detivesse um pouco seu avanço, no começo do séc. XX contava com um terço de milhão de membros e no ano 1933 havia passado dos 400.000.

Na segunda década do séc. XIX, começaram a chegar missionários protestantes procedentes da Grã-Bretanha.

Entre eles os de maior êxito foram os wesleyanos e os anglicanos. Da mesma forma que em outros países, esses missionários fundaram escolas e propagaram o conhecimento por meio da letra impressa. Os weslyanos conseguiram desenvolver ministros hábeis em meio à sua membresia nativa. O protestantismo, porém, nunca chegou a ter o número de adeptos que tinha o catolicismo romano, e no ano 1936 os protestantes da ilha não chegavam a 40.000, ainda que seu número estivesse crescendo mais rapidamente que o dos católicos.

Da mesma forma que na Índia, o séc. XX trouxe um crescente sentimento nacionalista no Ceilão. Depois de longas conversas e negociações, o Ceilão tornou-se independente no ano 1948. Aliado ao sentimento nacionalista, houve um despertamento da antiga religião budista. Boa parte disso consistia na imitação de métodos cristãos, tais como escolas dominicais e um certo interesse missionário. Os católicos queixavam-se de que a Constituição do Ceilão não oferecia garantias suficientes para as minorias e de que a igreja católica se encontrava em desvantagem. Por seu lado, o protestantismo continuava crescendo – mais recentemente por grupos pentecostais e carismáticos –, não somente em número, mas também em sua capacidade de dar um testemunho efetivo nas novas situações que surgiam no país.

Como aconteceu na Índia, a situação missionária das pequenas comunidades cristãs do Ceilão levou-as, desde muito cedo, a um profundo sentido ecumênico que resultou em uma igreja que une várias denominações protestantes. No presente, não obstante, esse espírito ecumênico enfrenta o novo desafio de grupos pentecostais e carismáticos independentes, bem como da mudança que esses grupos geraram em relação ao cristianismo e à sociedade em geral.

C. O cristianismo na Ásia sul-oriental

Como em todo o restante do mundo, o séc. XIX na Ásia Sul-oriental caracterizava-se pelo avanço contínuo da dominação europeia. De todos os numerosos reinos da região, somente o de Siam (hoje Tailândia), conseguiu conservar a independência. A oeste de Siam, a Ásia Sul-oriental foi dominada pelos ingleses, enquanto a leste os franceses fizerem sentir seu poderio durante todo o séc. XIX. Em termos gerais, a conquista inglesa foi mais completa, pois os franceses não chegaram ao máximo de seu poderio na Ásia Sul-oriental, senão com o séc. XIX bem avançado. Em toda a região, o catolicismo romano viu-se debilitado pela antiga controvérsia sobre o *patronato* português, além de por frequentes perseguições em algumas das regiões nas quais o trabalho missionário era mais extenso. Na Indochina Francesa, o séc. XIX caracterizou-se pelas constantes perseguições feitas contra os católicos romanos, que ali haviam se estabelecido, pelos reis da Cochinchina e Anam. Nessas regiões, os missionários cristãos – todos eles católicos – haviam precedido ao poderio francês, e, portanto, careciam da proteção de um governo pelo menos nominalmente cristão. O resultado dessas perseguições foi que os católicos pediram à França que agisse em sua defesa, e essa nação, depois de longas guerras, separou-se da Cochinchina. Parece que em toda a Indochina não houve missionário protestante algum antes do começo do séc. XX.

Em Siam, o governo local mostrou-se aberto para o trabalho missionário. Foi, sobretudo sob o governo do rei Monghut, que ocupou o trono a partir do ano 1851 e se mostrou ávido em introduzir no país os avanços tecnológicos do Ocidente, que o cristianismo, tanto católico quanto protestante, conseguiu seus primeiros triunfos. Desde muito antes, o catolicismo romano esteve representado no país, mas sob o reinado de Monghut chegaram numerosos missionários e se estabeleceram escolas, hospitais e seminários. Frequentemente, os convertidos cristãos agrupavam-se em aldeias nas quais todos eram católicos, sob condução direta da hierarquia eclesiástica, as quais geralmente conseguiam ser mais prósperas que as demais aldeias sobretudo em razão das inovações introduzidas pelos missionários. Supõe-se que isso contribuiu para a conversão de muitas outras pessoas, mas também fez aumentar a inimizade que alguns tinham para com o cristianismo. Assim também aconteceu na Indochina Francesa, apesar de as repetidas perseguições nessa região dificultarem o trabalho dos missionários.

Os primeiros protestantes a se interessar pelo trabalho em Siam foram Adinoram Judson e sua senhora, cuja vida estudaremos mais adiante. Seu interesse não passou da tradução de algumas pequenas porções bíblicas para o idioma do país. Foram os presbiterianos dos Estados Unidos que tiveram maior êxito no trabalho missionário em Siam. No princípio, seu trabalho centralizou-se na cidade de Bangcoc, mas logo se dirigiram para o norte, onde encontraram campos mais frutíferos na região de Laos. Como consequência, a população protestante de Siam achava-se concentrada no norte do país. Isso não quer dizer que os presbiterianos tenham abandonado a capital, já que continuaram trabalhando ali e sua influência foi tal, que chegaram a ocupar altas posições no governo. No ano 1934, mediante a união de presbiterianos e batistas, instituiu-se a Igreja de Cristo em Siam – hoje Igreja de Cristo na Tailândia.

Quanto aos territórios britânicos, a área onde mais se estendeu o cristianismo foi a Birmânia (hoje Myanmar). Durante todo o séc. XIX, especialmente em sua primeira metade, a igreja católica romana não se estendeu tanto nessa região quanto o protestantismo. Especialmente por razões que já temos visto em outros contextos: a Revolução Francesa, as guerras napoleônicas e a controvérsia sobre o *patronato* português. Somente depois que, no ano 1856, a Sociedade de Missões Estrangeiras de Paris se tornou responsável pelo trabalho na Birmânia é que a igreja católica romana começou a crescer na região. No final do séc. XIX, contava com dois seminários, várias escolas e uma imprensa para o trabalho missionário.

Os primeiros missionários protestantes que chegaram à Birmânia procederam do impulso missionário de Carey e de seus companheiros. O mais notável e o primeiro, cuja obra teve resultados permanentes, foi Adinoram Judson. Desde muito jovem – quando estudante na Universidade de Brown, nos Estados Unidos –, Judson interessou-se pelo trabalho missionário no Oriente. Foi por causa de seu interesse que os congregacionais de Massachusetts decidiram organizar a *American Board of Commissioners for Foreign Missions*. Essa junta enviou-o à Inglaterra para estabelecer contato com a *London Missionary Society* e projetar um trabalho conjunto. O projeto não agradou à sociedade de Londres; por isso Judson, ante a perspectiva de não poder realizar seu trabalho, decidiu trabalhar com os britânicos em vez de continuar trabalhando com a junta norte-americana. Começou então uma longa série de vicissitudes que o levaram de volta aos Estados Unidos e depois à Inglaterra, após ter sido feito prisioneiro de um corsário francês, para, por fim, chegar à Índia, onde estabeleceu contato com William Carey e seus companheiros. Na travessia, Judson e a esposa dedicaram-se a estudar o Novo Testamento e chegaram à conclusão de que o batismo de crianças se opunha aos ensinamentos neo-testamentários, o que os levou a tornarem-se batistas quando chegaram a Calcutá. Começou então uma nova série de dificuldades, pois as autoridades britânicas locais desejavam se desfazer de Judson e de seus acompanhantes norte-americanos, enquanto não se viam possibilidades claras de empreender trabalho em lugar algum. Por fim, mais por causa das circunstâncias do que por uma decisão pensada, Judson e a esposa embarcaram para a Birmânia. De novo, a viagem mostrou-se cheia de dificuldades, que culminaram com o nascimento prematuro e sem vida do primeiro de seus filhos.

Os missionários esperavam que em Rangum teriam o apoio do Dr. Felix Carey, filho do famoso missionário, e que se havia estabelecido, anos antes, na Birmânia. Contudo, o jovem Carey estava demasiadamente ocupado servindo ao governo como médico para poder apoiar o trabalho missionário. Além disso, quando a esposa morreu afogada em um naufrágio, Felix Carey decidiu abandonar a Birmânia. Em tal situação, poderia dizer-se que a missão de Judson e a esposa não tinha futuro.

Os Judson não eram pessoas de se render ante as dificuldades. Enquanto serviam à pequena congregação de fala inglesa na qual antes Felix Carey trabalhava, dedicaram-se a estudar o birmanês, idioma que conseguiram dominar apesar das imensas dificuldades. Enquanto Judson trabalhava nessa língua e no antigo idioma páli a língua do livro sagrado dos budistas, sua esposa estudava, além do birmanês, o idioma tai, que havia chamado sua atenção por causa de uns prisioneiros da Tailândia então levados para a Birmânia. Poucos anos depois de sua chegada ao país, organizou-se nos Estados Unidos a *American Baptist Mission*, em grande medida em razão do interesse que Judson e seus companheiros haviam despertado na América do Norte. Essa organização enviou à Birmânia um impressor que trabalhou com os Judson, de maneira que logo começaram a aparecer os primeiros livros impressos em birmanês. No ano 1817, publicou-se a tradução do Evangelho segundo São Mateus feita por Judson. Ao mesmo tempo, reuniam-se na casa dos missionários alguns budistas para discutir assuntos religiosos, mas as questões de que Judson esperava tratar nem sequer eram mencionadas. Foi no ano 1819 que Judson batizou o primeiro birmanês convertido ao cristianismo protestante. No ano 1834, terminou a tradução da Bíblia para o birmanês. Provavelmente, pelas dificuldades da vida na Birmânia, enviuvou duas vezes e por essa razão teve três companheiras distintas em seu trabalho missionário. Parece que nas três ocasiões soube escolher sabiamente a companheira ideal para o trabalho que havia empreendido. Quando Judson morreu no ano 1850, deixou uma literatura cristã nascente em birmanês e o começo da obra missionária entre as tribos dos karens, entre os quais nos anos vindouros trariam mais frutos do que entre os birmaneses propriamente ditos.

Foi por meio da obra de Judson e de seu companheiro George D. Boardman que se converteu o karen Ko Tha Byu, o qual trabalhou arduamente entre seus companheiros de raça e alcançou muitas conversões, a tal ponto que, ao morrer, no ano 1840, havia tido início uma conversão em massa entre os karens. Por meio deles, logo se abriu o trabalho entre os chins e entre outras tribos da Birmânia.

Da mesma forma que em todo o restante da Ásia, o séc. XX trouxe um despertamento religioso unido a um crescente sentimento nacionalista. Toda Ásia Sul-oriental viu-se sacudida pelos movimentos independentistas, que viam no budismo a expressão religiosa de sua nacionalidade. A situação era muito mais difícil porque, em cada um dos países nascentes, existiam várias tribos ou grupos linguísticos que tratavam de alcançar a hegemonia sobre os demais. Paulatinamente, os poderes europeus foram saindo de cena. Algo semelhante sucedeu no trabalho missionário, que foi entregando cada vez mais responsabilidade e autoridade aos dirigentes nacionais. A Segunda Guerra Mundial, com a invasão por parte do Japão, debilitou grandemente a autoridade europeia na Ásia Sul-oriental. Pouco depois de terminada a guerra, os principais países da região eram independentes. Contudo, subsistiram dois fatores políticos que deviam ser considerados: por um lado, na maioria dos novos países existiam fortes minorias cujas origens nacionais e cujos idiomas eram diferentes dos das pessoas que formavam o governo, o que era, portanto, um fator de oposição ao governo estabelecido; por outro lado, ser vizinho da China comunista tornava mais instável a situação política. Em algumas regiões, como no Vietnã, os cristãos, sobretudo os católicos romanos, agrupavam-se em aldeias cristãs. Isso tornava mais clara e violenta a tensão existente entre a maioria budista e a minoria cristã que, apesar de minoria, era considerável.

A partir do ano 1959 as igrejas não-católicas da Ásia Sul-oriental uniam-se na *East Asia Christian Conference*. Essa organização ecumênica fomentou o trabalho missionário em diversas áreas, tais como diálogo inter-religioso, assuntos da igreja e da sociedade, identidade cultural e identidade cristã, desenvolvimento econômico, abuso da mulher e da criança, prostituição, migração, realidade urbana, contextualização do evangelho e pobreza.

No final do séc. XX e no princípio do séc. XXI, grupos cristãos independentes, pentecostais e carismáticos fizeram sua inserção nessas regiões. Dirigido primordialmente por nativos, seu trabalho missionário concentra-se em desenvolver novas igrejas. Além disso, deve-se ressaltar o crescimento do cristianismo entre alguns grupos e tribos de regiões afastadas. Por causa dos grandes movimentos em direção aos centros urbanos por parte desses grupos tribais nas montanhas, há um crescimento complexo do cristianismo nas cidades. Parte da complexidade é vista no fato de que alguns desses grupos cristãos procuram as organizações ecumênicas em busca de ajuda financeira, social e cultural, mas sem participar ativamente do movimento ecumênico.

D. O cristianismo no Arquipélago Malaio

Devido a sua posição na esquina Sul-oriental do continente asiático, o arquipélago malaio foi, desde muito cedo, objeto das ambições coloniais das principais potências europeias. Durante o séc. XIX, a maior parte do arquipélago esteve nas mãos dos holandeses, mas havia também as colônias portuguesas (a leste da ilha de Timor), inglesas (parte da Nova Guiné e de Bornéu) e alemãs (na porção oriental da

Nova Guiné). Além disso, havia territórios independentes, ou quase, como o que teve por rajá o aventureiro inglês James Brooke no norte de Bornéu, e o sultanato de Brunei na mesma ilha. A maioria da população do arquipélago concentrava-se – e ainda se concentra – na ilha de Java, que era predominantemente muçulmana. O Islã chegou a esse arquipélago antes do cristianismo e conseguiu espalhar-se em boa parte dele; ainda assim, ficaram regiões habitadas por antigas tribos de religião animista, as quais tiveram um lugar importante no desenvolvimento do cristianismo no séc. XIX e posteriormente no séc. XX. Ficaram também alguns vestígios do bramanismo que havia sido a religião predominante em boa parte do arquipélago antes da chegada do Islã.

Pelo fato de a grande maioria do território do arquipélago estar nas mãos de poderes coloniais protestantes, a maior parte das conversões ao cristianismo ocorridas durante o séc. XIX foi de conversões ao protestantismo. Nas colônias holandesas da Companhia Holandesa das Índias Orientais, não havia grande interesse pelo trabalho missionário; em certas ocasiões, até havia oposição a ele por se temer que pudessem surgir dificuldades com a população muçulmana. Contudo, com o séc. XIX já avançado, começou um despertar religioso na Holanda que se refletiu em um renovado zelo missionário. A Sociedade Missionária dos Países Baixos, fundada em 1797, recebeu um novo impulso do despertamento religioso do séc. XIX, e, além disso, fundaram-se novas sociedades missionárias. O resultado de tudo isso foi que se intensificaram as missões no arquipélago malaio. A maior parte do trabalho missionário nesse arquipélago aconteceu em meio à população de religião animista; dessa maneira começou a conversão em massa de várias tribos. Na região de Sarawak, ao norte de Bornéu, o aventureiro inglês James Brooke conseguiu estabelecer-se como rajá da comarca. O interesse no bem-estar de seus súditos levou-o a buscar meios pelos quais pudessem chegar missionários protestantes a Sarawak. Além dos missionários protestantes da Holanda, Brooke providenciou para que toda uma colônia de chineses metodistas se mudasse para seus domínios, criando um trabalho missionário particular. Logo, mais de um terço dos habitantes de Sarawak abraçou o cristianismo.

Em meados do séc. XIX, a Coroa holandesa, tratando de fortalecer sua posição nas colônias, decretou que todas as igrejas protestantes nas Índias Orientais Holandesas deveriam unir-se em uma só. Isso se fez no ano 1854, dando origem à Igreja Protestante nas Índias Holandesas. Ainda que essa igreja incluísse a maior parte dos protestantes da região, seu zelo missionário não era comparável ao das sociedades missionárias da Europa e dos Estados Unidos.

A maior parte dos convertidos nas Índias Orientais procedia das religiões animistas, mas é necessário assinalar que se alcançou um número de convertidos do Islã que, embora reduzido, era maior que em todo o restante do mundo muçulmano.

Da mesma forma que no restante da Ásia, o séc. XX trouxe para as Índias Orientais um sentimento nacionalista renovado, que vinha acompanhado da antiga religião islâmica. Com a finalidade de competir com o cristianismo, o Islã adotou alguns dos instrumentos e dos meios introduzidos por missionários cristãos. Por sua vez, a igreja, impregnada pelo mesmo sentimento nacionalista, tendia a depender mais de si mesma e a desenvolver um ministério nativo, criando espaço legítimo para o cristianismo em solo malaio. A maior parte dos missionários viu-se obrigada a se retirar ante as conquistas japonesas da Segunda Guerra Mundial. Depois, a constituição da República Independente da Indonésia, que incluía boa parte do arquipélago e cuja política se fez marcadamente antiocidental, deixou o trabalho missionário estrangeiro (e em certas ocasiões o nacional) em situação difícil. Apesar de tudo isso, o cristianismo protestante, católico, pentecostal e carismático continuou crescendo durante o séc. XX e até o presente, sendo a maioria de seus convertidos das tribos animistas.

Na ilha da Nova Guiné – que não pertencia à República da Indonésia, ainda que fosse objeto da ambição dos governantes do novo Estado –, continuou uma conversão em massa iniciada no séc. XIX, que se devia, principalmente, à obra de missionários britânicos e australianos.

E. O cristianismo nas Filipinas

Durante os primeiros anos do séc. XIX, as Filipinas não experimentaram os mesmos abalos que sofreu boa parte do mundo por causa das guerras napoleônicas. Como era de esperar, a independência do México, por meio do qual era feito o contato entre Espanha e Filipinas, tornou mais difícil o contato com a metrópole. Mais tarde, o canal de Suez contribuiu para a relação entre Espanha e Filipinas. Contudo, a Espanha já estava em declínio e mostrava-se incapaz de fazer chegar até as Filipinas as vantagens técnicas e políticas do séc. XIX. Por outro caminho foram chegando as ideias que se associam geralmente à Revolução Francesa. Ao mesmo tempo, a administração espanhola, que a princípio havia servido para fazer que os filipinos participassem de alguns avanços do Ocidente, voltava-se agora para uma forte estrutura que evitava que as Filipinas entrassem em concordância com as nações modernas. Cada vez mais se escutava nas Filipinas críticas à administração espanhola e muito especialmente à igreja. Os frades, tanto por patriotismo quanto por fidelidade à sua igreja, opunham-se a essas críticas e diziam não ter fundamento. Quando começaram as conspirações e as revoltas contra a Espanha, os frades, crendo que cumpriam com o seu dever, opuseram-se aos conspiradores e aos revolucionários. Prova dessa atitude são as seguintes linhas de um autor anônimo que poucos anos depois pretendia defendê-los:

Vivendo o páraco em acordo contínuo com os seus paroquianos, sabia, mais cedo ou mais tarde, como opinavam em política e se havia algum que fazia propaganda no sentido separatista. Se tal acontecesse, feitas as averiguações oportunas e conhecendo o perigo que ameaçava a Espanha, advertia as autoridades e denunciava o revoltoso para que fizessem com ele o que era procedente. Então, essa conduta ou proceder do páraco, que nenhum patriota se atreve a reprovar, foi a verdadeira e única causa da animosidade dos filipinos contra a cúria paroquial.

Algumas vezes por descuido, outras por imprudência e em certas ocasiões por maldade das autoridades nas quais o páraco confiava, o certo é que muitos filipinos foram presos e deportados e souberam cedo ou tarde quem descobrira suas maquinações. E o que aconteceu? O que vimos por cerca de vinte anos: que os antiespanhóis empreenderam uma campanha de difamação contra os frades, fazendo-os passar ante o público por inimigo de todo o progresso, por opressores dos povos, por monstros, enfim, carregados de vícios, os quais por dever da humanidade deviam destruir.

Quanto a cegueira dos espanhóis? Uns por interesse, outros por ódio da seita e todos por falta de patriotismo tornaram-se uma só voz com as calúnias dos separatistas, voltaram as costas aos frades e desprezaram seus avisos patrióticos e leais, dando lugar aos conspiradores para preparar a insurreição.

O resultado de tudo isso foi que os principais dirigentes separatistas, seguindo o conselho de Aguinaldo, começaram a insistir na necessidade de nomearem bispos filipinos. Quando Aguinaldo se viu em condições para fazê-lo, nomeou o sacerdote filipino Gregório Aglipay como cabeça da igreja das Ilhas e enviou Isabelo dos Reis à Espanha e à Roma para obter o apoio pontifício. Quando Reis voltou às Filipinas, depois de ter fracassado em sua missão, seu conselho a Aguinaldo e Aglipai foi a formação de uma igreja independente. Depois de alguma demora, essa igreja foi constituída e rompeu com Roma, tomando o nome de Igreja Filipina

Independente. No princípio, suas doutrinas eram muito semelhantes às da igreja romana, mas o próprio Reis, que na Europa havia tido contato com o protestantismo, fez que as influências protestantes fossem sentidas nas Filipinas. Com a chegada do regime norte-americano e dos missionários que com ele vieram, a Igreja Filipina Independente inclinou-se cada vez mais para as doutrinas protestantes. Em parte, devido a uma falta de vitalidade interna que se refletia na escassez de ministros adequadamente preparados; em parte, devido a um trabalho de proselitismo que fizeram os protestantes entre seus membros, os fiéis dessa igreja foram diminuindo paulatinamente. Quando foi criada, contava com 25% da população, enquanto no começo do séc. XXI essa cifra diminuiu para 10% (segundo estatísticas da igreja, pois as do censo oficial assinala 2,6%).

O ano 1898 trouxe consigo a guerra entre os Estados Unidos e a Espanha; uma de suas consequências foi que as Filipinas passaram para mãos norte-americanas. Isso ocasionou mudanças profundas na vida das Filipinas. Desde o princípio, os Estados Unidos declararam que seu propósito era prepará-las para a independência, mas isso não evitou que seu regime fosse paternalista e que muitas pessoas relacionadas a ele se dedicassem a uma exploração semelhante à que os espanhóis haviam praticado antes. No campo da religião, a mudança das Filipinas para os Estados Unidos teve por consequência o estabelecimento da liberdade religiosa, que até então a Espanha se havia negado a conceder. Nas igrejas norte-americanas, houve muitos que viram na nova situação um chamado de Deus e até uma responsabilidade para a evangelização dessas ilhas. Por essa razão, os primeiros anos do séc. XX viram a introdução, nas Filipinas, de um grande número de movimentos religiosos procedentes dos Estados Unidos. No meio disso, as igrejas protestantes mais antigas e com mais experiência no trabalho missionário fizeram todo o possível para aplicar desde o início um pouco da experiência que haviam adquirido em outros campos missionários, especialmente no que se refere à cooperação entre igrejas distintas. Assim, por exemplo, o Conselho Educativo da Sociedade Missionária Presbiteriana, já no ano 1898, afirmava que:

... O povo cristão da América deveria considerar imediatamente e em oração o dever de entrar pela porta que Deus, em sua providência, nos está abrindo. Até onde podemos ver, isso parece ser o sentimento da igreja presbiteriana... Contudo, é justo considerar certo que esse sentimento não se limita aos presbiterianos. De fato, há rumores de que as juntas de missões estrangeiras de outras igrejas estão dispostas a levar em consideração a relação de suas juntas com esses campos que agora se abrem... Cremos que a nova situação, que assim nos é imposta providencialmente, proporciona uma oportunidade excelente, não só para começar essa obra, mas para começá-la corretamente, partindo do ponto de vista da fraternidade cristã e do uso sábio dos recursos humanos e econômicos. Com isso em mente, recomendamos que o Conselho Executivo receba instruções para que logo se tenha uma conferência com os representantes da Junta Americana, da União Batista Missionária, da Sociedade Missionária da Igreja Metodista Episcopal, da Junta de Missões Domésticas Estrangeiras da Igreja Protestante Episcopal e da Junta de Missões Estrangeiras da Igreja Reformada na América, com o propósito de chegar a um entendimento franco e mútuo sobre as responsabilidades dos cristãos norte-americanos para o povo de Cuba, de Porto Rico e das ilhas filipinas, e a um acordo quanto à distribuição mais efetiva da obra entre as diferentes juntas.

O resultado dessa recomendação foi que se realizou uma conferência na qual os territórios foram distribuídos entre metodistas, presbiterianos, irmãos unidos, discípulos, batistas, congregacionais e a Aliança Cristã e Missionária. A cidade de Manila ficou aberta a diversas missões.

Esse mesmo espírito de cooperação entre diversas denominações caracterizou o trabalho evangelístico nas Filipinas através de todo o séc. XX. No ano 1900, fundou-se a Aliança Ministerial, e, no ano seguinte organizou-se a União Evangélica das Filipinas. Duas denominações às quais depois se uniram outras, fundaram na cidade de Manila o Seminário Teológico Unido. No ano 1929, organizou-se o Concílio Nacional Cristão, que dez anos mais tarde recebeu o nome de Federação Filipina de Igrejas Cristãs. Talvez o sucesso mais notável dessa cooperação tenha sido a união de onze denominações diferentes que, no ano 1932, fundiram-se na Igreja Evangélica Unida nas ilhas filipinas. Esta se uniu a outra no ano 1948 e deu origem à Igreja Unida de Cristo nas Filipinas.

Não devemos terminar nossas referências ao protestantismo nas Filipinas sem mencionar o famoso missionário Frank C. Laubach, conhecido em todo o mundo por seu trabalho para combater o analfabetismo. Foi nas Filipinas, como meio para alcançar os mulçumanos, que Laubach desenvolveu um método para ensinar leitura. Nos anos posteriores, o próprio Laubach e seus seguidores adaptaram seu método a dezenas de idiomas. Isso contribui para ampliar o trabalho missionário da igreja em todo o mundo; por um lado, dando-lhe uma nova dimensão de serviço, e, por outro, tornando mais fácil a penetração das Escrituras e da literatura cristã, o que tem sido, ao longo dos séculos, um dos principais e mais efetivos métodos missionários.

Depois dos primeiros reveses ocasionados pela rebelião de Aguinaldo e pela Guerra Hispano-Americana, a igreja católica romana experimentou um despertar nas Filipinas. Talvez devido à dura lição que foi o surgimento da Igreja Filipina Independente, a igreja romana começou a colocar mais responsabilidade nas mãos dos filipinos e a consagrar alguns bispos entre eles. No ano 1934 e pela primeira vez na história, a arquidiocese de Manila foi confiada a um filipino. Em razão dessas mudanças, muitos dos crentes que a princípio seguiram Aglipay e a Igreja Filipina Independente retornaram para a igreja católica romana.

A invasão japonesa no ano 1941 não afetou o cristianismo filipino na mesma medida em que afetou o cristianismo da Ásia Sul-oriental. Isso se deve ao fato de que os japoneses não queriam excitar o ódio dos filipinos. Por essa razão, foram excepcionalmente tolerantes não só com os cristãos filipinos, mas com muitos dos missionários estrangeiros.

A independência das Filipinas, mesmo trazendo uma nova situação, não sacudiu profundamente as igrejas cristãs. A grande maioria da população hoje é católica romana, mas não houve nas Filipinas os extremos de dominação política, por parte da Igreja, que houve em outros países da América hispânica. Após a independência, como em outros casos já mencionados, as tradições pentecostais, carismáticas e independentes começaram seus trabalhos nas Filipinas. Alguns dos projetos missionários dessas tradições concentraram-se na evangelização dos muçulmanos; outros trabalharam para recrutar membros entre as igrejas já estabelecidas.

F. O cristianismo no Japão e na Coreia

Das Filipinas, seguindo o litoral asiático, passamos para as ilhas do Japão e para a península da Coreia, cuja história se encontra indissolúvel e tragicamente unida à do Japão.

1. O cristianismo no Japão

O Japão da primeira metade do séc. XIX apresentava um quadro semelhante ao da China dos sécs. XVI e XVII. O regime dos Tokugawa opunha-se a toda influência estrangeira, especialmente a ocidental. Isso se deveu ao temor de que se sucedesse no Japão o mesmo que havia acontecido em outros lugares onde as potências cristãs haviam começado a estabelecer postos comerciais para depois educar o país.

Diante desse perigo e apoiando-se em um nacionalismo que se misturava com a religião nacional, os Tokugawa decidiram fechar o país a toda influência estrangeira. Em várias ocasiões, as nações ocidentais tentaram estabelecer relações com o governo nipônico, mas todas fracassaram. Mesmo os cidadãos japoneses que fossem arrastados da costa de seu país enquanto pescavam e se encontrassem em um território sob outra bandeira, não podiam regressar jamais ao país nativo. Desse modo, chegou a haver uma pequena colônia nipônica espalhada pelas ilhas vizinhas do Japão, nas quais se começou algum trabalho missionário, mas não podiam ser utilizadas como ponto de partida para as missões no Japão.

Diferentemente da China – onde, segundo se lembrará o leitor, o cristianismo penetrou por meio da adaptação intelectual e cultural graças à obra de Mateus Ricci e de seus acompanhantes –, no Japão o cristianismo só conseguiu entrar por causa do poder econômico e militar das potências que o apoiavam. No ano 1854, os Estados Unidos conseguiram que o Japão firmasse com eles seu primeiro tratado com os ocidentais. Quatro anos mais tarde, firmava outro tratado com a França. Parece que a razão pela qual o governo se decidiu a firmar esses tratados comerciais foi o temor de que, ao não fazê-lo, eles lhes seriam arrancados por força. Em todo caso, o estabelecimento de relações comerciais com países ocidentais foi a ocasião para a entrada dos missionários cristãos. Mesmo que essa não seja uma ordem estritamente cronológica, seguiremos aqui o que temos feito em outras seções deste livro: discutimos as missões católicas romanas primeiro, depois as ortodoxas e por último as protestantes e pentecostais.

a) As missões católicas

Como era de esperar, pelo fato de as missões católicas começarem por meio de um tratado entre Japão e França, sessas missões foram postas sob a supervisão da Sociedade de Missões Estrangeiras de Paris. No ano 1859, chegaram os primeiros missionários, que se estabeleceram no que hoje é a cidade de Tóquio. Poucos anos depois, descobriram que ainda existiam 100.000 cristãos na região de Nagasaki, os quais parecem ser resultado das antigas missões católicas no tempo de Francisco Xavier. Os missionários franceses estabeleceram contato com eles e conseguiram que aproximadamente a décima parte estabelecesse relações com a igreja católica. O restante continuou afastado das igrejas ocidentais até que mais tarde se uniram às diversas igrejas que entravam na região, algumas delas protestantes.

O catolicismo romano, igual a todas as ramificações do cristianismo no Japão, conseguiu seu maior avanço na classe média alta. Isso parece ter resultado da insegurança na qual se encontrava essa classe por causa das mudanças internas no país e também pela consequente avidez com que as pessoas da classe média alta tratavam de absorver a cultura ocidental. Em todo caso, foi a igreja católica romana que mais teve missões extensas entre as classes mais baixas da população.

No ano 1891, organizou-se a hierarquia católica do Japão, com uma sede arcebispal em Tóquio. Essa sede esteve ocupada desde o princípio por missionários estrangeiros, e não foi senão no ano 1937 que o primeiro japonês foi nomeado bispo de Tóquio por causa da pressão do crescente nacionalismo, que teve por consequência a Segunda Guerra Mundial. Durante esse conflito, o catolicismo não sofreu tanto quanto o protestantismo, especialmente porque a maioria de seus missionários vinha de países que não estavam em guerra com o Japão, enquanto a maioria dos missionários protestantes procedia dos Estados Unidos e da Inglaterra. Ainda assim, durante a primeira metade do séc. XX o número de católicos não alcançou o de protestantes.

Depois do II Concílio Vaticano os católicos no Japão, já sendo uma igreja com bispos e estrutura japonesa, e sofrendo os embates da falta de clérigos e de liderança missionária nacional, questionaram-se sobre a necessidade de haver missionários estrangeiros para continuar o trabalho de propagação do evangelho. A Conferência dos Bispos Japoneses afirmava a necessidade do trabalho missionário estrangeiro dado o contexto da igreja em um país predominantemente não-cristão e com uma população de talvez meio milhão de católicos em meio a 108 milhões de habitantes.

b) A missão ortodoxa-russa

No ano 1861, a igreja ortodoxa russa estabeleceu uma missão no Japão com o padre Nicolai. Este chegou ao Japão como capelão do consulado russo, mas dedicou-se a ensinar sua fé aos japoneses que entravam em contato com ele. Seguindo as mesmas tradições das missões ortodoxas, Nicolai fez todo o possível para que surgisse no Japão uma igreja verdadeiramente japonesa. Seu trabalho consistiu, sobretudo, em preparar pessoas capazes de contribuir para a difusão do cristianismo e na supervisão geral da igreja. Quando no ano 1904 explodiu a guerra russo-japonesa, Nicolai, fiel aos princípios ortodoxos, insistiu para que os cristãos japoneses fossem fiéis à pátria. Nicolai estabeleceu seu centro missionário no que hoje é a Catedral da Santa Ressurreição. Seu trabalho consistiu em traduções da Bíblia e liturgia e no estabelecimento de um seminário para a formação de um clero nacional. Com sua morte, em 1912, sendo arcebispo de Tóquio, Nicolai deixou uma comunidade de mais de 30.000 cristãos ortodoxos. Seu sucessor, Sérgio, também russo, governou a igreja ortodoxa do país até que, em 1941, o primeiro arcebispo japonês foi consagrado; mas essa igreja nunca voltou a crescer com a mesma rapidez que cresceu sob a direção de Nicolai.

Somente em 1970 é que essa igreja recebeu o que se conhece como autonomia dentro da comunhão ortodoxa, e o metropolitano Teodósio passou a ter responsabilidades que trouxeram para a igreja ortodoxa um novo espírito de renovação.

c) As missões protestantes

As primeiras missões protestantes no Japão procediam dos Estados Unidos. No ano 1854, essa nação firmou o primeiro tratado comercial com o Japão; quatro anos mais tarde, firmou-se outro convênio, pelo qual era permitido aos norte-americanos exercer livremente sua religião e construir igrejas. Esse novo tratado, ainda que não consistisse em permissão para o trabalho missionário, serviu, contudo, para despertar nos Estados Unidos um grande interesse pelo envio de missionários ao Japão. Além disso, refletia uma nova atitude por parte do governo japonês que, embora não estivesse disposto a apoiar as missões, pelo menos as permitia.

Os primeiros protestantes a chegarem ao Japão como missionários procediam da igreja episcopal, da igreja presbiteriana e da igreja reformada holandesa dos Estados Unidos. Pouco tempo depois, chegaram os batistas livres. Como em outros casos da história das missões, boa parte do trabalho desses missionários consistia em traduzir a Bíblia e alguma literatura cristã fundamental. Os presbiterianos estabeleceram trabalho médico e educativo – especialmente uma escola para meninas, que era novidade no Japão – e uma escola de medicina na qual se educaram os primeiros japoneses conhecedores da técnica médica ocidental. Apesar de tudo isso, até o ano 1872 somente doze japoneses haviam sido batizados pelos protestantes.

Depois do ano 1870, a tendência do Japão em adotar a cultura ocidental com uma avidez surpreendente refletiu-se no trabalho missionário. Se o Japão havia demorado mais que qualquer outro dos países orientais a abrir as portas para a influência ocidental, quando o fez essa influência penetrou mais rapidamente que nas nações vizinhas. Os japoneses mostravam-se ávidos em aprender a técnica ocidental, e muitos deles criam que tal técnica estava indissoluvelmente unida à fé cristã. Por essa razão, e porque os protestantes se caracterizaram pela introdução no Japão de muitos dos avanços ocidentais, é que o protestantismo experimentou um grande crescimento na penúltima década do séc. XIX. Esse crescimento chegou a tal ponto que não foram poucos os que pensaram que o Japão chegaria a ser um país totalmente cristão, e até houve japoneses que, mesmo não sendo eles cristãos, defendiam que o próprio Japão adotasse essa fé. Durante esse período, muitas sociedades missionárias e muitas denominações, tanto norte-americanas quanto inglesas, atraídas pelas circunstâncias favoráveis, começaram a trabalhar no Japão. Logo houve dezenas de denominações representadas no arquipélago, o que contribuiu para o crescimento imediato do cristianismo, mas também começou a semear dúvidas na mente japonesa sobre a validade de um cristianismo dividido.

Visto que a maior parte dos convertidos protestantes se achegava ao cristianismo por razões de inquietude intelectual, o protestantismo conseguiu nos círculos acadêmicos e intelectuais do Japão uma influência muito maior do que seus adeptos levariam a supor.

Na última década do século, começou uma reação nacionalista. Conforme se introduziam mais profundamente na cultura ocidental, os japoneses percebiam algumas de suas debilidades e, por essa razão, tendiam a adotar diante dela uma atitude um pouco mais crítica que anteriormente. Isso, aliado à confusa quantidade de movimentos cristãos, contribuiu para tornar mais lento o avanço do cristianismo. A partir dessa época, ainda que o cristianismo tenha conseguido certo número de convertidos, seu crescimento não foi tão surpreendente como a penúltima década do séc. XIX.

O nacionalismo, que no final do séc. XIX começou a obstruir o alcance do cristianismo, continuou crescendo durante a primeira metade do séc. XX. No ano 1904, estourou a guerra com a Rússia, e não faltou quem pretendesse fazer dela um conflito de caráter religioso. Isso causou em certos círculos que se desconfiasse dos cristãos. Na Primeira Guerra

Mundial, o Japão invadiu a Sibéria e permaneceu nela até o ano 1922. Durante a primeira metade do século, as relações entre Japão e China foram tensas, e com frequência resultaram em um conflito armado. Tudo isso contribuiu para um crescente sentimento nacionalista e militarista, cuja culminação foi a participação do Japão na Segunda Guerra Mundial. Os interesses expansionistas do Japão justificavam-se mediante todo um sistema ideológico que prometia uma nova ordem na Ásia Oriental. Por essa razão, a grande maioria dos dirigentes protestantes japoneses apoiou o governo em seu interesse expansionista e não retirou seu apoio, senão quando os acontecimentos posteriores provaram que a ideologia japonesa não era mais que uma desculpa para os interesses expansionistas do Japão. Enquanto isso, o governo havia feito de muitos cristãos instrumentos de sua política expansionista e havia utilizado sua suposta justificação ideológica para adotar medidas persecutórias contra os cristãos que não se dobravam. Foi somente quando o governo quis exigir que eliminassem de seu Credo o artigo referente à ressurreição de Cristo que as igrejas cristãs decidiram que havia chegado a hora de enfrentar a perseguição. Se não há estatísticas fidedignas sobre os mártires japoneses durante esse período, é possível perceber a violência da perseguição pelo fato de que, no final da guerra, só ficaram em pé 483 dos 1.468 templos que havia antes.

Uma característica das missões cristãs no Japão, talvez a que mais ajudou os cristãos a fazer frente ao crescente sentimento nacionalista, foi que desde muito cedo os missionários se dedicaram a preparar dirigentes nacionais e a fazê-los responsáveis de boa parte do trabalho da igreja. Isso só foi possível porque muitos dos primeiros convertidos ao cristianismo pertenciam a classe média alta e eram pessoas instruídas. Além disso, o nível de educação das massas japonesas foi sempre alto. Os dirigentes nacionais que iam surgindo contribuíam, por um lado, para apartar da igreja a suspeita de que esta era uma entidade a serviço das potências estrangeiras, e, por outro, a tornar mais efetivo o testemunho cristão no meio da sociedade japonesa. Como exemplos notáveis disso – e do trabalho missionário que os nativos realizavam –, devemos assinalar a obra de Toyohiko Kagawa e o desenvolvimento do ecumenismo no Japão.

Toyohiko Kagawa era filho ilegítimo de um japonês da classe média alta, ainda que mais tarde fosse reconhecido. A morte do pai deixou-o aos cuidados de familiares que não contribuíram para fazer de sua infância uma experiência feliz. Desde muito jovem, entrou em contato com missionários cristãos e abraçou-lhes a fé, o que o levou a estudar teologia e ser ordenado. Contudo, em vez de seguir o caminho corrente da maioria dos pastores do país, Kagawa dedicou-se a trabalhar entre pessoas carentes. Instalou-se em um dos bairros pobres e ali fez todo o possível para levar a mensagem cristã e algum bem-estar social para as pessoas com quem vivia. Por hospedar em sua casa um enfermo de tracoma, contraiu essa enfermidade, que mais tarde lhe custou a vista. Além disso, seus trabalhos foram muito além dos limites do bairro em que vivia, e dedicou-se a organizar cooperativas de consumo e sindicatos obreiros, o que fez que ele perdesse a simpatia das autoridades e até sua própria liberdade. Por outro lado, sua profunda consciência social não o impediu de se sentir responsável pela contínua evangelização no Japão. Kagawa foi um dos principais dirigentes do chamado "movimento do Reino de Deus", cujo propósito era a evangelização do Japão unida à aplicação dos princípios cristãos à vida social. Em 1938, às vésperas da entrada de seu país na Segunda Guerra Mundial, empreendeu uma campanha nacional de evangelização de dois anos, durante a qual muitas pessoas abraçaram o cristianismo. Por seus livros, por sua obra social, por seu zelo no testemunho cristão e, sobretudo, por seu amor para com o próximo, Kagawa chegou a ser um dos principais expoentes, no séc. XX, daquilo que o evangelho é capaz de fazer em uma pessoa.

Desde o começo do trabalho missionário no Japão, houve cristãos japoneses que insistiram na necessidade de um testemunho único, pelo menos entre os protestantes. No ano 1911, um grupo de japoneses organizou-se com o propósito de trabalhar em prol da união das igrejas cristãs. No ano 1923, organizou-se o Conselho Nacional Cristão do Japão, que, a princípio, só incluía os protestantes, mas os católicos romanos passaram a fazer parte dele no ano 1943. Durante a Segunda Guerra Mundial, a pressão governamental fez que, todas as igrejas cristãs se unissem em uma, formando a *Nipon Kirisuto Kiôdan,* ou a Igreja Unida de Cristo no Japão, organizada em junho 1941. Algumas denominações afastaram-se dessa igreja ao término do conflito bélico, mas, apesar disso, essa igreja continua sendo o maior grupo protestante no Japão. Devemos tomar cuidado, contudo, para não pensar que a União das Igrejas no Japão é somente consequência da posição governamental, já que, à parte dessa pressão, havia numerosos dirigentes cristãos japoneses que, desde muito antes, estavam trabalhando em prol de uma união semelhante.

Depois de surgir o movimento missionário, a igreja japonesa, veio a ser, ela mesma, ponto de partida para uma extensão missionária. A partir do ano 1931, fundaram-se diversas sociedades cujo propósito era, sobretudo, a evangelização das ilhas do Pacífico, da China e da Manchúria. Além disso, as igrejas japonesas começaram um trabalho missionário nas comunidades nipônicas das Filipinas, do Brasil e do Peru. Temos aqui outro exemplo do fenômeno visto repetidamente na história do movimento cristão, no qual um país que poucas décadas antes apenas conhecia a existência do cristianismo, depois contribui para sua expansão em outras regiões do Globo.

Por último, no séc. XX e no princípio do nosso século o trabalho missionário pentecostal começou no Japão. Muitos eruditos afirmam que é difícil relatar esse trabalho pelo seu caráter não institucional. Recentemente, a igreja Assembleia de Deus no Japão publicou uma história dos primeiros 50 anos de trabalho missionário. Esse recurso assinala que as raízes pentecostais no Japão remontam ao ano 1913. A história das missões pentecostais no Japão caracteriza-se por um trabalho missionário voluntário e por uma profunda convicção e vocação missionária. Movimentos e igrejas tais como o movimento apostólico, a igreja Assembleia de Deus e, desde a Europa, a União Missionária Pentecostal estão presentes no Japão no início do séc. XX. Nomes tais como M.L.Ryan, C.F. Juergensuen, Estella Bernauer, Tanimoto Yoshio – um japonês que se converte em missionário em seu país natal – e William e Mary Taylor ressoam nessa história que se reconstrói com muita dificuldade.

Os pentecostais, aliados aos novos carismáticos, têm certo crescimento no Japão. Em relação aos grupos carismáticos e independentes, parece que a relação entre a globalização e o desenvolvimento sofisticado do capitalismo no Japão com alguns desses movimentos, que promovem uma religiosidade de prosperidade, tocam de perto o japonês, criando um movimento lento, mas estável nesses grupos.

2. O cristianismo na península da Coreia

Durante os sécs. XIX e XX, o cristianismo enfrentou, na Coreia, dificuldades muito maiores que as que teve de vencer no Japão. Durante quase todo o séc. XIX, o governo da Coreia proibiu a entrada de estrangeiros, especialmente a dos ocidentais, na península. No ano 1876, o Japão forçou a Coreia a firmar um tratado comercial. A partir dessa data, firmaram-se tratados comerciais com os Estados Unidos e com as principais potências europeias, e isso abriu caminho para a entrada de missionários cristãos na península.

Mesmo antes que o governo coreano permitisse a entrada de missionários estrangeiros, já existia ali uma comunidade cristã. No final do séc. XVIII, houve vários coreanos que, mediante a leitura de livros cristãos escritos em chinês, chegaram à convicção de que deveriam abraçar essa fé. Ainda que com grandes dificuldades, alguns deles conseguiram estabelecer contato com o bispo católico de Pequim, que lhes deu algumas instruções. Durante algum tempo, organizaram-se como igreja, com um bispo próprio e vários sacerdotes, mas, quando o bispo de Pequim lhes informou que não podiam fazer tal coisa sem um bispo devidamente consagrado, limitaram suas atividade às que a igreja católica considerava legítimas por parte dos cristãos laicos. Tanto a igreja católica de fora quanto os cristãos que existiam dentro da península trataram rapidamente de conseguir missionários católicos na Coreia. Alguns conseguiram entrar na península, mas quase todos foram descobertos e executados. Durante toda a primeira metade do séc. XIX, os missionários católicos na Coreia, assim como os próprios coreanos, escreveram com heroísmo e com o próprio sangue uma das páginas mais notáveis na história da igreja cristã. Em certas ocasiões, havia breves períodos de relativa tolerância, mas eram seguidos de violentas perseguições nas quais morria um grande número de cristãos. Nos anos que vão de 1866 até 1868, morreram como mártires dois mil cristãos.

Na penúltima década do séc. XIX, a Coreia começou a abrir suas portas para as potências ocidentais, e a igreja católica cresceu rapidamente. Chegaram novos contingentes de missionários, sobretudo da França. Quando os japoneses se anexaram à Coreia no ano 1910, os católicos romanos na península eram mais de 77.000. Visto que no Japão a igreja católica seguia a política de permitir que seus membros participassem das cerimônias que se celebravam nos santuários do xintoísmo, explicando que não se tratava de cerimônias religiosas, mas somente de gestos de afirmação e dedicação patriótica, na Coreia seguiu-se a mesma política, e isso evitou que o regime japonês tratasse os católicos romanos com a mesma dureza com que tratava os protestantes.

A igreja ortodoxa russa também começou um trabalho missionário na Coreia no final do séc. XIX e começo do séc. XX, ainda que esse trabalho pareça ter sido mais uma tentativa de abrir caminho para a dominação russa. Supõe-se que, depois da guerra russo-japonesa dos anos 1904 e 1905, as autoridades japonesas tenham visto essa missão na Coreia como uma agência do governo russo. No ano 1910, o Japão foi oficialmente anexado à península da Coreia, e a missão ortodoxa russa começou a passar sérias dificuldades, que se tornaram ainda maiores quando, em 1917, a Revolução Russa suspendeu os subsídios que antes haviam apoiado a missão na Coreia. Além disso, o governo comunista fez fechar as igrejas que se haviam estabelecido entre os coreanos que imigraram para o território russo.

As missões que mais tiveram êxito na Coreia foram as protestantes, e especialmente as dos presbiterianos e metodistas. Essas duas denominações chegaram no ano 1884. Tanto os primeiros missionários presbiterianos quanto os metodistas procediam das igrejas do norte dos Estados Unidos e tiveram interesse especial pelo trabalho médico. Tanto foi assim que o primeiro missionário presbiteriano tornou-se médico da corte da Coreia e diretor do primeiro hospital do governo coreano. Outro notável missionário presbiteriano foi Underwood, cujo irmão, por meio dele, interessou-se pelo cristianismo da península e contribuiu para a obra missionária com boa parte da fortuna que começava a dispor mediante a fabricação e venda de máquinas de escrever. Depois dos primeiros presbiterianos procedentes do norte dos Estados Unidos, chegaram outros membros da mesma tradição, não só do sul dos Estados Unidos, mas também do Canadá e da Austrália. Algo semelhante aconteceu com a igreja metodista, que logo se viu acompanhada por sua igreja irmã do sul dos Estados Unidos.

Não obstante, alguns dos historiadores coreanos afirmam que o cristianismo chegou à Coreia com a conversão do primeiro protestante coreano, Yi Ungchan, que foi batizado pelo missionário John MacIntyre, em 1876. Foi, então, que começou a tradução da Bíblia para o coreano, sendo Lee Sujong, coreano refugiado no Japão, quem contribuiu de maneira significativa para a tradução do Evangelho de Marcos. Por isso, os primeiros missionários ordenados que chegaram à Coreia, via Japão, já tinham o Evangelho de Marcos em coreano.

Em 1893, os missionários adotaram o que se conhece como "método Nevius", do fisiólogo John L. Nevius, o qual promoveu, entre outros, os seguintes princípios: 1) a concentração de esforços evangelizadores em meio à classe trabalhadora; 2) a primazia da conversão de mulheres, da educação e da formação de meninas e senhoritas; 3) o sustento de escolas primárias nas áreas rurais; 4) a tradução da Bíblia e de literatura cristã ao idioma local; 5) o desenvolvimento de líderes nacionais e da auto-sustentação das igrejas.

No princípio do séc. XX, as diversas ramificações presbiterianas uniram-se em uma igreja presbiteriana da Coreia, e o mesmo fizeram mais tarde as diversas ramificações metodistas.

Como aconteceu em quase todos os demais campos missionários, depois das primeiras três denominações vieram outras em grande número, ainda que a multiplicidade de agências missionárias estivesse limitada em virtude da dominação japonesa.

Por outro lado, a dominação japonesa trouxe ao protestantismo dificuldades maiores que ao catolicismo. Muitos dos protestantes se negavam a participar das cerimônias que se celebravam nos santuários do xintoísmo, afirmando que se tratava de ritos religiosos, não de simples atos de afirmação patriótica. Já que o governo nipônico via nessas cerimônias o fundamento de sua expansão imperialista, era de esperar que as igrejas protestantes sofressem as consequências. Além disso, o sentimento de aversão para com a dominação japonesa se tornava mais notável entre os coreanos protestantes que entre os católicos. Por último, a grande maioria dos missionários protestantes procedia dos Estados Unidos e da Grã-Bretanha, países com os quais o Japão logo estaria em guerra. Visto que isso não acontecia com os católicos romanos, as igrejas protestantes sofreram mais do que as católicas durante o período que culminou com a derrota do Japão na Segunda Guerra Mundial. Estava claro que o protestantismo coreano desenvolvia um espírito revolucionário ante a ocupação japonesa e, posteriormente, uma afinidade com o protestantismo dos Estados Unidos.

Como a expansão protestante havia sido muito mais ampla no norte da Coreia que no sul, o estabelecimento do regime comunista no norte da península afetou grandemente o protestantismo no país. É necessário recordar que, depois da Segunda Guerra Mundial, a Coreia se viu sacudida por outra guerra prolongada que também fez sofrer não só as igrejas, mas toda a região. Muitos dos coreanos do norte que, durante o conflito, buscaram refúgio no sul eram cristãos.

Entre o ano 1960 e a presente obra missionária na Coreia, há certas distinções que merecem nossa atenção. Entre a obra missionária metodista, destaca-se a Missão Industrial Urbana cujo propósito, durante a ditadura coreana, era apoiar os trabalhadores em busca de seus direitos e protegê-los da exploração por parte do governo. Para esses, o Conselho Nacional de Igrejas Coreanas também havia redigido um documento a favor dos direitos humanos e da emancipação política, que nos recorda da resistência dos cristãos coreanos à dominação japonesa. Ou seja, o trabalho tanto dos missionários estrangeiros como dos coreanos refletia um espírito de dedicação, de nacionalismo e de identidade cultural que não é típico em muitos movimentos cristãos na região. Muitas das práticas missionárias formaram o que, nos anos 1970 a 1980, se chamou de a teologia *Minjung*, ou a teologia dos que sofrem e buscam libertação.

Finalmente, durante as últimas décadas do séc. XX, houve um despertar carismático e contemplativo nas igrejas coreanas. Os grupos pentecostais e carismáticos têm influenciado grandemente o caráter do cristianismo coreano em seu espírito missionário. Nos próximos capítulos, faremos referência ao trabalho missionário da Coreia, reconhecendo que essa península, particularmente a Coreia do Sul, se transformou nas últimas décadas, de modo que já não é "território missionário", mas "igreja missionária".

G. O Cristianismo na China

O curso do cristianismo na China é um dos capítulos mais trágicos e complexos de toda a história missionária cristã. Os primeiros que levaram o nome de Jesus Cristo à grande nação oriental foram os nestorianos, cujos vestígios desapareceram da história no séc. IX. Mais tarde, no apogeu da Idade Média, os franciscanos reintroduziram a fé cristã na China, mas essa desapareceu novamente, vítima das circunstâncias políticas e da enorme distância que separava o seu centro geográfico da Europa. No começo da Idade Moderna, foi Mateus Ricci e seus companheiros que conseguiram semear firmemente a semente cristã na China, mas ainda seu empreendimento demorou séculos para dar frutos. A história do cristianismo na China durante o séc. XIX é semelhante à sua história no antigo Império Romano, quando os preconceitos populares e a atitude indiferente do governo, quando não hostil, produziram repetidas perseguições locais. Às vezes, essas alcançaram imensas proporções, sendo os mártires cristãos dezenas de milhares. No séc. XX, o curso do cristianismo na China viu-se interrompido pelas guerras mundiais, sobretudo pela Segunda Guerra, quando o Japão invadiu boa parte do território do país. Como consequência dessa invasão japonesa, nem bem havia terminado a Guerra quando o comunismo chinês tomou o controle do país, estabelecendo um regime que se caracterizou pela antipatia para com o cristianismo e que ainda no séc. XXI – quando esse governo é comunista em ordem política, mas neocapitalista no desenvolvimento econômico – tende a ser ambíguo e incoerente em relação à fé cristã.

A política da China durante boa parte do séc. XIX foi a de manter as portas fechadas para todo influxo estrangeiro. Já vimos que essa foi também a política de outras nações na periferia do grande Império Chinês, e não há dúvidas de que essas outras nações tomaram como ponto de partida o exemplo chinês. O sistema de vida chinês era de uma unidade e coerência tal que qualquer ingerência estrangeira, ou qualquer ideia ocidental, podia parecer uma ameaça ao sistema estabelecido. O Império Chinês, que existia desde tempos anteriores a Jesus Cristo, via em tudo quanto provinha do Ocidente uma inovação que não era necessária e talvez prejudicial.

Diante dessa atitude, as nações europeias, assim como o Japão, viam na China amplas oportunidades comerciais. Isso levou a uma série de guerras entre a China e diversas potências estrangeiras, que acabaram em tratados mediante os quais se permitia o estabelecimento de comerciantes e missionários estrangeiros em alguns portos específicos na costa chinesa. A primeira dessas guerras foi a que a Inglaterra e a China sustentaram pouco antes de meados do século, e que ficou conhecida como a Guerra do Ópio. Seu resultado foi um tratado com a Grã-Bretanha, ao qual se seguiram outros com os Estados Unidos, com a França e com outras potências estrangeiras. Depois de uma nova guerra entre Inglaterra e França, por um lado, e China, por outro, esta se viu obrigada a firmar tratados (1858 e 1860) nos quais se permitia aos estrangeiros viajar pelo interior do país e, além disso, se tolerava o cristianismo. Foi com base nesses tratados que o cristianismo se estendeu na China durante a segunda metade do séc. XIX.

No final do séc. XIX, a guerra entre China e Japão, na qual esse último utilizou recursos da técnica ocidental para conseguir a vitória, convenceu as potências europeias da possibilidade de conquistar a China e repartir os despojos. Isso trouxe um período de crescente ingerência estrangeira na China, que culminou na rebelião dos "boxers" no último ano do século. A rebelião estendeu-se por boa parte do norte da China, e, ainda que seu propósito fosse expulsar os estrangeiros do país, sua consequência direta foi que as potências estrangeiras, cujos exércitos a esmagaram, aumentaram sua influência.

O resultado de tudo isso foi um crescente sentimento entre os chineses de que a velha cultura, assim como a estrutura política que estava unida a ela, necessitava de dinamismo para enfrentar as situações modernas. No princípio do séc. XX, começou a crescer o sentimento republicano, que resultou, em 1911, no estabelecimento da República da China. Contudo, essa república não conseguiu a estabilidade política do país, que se encontrava dividido em diversos territórios, cujos governos advogavam por situações distintas e contraditórias. Por último, depois de longas batalhas e penosos esforços, o Kuomintang, de Chiang-Kai-Shek, conseguiu estabelecer sua autoridade na quase totalidade do território nacional. O principal foco de resistência, então, e o que acabaria sendo o destruidor do regime nacionalista, era o governo comunista de Chensi. Mas o partido de Chiang-Kai-Shek parecia, naquela ocasião, cristalizar as operações da maioria do povo chinês, e o regime comunista não parecia, portanto, ser verdadeiramente temível.

Foi a invasão dos japoneses, primeiro na Manchúria no ano 1931 e depois na própria China no ano 1937, que destruiu a posição política de Chiang-Kai-Shek. Seu governo foi obrigado a se retirar para o Ocidente ante a invasão nipônica e, apesar de sua valente resistência, a impressão do povo chinês e de boa parte do mundo foi que o Kuomintang havia mostrado ser incapaz de governar. Ao mesmo tempo, o outro foco de resistência aos japoneses, o governo comunista de Chensi, compartilhou com o governo de Chiang-Kai-Shek a glória da resistência, mas não se viu culpado pela invasão. Além disso, a corrupção administrativa minava o governo nacionalista, impedindo-o de reconstruir o país assolado pela guerra. O resultado de tudo isso foi que, com o apoio da Rússia e em meio à vacilação dos aliados ocidentais que não sabiam se deviam apoiar ou não a Chiang-Kai-Shek, os comunistas tomaram posse de todo o antigo Império Chinês com exceção de Formosa. Como era esperado, teve início um novo período da história do cristianismo na China.

1. As missões católicas romanas

Durante o período que estamos estudando, as missões católicas romanas mantêm um relacionamento de continuidade com as que estudamos anteriormente. A antiga missão jesuíta – continuada agora por lazaristas – e a obra dos portugueses em Macau tiveram como resultado o início de uma comunidade católica que, no começo do séc. XIX, contava com vários milhares de membros. Ainda que na China, como na Índia, no Ceilão e em outras regiões do Oriente, os portugueses pretendessem fazer valer seu direito de *patronato* mesmo havendo perdido seu poderio político, na China a disputa que surgiu não foi tão séria como a que aconteceu em outras regiões. Talvez isso se deva ao fato de Portugal nunca ter tido domínio efetivo sobre a China, tampouco missões dentro dela.

Durante toda a segunda metade do séc. XIX, a França nomeou-se como protetora das missões católicas na China. Essa proteção serviu aos missionários católicos romanos para alcançar um grande número de convertidos, sobretudo porque a proteção francesa, de certo modo, estendia-se aos cristãos chineses. Isso acontecia especialmente com respeito aos tribunais, nos quais era fácil fazer um caso civil tornar-se um caso de perseguição religiosa, invocando o apoio das autoridades francesas. Tal situação legal fez que muitos quisessem se batizar pelas vantagens que isso traria, e fez também que se despertasse uma profunda antipatia contra os cristãos em certos círculos da China.

Com os franceses, trabalharam na China missionários da Itália, da Alemanha, da Espanha e de outros países da Europa, além de – durante o séc. XX – norte-americanos e canadenses. A maior parte desses missionários pertencia a ordens religiosas tais como os jesuítas, lazaristas, franciscanos e dominicanos; mas muitos eram seculares que chegavam à China sob o amparo da *Sociétè des Missions Estrangeres de Paris*, que estava a cargo de amplos territórios na China e, além disso, do Tibete e da Manchúria.

Os métodos missionários dos católicos na China foram muitas vezes questionáveis; já vimos que muitos dos convertidos que se aproximavam do catolicismo buscavam somente vantagens legais. Além disso, em algumas missões costumava-se pagar para que as pessoas assistissem às lições catequéticas, em outras ocasiões faziam-se empréstimos às pessoas necessitadas com a condição de que dessem aos missionários a oportunidade de ensinar-lhes a religião cristã.

Houve, contudo, outros métodos menos duvidosos. Assim, por exemplo, as missões católicas distinguiram-se pela fundação de um grande número de lares para órfãos em um país no qual a morte de grande número de crianças desamparadas ocorria frequentemente. Além disso, os missionários estabeleciam escolas, ambulatórios e centros para a reabilitação de viciados no uso de ópio. Em termos gerais, a vida dos missionários na China foi cheia de sacrifícios e de trabalho árduo, sobretudo viajando de um lugar para outro. Frequentemente, os missionários faziam todo o possível para que os cristãos se estabelecessem em comunidades ou aldeias separadas nas quais lhes fosse mais fácil viver segundo os princípios católicos. Quase sempre tratavam de buscar a conversão de famílias ou de grupos, antes que de indivíduos, pois a experiência lhes dizia que era muito mais difícil para um indivíduo isolado enfrentar os obstáculos que a sociedade impunha aos convertidos que para uma família ou toda uma comunidade. Durante o séc. XX, houve missionários que se dedicaram à reconstrução rural e, sobretudo na Mongólia fizeram muito para resolver os problemas que apresentavam os longos períodos de seca.

No campo da educação, a igreja católica não fez tanto quanto os protestantes. Seu interesse esteve principalmente na preparação de chineses católicos que pudessem dirigir a igreja no futuro, não tanto em influir na totalidade da futura classe governante da China. Por essa razão, boa parte do sistema educativo das missões católicas era dirigido para o sacerdócio, ou pelo menos para o cargo de catequista ou de irmão laico. Dessa maneira, a igreja católica romana na China chegou a ter grande número de sacerdotes do país, mas poucos laicos em posição de importância dentro da sociedade. No princípio do séc. XX, com a fundação de três importantes universidades, a igreja católica romana parecia ter mais interesse na educação geral do país.

Apesar do interesse dos missionários no ensino de um clero nacional, durante todo o séc. XIX nenhum só chinês foi consagrado bispo. Isso é muito notável porque dois séculos antes um chinês havia ocupado o episcopado. O que acontecia era que se refletia na igreja católica a atitude de toda a Europa do séc. XIX, que tendia a ver os países nos quais estabeleciam colônias e missões como lugares povoados por seres inferiores e incapazes de ter as mesmas responsabilidades que os europeus. Não foi até o ano 1926, na catedral de São Pedro, em Roma, que foram consagrados os primeiros bispos chineses.

A igreja católica da China continuou crescendo durante todo o séc. XIX e a primeira metade do séc. XX. Contudo, a situação sob o governo comunista complicou a vida da igreja. Por um lado, houve bispos e sacerdotes que apoiaram o regime comunista, inclusive depois de grandes perseguições durante a "Revolução Cultural" de Mao Tsé-tung. Já na década de 1970, a igreja católica estava dividida – tal como a protestante. De um lado, estava a igreja oficial – o catolicismo identificado e tolerado pelo governo comunista como religião; do outro, estavam as igrejas "subterrâneas" ou "subversivas", não reconhecidas pelo governo comunista. Roma teve de exercer uma diplomacia cuidadosa para equilibrar seu discurso e atitudes em relação a essas igrejas, quando se declaram católicas.

Em meio a grandes debates e complexidades políticas, as igrejas católicas na China levaram e continuam levando a cabo um belo ministério missionário, protegendo e nutrindo os fiéis não clérigos, bem como não descansando diante da luta para criar um espaço – com ou sem apoio governamental – para que a igreja viva sua fidelidade. Devemos salientar também que a situação política que essas igrejas enfrentaram fomentou a preparação de líderes chineses que hoje dão direção e são guias pastorais para milhões de católicos romanos na China.

Finalmente, com as mudanças no governo da China na última década do séc. XX e o princípio do séc. XXI, tem sido possível certo intercâmbio de missionários. Isso tem ajudado as igrejas, particularmente a igreja católica oficial, a ter melhores contatos com a igreja católica romana no mundo. Em consequência, essa igreja experimenta certa revitalização missional na liturgia, na teologia, na formação ministerial e no apoio econômico a projetos de desenvolvimento nas áreas rurais.

2. As missões ortodoxas

Desde o séc. XVII, existia em Pequim uma pequena comunidade ortodoxa russa. Durante todo o séc. XIX, essa comunidade continuou sendo pequena, pois não realizou trabalho missionário algum até que, no ano 1858, um tratado entre Rússia e China garantiu a tolerância religiosa para os cristãos. A partir dessa data, começaram alguns esforços missionários débeis, mas não foi senão até que a rebelião dos "boxers" matou quase a metade dos ortodoxos russos na China que se iniciou uma tentativa verdadeira de alcançar os habitantes do país. Então a comunidade ortodoxa começou a crescer, e no começo da Primeira Guerra Mundial contava com pouco mais de cinco mil membros chineses. A Revolução Russa no ano 1917 privou-a do sustento econômico, mas o influxo dos refugiados russos que fugiam do regime comunista deu-lhe novas forças. Antes do estabelecimento do regime comunista na China, a igreja ortodoxa russa contava com um arcebispo em Pequim e bom número de paróquias na Manchúria, onde se refugiou a maioria dos exilados russos. Durante o regime comunista na China, a pequena igreja ortodoxa foi quase destruída e eliminada. Não obstante, nos anos 1980 a igreja A Proteção de Nossa Senhora foi aberta para oração, e um pequeno grupo de refugiados russos juntou-se aos chineses para oração. Recentemente, a visita do patriarca da igreja ortodoxa e os planos de remodelar essa igreja em Harbin são pequenos sinais de um renascer da igreja ortodoxa na China.

3. As missões protestantes

O principal centro de interesse das missões protestantes durante a segunda metade do séc. XIX e a primeira do séc. XX foi a China. No começo desse período que estamos estudando, havia um número reduzido de protestantes na China, cujo interesse estava no comércio, não na propagação de sua fé. Além disso, as leis do país eram tais que qualquer tentativa de propagar o evangelho resultaria em perseguição tenaz. Contudo, a partir do ano 1806 em que Marshman, o missionário que em Serampore trabalhou com Carey, começou a traduzir a Bíblia para o chinês, o trabalho missionário protestante voltado para a China cresceu em proporções surpreendentes.

Além de Marshman, que realizou seus esforços desde a Índia e cujo trabalho se limitou à tradução da Bíblia, o fundador desse trabalho missionário protestante na China foi Robert Morrison, natural da Escócia e pertencente à igreja presbiteriana. Após dedicar-se ao estudo da medicina, da astronomia e do chinês, Morrison persuadiu a *London Missionary Society* que o enviasse à China. Visto que os interesses comerciais ingleses não estavam dispostos a levá-lo a seu destino, Morrison partiu para os Estados Unidos e dali viajou a Cantão, onde se estabeleceu. Já que naquele tempo as leis chinesas não lhe permitiam entrar no país, Morrison dedicou-se ao estudo do chinês e à produção de literatura nesse idioma. Seu trabalho incluiu a tradução da Bíblia e de vários dos principais livros protestantes da Inglaterra e da Escócia. Mesmo que seus esforços não produzissem imediatamente um grande número de convertidos – o primeiro não foi batizado senão sete anos depois da chegada de Morrison – serviram para despertar o interesse da Europa, pela China e para assim se assegurar de que, no dia em que as portas da China se abrissem ao trabalho missionário, haveria um número suficiente de missionários preparados para aproveitar tal circunstância.

Obra semelhante foi empreendida pelo alemão Gutzlaff, ainda que a sua fosse mais ambiciosa. Consistia em preparar chineses cristãos e enviá-los ao interior do país a fim de que se dedicassem à distribuição de literatura e à organização de comunidades cristãs. O plano de Gutzlaff não deu resultado porque muitos chineses que deveriam ter ido para o interior do país realizar a obra cristã simplesmente utilizavam os recursos que Gutzlaff punha em suas mãos para viver comodamente sem fazer trabalho missionário algum; contudo, isso não ocorreu com a totalidade deles. Em todo caso, a tentativa de Gutzlaff e as informações que enviava para a Europa contribuíram para fomentar o espírito missionário entre as igrejas protestantes. Por causa dos exemplos de Morrison e de Gutzlaff, outros missionários estabeleceram-se em Cantão e em outros lugares onde havia um grande número de residentes chineses, especialmente em Malaca.

A primeira abertura da China ao trabalho missionário europeu foi consequência da chamada Guerra do Ópio, um episódio vergonhoso que levou a Grã-Bretanha para a guerra contra a China a fim de proteger o comércio dessa mercadoria. Como já assinalamos, essa guerra abriu para o comércio internacional cinco portos chineses importantes. A partir de então e mediante uma série de tratados ulteriores, as potências ocidentais foram obtendo maior direito de entrada a seus cidadãos, com o qual se tornava mais amplo o território em que se podiam estabelecer os missionários.

Durante os primeiros anos, a principal sociedade missionária que trabalhou na China foi a *London Missionary Society*, que, depois de enviar Morrison, enviou vários de seus colegas como reforço. O primeiro dos missionários norte-americanos foi enviado pela *American Board of Commissioners for Foreing Missions*, no ano 1829. Poucos anos depois, outros missionários norte-americanos foram enviados pela própria junta, entre eles o primeiro missionário médico protestante que trabalhou na China. Além dessas sociedades, as principais denominações e sociedades inglesas e norte-americanas começaram a enviar missionários. Entre elas, destacaram-se especialmente os batistas americanos, a igreja protestante episcopal e os presbiterianos.

Entre os missionários protestantes mais distintos durante a segunda metade do séc. XIX, devemos mencionar Timothy Richard, Samuel L. Schereschewsky e J. Hudson Taylor. Timothy Richard pertencia aos batistas da Inglaterra e seus métodos missionários nos recordam em parte os de Ricci, três séculos antes. Richard interessou-se especialmente pelo trabalho entre os eruditos e os dirigentes da sociedade chinesa. Sentia pela antiga religião de Confúcio mais simpatia que os demais missionários cristãos da época. Durante toda sua vida, defendeu a fundação de universidades cristãs nas principais cidades da China como um meio para que o cristianismo penetrasse a vida do país. Suas obras, com as quais buscava introduzir a totalidade da cultura ocidental na China, foram muito lidas em determinados círculos.

Shereschewsky era de origem lituana, mas nos Estados Unidos deixou o judaísmo nativo para abraçar o cristianismo como membro da igreja protestante episcopal, que o enviou à China como missionário. Ali se dedicou à tradução da Bíblia e do Livro de Oração Comum. No ano 1887, foi consagrado bispo, cargo que renunciou quando, seis anos mais tarde, ficou inválido. Apesar das dificuldades físicas, continuou o trabalho de tradução e produção literária durante os últimos anos de sua vida, quando a enfermidade o impediu de continuar a vida ativa foi muito grande.

Sem dúvidas, o mais notável dos missionários protestantes na China durante o séc. XIX foi J. Hudson Taylor. Mesmo sendo de origem metodista, partiu para a China, no ano 1853, sob o amparo da *Chinese Evangelization Society*. Logo rompeu com essa organização em virtude de diferenças quanto a estratégia missionária e continuou o trabalho por conta própria. Quando anos mais tarde se viu obrigado a regressar à Inglaterra por razões de saúde, seu trabalho missionário na China parecia ter terminado. Na Inglaterra, dedicou-se a procurar despertar o interesse missionário pela China e a contribuir para a literatura cristã em um dos dialetos chineses. Contudo, cinco anos depois, após longas angústias espirituais, dedicou-se a empreender um novo trabalho ativo na China e a organizar a sociedade que recebeu o nome de *China Inland Mission*. Taylor não cria na organização excessiva, e o propósito de sua sociedade não era tanto fundar igrejas quanto pregar o evangelho por toda a China. Seu sonho não consistia em estabelecer comunidades cristãs nas distintas províncias nem sequer em alcançar um grande número de convertidos, mas somente em assegurar-se que todos os chineses tivessem a oportunidade de ouvir a pregação do evangelho. Esse modelo de missão ficou conhecido posteriormente como missionários da fé ou *faith missions*. Na teoria, a *China Inland Mission* incluía missionários de todas as tendências teológicas; porém, de fato somente aquelas pessoas que por sua teologia se inclinavam a empreender um trabalho do tipo que Taylor propunha. Os missionários não recebiam remuneração alguma e sustentavam-se conforme as circunstâncias, mas sempre de maneira modesta. Ainda mais porque o próprio Taylor e a *China Inland Mission* não porque pediam diretamente fundos a pessoa alguma, mas somente oravam e pediam que orassem para que os recursos financeiros chegassem. Em razão dos grandes movimentos de despertamento da religião individual que ocorrera e estava acontecendo na Inglaterra e nos Estados Unidos, o projeto de Taylor recebeu ampla acolhida, e logo a *China Inland Mission* chegou a ser a maior empresa missionária no país. Mesmo que em teoria seu propósito não consistisse em fundar igrejas, o que ficaria a cargo de quem viesse depois, de fato tendia a reunir os missionários em diversas áreas segundo as suas origens denominacionais, e apareciam ali igrejas cujas características correspondiam às das denominações dos missionários de cada lugar.

Durante toda a segunda metade do séc. XIX, o método missionário da maioria dos protestantes consistia na distribuição de literatura – especialmente da Bíblia – na pregação e em estabelecimentos de organizações de caráter benéfico, tais como escolas e hospitais. A princípio, a maior parte dessas escolas era de nível primário e secundário, mas lentamente foram sendo criados centros de ensino superior assim como de instrução teológica. Paralelamente aos hospitais de caráter geral, havia outros centros especializados, tais como asilos para enfermos mentais, refúgios e sanatórios para os viciados em ópio. Nesse último campo, as igrejas protestantes fizeram um trabalho amplo, e muitos de seus convertidos, e ainda alguns de seus melhores pastores, surgiram dos centros de reabilitação para quem havia sofrido as consequências do uso do ópio. Algumas universidades britânicas e norte-americanas estabeleceram frentes na China – sobretudo a de Yale, que construiu um hospital ao redor do qual se instituiu uma escola de medicina e outra de enfermagem.

Em termos gerais, toda a segunda metade do séc. XIX foi empregada pelo cristianismo protestante na China mais em sua extensão territorial que no desenvolvimento dos meios institucionais para a continuação de sua obra. Isso foi particularmente notável no campo da educação, sobretudo se o trabalho protestante for comparado ao católico romano. Enquanto os católicos se dedicavam especialmente à preparação teológica e, em menor escala, à educação do povo em geral, os protestantes se distinguiram pelo grau em que conseguiram preparar os futuros dirigentes do país, mas, ao mesmo tempo, a preparação de seus ministros foi muito mais pobre e menos ampla que a dos sacerdotes católicos. No final do séc. XIX, a igreja protestante na China estava ainda totalmente nas mãos dos missionários e não havia capacitado dirigentes para levar sobre seus ombros a direção da obra empreendida.

Depois da guerra sino-japonesa do ano 1895 e da rebelião dos "boxers" cinco anos depois, a China ficou totalmente aberta ao influxo ocidental. A juventude do país, diante da prova irrefutável de que a tecnologia ocidental bastava para arrasar o poderio da China, dedicou-se, evidentemente, a adquirir essa tecnologia. Visto que os missionários protestantes se haviam distinguido durante décadas por seu interesse em introduzir na China os avanços tecnológicos do Ocidente, a nova condição intelectual do país agiu em proveito de sua obra. Por essa razão, durante as primeiras décadas do séc. XX o protestantismo cresceu grandemente – ainda que continuasse sendo uma pequena minoria – de tal maneira que antes da Segunda Guerra Mundial havia passado de meio milhão de membros. No entanto, visto que o interesse no que os missionários ofereciam surgia de uma motivação nacionalista, era de esperar que, assim que eles começassem a captar a tão desejada tecnologia ocidental, uma nova reação surgisse contra o estrangeiro. Isso foi de fato o que aconteceu, e a terceira e a quarta década do séc. XX viram aparecer um forte movimento anticristão e antiocidental que, embora parecesse não contar com o apoio decidido da maioria da população do país, incluía em suas fileiras um bom número de dirigentes chineses. Esse sentimento anticristão refletiu-se no aumento que, a partir do ano 1930, começou a ter o comunismo no país, bem como em certa ala dos partidários do Kuomintang (partido nacionalista) que se opunha à excessiva influência dos cristãos no país por meio de Chian-Kai-Shek e de sua esposa, que eram frutos de um antigo lar cristão.

Durante a primeira metade do séc. XX, da mesma forma que em outros campos missionários, produziu-se na China um movimento para a unidade do empreendimento protestante. Esse movimento manifestou-se no ano 1922 na fundação do Conselho Nacional Cristão. Alguns anos antes, os diversos ramos anglicanos se haviam unido em uma só igreja; o mesmo haviam feito os luteranos. Pouco mais tarde, organizou-se a Aliança Batista da China; no entanto, o mais notável esforço ecumênico de todo esse período na China – um esforço que naquela época parecia único em todo o mundo – foi a formação da Igreja de Cristo na China, que uniu os cristãos procedentes de tradições reformadas, congregacionalistas, batistas e metodistas.

Deve-se considerar também que o trabalho missionário protestante nem sempre promoveu o espírito e a civilização ocidental. Alguns missionários e cristãos do Ocidente não adotaram os padrões tradicionais e as estratégias missionárias predominantes. Houve pessoas, como Edgard H. Hume, Frank J. Rawlinson e Pearl S. Back, cujas vidas demonstraram uma conversão à cultura chinesa e uma profunda sensibilidade para o confucionismo, para o budismo e outras expressões religiosas locais. Muitos desses cristãos de vocação missionária começaram a formar um modelo muito mais eficaz para a missão quando o encontro com pessoas de outras culturas e de outras religiões era tolerado.

A sorte das missões protestantes na China estava estreitamente ligada à do governo nacionalista. Sun-Yat-Sen, do qual Chiang-Kai-Shek dizia ser herdeiro espiritual, havia sido protestante. O próprio Chiang-Kai-Shek era membro de uma igreja protestante, e não havia dúvidas de que sua esposa vinha de um lar de profundas convicções evangélicas. Muitos missionários viam nisso uma oportunidade semelhante à que o Império Romano havia apresentado na época de Constantino. Outros não se mostravam tão otimistas e assinalavam os muitos casos de corrupção política que aconteciam no Kuomintang. Em todo caso, não nos cabe aqui julgar o caráter de Chiang-Kai-Shek; somente nos interessa o fato de que sua expulsão da China continental pelas forças comunistas trouxe um novo período para o cristianismo chinês, tanto protestante quanto católico.

A primeira consequência da vitória comunista na China foi a retirada ou a expulsão da quase totalidade dos missionários estrangeiros. Foram muitíssimos os chineses que abandonaram o cristianismo em prol do marxismo, especialmente entre os intelectuais e estudantes que seguiam a teologia de tendência liberal. Alguns dirigentes cristãos pensaram que a única maneira de salvar a Igreja era colocá-la nas mãos do Estado. No ano 1950, o Manifesto Cristão foi apresentado a um grupo de dirigentes cristãos de Shangai para que o aprovassem. Quando estes se negaram, foi lhes dito que o Manifesto já tinha a aprovação do premier Chou-En-Lai, e não era possível ser recusado. Pouco depois, começou a "campanha de denúncias", nas quais alguns dirigentes cristãos se prestavam a difamar seus irmãos pela imprensa e pelo rádio. Logo veio a "consolidação" das igrejas, de tal modo que em Pequim, onde antes da revolução havia sessenta e cinco igrejas, só ficaram quatro igrejas – as demais foram doadas ao Estado em um "gesto de patriotismo".

Durante algum tempo, os cristãos da China mantiveram contato com o restante da igreja por meio de seus irmãos da Rússia; mas, quando a relação entre China e Rússia se tornou difícil, rompeu-se a última linha de comunicação com o exterior. No ano 1961, era impossível saber com certeza quantos cristãos havia na China, e muito mais difícil era saber o número exato dos que pertenciam às igrejas "clandestinas" ou subterrâneas, que haviam surgido como reação à atitude das igrejas reconhecidas pelo governo.

Finalmente, o trabalho missionário na China continuou sob condições muito complexas. Como indicamos, os protestantes também se dividiram entre as igrejas oficiais, reconhecidas pelo governo e que posteriormente seriam reconhecidas sob o Concílio de Igrejas da China e o *Three-Self Movement Church*, e as igrejas clandestinas, subterrâneas ou subversivas. Uma vez mais, o governo comunista reconheceu a igreja protestante como outra religião, e começou uma história muito complexa de relações entre a igreja oficial, com seus organismos ecumênicos e educativos, e as igrejas clandestinas.

Por outro lado os missionários que criticavam o projeto ocidental protestante na China, escreveram positivamente sobre a revolução marxista na China. Não obstante, depois da revolução cultural dos anos 1960, era claro que o cristianismo – oficial e não oficial – sofrera perseguição e a tentativa de sua total eliminação do solo chinês.

Contudo, no final da década de 1970 e começo da próxima, começou a surgir um espaço por parte do governo para permitir o culto livre. Para a surpresa de muitos, as igrejas abriram e os fiéis chegaram a adorar e a louvar a Deus. Já não existem as divisões denominacionais, mas agora se fala da Igreja Cristã na China, com múltiplas expressões que testificam a fidelidade do povo cristão chinês e mostram que a obra missionária é finalmente sustentada pelos nativos.

Em meio a essas lutas e acontecimentos, os diversos grupos missionários e os chineses protestantes criaram a

Amity Foundation em 1985, uma organização chinesa independente e voluntária cujo propósito é promover educação e serviços sociais, e sustentar programas de desenvolvimento nas comunidades rurais da China. Sob a liderança do bispo K. H. Ting, o líder laico Han Wenzao e o missionário presbiteriano Philip Wickeri, a Amity converteu-se na aliança do mundo cristão com os cristãos da China, promovendo intercâmbios e eventos ecumênicos que afirmam a unidade cristã.

H. O cristianismo na Austrália e nas Ilhas do Pacífico

Visto que um dos principais acontecimentos que deram origem ao grande movimento missionário do séc. XIX foi a série de viagens em que, de 1768 a 1779, o capitão Cook explorou as terras do Pacífico, era esperado que a Inglaterra, que estava no apogeu de sua expansão colonial, logo se estabelecesse em tais terras e, juntamente com os colonos, viessem os missionários. Essa colonização, todavia, foi lenta, porque as antigas civilizações do Extremo Oriente ofereciam maiores oportunidades comerciais que a Austrália e as ilhas do Pacífico.

1. Austrália

Os primeiros súditos britânicos que chegaram à Austrália eram condenados enviados para lá para cumprir pena. O contingente inicial chegou no ano 1788, e assim se estabeleceu a colônia de Nova Gales do Sul. Durante toda a primeira metade do séc. XIX, e ainda depois em números mais limitados, os condenados continuaram chegando à Austrália e à Tasmânia. Nas colônias de condenados, estabeleceram-se desde o começo capelanias, devido, em parte, à obra na Inglaterra de Wilberforce, anglicano que por razão de suas convicções cristãs lutava por uma reforma penal.

Já que a maioria dos imigrantes – tanto os primeiros condenados quanto os colonos que depois os seguiram de boa vontade – procedia das ilhas britânicas, a igreja da Inglaterra foi sempre a maior do país e, em meados do séc. XX, contava com a terça parte da população. Era seguida pela igreja católica, logo depois pelos metodistas e presbiterianos, que haviam começado cedo seu trabalho nas novas colônias. Havia também, ainda que em número muito menor, batistas, congregacionais, luteranos, pentecostais e outros.

Desde sua origem, o cristianismo na Austrália viu-se desafiado por uma tarefa missionária a cumprir. Calcula-se que, quando chegaram os primeiros condenados britânicos, havia na Austrália mais de um quarto de milhão de aborígines. Esses viviam em um grau de civilização rudimentar, correspondente ao da Idade da Pedra, e se alimentavam da caça e da colheita de frutos e raízes. A chegada dos colonos britânicos colocou-os em situação desvantajosa, pois eram empurrados cada vez mais para as regiões desérticas do interior e do norte do continente. Muitos dos colonos os maltratavam e ainda os matavam como se fossem animais. Em tais condições, as igrejas começaram o trabalho missionário entre eles. Em razão dos costumes nômades dos aborígines, tais missões eram extremamente difíceis. Antes de tudo, era necessário conseguir que se estabelecessem em um lugar, ao estilo das antigas "reduções" que os espanhóis haviam estabelecido na América, para ali levar a cabo o trabalho missionário. O propósito de tais missões não era somente a conversão dos aborígines ao cristianismo, mas também sua adaptação às condições de vida moderna. Frequentemente, abandonavam a vida sedentária e dedicavam-se de novo a vagar pelo deserto. Durante todo o séc. XIX, a maioria das missões, tanto católicas quanto protestantes – e estas eram a maioria – fracassou. A população aborígine continuou diminuindo, e era previsível que logo desaparecesse. Além disso, aqueles que se adaptavam à vida sedentária das missões não estavam dispostos a tomar sobre seus ombros nenhuma responsabilidade, mas desejavam que os missionários lhes proporcionassem todas as coisas necessárias para a vida.

Durante o séc. XX, essas missões andaram um pouco melhor. Mediante os avanços médicos, conseguiu-se reduzir a mortalidade infantil, de modo que a população começou a aumentar de novo. Estabeleceram-se escolas que, no ano 1965, assistiam 80% das crianças, e conseguiu-se legislação que concedia aos aborígines todos os direitos que tinham os habitantes brancos do país. Alguns aborígines começaram a dar sinais de estarem dispostos a assumir maiores responsabilidades. No ano 1965, restava na Austrália apenas umas poucas centenas de nômades, o restante dos descendentes dos habitantes primitivos do país se havia adaptado, de uma forma ou de outra, à vida moderna.

A Austrália logo veio a ser um centro de onde se dirigia o trabalho missionário para a Nova Zelândia e para as demais ilhas do Pacífico. Alguns de seus primeiros pastores e capelães, especialmente os anglicanos e os metodistas, estiveram muito interessados no trabalho entre os maoris da Nova Zelândia e depois entre os habitantes das demais ilhas.

Antes de passarmos para a Nova Zelândia, devemos assinalar que na Austrália, da mesma forma que em tantas outras regiões do Globo, o séc. XX se caracterizou pelos movimentos de unidade entre os cristãos e a inserção do movimento pentecostal carismático. Houve vários casos de união orgânica entre as igrejas protestantes pertencentes à mesma tradição. No ano 1927, fundou-se o *National Missionary Council of Australia*. Desde a fundação do Conselho Mundial de Igrejas, duas igrejas australianas pertenciam a ele. No ano 1965, existia um projeto em vias de realização para a união de várias das principais igrejas protestantes.

A lista de igrejas e tradições de estilo pentecostal na Austrália é impressionante. Grupos como a igreja apostólica, as assembleias de Deus, a igreja do Evangelho Quadrangular, a igreja de Deus (Cleveland) e outros grupos carismáticos têm feito um aporte ao trabalho missionário na Austrália, particularmente entre os migrantes, os imigrantes e nos centros urbanos. Há um número de igrejas pentecostais australianas – número que continua crescendo – que surgiu do movimento missionário pentecostal, mas que agora é de caráter nacional, tal como a *United Pentecostal Church of Australia*. Muitas dessas igrejas e denominações pentecostais e carismáticas não só têm trabalhos missionários em seu país, como também estão desenvolvendo estruturas para o trabalho missionário no estrangeiro.

2. Nova Zelândia

O cristianismo chegou à Nova Zelândia procedente da Austrália. Antes que chegassem as grandes ondas de imigrantes britânicos, alguns cristãos na Austrália ocuparam-se de começar as missões entre os maoris. Estes habitavam as ilhas neozelandesas antes da chegada dos brancos. Sua cultura era bastante superior à dos aborígines australianos, mas os costumes de canibalismo e as guerras contínuas limitavam o aumento da população. As primeiras missões cristãs à Nova Zelândia surgiram sob a inspiração de Samuel Marsden, o segundo capelão anglicano na Austrália, que, no ano 1814, depois de haver trabalhado entre os aborígines australianos, estabeleceu obra missionária entre os maories. Poucos anos mais tarde e em parte pela inspiração de Marsden, o metodista Samuel Leigh começou o trabalho missionário na mesma região. O catolicismo romano chegou mais de vinte anos depois do anglicanismo, e, ainda então, seu primeiro trabalho foi entre os colonos irlandeses. As missões anglicanas e metodistas contribuíram para reduzir o canibalismo entre os maoris, e parece que já em meados do século a maioria deles se inclinava ao cristianismo.

Então chegou a onda invasora dos colonos britânicos. Ainda que alguns dos defensores da colonização da Nova Zelândia o tenham feito por motivos religiosos, o resultado foi funesto para os maoris. Os colonos introduziram armas de fogo, que tornaram muito mais mortíferas as guerras dos maoris entre si. A contínua exploração dos habitantes do país teve por resultado a rebelião destes, seguida por sangrentas guerras nas quais os maoris foram dizimados.

Apesar de tudo, o cristianismo, especialmente da igreja anglicana, conseguiu lançar raízes entre os maoris. Estes se mostravam inclinados a criar seitas e movimentos religiosos de sua própria criação, tais como os de jau-jau no séc. XIX e a igreja de Ratana no séc. XX. Esta foi fundada pelo maori Ratana e era conhecida por um caráter emotivo, pela ênfase na santidade divina e por seu caráter político e econômico, pois prometia justiça social para os maories mediante a dedicação total a Deus.

Em meados e no final do séc. XX, a maioria do país era protestante, constituída principalmente por anglicanos, presbiterianos e metodistas. A igreja católica apenas passava da oitava parte da população. É notável o fato de, durante o séc. XX, os maories anglicanos insistirem na conveniência de que se estabelecesse uma diocese à parte para eles. Isso aconteceu, e um bispo maori foi posto como cabeça da diocese.

Da mesma forma que na Austrália, a Nova Zelândia foi fonte de missionários para o restante das ilhas do Pacífico.

3. As Ilhas do Pacífico

Nenhum episódio na história das missões cristãs é tão interessante e inspirador como o da expansão do cristianismo nas ilhas da Polinésia, Melanésia e Micronésia. Tratava-se de milhares de ilhas, a maioria delas muito pequenas e, às vezes, separadas por enormes distâncias. Os diferentes idiomas tornavam a tarefa ainda muito mais complicada. Quase sempre os comerciantes e os aventureiros que chegavam antes dos missionários cristãos ou com eles constituíam, com seu exemplo e às vezes até com sua oposição ativa, um sério obstáculo para as missões. Muitos dos habitantes das ilhas eram canibais e outros eram caçadores de cabeças. As guerras entre as diversas tribos eram endêmicas, e se tornaram muito mais temíveis quando os brancos introduziram as armas de fogo. As enfermidades que acompanhavam os brancos, e para as quais os habitantes das ilhas não haviam desenvolvido imunidade alguma, dizimavam a população. Frequentemente, acusavam-se os brancos, especialmente os missionários, de haver provocado a ira dos deuses, cuja consequência era a epidemia.

Apesar de todas essas dificuldades, a evangelização das ilhas do Pacífico avançou consistentemente. Com uma frequência e em número surpreendente, sobretudo no caso dos missionários protestantes, os recém-convertidos dedicavam-se a levar a fé a outras pessoas e até a outras ilhas. Em muitas das ilhas nas quais o cristianismo acabava de ter sido estabelecido, criaram-se centros para a preparação de missionários para as outras ilhas. Nesse tipo de atividade, distinguiram-se especialmente os cristãos da ilha de Samoa, Tonga e Fiji. Frequentemente, tais missionários eram mortos e devorados pelos habitantes de alguma outra ilha que pretendiam converter; em tais ocasiões, o resultado era que imediatamente surgiam outros voluntários para ocupar o lugar.

A maior parte do trabalho missionário nas ilhas do Pacífico foi realizada por protestantes; em meados do séc. XX, estes eram a maioria da população, ainda que os católicos fossem pouco menos da metade. Em suas origens, as missões protestantes das ilhas do sul do Pacífico procederam principalmente da Austrália e da Nova Zelândia, além da *London Missionary Society*, diretamente da Grã-Bretanha. Ao norte do Pacífico, o trabalho foi realizado principalmente pela *American Board of Commissioners*. Por essas razões, as denominações mais extensamente representadas nas ilhas foram a congregacionalista e a metodista. Além disso, havia forte contingente de anglicanos e alguns batistas, discípulos de Cristo e outros. Naturalmente, nas ilhas que estavam sob o domínio da Holanda e da Alemanha a maioria dos missionários procedia desses países e das igrejas que ali eram numerosas, mas a influência missionária da Holanda e da Alemanha chegou a se nivelar à da Grã-Bretanha, à da Austrália, à da Nova Zelândia e à dos Estados Unidos.

A maior parte da obra missionária católica foi realizada por sacerdotes franceses. Da mesma forma que no caso dos protestantes, houve entre eles exemplos frequentes de heroísmo e de grande dedicação – o mais conhecido é o do padre Damião, que dedicou a vida ao trabalho entre leprosos no Havaí. Contudo, frequentemente os missionários franceses recorriam ao poderio militar da França para apoiar seu trabalho. Em mais de uma ocasião – quando algum rei ou chefe convertido ao protestantismo se negava a permitir o trabalho de católicos em sua ilha –, a França obrigava-o a fazê-lo mediante a presença de seus navios de guerra. Foi assim, por exemplo, que o Taiti, que havia sido o primeiro lugar onde os protestantes haviam trabalhado, chegou a ser uma ilha francesa e católica. Em tais casos, visto que as autoridades francesas impediam a presença de missionários de outros países, os protestantes recorriam ao envio de missionários da *Sociétè des Missions Evangeliques*; mas isso não conseguiu deter o progresso do catolicismo romano com relação ao protestantismo.

Em termos gerais, a história da entrada do cristianismo repetiu-se de ilha em ilha. Em alguns lugares, os missionários chegaram antes que os demais brancos; em outros, chegavam quando comerciantes e colonos já haviam introduzido os germes da destruição física e moral. No primeiro dos casos, alcançou-se uma adaptação mais rápida e completa dos habitantes originais das ilhas às novas condições que chegaram com seus contatos com o restante do mundo. Em geral, o cristianismo chegava às diversas ilhas levado por missionários oriundos de alguma das ilhas vizinhas e recém-convertidos. Em outros casos, era levado por algum nativo que havia naufragado perto de uma área na qual o cristianismo se havia estabelecido, e que assim havia chegado a conhecer a nova fé. Em outros casos – em menor número – era levado pela primeira vez por missionários brancos. Frequentemente, os primeiros missionários, tanto nativos como brancos, eram mortos e devorados pela população que esperavam converter. Com o tempo, contudo, foram estabelecidos pequenos centros missionários que gradualmente alcançavam alguns poucos convertidos. Pelo fato de a maioria dos missionários protestantes proceder de tradições que enfatizavam a necessidade de uma experiência individual, tais conversões eram acompanhadas de profunda experiência emocional e não raro de uma mudança radical de vida. Em certas ocasiões, os convertidos voltavam a seu antigo modo de vida e religião. Por fim, conseguia-se constituir um pequeno grupo de crentes que geralmente incluía alguns dos mais distintos membros da comunidade. Depois de muitos anos de trabalho que pareciam escassos em frutos, começavam as conversões em massa.

Estas aconteciam em meio a "avivamentos", nos quais se experimentavam grandes agitações emocionais, acompanhadas de uma profunda convicção de pecado e confissão. Em poucos anos, a quase totalidade da população da ilha em questão era cristã. Em seguida, tratava-se de produzir uma legislação e uma vida comunitária que refletissem os princípios cristãos. Frequentemente, a ilha na qual acontecia a conversão, em virtude de seu conhecimento mais íntimo da técnica ocidental, alcançava certa hegemonia sobre as outras ilhas, e, por isso, o cristianismo estendía-se até elas. Um exemplo notável disso foi o caso do rei de Tonga, que se batizou e adotou o nome de Jorge. Por meio das gestões militares e diplomáticas do rei Jorge, seu poderio estendeu-se a várias ilhas, e o cristianismo ultrapassou os limites de seu poderio.

No final do séc. XIX, a quase totalidade dos polinésios era cristã, e existiam missões na maior parte das ilhas de Melanésia e Micronésia. Durante todo o séc. XX, continuou a conversão dos habitantes dessas ilhas; e, no ano 1965 quase todos eles se nomeavam cristãos. Os principais redutos das antigas religiões estavam nas regiões montanhosas do centro de algumas ilhas, especialmente de Nova Guiné, onde continuava o fenômeno da conversão em massa de alguma outra tribo. A invasão das ilhas por parte do Japão durante a Segunda Guerra Mundial não parece ter afetado de maneira decisiva o avanço do cristianismo. A extensão do protetorado da Nova Zelândia e da Austrália a algumas das ilhas do sul do Pacífico contribuiu para despertar novo interesse missionário nesses países. O Havaí passou a ser um Estado dos Estados Unidos.

Em razão da influência do cristianismo e da obra incessante de numerosos missionários, os diversos idiomas das ilhas do Pacífico foram transcritos, e para eles foram traduzidas a Bíblia e a alguma literatura cristã. O canibalismo e o costume de caçar cabeças desapareceram, assim como – nas ilhas Fiji – o costume de estrangular as viúvas. Em suas práticas sexuais, os habitantes das ilhas do Pacífico tendiam a se ajustar ao que defendiam os missionários cristãos.

No campo da educação, desde o princípio os missionários se haviam dedicado a estabelecer escolas e logo se esforçaram para preparar adequadamente os convertidos que deviam servir de missionários em outras ilhas, desenvolvendo-se um amplo clero nativo. Contudo, durante todo o séc. XIX e boa parte do XX, os missionários hesitavam em pôr sobre os ombros dos pastores oriundos das ilhas grandes responsabilidades. Durante o séc. XX, essa atitude tendeu a desaparecer, e as igrejas de Samoa, Fiji e Tonga haviam obtido certo grau de autonomia.

I. Considerações gerais

Durante o período que estamos estudando, a Ásia e o sul do Pacífico foram o ponto focal do interesse missionário por parte da Europa e dos Estados Unidos. Foi até essa porção do Globo que William Carey dirigiu o olhar desde sua pequena oficina de sapateiro e foi também nela que passou os melhores anos de sua vida. A partir de então, os principais esforços missionários europeus dirigiram-se para o Oriente e, em menor escala, para o sul do Pacífico. Nos Estados Unidos, a *American Board of Commissioners for Foreign Missions* surgiu também do interesse de alguns pelo Oriente e desde seu início dedicou a essa região seus melhores esforços.

Por outro lado, a enorme distância que separava essa região dos países de onde se originavam os missionários – exceto, naturalmente, da Austrália e da Nova Zelândia – produziu certa escolha natural que foi muito proveitosa para as missões. Somente as igrejas e as instituições com alguma firmeza de propósito podiam enviar missionários para a Ásia ou para o sul do Pacífico.

A combinação desses dois fatores – a concentração do esforço missionário e a seleção de pessoal – teve como resultado a formação de igrejas de notável maturidade. Foi na Índia, e depois no restante da região que estamos estudando, que primeiramente apareceram nativos capazes de tomar as rédeas das novas igrejas – e de fazê-lo não com espírito de vingança ou de emancipação da tutela dos missionários, mas como consequência natural da obra cristã. Já no começo do séc. XX, as igrejas do Oriente contavam com pessoas capazes de dirigi-las, às vezes em tempos extremamente difíceis e sem o apoio do Ocidente. Assim, começava a desaparecer a distinção – tão errada e daninha, mas tão frequente – entre "igreja" e "missão".

Desde muito cedo, algumas das igrejas do sul da Ásia ocuparam um lugar de importância no movimento ecumênico. Os dirigentes nacionais, aos quais já nos referimos, lançaram-se em busca de estruturas e modos de testemunho mais efetivos, que resultaram na formação de várias igrejas unidas que, por sua vez, serviram de exemplo para outras partes do Globo. Além disso, tais uniões orgânicas instituíram conselhos de igrejas, centros unidos de educação teológica e outros instrumentos de cooperação.

Também é de suma importância destacar como as tradições pentecostais e carismáticas contribuíram e continuam contribuindo para o desenvolvimento da liderança nacional. A presença missionária dessas tradições converte-se em outro desafio para as igrejas de origem missionária histórica e ecumênica, já que muitas dessas igrejas pentecostais e carismáticas encarnam uma contextualização e afinidade com o povo única e particular na presente conjuntura social, econômica e cultural do Oriente.

Por último, devemos assinalar que, na antiga questão do grau e modo em que a obra missionária há de se adaptar à cultura, houve diversas soluções. Em termos gerais, os católicos adaptaram-se mais que os protestantes – como ao que se refere às castas hindus –, mas mantiveram sua tradição trazida da Europa. Os protestantes, por sua vez, adaptaram-se em diversos graus, e alguns simplesmente não o fizeram, de modo que em algumas regiões surgiram igrejas protestantes que na realidade eram pequenos transplantes culturais. Os pentecostais e grupos carismáticos representam um fenômeno complexo. Por um lado, muitos deles incorporavam boa parte das culturas ancestrais da Ásia, expressando uma afinidade que alguns consideram sincretista; por outro, apresentaram um testemunho cristão inflexível, centrado na pessoa de Jesus Cristo. Ao mesmo tempo, todavia, continua o trabalho de evangelização ao estilo de Hudson, no qual não se promove uma igreja, mas busca-se compartilhar o evangelho em todos os espaços da vida, ainda que sem arraigamento eclesial.

Em todo caso, ao começar o séc. XXI fica claro que o Oriente se tornou um grande centro de vitalidade para a fé cristã.

Capítulo VIII

As missões no mundo muçulmano

O campo mais difícil para as missões cristãs sempre foi o mundo muçulmano. Durante séculos, a lei em alguns países muçulmanos castigava com a morte a conversão ao cristianismo. Em outros países, tem existido algum nível de tolerância e até proteção dos direitos religiosos dos cristãos. O movimento de conversões entre o cristianismo e o Islã sempre foi controvertido, pois não existe nenhum padrão ou fórmula que o explique. Usualmente, as relações entre as duas religiões se têm caracterizado por tensões e ambiguidades.

Isso tendeu a transformar as igrejas cristãs que ali havia em pequenos núcleos compostos principalmente pelos descendentes dos cristãos de gerações anteriores, firmados nas tradições cristãs antigas. Em muitos desses países do Oriente Médio, o Islã envolve de tal maneira a vida e a cultura das sociedades onde é a religião dominante, que qualquer pessoa que se afaste dele tem de romper necessariamente com a sociedade em que vive, a menos que faça parte de uma das tradições cristãs antigas ou esteja dentro do marco ecumênico do cristianismo mais recente. A existência de um livro sagrado, o Alcorão, que se aproxima da Bíblia em muitos pontos, mas que em outros difere dela radicalmente, torna impossível a apresentação da mensagem cristã com base somente na autoridade da Bíblia. As Cruzadas e a longa história de conflitos e de tensão entre o mundo cristão e o muçulmano têm contribuído para criar e fomentar uma atitude não somente suspeita, mas também hostil para com o cristianismo, pois se pensa que a conversão ao cristianismo tem como consequência o abandono dos interesses da comunidade.

As relações entre cristãos e muçulmanos no Oriente Médio também estão enquadradas na história do colonialismo e da expansão dos interesses políticos e econômicos do Ocidente. Tanto o colonialismo como o que podemos chamar de "ocidentalização" do mundo muçulmano têm deixado marcas antagônicas que, nas últimas décadas, resultaram em expressões violentas contra tudo o que pareça influência do cristianismo ocidental. Sem dúvida, essas forças históricas atuam e formam uma matriz tão complexa que é difícil escrever essa história com uma perspectiva equilibrada.

O mundo muçulmano compreende dentro de seus limites os lugares mais antigos da história do cristianismo, assim como as mais antigas igrejas cristãs: a região da Síria e da Palestina, onde o cristianismo cresceu e se estendeu pela primeira vez; o Egito, onde floresceu a escola de Alexandria; o norte da África, que foi o berço do cristianismo de língua latina, e as regiões da Mesopotâmia e da Pérsia, até as regiões em que a fé cristã se estendeu com rapidez prodigiosa durante os primeiros séculos. Ali existem, além da antiga igreja ortodoxa, várias igrejas monofisistas e nestorianas, algumas das quais começaram a existir de modo independente no séc. V, por causa das controvérsias cristológicas e, em parte, das condições políticas e étnicas das controvérsias do Império Romano. Todas essas igrejas continuam existindo até o dia de hoje; algumas com grande número de membros e com vitalidade ecumênica; outras com um pequeno grupo do que antes foram extensas congregações.

Durante toda a Idade Média, a igreja católica esteve interessada na conversão dos muçulmanos e na recuperação do terreno por eles conquistados. Essa foi uma das motivações das Cruzadas, e, além disso, vimos como Francisco de Assis,

Raimundo Lúlio e toda uma plêiade de franciscanos se dedicaram a testemunhar a conversão dos muçulmanos. Era de esperar, portanto, que o catolicismo mantivesse seu interesse no mundo muçulmano e que uma parte de seus esforços missionários se dirigisse para ele. Contudo, é necessário notar que a maior parte do esforço missionário católico no mundo muçulmano não tem sido dirigida para a conversão dos muçulmanos ao cristianismo, mas para a conversão de outros cristãos ao catolicismo mediante a prática de atrair porções das antigas igrejas do Oriente e, em seguida, criar igrejas em comunhão com Roma.

O protestantismo tem trabalhado também no mundo muçulmano e da mesma forma que as demais ramificações do cristianismo, mas talvez em menor grau esteja experimentado a dificuldade de ver a conversão dos muçulmanos. Em mais de uma ocasião, e especialmente no caso das missões anglicanas, o propósito dos missionários protestantes não tem sido tanto a criação de igrejas de suas denominações como a introdução de fermento dentro das antigas igrejas orientais para fazê-las ver sua obrigação missionária. Muito frequentemente, entretanto, a consequência do trabalho das missões protestantes tem sido a aparição de tensões dentro das antigas igrejas orientais. Essas tensões produziram cismas que têm resultado na criação de igrejas protestantes.

Além disso, especialmente durante o séc. XIX, os protestantes caracterizaram-se pelo interesse na conversão dos judeus que vivem dentro dos limites do mundo muçulmano.

Durante as últimas décadas do séc. XX e começo do séc. XXI, muitos grupos independentes e conservadores de estilo evangélico têm chegado ao Oriente Médio para realizar o trabalho missionário através dos meios de comunicações em massa. Muitos desses grupos missionários tendem a apoiar a política estrangeira de países ocidentais – particularmente a dos Estados Unidos – que protegem os interesses de Israel. Por outro lado, têm surgido organizações evangélicas que tentam neutralizar o estereótipo segundo o qual "todo evangélico é pró-Israel", ressaltando e enfatizando as forças sociais, históricas, religiosas e econômicas que informam a política das nações e criando consciência da existência e do sentimento de milhões de cristãos árabes e de outros grupos étnicos que vivem sua fé nessa região do mundo.

Dadas as tensões entre o Ocidente e o mundo muçulmano, surgem novos movimentos missionários, muitos deles patrocinados com dinheiro ocidental, mas com pessoal do terceiro mundo, particularmente da América Latina, do Caribe e de alguns países da Ásia, que, sob a aparência de negócio e de turismo, fazem o trabalho missionário em situações de alto risco. Essas novas tendências têm crescido nos tempos recentes e criado reações tanto positivas quanto negativas.

A. As antigas Igrejas Orientais

1. A igreja ortodoxa

No mundo muçulmano, a igreja ortodoxa é uma pequena minoria. Ainda que tenha sido ali que, nos primeiros séculos do cristianismo, existiram fortes comunidades cristãs, os longos anos de dominação muçulmana tiveram como resultado o isolamento das igrejas nessa região, de modo que hoje as principais igrejas ortodoxas se encontram fora dela, especialmente na Grécia, na Rússia, na antiga Iugoslávia, na Romênia e na Bulgária. Essas igrejas têm dentro do mundo muçulmano quatro patriarcas: o de Constantinopla, que recebe o nome de "Patriarca Ecumênico", o de Alexandria, o de Antioquia e o de Jerusalém. Apesar de o patriarca de Constantinopla ter certa primazia de honra, sua verdadeira autoridade estendeu-se somente aos cristãos ortodoxos da Turquia, uma minoria reduzida. Sua administração é exercida por meio de um Santo Sínodo, composto por um pequeno número de bispos que realizam a administração da igreja. Além disso, esse patriarca tem autoridade sobre as igrejas da América do Norte e do Sul, da Europa Ocidental, da Austrália e da Nova Zelândia.

O patriarca de Alexandria exerce sua autoridade sobre os fiéis ortodoxos do Egito e do norte da África – pouco mais de 100.000 crentes. Embora quase todos os ortodoxos da África estejam no Egito, eles também estão no Quênia, no Zaire, no Zimbábue e na África do Sul.

O patriarca da Antioquia, cuja residência está em Damasco, tem a seu cuidado a maior comunidade ortodoxa na região, com aproximadamente 1,6 milhões de membros, a maioria deles na Síria, sendo o maior grupo cristão. Como é costume entre as igrejas ortodoxas, a liturgia e as orações desse patriarcado são feitas no idioma do povo – nesse caso o árabe. Com a Primeira Guerra Mundial, teve início o êxodo para o Novo Mundo cujo resultado foi uma comunidade ortodoxa de origem siríaca na América do Norte, no Brasil e na Argentina. Portanto, a autoridade desse patriarca se estende-se a essas regiões nas Américas.

Por último, o patriarca de Jerusalém tem autoridade sobre os cristãos ortodoxos árabes da Palestina e Jordânia; sua principal função é dirigir a Irmandade do Santo Sepulcro, que se ocupa do cuidado dos Lugares Santos. Esse patriarcado tem uma forte influência grega; por isso, sua liturgia e orações são bilíngues, em árabe e grego. Nos países do mundo muçulmano que antes pertenciam ao Império Persa, os cristãos ortodoxos são escassos. Isso se deve ao fato de antes da invasão muçulmana, os governantes persas terem perseguido os cristãos ortodoxos por suspeitarem que fossem instrumentos do Império Romano. Por essa razão, os cristãos monofisitas e nestorianos são mais numerosos nessas regiões.

2. As igrejas monofisitas

As igrejas monofisitas dentro do mundo muçulmano são três: a igreja ortodoxa copta, a igreja apostólica da Armênia e a igreja ortodoxa jacobina da Síria. Antes do séc. XX, dadas certas condições políticas e sociais, essas igrejas permaneceram isoladas uma das outras e do restante do mundo cristão. Contudo, como veremos mais adiante, atualmente participam de organizações ecumênicas e desenvolvem uma variedade de projetos missionários em seu solo e no exterior.

A característica comum de todas essas igrejas é que rejeitam a autoridade do Concílio da Calcedônia e a *Epístola dogmática* do papa Leão. Ainda que geralmente recebam o título de "monofisitas", sua cristologia não parece ser a mesma pela qual Eutiques foi condenado, e seu desacordo com o Concílio da Calcedônia parece dever-se a dificuldades de comunicação, bem como a preconceitos profundamente enraizados. Em todo caso, no mundo muçulmano as igrejas chamadas monofisitas têm mais fiéis que as ortodoxas.

A igreja copta traça suas raízes até São Marcos (o evangelista) e a uma linha étnica que vai até os faraós do Egito. Teologicamente, essa igreja distingue-se por fazer amplo uso das contribuições da antiga escola de Alexandria. Os movimentos monásticos, discutidos em capítulos anteriores, estão historicamente ligados a essa igreja.

O cabeça da igreja copta é o patriarca de Alexandria – chamado "papa" – que reside no Cairo e que não deve ser confundido com o patriarca ortodoxo de mesmo título. Mesmo que a autoridade desse patriarca se estenda até a Etiópia, tal autoridade é só de nome, pois a igreja desse país, além de ser maior que a do Egito, é praticamente autônoma. Os cristãos coptos do Egito são em sua quase totalidade descendentes da antiga igreja cristã que existia antes das invasões muçulmanas. Em razão das leis que mencionamos anteriormente, as conversões ao cristianismo entre os muçulmanos do Egito têm sido bem escassas. Durante o séc. XX, o surgimento de movimentos nacionalistas unidos à religião islâmica desencadeou numerosos casos de cristãos coptos que abandonaram a fé cristã para tornarem-se muçulmanos. A igreja copta conta aproximadamente com um milhão de membros e mantém relações de comunhão com os demais corpos monofisitas. Ainda que no princípio e em meados do séc. XX essa igreja não se tivesse distinguido por seu trabalho missionário, mais recentemente e especificamente desde a liderança do papa Shenouda II, na década de 1970, tem criado um espírito missionário focado na leitura e no estudo das Escrituras em vários ministérios de apoio e na juventude, em especial no Egito. Além disso, novas dioceses e congregações têm surgido fora do Egito, particularmente na Europa, nos Estados Unidos e no Canadá.

Na Síria, diferentemente do Egito, os monofisitas não são tão numerosos como os ortodoxos. Em outro capítulo deste livro, vimos como os monofisitas da Síria se estenderam ao Oriente, sobretudo por causa da obra de Jacobo Baradeo, de quem recebem o nome de jacobinos. Depois da invasão muçulmana, essa igreja, da mesma forma que as demais igrejas orientais, perdeu caráter missionário e dedicou-se a continuar sua própria vida interna. Ocupa sua hierarquia principal o patriarca de Antioquia, que não reside nessa cidade, mas em Homs, e cujo principal subalterno é o Mafrian – título que se dava antigamente ao chefe dos jacobinos fora do Império Romano. Além da Síria, esses cristãos estão no Oriente muçulmano, especialmente no Iraque. Sua liturgia e vida de oração são em siríaco antigo, uma língua com afinidade profunda com o aramaico, o idioma de Jesus. Seu número chega a 160.000. Essa igreja está em processo de revitalização, criando programas para a juventude e cultivando vocações ministeriais em sua região, construindo seminário na Síria, apoiada pelo trabalho missionário da igreja evangélica luterana da América. Como suas outras igrejas irmãs, essa igreja também serve a uma população de imigrantes no Canadá, nos Estados Unidos e na América Latina.

Há grande número de armênios dispersos no Oriente muçulmano assim como no restante do mundo, especialmente na França e na América do Norte. Atualmente, essa igreja está dividida em duas áreas: uma tem seu centro na República da Armênia e a outra em Antelias (Beirute), no Líbano. Suas hierarquias intitulam-se Patriarcas e Católicos. Durante o séc. XX, essa igreja recebeu fortes ataques; entre os anos 1915 e 1923, milhões de armênios sofreram perseguições; com o genocídio na Turquia criou-se uma imensa população na diáspora. O séc. XX foi um século de desastres e perseguições para os armênios e para essa antiga igreja, cuja fidelidade remonta aos primórdios na história do cristianismo.

Não obstante, sob a liderança do patriarca em Beirute, essa igreja tem sido uma das mais ativas no movimento ecumênico no Oriente Médio e no mundo. O católicos Kerekin II serviu durante as duas últimas décadas do séc. XX como um dos presidentes do Conselho Mundial de Igrejas e do Conselho de Igrejas do Oriente Médio. Há fortes comunidades armênias na Síria e no Líbano, além do Irã e do Iraque. Durante a primeira guerra no Golfo entre os Estados Unidos e o Iraque, o bispo armênio no Iraque cuidou da ajuda humanitária a milhões de pessoas afetadas. Ainda depois da guerra, o bispado continuou servindo às comunidades iraquianas e estrangeiras para que se adaptassem à vida normal. Na outra guerra no Iraque, no começo do séc. XXI, essa igreja continuou servindo aos necessitados e flagelados da guerra.

3. Os nestorianos

Nos primeiros capítulos de nossa história, vimos como os nestorianos se espalharam e conseguiram adeptos por todo o Oriente Próximo e Médio, e até na China. É triste descobrir que na atualidade seu número não passa dos 50.000. Isso se deve a uma longa e trágica história de sujeição aos poderes hostis e de repetidas matanças. Estas aconteceram no começo do séc. XX, e seu resultado foi que os nestorianos, que até então eram uns 100.000, foram reduzidos à metade. Levados de um lugar para outro por circunstâncias políticas e pelo ódio dos vizinhos muçulmanos, os nestorianos encontram-se atualmente no Iraque, na Síria, além de estarem no Irã e em outros países do Oriente Próximo. Por causa das matanças do princípio do séc. XX, um forte contingente de nestorianos imigrou para a América do Norte, mas ali tem tido pouca vida eclesiástica. Ainda que geralmente sejam conhecidos pelo título elogioso de "nestorianos", o fato é que a maior parte deles não se interessa pelas sutilezas teológicas que no começo do séc. V produziram a controvérsia nestoriana. Até os dias de hoje negam-se a dar a Maria o título de "Mãe de Deus", mas sua cristologia não parece diferir da das igrejas ortodoxas. A fim de livrá-los do estigma de "nestorianos", alguns anglicanos que trabalharam entre eles começaram a dar-lhes o nome de "assírios", pelo qual são conhecidos em alguns livros. Eles chamam a si próprios de "sírios".

Como era esperado, dadas as circunstâncias, essa igreja não tem realizado um trabalho missionário amplo. As dificuldades no Iraque levaram o católico Mar Simon XXI a refugiar-se em Chipre, de onde partiu no ano 1941 para os Estados Unidos, com o propósito de organizar ali a vida eclesiástica dos muitos nestorianos exilados nesse país. Em meados do séc. XX, havia tido êxito limitado em Chicago.

B. As missões católicas

Antes de narrarmos o trabalho missionário da igreja católica, merece nossa atenção um fenômeno eclesiástico pouco conhecido no Ocidente: a presença de várias comunhões de fé que estão ligadas à igreja católica, porque aceitam a autoridade do papa, mas mantêm uma ordem eclesiástica com seus ritos e práticas ministeriais particulares em questões como a liturgia e o celibato sacerdotal.

A primeira e mais antiga dessas comunidades é a igreja maronita no Líbano. Essa igreja tem o maior número de cristãos no país e exerce uma poderosa influência política.

Os eruditos debatem a data de seu nascimento, mesmo que a igreja afirme que suas raízes remontam ao séc. IV ou V. Sabemos, não obstante, que suas relações com a igreja católica romana começaram no séc. XII. Como muitas das igrejas nessa região, a igreja maronita tem comunidades em outras partes do Oriente Médio, assim como na Europa, na América do Norte, na América Latina e na África. Seu trabalho missionário no Líbano se tem concentrado em mediar e promover a paz durante os anos de guerra, bem como em contribuir para o contorno da ordem política, profundamente determinada pelas tradições religiosas do país.

O patriarcado latino de Jerusalém representa a segunda igreja católica mais antiga na região. Essa igreja tem sofrido continuamente os embates e conflitos da região. Sua relação com Roma remonta ao séc. XII e ela tem sido território para as missões católicas nessa região. Com uma congregação de mais de 110.000 pessoas e liturgia latina, serve aos expatriados que se encontram em cidades do Oriente Médio tais como Cairo e Beirute, e em outras no norte da África. Essas igrejas também são constituídas por um número significativo de palestinos e já tomaram uma postura de paz em meio ao conflito entre palestinos e israelitas.

A terceira tradição mais antiga é a igreja católica caldeia, fundada em meados do séc. XVI. Com aproximadamente um quarto de milhão de fiéis, essa igreja tem um contingente significativo de cristãos no Iraque, sendo uma das igrejas maiores igrejas do país. Da mesma forma que outras igrejas dessa região, a migração a tem levado a servir aos fiéis em lugares distantes como Canadá e Estados Unidos.

A igreja grega católica representa, possivelmente, a quarta e mais antiga dessa família de igrejas e a terceira em ordem ou tamanho. Com sua origem no séc. XVIII, atualmente conta com uma poderosa presença no Líbano, na Síria e na Palestina.

As outras três igrejas, pequenas e com um objetivo missionário dirigido para elas próprias, são o patriarcado siríaco de Antioquia, o patriarcado católico copto de Alexandria, e, a mais recente, o patriarcado católico armênio. Todas essas igrejas têm sido parte, ou facilitado do trabalho missionário ao qual nos referimos de imediato.

Contudo, a maior parte do crescimento da igreja católica no mundo muçulmano deve-se à imigração de cristãos católicos da Europa e à conversão ao catolicismo romano de cristãos procedentes das antigas igrejas do Oriente. A imigração por parte de europeus católicos não se relaciona com um programa consciente da igreja para sua expansão. Trata-se antes de um aspecto da grande expansão dos povos europeus durante os sécs. XIX e XX. Visto que os países ocidentais do Mediterrâneo são principalmente católicos, era de esperar que a grande maioria daqueles que imigraram para o mundo muçulmano, e especialmente para a África, fosse católica. Naturalmente, esse efeito viu-se, em parte, neutralizado pelo poderio da Grã-Bretanha e dos Estados Unidos, países de maioria protestante; mas, em todo caso, o período que estamos estudando viu o estabelecimento de fortes comunidades francesas e italianas no norte e no nordeste da África. Para essas comunidades, vieram sacerdotes e outros funcionários eclesiásticos com o propósito de ministrar às suas necessidades religiosas. Como testemunho e consequência dessa expansão através do Mediterrâneo, no ano 1884 o papa restaurou o antigo epis-copado de Cartago, ao qual haviam pertencido os mais ilustres cristãos da antiguidade.

O aumento da população católica no Levante despertou entre seus correligionários na Europa um novo interesse no mundo muçulmano. Esse interesse manifestou-se no estabelecimento pelo papa Pio IX, no ano 1862, da *Congregatio pro Negotiis Ritus Orientalis*, a cujo cargo ficaram as relações da Igreja de Roma com as antigas igrejas orientais, e cujo propósito principal era a sujeição das igrejas mencionadas à autoridade do papa. Dessa maneira, a maior parte das missões romanas ao mundo muçulmano não buscava a conversão deles ao cristianismo, mas sim a passagem dos cristãos dissidentes à autoridade de Roma. Às vezes, tratava-se de unir tais cristãos convertidos às igrejas de rito latino que porém, se haviam estabelecido em seus países; a maior parte das vezes, porém, criavam-se corpos eclesiásticos que seguiam as antigas tradições orientais, mas que, ao mesmo tempo, ajustavam-se à autoridade de Roma. Cada um desses corpos eclesiásticos tinha, como temos visto, seu próprio patriarca e sua própria liturgia. É evidente, então, pelo que mencionamos que o trabalho da unidade gerada pelas missões católicas teve seu grau de êxito e continua gerando um diálogo ecumênico importante.

As missões católicas entre os muçulmanos têm tido poucos resultados. Seu trabalho consiste, sobretudo, na instituição de lugares para órfãos e escolas, mas a oposição da sociedade e frequentemente dos governos tem impedido que se dê ensinamento cristão com toda liberdade. O esforço mais notável é o da fundação dos "Pais Brancos", mediante a inspiração do bispo de Argel, Charles M. A. Lavigerie. O propósito principal dessa organização era a conversão dos muçulmanos, mas um testemunho notável da dificuldade dessa obra é o fato de que seu maior êxito missionário aconteceu na África Equatorial, não entre os muçulmanos. Outro esforço notável da Igreja Católica foi a fundação da Universidade de São José, em Beirute.

Durante as últimas décadas do séc. XX e começo do séc. XXI, a igreja católica se tem destacado em projetos missionários em dois níveis. O primeiro tem sido a promoção do diálogo inter-religioso, um aspecto missionário de suma importância a partir do Concílio Vaticano II. A influência de sacerdotes da região – missionários em suas próprias terras – tem gerado essa atividade missionária em níveis distintos: a teologia das religiões, questões de justiça e paz, o trabalho com refugiados, a reconstrução de comunidades destruídas e desoladas, a busca de uma espiritualidade comum, a promoção dos direitos humanos, e a proteção da vida e da criação.

O segundo é que a igreja católica também tem participado do diálogo ecumênico, tentando aliviar as feridas criadas por longos anos de tensões e desacordos teológicos que hoje em dia parecem não ter a mesma violência de antes. Também se tem unido a outros corpos eclesiásticos, especialmente com o Concílio de Igrejas do Oriente Médio, e projetos a favor dos refugiados de guerra e das reivindicações de justiça.

C. As missões protestantes

Os dois principais precursores das missões protestantes no mundo muçulmano foram Henry Martin e Karl Gottlieb Pfander. O trabalho de Martin como missionário começou na Índia, e quatro anos depois migrou para o mundo muçulmano, onde traduziu a Bíblia e se dedicou a disputas teológicas com os sábios muçulmanos. Sua vida de total dedicação sintetiza-se nas palavras que escreveu num diário, no começo de seu trabalho missionário: "Now let me burn out for God". Esse pedido foi satisfeito; ele morreu na Armênia, no ano 1812, por causa de seus repetidos esforços em favor da obra missionária.

Pfander foi enviado ao Oriente Médio pela *Church Missionary Society*. Sua facilidade na aprendizagem de idiomas era surpreendente, e logo passou a conhecer o árabe, o persa, o turco e o armênio. Seu trabalho era aprofundar-se nos segredos do Alcorão e discutir com as pessoas cultas entre os muçulmanos. Com as caravanas de comerciantes, viajava de um lugar para outro. Quando as autoridades tornaram impossível a continuação de sua obra, Pfander dirigiu-se ao norte da Índia – hoje Paquistão – para continuar trabalhando entre os muçulmanos da região. Não há dúvidas de que, às vezes, seu método era um tanto feroz, pois seus argumentos contra o islamismo eram desrespeitosos aos olhos dos muçulmanos; apesar disso, a vida de Pfander e sua dedicação à evangelização dos muçulmanos contribuiu para despertar o interesse nessa obra entre os cristãos da Inglaterra.

As primeiras missões protestantes estabelecidas no mundo muçulmano – à parte, é claro, das que se estabeleceram anteriormente nas Índias Orientais e que discutimos em outro capítulo – foram as anglicanas. O propósito inicial de tais missões era a conversão dos muçulmanos e a introdução de novas correntes de pensamento e de atividade nas antigas igrejas orientais, para que estas, por sua vez, se sentissem chamadas ao trabalho missionário. O primeiro aspecto dessa obra era extremamente difícil; o segundo, apesar de suas boas intenções, tendia a criar dentro das igrejas orientais tensões que culminavam em cismas. Para levar a cabo essa obra, estabeleceu-se um centro na ilha de Malta, onde se produzia literatura que era enviada aos países muçulmanos. No ano 1840, dando com isso prova palpável de que se havia chegado à conclusão de ser necessário instituir uma igreja anglicana, estabeleceu-se um bispo em Jerusalém. No entanto, essa se dedicava, sobretudo, a trabalhar entre os muçulmanos e os judeus, e é notável o fato de que o primeiro a ocupar essa sede era um judeu convertido. Esse episcopado foi criticado severamente pelos partidários do anglo-catolicismo, enquanto os anglicanos de tendências mais protestantes afirmavam que era um passo necessário. Mais tarde, o bispado em Jerusalém foi elevado ao nível de arcebispado.

Fora do anglicanismo, a igreja protestante que mais trabalhou e que melhores resultados conseguiu entre os muçulmanos foi a presbiteriana. Seu trabalho começou no Egito, em meados do séc. XIX. Mesmo que, a princípio, seu propósito fosse renovar a igreja copta, o resultado foi a aparição de um cisma dentro dessa igreja e a consequente fundação de uma igreja evangélica. Isso trouxe dificuldades para a igreja copta, com a qual foi difícil cooperar durante muitos anos. No Egito, a igreja presbiteriana organizou numerosos hospitais e escolas, e dedicou-se ao treinamento de um pastorado egípcio. Mesmo que a maioria dos membros da igreja presbiteriana viesse da igreja copta, havia alguns convertidos do Islã. Posteriormente, muitos dos trabalhos missionários focados na saúde e na educação entraram em crise à medida que os estados islâmicos começaram a se ocupar cada vez mais dessas questões.

Além de forte no Egito, as missões presbiterianas têm sido fortes na Síria e no Líbano, assim como no Paquistão. A igreja que surgiu da obra presbiteriana na Síria e no Líbano recebe o nome de Sínodo Nacional Evangélico da Província da Síria e do Líbano. Além disso, os presbiterianos têm obras no Iraque e no Sudão, ainda que essas não tenham tido resultados tão amplos quanto as anteriores. As demais denominações protestantes têm no mundo muçulmano trabalho menos extenso que o anglicanismo e o presbiterianismo.

Como em tantos outros campos missionários, apareceram, no mundo muçulmano, diversos grupos que não se relacionam diretamente com uma determinada igreja. Um desses é a *North Africa Mission*, cujo caráter é semelhante ao da *China Inland Mission*, e que trabalha especialmente em Marrocos. Além disso, há numerosos grupos pentecostais que parecem florescer, ainda que seja difícil determinar se seu crescimento se deve à conversão dos muçulmanos ao cristianismo ou à atração que tais grupos exercem sobre pessoas já cristãs.

Outras fontes importantes da obra missionária entre os muçulmanos são as sociedades bíblicas, especialmente a britânica, mesmo que, em meados do séc. XX, seu trabalho tenha passado às mãos das sociedades bíblicas americanas e, posteriormente, às mãos das sociedades bíblicas internacionais.

Em meados do séc. XX, houve uma importante estação de rádio na Etiópia cujo propósito era transmitir programas cristãos para o mundo muçulmano, sem que estivesse sujeita às vicissitudes e restrições da política e dos governos dos países muçulmanos. Também é importante notar que quando, na Espanha, não se permitiam programas de rádio protestantes, Marrocos serviu de base de transmissão para a Espanha.

Desde as últimas décadas do séc. XX até o presente, e em parte como resultado da guerra entre os Estados Unidos e o Iraque, a presença de missões evangélicas e pentecostais no Oriente Médio têm criado uma situação muito difícil e complexa. Por um lado, muitas agências missionárias evangélicas chegam à região com uma expectativa escatológica em que o conflito entre palestinos e israelenses marca a trajetória da segunda vinda de Cristo. Por isso, muitas dessas agências têm apoiado a política externa dos Estados Unidos. Além disso, muitos desses grupos não consideram, ou criticam ferozmente, as igrejas antigas da região. Recentemente, houve uma melhora na comunicação, mas ainda existem profundos conflitos entre alguns grupos evangélicos e as igrejas antigas.

Por outro lado, desde 1986 há grupos evangélicos, agrupados sob a organização *Evangelicals for Middle East Understanding*, que buscam ver e desenvolver uma perspectiva e uma ação mais justa no que se refere às relações das igrejas no Oriente Médio com os grupos evangélicos do Ocidente, particularmente dos Estados Unidos. A Organização Internacional Visão Mundial também tem desenvolvido um trabalho missionário entre os pobres da região que reflete uma teologia e uma prática missionária mais intercultural e inter-religiosa. Também tem publicado trabalhos que começaram a informar os cristãos do Ocidente sobre as dificuldades ideológicas e políticas da região e a resposta cristã em busca da paz. Segundo Charles A. Kimball, em seu livro *Angle of Visison*, as igrejas no Oriente Médio dizem

> ... que os cristãos no Oriente Médio necessitam e apreciam a assistência material providenciada por cristãos

da América do Norte. Isso é crucial para a continuidade de ministérios em meio aos conflitos políticos e religiosos. Contudo, o problema primário que enfrentam acontece no campo da política. A preocupação mais importante é a paz e a estabilidade nessas sociedades. Se a paz com justiça pode ser alcançada, muitos dos outros problemas da sociedade serão menos severos. Mais que qualquer coisa, os cristãos no Oriente Médio desejam que os norte-americanos estejam bem informados sobre a região e motivem seus governos a trabalhar incansavelmente por uma paz justa e duradoura.

Após os acontecimentos de 11 de setembro de 2001, e como resultado da guerra no Afeganistão e no Iraque, a situação missionária tornou-se mais complexa e cheia de tensões. Os esforços de vários grupos missionários e organizações ecumênicas – nacionais e internacionais – movem-se em direções muito diversas: alguns se dedicam à ajuda aos refugiados e à reconstrução social, enquanto outros buscam a conversão dos muçulmanos, e alguns simplesmente apóiam a política externa dos Estados Unidos. Esse grupo, às vezes, toma a forma de um chamado ao martírio em favor das "lutas democráticas" e dos interesses do Ocidente.

Há duas pessoas muito importantes no trabalho missionário no mundo muçulmano – um estrangeiro e outro da região. O primeiro foi o bispo anglicano Kenneth Craag, cujo trabalho missionário no mundo muçulmano contribuiu para a ampliação do movimento ecumênico entre os protestantes e para as suas relações com as igrejas antigas da região. Assim mesmo, Craag foi uma pessoa-chave que ajudou o Ocidente a compreender a fé islâmica e a realidade do cristianismo no Oriente Médio.

O segundo é o ministro palestino luterano Mitri Raheb, diretor do Centro Internacional de Belém e da Academia *Dar al-Kalima* e de Saúde. Raheb tem ajudado significativamente o mundo cristão a compreender a luta dos cristãos na região – particularmente a dos cristãos palestinos.

Segundo estatísticas recentes, o Oriente Médio continua sendo a região do mundo onde trabalham menos missionários cristãos. Mesmo que seja difícil obter os dados, sabemos que há um número de cristãos do Terceiro Mundo que chegam a essa região, mas carentes de preparo e de formação missional para fazer o trabalho missionário entre os muçulmanos. Em muitas ocasiões, esses missionários acabam servindo às igrejas antigas ou, no pior dos casos, sofrem prisão e perseguição.

Devemos assinalar o esforço missionário protestante entre os numerosos judeus do Oriente Próximo. A maior parte desses esforços foi realizada pela *London Society for Promoting Christianity Amongst the Jews*, fundada no ano 1809 para agir em favor da conversão dos judeus da Abisinia, mas trabalhou também no Marrocos, na Tunísia, na Argélia, na Arábia e em outros países do mundo muçulmano. Além disso, a igreja da Escócia estabeleceu uma missão para os judeus em Alexandria, e a *American Board* fez o mesmo na Turquia. Entre os missionários protestantes enviados aos judeus, merecem especial atenção Joseph Wolff e Henry Aaron Stern, ambos de origem judaica.

O trabalho missionário entre os judeus nessa região está marcado por tendências distintas que incluem a conversão dos judeus a um cristianismo histórico e messiânico, e o diálogo inter-religioso, ligado ao conflito entre os palestinos e os israelenses.

D. Considerações gerais

Em resumo, todas as igrejas dessa região vivem sua missão em meio a profundos conflitos com o Islã, com os Estados islâmicos, e até com cristãos que não compreendem nem conhecem a história da região. Os cristãos do Oriente Médio não só lutam no próprio solo com sua identidade e missão, como também sofrem com a indiferença de tantos cristãos ocidentais (do Extremo Oriente) que faltam com o espírito de solidariedade que deve caracterizar a missão das igrejas no mundo. O impacto negativo do trabalho missionário de vários grupos contribui para aumentar os conflitos na região e para reforçar os preconceitos dos muçulmanos com respeito ao cristianismo, fazendo pouco para proteger os direitos, a vida e as esperanças dos nativos da região.

Capítulo IX
As missões na África Equatorial e Meridional

A. A Igreja Ortodoxa Tawahedo da Etiópia

Antes de passar a discutir as missões católicas e protestantes na África Equatorial e do Sul, devemos recordar a existência de um grande número de cristãos monofisitas na Etiópia. As origens dessa igreja, segundo assinalamos anteriormente, remontam ao séc. IV. Mesmo que alguns pensem que a conversão da Etiópia foi extremamente superficial, o fato é que a igreja desse país, separada do restante da cristandade pelas invasões muçulmanas, subsistiu por toda a Idade Média até nossos dias.

Essa igreja enfrentou sérias dificuldades no começo do séc. XIX. Sua congregação decresceu. A imigração de muçulmanos procedentes de outros países da região apresentou-lhe novos desafios, particularmente no sul da Etiópia, onde estava a maior parte de sua congregação. Notava-se a ausência de liderança e sacerdócio que dirigisse a igreja nessas transições.

Em meados do séc. XIX, não obstante, houve algumas mudanças importantes. Uma delas foi a nomeação de um *"abuna"* – cabeça da igreja – etíope; não egípcio, como era costume. Em meados do séc. XX, a igreja etíope, sob a liderança de Menelik II, teve um papel importante na luta do país para conservar sua liberdade política diante das invasões italianas. Tal legado marcou uma ideologia que afirmava a identidade cristã africana ante a imposição de um cristianismo europeu e estrangeiro.

Durante as últimas décadas do séc. XX, a igreja continuou tendo sérias dificuldades internas, além de enfrentar uma forte mudança com o surgimento do governo comunista na década de 1970. Atualmente, tem mais de 35 milhões de fiéis, de modo que, nesse sentido, é a segunda de toda a família ortodoxa. É membro do Conselho Mundial de Igrejas e participa ativamente em debates de ordem ecumênica e sobre questões de justiça.

Em todo caso e em termos de missões, a igreja etíope não seguiu uma prática missionária tradicional, ainda que, nos últimos anos e por causa da imigração para o Ocidente, essa igreja tenha estendido seus serviços aos Estados Unidos, à Europa e ao Canadá.

B. As missões protestantes na África ao sul do Saara

No começo do séc. XIX, o interior da África era desconhecido principalmente pelas nações ocidentais. Com exceção da faixa muçulmana do norte do continente e das colônias que algumas potências europeias haviam estabelecido na costa, a África era desconhecida para o Ocidente; por isso, a Europa deu-lhe o título de "o continente escuro". Até mesmo as antigas colônias portuguesas, às quais já nos referimos em capítulo anterior, estavam quase abandonadas especialmente no que se refere ao trabalho missionário. Mesmo que Portugal reclamasse para si boa parte do interior da África, o certo é que nunca conseguiu explorar esses territórios. Contudo, a África não podia deixar de sentir as consequências do grande impulso missionário do séc. XIX. As campanhas na Inglaterra contra o tráfico de escravos; o interesse colonizador das grandes potências marítimas; o afã de explorar e descobrir novas terras, que fervia no sangue europeu desses anos; e sobretudo o impulso missionário não podiam senão penetrar os enigmas do continente africano. Se são omitidos os pequenos núcleos católicos em Angola e Moçambique – que estavam quase totalmente abandonados pela igreja e carentes de sacerdotes – é porque foram os protestantes quem primeiro começaram a expansão de sua fé na África. Na fundação da Libéria e de Serra Leoa, conjugava-se o interesse em devolver os escravos libertos ao seu continente de origem com a esperança de que fosse ponto de partida para a expansão de sua fé. Na colonização holandesa e britânica no sul da África, os propósitos religiosos não eram preponderantes, mas logo houve sociedades missionárias que viram nessa colonização uma oportunidade para penetrar o "continente escuro". Durante todo o séc. XIX, foram missionários como Robert Moffat e David Livingstone – e homens inspirados por eles, como Henry M. Stanley – que abriram caminho ao comércio e à civilização ocidental, ao mesmo tempo em que faziam todo o possível para evitar os desmandos e as crueldades que produziam o tráfico de escravos. Também no séc. XX houve missionários protestantes que fizeram muito pelo desenvolvimento físico e espiritual da África, entre os quais merece ser citado, mais por ser um símbolo do que por ser o único, Albert Schweitzer.

Além disso, a história das missões na África representa uma tentativa, por parte de muitas sociedades missionárias, de desenvolver, tão logo quanto possível, líderes nacionais que continuassem o trabalho missionário. Tal direção criou centenas de líderes nacionais que fizeram o trabalho missionário. Não obstante, essa história está cheia de tensões e lutas entre os missionários estrangeiros e os líderes nacionais. Essa história, mesmo que pouco conhecida, aponta para a complexidade do movimento missionário.

1. A fundação da Libéria e de Serra Leoa e as missões na África Ocidental e Equatorial

Foi na Inglaterra, devido, sobretudo, à influência da fé cristã, que primeiro surgiu na Europa o sentimento antiescravista. Como consequência desse sentimento, o parlamento aprovou leis e o país seguiu políticas que, com o tempo, obrigaram o restante das potências europeias a abandonar o tráfico de escravos. Além disso, fez-se todo o possível para se devolver à África quem dela havia sido arrancado à pela força. Esse esforço, depois conhecido como a "Doutrina do Desenho Providencial", começou no ano 1787, quando os ingleses levaram ao território de Serra Leoa o primeiro contingente de escravos libertos. Mais tarde, sob o apoio da *American Colonization Society*, chegaram outros colonos negros procedentes da América do Norte, onde os movimentos antiescravistas da Inglaterra se faziam sentir. Devido à sua estreita relação com a Grã-Bretanha, era esperado que logo os missionários ingleses começassem a trabalhar em Serra Leoa, e isso foi o que aconteceu quando a *Church Missionary Society* começou a trabalhar ali. De fato, Serra Leoa foi o primeiro campo missionário dessa sociedade anglicana. O resultado foi a chamada *Serra Leone Pastorate Church*, que é independente da igreja anglicana, mas mantém comunhão com ela. Também os metodistas estabeleceram missões prósperas em Serra Leoa. Mais tarde, chegaram outros grupos protestantes, assim como a igreja católica, mas esses não conseguiram o enraizamento que tinham a *Pastorate Church* e o metodismo.

O caso das missões da *Church Missionary Society*, típico do trabalho missionário nessa região, expõe um dilema na história do movimento missionário. Já para o ano 1840, a sociedade enfrentava uma escassez de missionários diante do crescimento vertiginoso das igrejas graças à liderança nacional. Essa situação provocou um problema duplo: a falta de recursos financeiros e a necessidade de dar credenciais aos nativos. As políticas missionárias que surgiram dessas condições começaram a dar forma ao que hoje se conhece como a fórmula tríplice do "autocrescimento, auto-sustentação, autogoverno" (*self-growing, self-sustaining, self-governing*). Com essa nova política, a Sociedade claramente afirmou que, para a missão ter êxito, era necessário que estivesse nas mãos dos africanos, tão logo possível, e que desde o princípio os africanos fossem protagonistas no trabalho missionário.

Um dos primeiros africanos a participar da formação missionária foi Samuel Crowther, ordenado em 1843 na Inglaterra. Depois, seguiram Tomas Maxwell e Jorge Nicol, filhos de africanos libertos, que progressivamente lutaram para conseguir um nível de igualdade com os missionários europeus.

A origem da Libéria foi semelhante, mesmo que posterior, à de Serra Leoa. A Libéria foi o resultado da forte campanha antiescravista nos Estados Unidos que sacudiu o país durante toda a primeira metade do séc. XIX e que culminou com a emancipação dos escravos e uma sangrenta guerra civil. No ano 1822, antes que se abolisse a escravidão de igual modo que em Serra Leoa, sob o apoio da *American Colonization Society*, chegou à Libéria o primeiro contingente de escravos libertos, enviados por um grupo de pessoas inspiradas por sua fé cristã; mais tarde, vieram outros, até chegar a formar um forte núcleo de população. Depois de 25 anos de dependência da América do Norte, esta concedeu a independência à Libéria no ano 1847. Visto que muitos dos antigos escravos norte-americanos que se estabeleceram na Libéria eram batistas, era de esperar que boa parte da população da nova nação pertencesse ao mesmo grupo religioso. Além disso, as diversas sociedades missionárias batistas nos Estados Unidos se ocuparam, desde muito cedo, em enviar missionários, tanto brancos quanto negros, para a Libéria. Também os diversos grupos metodistas, bem como a igreja episcopal, conseguiram grande número de adeptos entre os colonos negros da Libéria. Assim se formou uma comunidade cristã de escravos libertos, a grande maioria deles apoiados pela igreja metodista episcopal africana dos Estados Unidos, que se estabeleceu na costa da Libéria, de Serra Leoa e de outras regiões da África Ocidental, bem como de caribenhos que se uniram ao trabalho missionário e foram enviados pelas sociedades missionárias europeias e norte-americanas.

É interessante notar que o experimento da Libéria serviu para despertar um vivo interesse missionário nos Estados Unidos. Prova disso é o fato de que os primeiros missionários, tanto da igreja metodista episcopal como da agência presbiteriana *Western Foreign Missionary Society*, foram à Libéria. Entretanto, nas palavras de um bispo inglês, referindo-se ao trabalho missionário dos europeus na África, temos o seguinte: "como evangelistas fomos um fracasso. Não conheço um missionário europeu com êxito em seu trabalho". Era evidente que o trabalho missionário bem-sucedido nasceu e se desenvolveu pelos líderes africanos nativos.

Na chegada à região dos escravos libertos, ali já havia habitantes que retrocederam para o interior do continente. Desde muito cedo, realizaram-se esforços para alcançar essas pessoas. Tanto as sociedades missionárias britânicas e norte-americanas como os cristãos africanos da região, tais como Willian Wade Harris, Garrick Braide e outros, se dedicaram a esse trabalho missionário.

Os esforços missionários na África Equatorial não tiveram êxito maior até aproximadamente a década de 1950. Por exemplo, em Buganda e Madagascar (país que será discutido posteriormente), no ano 1900 os cristãos eram uma minoria significativa. Em 1938, os cristãos representavam 8% da população no Quênia, 10% na Tanganica e 20% em Uganda. Em contraste, no séc. XXI, 60% da população de Uganda e Quênia é cristã e a terça parte da população da Tanzânia é cristã.

Gana é outro país que recebeu um número significativo de missionários procedentes da Europa e dos Estados Unidos.

As missões morávias enviaram o mulato Jocabus Elisa Capitein, que foi o primeiro ministro africano ordenado dessa tradição desde os tempos da Reforma. A *Basel Evangelical Missionary Society* enviou missionários cujo trabalho resultou na Igreja Presbiteriana da Costa do Ouro. A *Basel Evangelical Missionary Society*, da missão luterana alemã do norte também realizou trabalho missionário, do qual surgiu a igreja evangélica presbiteriana. Esta se dividiu para formar a igreja evangélica presbiteriana de Gana e a igreja presbiteriana evangélica, Gana. Mais adiante no séc. XX, encontramos trabalho missionário realizado pelas tradições pentecostais tais como a Igreja Apostólica da Fé – de tradição pentecostal britânica – e a Igreja de Pentecoste, iniciada pelo missionário dos Estados Unidos James Mckeown. Essas igrejas hoje ocupam um lugar proeminente no mapa do cristianismo em Gana.

Nem todos os missionários e evangelistas estavam associados às sociedades missionárias; por exemplo, Anna Peters, que trabalhou como comerciante em Ondo desde o ano 1880 até sua morte, em 1892, e dirigiu um grupo de mulheres em campanhas de pregação na comarca; Bribrina, uma mulher afro-europeia que havia sido expulsa de seu povo por dar à luz gêmeos, depois se casou com um comerciante isoko (grupo étnico africano) e foi a pioneira no trabalho missionário no meio dessa população.

O resultado foi que no séc. XX a Libéria era um dos países da África no qual havia maior proporção de cristãos e do qual partiram missionários – tanto europeus quanto africanos – para outros países da África. Alguns dos missionários africanos que estenderam a fé protestante aos países da África Equatorial foram: Simon Kimbangu (fundador do movimento kimbanguista, de onde surgiu a *Igreja de Jesus Cristo na terra através do profeta Kimbangu*, com sede no Zaire), Lewis Bandawe, David Kaunda e Harry Matecheta em Malawi, Apolo Kivebulaya e Victor Mukasa em Uganda. Mais recentemente, missionários africanos realizaram trabalho missionário entre os imigrantes na Europa, nos Estados Unidos, no Canadá e no Caribe. A expansão do protestantismo africano tem crescido significativamente ainda fora do continente.

No séc. XX, ganhou força um novo fenômeno missionário que assinala até que ponto o trabalho missionário na África é dos africanos. Chamando-os de "profetas", em vez de "missionários", as igrejas africanas indígenas, cuja origem remonta ao começo do séc. XX na África do Sul, têm contingentes de missionários em toda a região. Mesmo que o surgimento dessas igrejas seja discutido mais adiante, é importante assinalar que tanto elas como as surgidas do trabalho realizado pelos pentecostais desde o começo do séc. XX marcam um crescimento enorme no cristianismo do continente, bem como no mundo inteiro. Além disso, como resultado do trabalho de missão, muitos grupos pentecostais e espiritualistas nessa região trabalham unidos sob a orientação de diferentes organizações nacionais, como o Concílio Pentecostal de Gana ou a Associação de Igrejas Espirituais de Gana.

Em relação aos pentecostais, dois exemplos merecem nossa atenção: o trabalho missionário da Igreja Redimida Cristã de Deus e a Igreja da Vida Profunda. Mesmo que o pentecostalismo na África remonte ao princípio do séc. XX, não é senão até meados desse século, e com expressões muito mais nativas, que o pentecostalismo alcança o auge na África ocidental. É impossível mencionar as centenas de cristãos africanos que se têm destacado no trabalho missionário, mas não há a menor dúvida de que o crescimento do cristianismo na África se deve ao trabalho missionário dos fiéis dessas igrejas. Além disso, essas igrejas não só fazem trabalho missionário em seu continente, mas também, como se verá em outro capítulo, realizam trabalho missionário no novo "continente escuro" da Europa, servindo às comunidades de imigrantes africanos e afro-europeus.

2. A colonização europeia e as missões na África do Sul

Mesmo que seus motivos propulsores não fossem essencialmente religiosos, devemos assinalar aqui a presença de um forte contingente de imigrantes europeus protestantes no sul do continente africano. Durante o séc. XVIII, a maior parte desses imigrantes procedia da Holanda, mas, quando no ano 1795 o território passou para as mãos britânicas, começaram a chegar imigrantes ingleses e escoceses. Havia, além disso, certo número de huguenotes franceses. A presença desses grupos diversos produziu tensões que, em certas ocasiões, deram em conflito armado. Além disso, como aconteceu na Austrália, os colonos brancos viam os aborígines do continente como obstáculo seus interesses econômicos e frequentemente não pareciam ter outro interesse para com eles que o de exterminá-los. Da mesma forma que na colonização da América por parte da Espanha, a igreja e as diferentes organizações cristãs fizeram muito para aliviar a situação dos habitantes nativos do país. Contudo, no séc. XX, os habitantes brancos da União da África do Sul eram conhecidos em todo o mundo por sua política desumana ante a presença de seus irmãos negros; várias organizações eclesiásticas apoiavam essa política – enquanto outras não se opunham a ela.

No começo, os colonos brancos do sul da África limitaram-se a conservar a antiga fé. O resultado disso foi o estabelecimento nessa região da igreja anglicana e da igreja reformada holandesa. Mesmo que a maioria de seus membros não se preocupasse com sua responsabilidade missionária, logo apareceu nessas Igrejas quem levasse a sério tal responsabilidade e empreendesse o trabalho da pregação aos habitantes de raça negra. Nessa obra participaram também missionários de outras Igrejas, procedentes sobretudo da Grã-Bretanha e dos Estados Unidos.

Muitas igrejas na África do Sul levam em seu nome a palavra "Sion". Essa tradição nasceu da Igreja Apostólica

Cristã com sede em "Zion City", próxima a Chicago e que foi fundada por João Alexandre no final do séc. XIX. Um missionário holandês de nome Petrus Louis Le Roux trouxe essa tradição da África do Sul. Hoje essas igrejas "sionistas" representam o nascimento do enorme contingente de *igrejas africanas indígenas*, cuja expansão alcança toda a África ao sul do Saara. Em muitos círculos acadêmicos, essas Igrejas são consideradas as primeiras expressões contextuais da teologia negra. O papel das mulheres nelas e no trabalho missionário é surpreendente. Por exemplo, a primeira mulher bispa do grupo Swazi Sion foi Joana Nxumalo em 1913, cujo trabalho missionário se destaca por um espiritualismo de santidade.

Desde a descolonização progressiva e o surgimento das novas nações africanas, o trabalho missionário na África caracterizou-se por um espírito ecumênico e de reconciliação em meio a greves e complexas batalhas políticas e militares, tais como na Zâmbia (a antiga Rodésia do Norte) e em outros países do sul da África. A conferência de igrejas africanas tem trabalhado arduamente para promover a paz, prover recursos para refugiados e flagelados pela guerra, e atender às situações de emergência criadas pela AIDS e pelos desastres ecológicos. Muitas denominações e sociedades missionárias no Ocidente têm se unido à Conferência para ajudar no trabalho missionário nessa área.

Agências missionárias, tais como a *Visão Mundial* e os *Navegantes*, continuam fazendo trabalho missionário que inclui tanto a evangelização quanto o trabalho beneficente. Muitos grupos independentes que trabalham em vilas e comunidades no interior dessa região têm alcançado grande número de seguidores, mesmo que frequentemente não se preocupem pela maneira com que a cosmovisão tradicional africana de mundo e dos espíritos dos ancestrais se manifesta na fé dos novos convertidos – nisso alguns vêem um sincretismo perigoso ou inaceitável. Tudo isso tem feito surgir dúvidas e perguntas sobre os métodos missionários, ainda que não haja a menor dúvida que o cristianismo entrou em uma interação com as culturas animistas da região.

Por último, em alguns países da África do Sul há também trabalho missionário por parte de grupos evangélicos coreanos. Esse trabalho concentrou-se nas necessidades dos imigrantes coreanos da região, mas também há tentativas de trabalho missionário entre os africanos. Tal trabalho tem como característica a evangelização entre os que já se dizem cristãos mais do que realizar trabalho missionário entre pessoas de outras religiões ou não-convertidos.

3. Um exemplo das missões, da colonização e do legado missionário no sul da África: o caso de David Livingstone

Os colonos holandeses na África do Sul não se ocuparam com a propagação de sua fé além das fronteiras das próprias colônias. Muitos deles se dedicaram à evangelização de seus escravos, mas foram poucos os que tentaram cristianizar os africanos que ainda conservavam a liberdade. Lentamente, e em parte por causa do exemplo de outros cristãos, as igrejas holandesas da África do Sul começaram a obra missionária e chegaram a estabelecer trabalho na Rodésia (hoje Zâmbia e Zimbábue, Nissalândia e Nigéria).

Contudo, Johannes Theodorus van der Kemp, o mais notável dos missionários holandeses, não trabalhou sob o amparo da igreja reformada holandesa, mas da *London Missionary Society*. Van der Kemp foi o primeiro missionário dessa sociedade na África e, em virtude de seu exemplo, a *London Missionary Society* pôde contar com um grande número de missionários, entre eles David Livingstone. Van der Kemp sentiu um grande apreço pela vida e pelos costumes africanos, a ponto de pensar que eles tinham grandes vantagens sobre os que os europeus seguiam. Seu exemplo foi imitado por vários missionários que, da mesma forma que ele, adotaram em quase sua totalidade os costumes africanos e contraíram matrimônio com mulheres desse continente. Outros missionários que tiveram destaque na London Missionary Society foram John Philipp e Robert Moffat. Ambos foram conhecidos por sua oposição ao trafico de escravos, bem como por sua devoção e amor sincero para com os africanos. Robert Moffat foi o instrumento que Deus utilizou para chamar David Livingstone para o trabalho missionário na África; mais tarde, ele contraiu matrimônio com uma filha de Moffat.

David Livingstone foi, sem dúvida alguma, o mais notável missionário na África. Nasceu em um lar humilde da Escócia, no ano 1813. Os escassos recursos econômicos da família não lhe permitiram usufruir, durante a sua infância, de uma educação formal, tendo de começar a trabalhar em um tear aos 10 anos de idade. Seu interesse pela leitura era tal que, ao mesmo tempo em que trabalhava, colocava um livro a sua frente. De noite, após uma longa jornada de trabalho, participava da escola durante duas horas. Desse modo, obteve a educação fundamental que lhe permitiu empreender estudos médicos e teológicos quando se sentiu chamado para o trabalho missionário. A princípio, o seu propósito era ir para a China, mas algumas dificuldades na realização desse projeto e a influência de Robert Moffat durante uma das visitas deste à Grã-Bretanha, chamaram-no para a África.

David Livingstone chegou à cidade do Cabo no começo de 1841, e passou os primeiros anos de seu trabalho sob a direção de Robert Moffat, que havia estabelecido um centro missionário em Kuruman. Seus primeiros anos na África foram os mais tranquilos de toda sua vida no continente. Depois de trabalhar algum tempo com Moffat, contraiu matrimônio com Maria Moffat, filha de seu mentor, da qual teve quatro filhos. Durante esse período, mostrava interesse de ir além das fronteiras do mundo conhecido. Realizou várias viagens de centenas de quilômetros a partir de Kuruman, quase sempre sobre o lombo de bois, mas frequentemente sua energia era tal que os bois se cansavam e ele tinha de continuar o caminho a pé. O que levava Livingstone a empreender essas viagens era profunda curiosidade para com o desconhecido, mas também e, sobretudo, o desejo de pregar o evangelho às centenas de tribos que ainda não o haviam escutado. Uma das coisas que mais lhe desalentava era a tendência de muitos missionários em permanecer próximos aos centros ou civilizações, sem levar ao interior da África a mensagem cristã.

Depois de passar 11 anos com o sogro Moffat, Livingstone decidiu empreender viagens mais ambiciosas. Já havia atravessado repetidamente o deserto de Kalajari e descoberto o lago Ngami – que mais tarde secaria e daria lugar a amplas planícies aptas para o pastoreio. Em uma de suas viagens através do Kalajari, Linvigstone perdeu um de seus filhos; em outra, toda sua família esteve em grave perigo. Isso o fez tomar a decisão de enviá-los a Grã-Bretanha antes de empreender uma viagem através da África. Começou-a então sobre o lombo de seu boi Simbad, e frequentemente deu continuidade a ela em canoas pelos grandes rios africanos, uma viagem que o levou por todo o continente. Nessa viagem, descobriu as cataratas que chamou de Vitória em honra à rainha da Inglaterra. Repetidamente – um total de 27 vezes – foi atacado por febres capazes de matar um homem de menos resistência que a sua. Em cada aldeia a que chegava, estabelecia relações com os habitantes do país, em parte por causa de seu conhecimento médico, mas sobretudo por causa de seu caráter doce, afável e respeitoso. Através da África, Livingstone foi deixando um rastro de admiradores. Um exemplo notável do caráter de Livingstone e de seu respeito para com os africanos foi o fato de que, quando chegou por fim à costa e havia ali um barco que o levaria à Grã-Bretanha, negou-se a embarcar nele porque havia prometido ao chefe e aos africanos que o acompanhavam que os levaria de volta a seus lares. Apesar das dificuldades da viagem, Livingstone resistiu à tentação que lhe era oferecida e regressou com seus carregadores. Gestos como esse criaram entre os africanos um sentimento de confiança até que ele chegou a converter-se num tipo de lenda que se estenderia a lugares que ele nunca visitara.

Quando Livingstone regressou pela primeira vez à Grã-Bretanha depois de 16 anos de ausência, as notícias de suas viagens o haviam precedido, e foi tratado como herói nacional. As narrativas sobre as maravilhas e oportunidades da África e o desafio à consciência cristã levaram imediatamente numerosos jovens a se oferecerem para continuar o trabalho missionário.

Por causa da influência de Livingstone durante essa viagem, organizaram-se também vários grupos de interesse missionário, especialmente o das Missões Universitárias, que surgiu de um discurso seu na Universidade de Cambridge e que, mais tarde, teria grande importância na proclamação da mensagem cristã na África.

Também as vívidas descrições de Livingstone sobre o tráfico de escravos e os sofrimentos que acarretava no interior do continente contribuíram para avivar a chama do movimento antiescravista, mesmo que a princípio seus resultados não fossem visíveis.

Ao regressar à África, Livingstone o fez sob o apoio financeiro do governo britânico, não da *London Missionary Society*. Tratava-se de dirigir uma expedição que deveria navegar pelo rio Zimbábue com o propósito de abrir rotas comerciais até o interior do continente. Livingstone estava convencido de que a melhor maneira de deter o tráfico de escravos era estabelecer um tipo de comércio que, ao mesmo tempo em que fosse mais humano, fosse também mais lucrativo. Por outro lado, Livingstone não compartilhava totalmente o sentimento de Van der Kemp, segundo o qual a vida primitiva dos africanos era superior à dos europeus. Havia visto sofrimento em demasia que poderia ser aliviado com seus próprios conhecimentos médicos para se deixar levar pelo romantismo. Cria, portanto, na necessidade de levar para a África avanços técnicos e médicos do mundo ocidental, mas não cria na superioridade implícita de todo ocidental sobre o africano. Pelo contrário, apreciava grandemente muitos dos costumes e virtudes dos africanos e tratava de buscar um meio para que esses pudessem estabelecer com o branco relações cordiais distintas das que o tráfico de escravos produzia. Por essa razão, via sua expedição ao Zimbábue, sob o amparo do governo britânico, como parte de seu trabalho missionário.

A expedição de Livingstone pelo Zimbábue fracassou. O rio não era tão facilmente navegável como ele havia crido. O barco a vapor que o governo forneceu para a excursão era totalmente inadequado e frequentemente sofria avarias difíceis de reparar no interior do continente. As relações entre Livingstone e a maioria de seus companheiros brancos tornaram-se cada vez mais tensas. Depois, a expedição foi abandonada, e Livingstone, em outra viagem memorável, levou o barco a vapor até a Índia, para ali vendê-lo. Nesse meio tempo, sua esposa morreu na Grã-Bretanha.

Em 1864, Livingstone regressou para as ilhas britânicas para ali contar os sofrimentos desumanos que o tráfico de escravos produzia e criar no público britânico o estado de consciência que mais tarde levaria à abolição desse tráfico.

Durante toda a sua vida, Livingstone esteve profundamente interessado em descobrir as fontes do Nilo. Cria que assim poderia compreender melhor todo o sistema de drenagem da África e estabelecer novos meios de comunicação entre o Mediterrâneo e o coração do continente. No ano 1866, regressou à África com o propósito de empreender uma nova expedição em busca das fontes do Nilo. Nessa ocasião, como em tantas outras, não levava acompanhante europeu algum, mas viajava com um grupo de fiéis servidores africanos. Novamente, encontrou numerosas aldeias destruídas em consequência do tráfico de escravos e de novo escreveu cartas nas quais descrevia as tragédias desse comércio. Dois anos passou internado no continente, até que regressou a população de Ujiji, na região do lago Tanganica, quando todos já o davam por morto. Ali encontrou, poucos dias depois, o norte-americano Henry M. Stanley, enviado por um diário dos Estados Unidos com o propósito de buscá-lo. Stanley e Livingstone passaram uns poucos meses juntos, e a impressão do velho missionário sobre o jovem jornalista foi tal que este dedicou o resto de seus dias à exploração da África.

Mesmo que Stanley fizesse todo o possível para persuadir Livingstone a regressar à Inglaterra, este permaneceu firme em sua decisão de dedicar o resto da vida a explorar o continente africano e pregar a quem ainda não tivesse ouvido o evangelho. Foi assim que partiu em sua última viagem, que durou 10 penosos meses e, ao final dela, teve de ser carregado pelos fiéis servidores africanos. No dia 1º de maio de 1873, eles o encontraram morto, de joelhos, junto a sua cama, e, seguindo suas instruções, enterraram seu coração nas terras africanas e carregaram seu corpo até a costa, de onde foi levado para a Grã-Bretanha para ser enterrado na Abadia de Westminster. Atualmente, junto as cataratas de Vitória, que ele descobriu, há uma estátua de Livingstone em gesto de marcha, como memorial ao modo pelo qual seu espírito infatigável imprimiu seu selo sobre o continente africano. Sua lembrança vive ainda em muitas tribos e aldeias, sem que o crescente sentimento nacionalista e de repulsa, muitas vezes justificado, contra o Ocidente tenha conseguido manchar.

O interesse multiforme de Livingstone como missionário, explorador e, sobretudo, benfeitor dos africanos pode ser observado nas seguintes linhas de uma carta sua ao seu cunhado John Smith Moffat, que, como seu pai, foi um missionário notável na África:

> As avestruzes praticam a monogamia ou a poligamia? Tente contar com seu relógio os passos que dão quando

correm a toda velocidade e logo meça a distância de cada passo. Tente descobrir a raiz e a planta da qual os hontentotes fazem fermentar sua bebida. Há realmente algo irreligioso no Boguera (cerimônia de iniciação)? Ou é algo mais que um mero rito político? Há algo além da lã que pode ser um investimento útil para os bechuanas, que faria que sua terra produzisse mais e os ajudaria a se estabelecerem nela? ... Anote as enfermidades para poder recomendar o clima aos enfermos. É necessário fazer algo para evitar que os boers (imigrantes de origem holandesa) se apropriem da terra...

Além da influência que Livingstone exerceu na África, as notícias de suas expedições e das obras missionárias fizeram que se produzisse na Europa e nos Estados Unidos um imenso movimento dirigido à África. Em boa medida por razão de sua morte e pela obra que ele havia feito em vida, a Grã-Bretanha utilizou seu poderio para pôr fim ao tráfico de escravos no continente africano. Mesmo que os morávios, metodistas e batistas tenham trabalhado antes na África, as notícias de Livingstone, especialmente as do drama de sua morte, deram novo ímpeto a seus empreendimentos missionários. Várias denominações começaram a projetar missões na África com base na obra de Livingstone.

Um contemporâneo de Livingstone, que também teve grande influência na entrada do cristianismo até o centro da África, foi Cecil Rhodes – em honra a ele a região geográfica de Zâmbia e Zimbábue levou, por algum tempo, o nome de Rodésia. Da mesma forma que Livingstone, Rhodes expressava um profundo sentido de responsabilidade cristã e de compaixão para com os africanos, e fez muito para abrir o continente ao comércio e às missões procedentes do mundo ocidental, embora Rhodes se inclinasse a pensar em termos de certa superioridade por parte dos brancos, que em consequência tinham a responsabilidade de dirigir os africanos pelos caminhos do progresso. Nisso diferia de Livingstone, que, depois de ter visto os desmandos do tráfico de escravos, não podia pensar na raça branca em tais termos. Além disso, Rhodes foi um colonizador ao estilo tradicional, construindo o que, de certo modo, veio a ser o seu próprio império. Rhodes também tinha um profundo espírito cristão, que contribuiu para dar à colonização britânica, por sua inspiração, um caráter mais humano.

Livingstone foi somente um dos muitos missionários que contribuíram para a entrada da mensagem evangélica no continente africano. Naturalmente, depois deles, colonos e comerciantes, cujos interesses não eram sempre tão humanitários e cristãos. Contudo, é necessário assinalar que a presença do empreendimento missionário contribuiu para tornar mais suportável o impacto do mundo branco sobre o mundo africano, que havia acontecido antes sem a presença dos missionários, e havia sido muito mais impiedoso.

C. As missões católicas na África

Mesmo que os católicos se tenham estabelecido na África muito antes dos protestantes – nas colônias portuguesas de Angola e Moçambique – seu trabalho missionário nesse continente havia ficado praticamente abandonado, e não foi senão depois das explorações e dos trabalhos dos primeiros protestantes, e em parte como reação a eles, que a igreja católica se ocupou ativamente do trabalho na África.

Os projetos de introdução do catolicismo moviam-se em três direções: a partir do Ocidente, do Oriente e do norte. Isso marca um contraste com as missões protestantes, que partiram principalmente do sul, ainda que houvesse também fortes núcleos protestantes na Libéria e em Serra Leoa. No Ocidente, a igreja católica estabeleceu, no ano 1842, o Vicariato Apostólico das Duas Guinés, que trabalhou principalmente em Gabão, Angola e Congo. Dessas primeiras missões, a que mais seguiu para o interior foi a de Landana, no Congo, e ainda não muito profundamente.

No Oriente, a igreja católica estabeleceu, no ano 1860, a Prefeitura Apostólica de Zanzibar, cujo propósito era usar a ilha como ponto de partida para a entrada no continente africano. O projeto de evangelização da África central através das missões que deviam remontar ao Nilo, acha-se intimamente ligado ao nome e à vida do padre Daniel Comboni, que sentia uma profunda paixão pela evangelização da África central. Visto que várias tentativas anteriores haviam fracassado e que muitos missionários morriam vítimas de febres e das severidades do clima, optara-se por levar os africanos para a Europa e ali prepará-los para a obra. Esse plano fracassou também, pois os africanos adaptados à vida da Europa tiveram dificuldades em voltar a se adaptar à sua terra. Por essa razão, Comboni concebeu o plano de estabelecer vários centros ao redor do continente, em áreas nas quais as condições não fossem demasiadamente inóspitas para os europeus, mas que também não arrancassem os africanos do contato com os seus. Em tais centros, deviam preparar-se africanos que logo trabalhariam entre seus irmãos de raça. Ainda que Comboni recebesse o apoio moral de Roma e da *Sacra Congregatio de Propaganda Fide*, não conseguiu o apoio material necessário para a fundação dos diversos centros que projetava, tendo que se contentar com somente um, sob sua direção pessoal. Ao longo de toda sua vida, Comboni dedicou-se a esse trabalho, ainda que seus resultados não fossem tantos como os que ele esperava, já que ele nunca recebeu ajuda de Roma.

Foi quando chegaram à Roma e a outras capitais católicas do continente europeu as notícias das expedições de Livingstone e da obra de outros protestantes, que os católicos começaram a se preocupar, ativa e seriamente, pelo trabalho missionário na África. Naquele tempo, a *Sacra Congregatio de Propaganda Fide* trabalhava independentemente do rei Leopoldo II da Bélgica, que tinha verdadeiro interesse no desenvolvimento de missões católicas no centro da África, mas carecia da confiança da *Propaganda*.

Inspirado pelos descobrimentos de Livingstone, Stanley e outros, Leopoldo II convocou, no ano 1876, uma conferência internacional de geografia, que se reuniu em Bruxelas. O resultado dessa conferência foi a organização de uma Associação Internacional Africana, cujo propósito era a entrada no continente, levando a ele as supostas vantagens da civilização ocidental. Ainda que a associação cresse que a pregação do evangelho era uma das bases necessárias para sua tarefa, afirmou seu caráter laico e declarou que o trabalho missionário ficaria nas mãos da igreja, e que a própria associação não devia se ocupar dele. Com grande realismo e considerando que a maior parte do trabalho de exploração africana estava sendo realizada por protestantes, o rei Leopoldo, mesmo que pessoalmente favorecesse o trabalho missionário dos católicos, concordou com a criação dessa associação de caráter laico, aceitando sua presidência. A *Sacra Congregatio de Propaganda Fide*, em vez de cooperar com os propósitos da Associação Internacional Africana, suspeitou dela, especialmente depois que o bispo Lavigerie – que já vimos no capítulo anterior como o fundador dos Padres Brancos – apresentou um relatório no qual declarava que a Associação não era senão uma frente mediante a qual os protestantes tratavam de conseguir o apoio de católicos confiados – entre eles o rei da Bélgica.

Durante todo o séc. XIX, as missões católicas no Congo caracterizaram-se pelo fato de que a presença dos missionários protestantes, ou o temor a essa presença, as atormentava. Lavigerie suspeitava da Associação Internacional Africana porque ela estava disposta a permitir a entrada de missionários protestantes na África. Os Padres Brancos foram uma das principais forças missionárias católicas na África, mas, em mais de uma ocasião, pareciam estar mais interessados em competir com os missionários protestantes que na evangelização das muitas tribos animistas do continente. Algo semelhante pode ser dito dos Padres do Espírito Santo, que foi outra das principais ordens que trabalharam ativamente nas missões africanas. Mesmo que esses missionários se tenham estabelecido em Landana, antes da chegada à região por parte dos protestantes – no ano 1877 quando Stanley abriu caminho para o interior da África através do Congo –, a principal motivação missionária dessa ordem parece ter sido deter a "virulenta" doutrina dos protestantes, considerada uma infecção para as missões nessa região. Antes que esses missionários católicos seguissem a rota de Stanley, haviam-se estabelecido nela os batistas britânicos e a *Livingstone Inland Mission* (uma organização que havia surgido com a inspiração de Livingstone e da *China Inland Mission*). Quando os católicos seguiram em seus passos, seu trabalho foi antes a competição que a simples evangelização.

Durante a segunda metade do séc. XIX, as missões católicas na África viram-se obstruídas e debilitadas por repetidos conflitos de jurisdição. Quando a *Sacra Congregatio de Propaganda Fide* decidiu conceder aos Padres Brancos o direito de se estabelecerem no que antes havia sido, pelo menos nominalmente, território sob a jurisdição do vicariato de Comboni, esse qualificou tal decisão como "uma forte dor de dente", que não desapareceu até a sua morte. Também os Padres do Santo Espírito tiveram vários conflitos de jurisdição com os Padres Brancos.

Tudo isso se complicou porque as diversas potências da Europa tratavam de se estabelecer na África e temiam que a presença de missionários de potências rivais servissem de frente a seus interesses políticos. Portugal proclamava ainda os antigos direitos do *patronato,* que lhe haviam sido concedidos por causa de seus descobrimentos e conquistas, mas que, no séc. XIX, em virtude da decadência do poderio português, era mais um impedimento do que uma ajuda para as missões católicas. A França e a Bélgica disputavam o domínio do vale do Congo (hoje Zaire). Portugal, apesar de sua debilidade política, militar e econômica, fazia demandas territoriais. A Inglaterra esteve disposta a ceder suas pretensões coloniais na África Equatorial a favor de Portugal, desde que este se comprometesse a proibir o tráfico de escravos – atitude na qual se podia ver a influência de Livingstone. Por fim, no ano 1884, reuniram-se em Berlim os representantes das diferentes potências que disputavam os territórios africanos. Ali ficou basicamente resolvido o problema político, e ao rei Leopoldo II da Bélgica foi concedida a autoridade sobre o "Estado Independente do Congo". Leopoldo II insistiu na necessidade de que se enviassem a seus territórios missionários belgas, pois temia – parece que com razão – que os missionários franceses servissem de frente aos interesses da França. Visto que a igreja católica belga estava profundamente envolvida em missões na Mongólia e em outras regiões do Oriente, durante anos foi impossível alcançar um número suficiente de missionários belgas para trabalhar no Congo. Tudo isso, além de apresentar ante os africanos os piores aspectos da cultura europeia, atrasou a entrada católica no interior do continente.

Durante o séc. XX, o catolicismo romano no centro da África cresceu muito mais rapidamente que durante o séc. XIX. Em termos gerais, tratava-se de uma continuação dos esforços começados no século anterior, porém mais bem organizados, com mais pessoal e recursos, e gozando do prestígio crescente da civilização ocidental entre os africanos. Durante a primeira metade do séc. XX, foi surpreendente o crescimento numérico do catolicismo romano nas colônias pertencentes às potências católicas, especialmente no Congo Belga (hoje Zaire).

Contudo, o crescente sentimento nacionalista logo começou a causar estragos nas missões católicas. Visto que muitas delas estavam estreitamente ligadas ao poder colonial – muito mais que as protestantes – sofreram severamente quando os africanos se voltaram contra os empreendimentos coloniais. Em lugares como o Congo, essa união demasiadamente estreita entre os interesses coloniais e o empreendimento missionário teve por consequência a destruição de boa parte do trabalho eclesiástico, assim como a morte violenta e frequentemente atroz de muitos missionários – mas é necessário assinalar que a maior parte dos que morreram nas mãos dos extremistas africanos estava pagando pelos erros de outros.

Da mesma forma que as missões protestantes, as católicas enfrentaram os problemas do avanço do Islã, bem como os da relação entre a vida e mensagem cristã e os antigos costumes africanos. Como a maioria dos missionários e dirigentes eclesiásticos, os católicos insistiam na monogamia.

Até o final do séc. XX e começo do séc. XXI, a igreja católica na África concentrou seu trabalho missionário em prover ajuda e serviços de saúde, particularmente para as pessoas que padeciam de AIDS, criando orfanatos para as crianças e para os jovens diretamente afetados pelos problemas da AIDS, bem como educando os africanos para preveni-los contra a AIDS e outros problemas de saúde. A igreja proveu também recursos para os refugiados por causa de guerras, conflitos e desastres naturais.

A igreja católica na África também passa por um complexo processo de aculturamento. Recentemente no Zaire, essa igreja produziu um documento sobre a liturgia que esteve sob estudo e debate por muitos anos no Vaticano, para ser aprovado posteriormente com certas modificações. Nessa conjuntura de afirmação da identidade africana por parte da igreja católica da região, a igreja fomenta diálogos inter-religiosos com a religião tradicional africana e com o Islã.

Finalmente, um número crescente de clérigos africanos veio a servir a igreja católica nos Estados Unidos e na Europa. Para muitos sacerdotes africanos, tal vocação é um trabalho missionário, já que não só cuidam das comunidades imigrantes, mas também servem às comunidades nesses países que, devido a crise do cristianismo no Ocidente, carecem de líderes religiosos.

D. O cristianismo em Madagascar

Ainda que Madagascar esteja geograficamente muito próxima do continente africano, a maior parte de sua população guarda uma relação étnica e cultural mais estreita com os habitantes das ilhas do Pacífico que com os africanos. Além disso, antigos contatos com os árabes e outros povos do oceano Índico os tornaram participantes de uma cultura mais avançada que a dos polinésios. No começo do séc. XIX, a tribo dos Jova dominava a ilha, pois um de seus reis, fazendo uso de armas que havia obtido com os comerciantes ocidentais na troca de escravos, conseguiu sujeitar os demais habitantes a seu domínio político. Mais tarde, os ingleses, levados por seu zelo antiescravista, firmaram com o rei de Madagascar um tratado segundo o qual esse se comprometia em proibir o tráfico de escravos em troca de quantidades anuais de armas e de outros produtos ocidentais.

Anteriormente, os franceses haviam tentado estabelecer-se na ilha, mas o primeiro missionário cristão só chegou a Tananarive – a capital – no ano 1820. Seu nome era David Jones, e foi enviado pela *London Missionary Society*, a que já nos referimos várias vezes. Jones e os que o seguiram conseguiram fundar uma igreja que mostrou ser suficientemente forte para poder resistir aos embates de 25 anos de perseguições, durante os quais uma rainha oposta ao cristianismo infligiu aos adeptos da fé estrangeira graves castigos, incluindo a morte e a venda como escravos.

Quando uma mudança na situação política da ilha facilitou as condições do trabalho missionário, a *London Missionary Society* enviou novos representantes, especialmente depois que a rainha Ranavalona II e seu esposo foram batizados. A partir de então, o trabalho missionário protestante em Madagascar continuou em progresso ininterrupto.

A pedido da *London Missionary Society*, que via nas oportunidades que a ilha Madagascar oferecia um desafio muito maior do que essa agência podia aceitar, entraram na ilha outras agências missionárias, entre elas a organização anglicana conhecida como *Church Missionary Society*, a *Society for Propagation of the Gospel in Foreign Parts*, os quacres e um forte contingente de luteranos procedente da Noruega. Todas essas organizações trabalharam em estreita cooperação e estabeleceram escolas, dispensários e outros centros de serviço social.

O catolicismo romano entrou em Madagascar durante o período de perseguições que já assinalamos. Durante os primeiros anos, as condições adversas evitaram que se propagasse. Mais tarde, apoiado pelo poderio francês, conseguiu crescer mais que o protestantismo. Depois de longas tensões com a Grã-Bretanha, a França conseguiu que aquela reconhecesse seu protetorado sobre Madagascar. Cinco anos depois, em 1897, os franceses desenvolveram a casa reinante de Madagascar e fizeram da ilha uma colônia francesa. Como era esperado, isso deu força às missões católicas e dificultou o trabalho protestante. Visto que os católicos acusavam os protestantes de se oporem ao regime francês, estes optaram por passar boa parte de sua obra para a *Sociétè des Missions Evangéliques de Paris*, que, por seu caráter francês, não podia ser acusada de favorecer os interesses britânicos. Mesmo que a princípio os missionários católicos apoiassem as ações da França em Madagascar, com o tempo suas próprias missões sofreram, pois o governo francês, refletindo o crescente anticlericalismo da França, começou a dificultar a obra de todos os missionários. Além disso, quando foi plasmado um sentimento nacionalista em Madagascar diante do domínio colonial, boa parte desse sentimento foi dirigido contra os missionários, especialmente os católicos. Na rebelião que aconteceu no final do séc. XIX, manifestou-se a ira do povo contra o trabalho cristão e contra toda influência estrangeira.

Durante o séc. XX, tanto o protestantismo quanto o catolicismo continuaram crescendo, mesmo que, em meados do século, a maioria dos habitantes da ilha não houvesse aceitado o cristianismo. A igreja católica contava aproximadamente com duas vezes o número de adeptos que o protestantismo. Da mesma forma que em outros campos missionários, as igrejas protestantes haviam sentido, em Madagascar, a necessidade de trabalhar juntas. No ano 1934, quase todos os corpos protestantes adotaram o nome conjunto de Igreja Protestante Unida de Madagascar, ainda que sem chegar a uma união total. Havia, além disso, diálogo de união orgânica entre diversos ramos do protestantismo.

Por último, a igreja ortodoxa começou uma missão nessa nação. Em 1997, com a aprovação do patriarca de Alexandria, um bispo foi nomeado em Madagascar. Atualmente, o trabalho missionário tem como resultado doze paróquias, sete escolas e doze sacerdotes nativos. O governo reconheceu a igreja ortodoxa como igreja legítima na nação.

E. Considerações gerais

No ano 1850, a África era um continente desconhecido, carente de contato com o mundo exterior e com a tecnologia moderna. Cem anos mais tarde, o continente africano incorporava-se ao mundo das nações, e surgiram nele numerosos países independentes. Isso se uniu a um profundo sentimento nacionalista que se rebelou, com razão, contra os abusos e o paternalismo dos brancos ocidentais, mas que, com frequência, esquecia o espírito de sacrifício com que muitos brancos, especialmente missionários, levaram à África o que criam ser as vantagens de sua civilização e de sua fé. Hoje o cristianismo na África celebra o resultado do trabalho missionário, ainda que, em seu desenvolvimento interno, a luta continue com o legado do colonialismo. Há na África numerosas igrejas que surgiram da obra missionária e que passam atualmente pela difícil prova de participar no despertamento de suas nações, mas sem abandonar "o depósito da fé". Há numerosas igrejas e movimentos cristãos que, nascidos no solo africano, lutam para ser fiéis ao evangelho em meio a um futuro complexo e tenebroso.

Além do nacionalismo, das lutas e conflitos étnicos e religiosos, e do efeito da globalização, as igrejas cristãs na África enfrentam dois problemas estreitamente relacionados: o grau no qual o cristão pode adaptar-se à cultura africana e a expansão do Islã.

Na antiga cultura africana, existiam práticas que os cristãos consideraram tradicionalmente incompatíveis com sua fé. Duas dessas práticas eram: o culto aos antepassados e a poligamia. Os primeiros missionários cristãos e quase toda a totalidade de seus sucessores insistiram na necessidade de se abandonar tais costumes antes de se abraçar o cristianismo. Livingstone negava-se a oferecer a comunhão a quem praticasse a poligamia; mas o problema é complexo, pois, com a abolição da poligamia, muitas mulheres e crianças ficaram desamparadas ao serem repudiadas por maridos e pais. O mesmo aconteceu com o culto aos antepassados, que está estreitamente ligado ao sentimento de lealdade social e à tradição, além de ser, ao mesmo tempo, uma prática religiosa e um costume social e político. Há na África vários grupos cristãos que permitem a poligamia e que se rebelam contra a tentativa por parte das igrejas históricas e dos missionários estrangeiros de impor na África o que eles afirmam ser meros costumes europeus.

Tudo isso fortalece o Islã, que permite a poligamia e que, ao mesmo tempo, em parte por sua longa tradição parece adaptar-se melhor às condições sociais e ao nacionalismo africano. O Islã tem o apoio decisivo do governo do Egito, que trata de estender sua influência ao sul. Entrando o séc. XXI, o Islã é um fator-chave para as igrejas cristãs no continente.

Ao lado dos desafios culturais e religiosos que o cristianismo enfrenta na África, destaca-se de forma surpreendente o problema da AIDS. Anualmente, morrem milhões de pessoas por causa dessa enfermidade. O contágio, por falta de educação, velhos mitos e pelo subdesenvolvimento do continente, é alarmante. Por um lado, como veremos mais adiante, o crescimento e a vitalidade do cristianismo na África são igualmente surpreendentes. Por outro lado, o futuro da África, particularmente ao sul do Saara, continua incerto.

Capítulo X

As missões na América Latina

Da mesma forma que no restante do mundo, o séc. XIX caracterizou-se por uma série de mudanças profundas que afetaram a nossa história. No campo da vida civil e política, a principal dessas mudanças foi a independência das novas nações americanas. No próprio campo da história das missões, o acontecimento mais notável foi a introdução do cristianismo protestante, que se tornou possível graças às novas condições políticas e intelectuais.

A. As novas condições

Durante todo o séc. XVIII, o poderio e o prestígio espanhol haviam decaído na América Latina. Com exceção do reinado de Carlos III, o trono esteve ocupado por uma sucessão quase ininterrupta de governantes fracos e incapazes. A frágil corte da Espanha requeria cada vez mais entradas das colônias que, em boa parte por causa de sua má administração, eram incapazes de suprir as demandas da península. Os índios eram excluídos do usufruto de uma sociedade da qual eles eram a principal fonte de riqueza, por isso não sentiam nenhum apego à dominação europeia. Os mestiços estavam em condições um pouco melhores. Os negros, na sua grande maioria submetidos à escravidão, contavam apenas com a urdidura da sociedade. Os crioulos eram os que levavam a carga pesada da administração e do comércio, mas eram excluídos das mais altas honras nas próprias terras em que haviam nascido. Os peninsulares, privilegiados com honras e cargas mais leves, eram os únicos verdadeiramente interessados na permanência do *status quo* e na obediência incondicional ao governo da Espanha – mas eram uma fração muito pequena da população. Por último, as ideias que chegavam da França e as notícias procedentes dos Estados Unidos produziram inquietação geral e insatisfação com a situação existente.

À parte da rebelião de Tupac Amaru, no séc. XVIII, e das gestões infrutíferas de Francisco Miranda na Europa pré-revolucionária, os grandes movimentos em prol da independência das colônias espanholas na América começaram em ocasião das guerras napoleônicas. A princípio, tratava-se, não só de um movimento de oposição à Coroa espanhola, como também do estabelecimento de governos que não reconheciam a autoridade do usurpador José Bonaparte. Com o tempo, e em boa parte por causa de falta de habilidade de Fernando VII, o resultado foi a declaração da independência dos governos, ou por parte dos rebeldes crioulos e mestiços diante desses governos. Em quinze anos, entre 1810 e 1825, a Espanha perdeu quase a totalidade de suas colônias na América. Nelas se estabeleceram governos parcialmente estáveis, sentindo-se, em maior ou menor grau, o influxo das ideias revolucionárias procedentes da França. Mesmo que a grande tradição de união entre a Igreja e o Estado tenha evitado que se produzissem imediatamente grandes mudanças nesse sentido, a América Latina dirigía-se para a separação entre as duas instituições que caracterizava a Revolução Francesa e a República Norte-americana.

O processo de independência começou no Brasil antes de no restante da América Latina, quando, no ano 1807, a Corte de Bragança se viu obrigada a abandonar Lisboa ante a invasão bonapartista. Quinze anos mais tarde, um de seus descendentes proclamaria a independência do país e constituiria o Império do Brasil. Contudo, o fato não trouxe as mudanças políticas e sociais que a população desejava, e foram necessários vários anos antes que elas se produzissem. Em todo caso, com a Proclamação da Independência do Brasil, o governo de Lisboa perdia sua mais importante colônia.

A própria França sofreu perdas territoriais na América por causa das guerras napoleônicas, pois, ainda que a aventura de Toussaint L'Ouverture culminasse com a morte deste, no ano seguinte (1804) o Haiti se converteu na primeira nação de ascendência africana independente no Novo Mundo.

A divisão política da América Latina no ano 1825 era muito diferente do que chegaria a ser no séc. XX, mas, desde aquela época, já estava claro que Espanha, Portugal e França seriam obrigadas a renunciar às suas grandes pretensões territoriais na América. Essa realidade histórica viu-se reforçada em 1823 com a Doutrina de Monroe.

Ainda que em certos círculos se tenha criado a lenda de que as revoluções latino-americanas eram dirigidas contra os abusos da igreja católica, os fatos não parecem corroborar com tal interpretação. Miranda, Hidalgo, Morelos, Moreno e São Martin – todos líderes revolucionários – eram a favor da continuação dos antigos privilégios da igreja: Bolívar foi o único entre os principais dirigentes da luta pela independência que defendia a separação entre a igreja e o Estado. O que aconteceu foi que o próprio clero católico dividiu-se entre crioulos e peninsulares e, já que todos os altos cargos eclesiásticos estavam nas mãos dos últimos, a maioria da alta hierarquia católica declarou-se contra a independência. Visto que a dita hierarquia e a casa de Bourbon tinham muito mais peso em Roma que o baixo clero, a atitude dos papas foi oposta à independência da América. A consequência natural disso foi que logo apareceu uma forte minoria anticlerical que se opunha nem tanto aos dogmas da igreja quanto à excessiva influência que esta parecia e pretendia ter nos destinos políticos da América.

Por um lado, o êxito final da independência fez que regressasse à Espanha a maioria dos sacerdotes peninsulares, os quais, apesar de seu caráter conservador, eram mais preparados. Isso pôs a igreja romana em novos apertos. Se antes não havia conseguido erradicar os vestígios das antigas religiões entre os índios e os negros do continente, tampouco ajustar os costumes e eliminar os abusos dos colonos brancos, muito menos o conseguiria agora que, com a falta de recursos humanos e sujeita a governos instáveis – ainda que dona de imensas fortunas – tinha de enfrentar situações radicalmente novas.

A igreja católica na América Latina demoraria mais de um século para repor o que para ela foram os desastres do princípio do séc. XIX. Não obstante, para o ano 1955, com a criação do Conselho Episcopal Latino-Americano, a igreja católica tomou novos rumos em relação à sua missão interna, criando vários departamentos tais como o de missões e espiritualidade, o de justiça social, solidariedade e o de família, vida e cultura – todos com enfoque missionário.

Por outro lado, as missões protestantes na América Latina foram sendo desenvolvidas nessa conjuntura. Ironicamente, na reunião missionária de Edimburgo em 1910, o continente não foi considerado território missionário pelos protestantes. Isso levou as denominações e sociedades missionárias a celebrar três importantes conferências sobre a missão na América Latina: Panamá (1916), Montevidéu (1925) e Havana (1929). Essas conferências seriam marcos no desenvolvimento do protestantismo ecumênico na região.

Grupos e sociedades de traços conservadores continuaram seu trabalho desligando-se desses esforços missionários e ecumênicos no continente. No começo do séc. XX, alguns evangélicos que tiveram contato com o surgimento do pentecostalismo nos Estados Unidos promoveram novas experiências carismáticas dentro das igrejas protestantes históricas e criaram divisões de onde emergiram novas igrejas pentecostais. Também chegaram à região os missionários pentecostais – tanto do exterior como da própria América Latina –, que criaram novas congregações. Enfim, a história das missões na América Latina, como nas regiões antes discutidas, é multiforme e complexa. Devemos dedicar o resto deste capítulo à narração dessa história em cada região do continente latino-americano.

B. O cristianismo na Argentina

1. O catolicismo romano

Como em outros países da América Latina, a independência argentina, em suas origens, não era dirigida contra a igreja católica. Mesmo que se tenha produzido na Argentina a divisão entre o alto e o baixo clero, que já assinalamos como característica geral pela independência, houve suficientes representações da igreja entre os revolucionários para assegurar a continuação de seus antigos privilégios e para fazer do catolicismo a religião oficial, à qual o governo oferecia proteção e respeito.

Contudo, em virtude das novas liberdades, logo se espalharam pelo país as ideias da Revolução Francesa com respeito às relações entre a Igreja e o Estado, o que veio a culminar com a reforma do presidente Rivadavia, que limitava a influência da autoridade estrangeira e promovia o desenvolvimento de uma Igreja nacional.

Ante a independência Argentina – e a independência do restante da América Latina –, Roma encontrava-se em um dilema. Se reconhecesse um governo cuja independência não era certa, nomeando bispos e núncios sem considerar o antigo direito do patronato dos reis da Espanha, estaria incorrendo na ira desses reis, assim como das demais casas reinantes da Europa, que se opunham à independência da América. Se, pelo contrário, continuasse acatando o patronato régio da Espanha, as igrejas ficariam carentes de supervisão episcopal e surgiriam movimentos de oposição à autoridade romana. Roma seguiu o último curso, tendo como resultado uma enorme perda de popularidade, além de o governo reclamar para si o direito do patronato nacional.

Durante o séc. XIX, a igreja católica, apesar de suas dificuldades políticas, continuou sua obra missionária. Os salesianos – dos quais o primeiro foi o padre Costamagna – estabeleceram-se na Patagônia. Na mesma região, e por iniciativa do arcebispo Aneiros, estabeleceram-se os lazaristas. Por último, os franciscanos tornaram-se responsáveis pelas reduções de índios e estabeleceram alguns colégios de missões, entre eles os Tarija e Salta.

O séc. XX trouxe para a igreja católica na Argentina um desenvolvimento indubitável. Em 1910, estabeleceu-se em Buenos Aires a Universidade Católica. Em 1934, em sua bula *Nobilis Argentinae Ecclesiae*, o papa Pio XI estabeleceu três novas dioceses no país. No ano seguinte, o arcebispo de Buenos Aires recebeu o título de cardeal.

No ano 2000, a igreja católica contava na Argentina com quarenta e seis dioceses. Como em todo o restante da igreja latina, um de seus mais graves problemas era a falta de sacerdotes.

Durante a guerra súcia na Argentina, 1976-1986, a igreja católica enfrentou lutas internas de grande magnitude. Grupos de base diretamente afetados pela guerra agiam em defesa dos direitos humanos e de grupos opostos ao regime militar. Não foi em poucas ocasiões que a postura oficial da igreja foi de silêncio ante a política opressora do governo. De outro lado, porém, o apoio internacional de organizações católicas missionárias da Europa e de organizações ecumênicas ajudou a promoção dos direitos humanos e a deposição oportuna do governo, com o que o país retornou à democracia.

Em 30 de abril de 1977, na Praça de Maio, em Buenos Aires, e como reação ao desaparecimento de milhares de pessoas desde o começo da Guerra Súcia, um grupo de mulheres reuniu-se para reclamar os desaparecidos. O apoio de grupos católicos estrangeiros e nacionais conseguiu que o conhecido movimento das "Mulheres da Praça de Maio" continuasse sendo uma voz e uma ação simbólica contra os atropelos da guerra.

O movimento de base católica na Argentina deu lugar – como em outros lugares da América Latina – à reflexão crítica e teológica sobre a situação política dos pobres e marginalizados. A Argentina foi um espaço vital para o desenvolvimento da teologia latino-americana da libertação – contribuição teológica de caráter missional e ecumênico.

Finalmente, no começo do séc. XXI e como tarefa missionária ante o auge das religiões da "nova era" e de religiões orientais, a igreja católica na Argentina desenvolveu toda uma rede de programas de rádio, de televisão e de revistas religiosas que buscava a contínua evangelização das massas. Além disso, com a migração das cidades, organizações missionais distintas compostas por missionários nacionais e estrangeiros trabalhavam para prover recursos de saúde, educação e habitação nos focos de pobreza e privação social.

2. O protestantismo

Os primeiros protestantes em solo argentino foram imigrantes procedentes dos países europeus nos quais o protestantismo era forte. Antes da independência, já havia na Argentina alguns ingleses e escoceses; mas foi Rivadavia quem primeiro se interessou, oficial e efetivamente, na entrada de grande número de imigrantes. A fim de facilitar a vinda dos colonos escoceses, garantiu-lhes a liberdade de culto, e, no ano 1825, sob contrato do governo, chegou o primeiro contingente numeroso de imigrantes. Contudo, no ano 1820, antes ainda que se garantisse a liberdade de culto aos estrangeiros, celebrou-se o primeiro culto protestante em solo argentino. Participaram dele nove imigrantes britânicos e quem o dirigiu foi Diego Thomson, o precursor das missões protestantes na América Latina.

Diego Thomson, batista, fez seus estudos de teologia na Universidade de Glasgow, em sua terra natal, Escócia. Depois de um pastorado na Escócia, dedicou-se a estudar o espanhol e os métodos de educação de Lancaster – qualquer um que desenvolvesse um método pedagógico naquela época parecia revolucionário. Com a fé, os estudos teológicos, o conhecimento do espanhol e a técnica pedagógica lancasteriana que tinha, Thomson pediu para a *British and Foreign Bible Society* que o nomeasse seu agente na América Latina. Assim, em 6 de outubro de 1818, provido de cartas de referência de Sua Majestade britânica, desembarcou em Buenos Aires como propagador de um novo método educativo e do "antigo livro". Entre ambas as funções, havia uma estreita relação, pois a Bíblia era precisamente o texto do sistema lancasteriano, além de que tanto esse sistema quanto a leitura simples do Livro Sagrado eram temas que interessavam aos elementos mais progressistas do continente.

Na Argentina, Diego Thomson realizou um trabalho tão notável que, quando decidiu partir para outras terras do continente, foi feito cidadão honorário do país.

Em 1821, depois de breve visita ao Uruguai, partiu para o Chile. Ali seu êxito não foi menor que na Argentina, e o mesmo se pode dizer de sua obra no Peru, no Equador, na Colômbia, no México e em Cuba. Nesses países, contou com o apoio e a simpatia de pessoas tão distintas quanto Bernardo O'Higgins, José de San Martin e Simon Bolívar. Sua obra em Cuba é especialmente notável porque, apesar desse país não ser independente e existirem ali todas as dificuldades para a obra evangélica, inerentes à sua condição de colônia espanhola, Thomson percorreu a ilha de um extremo a outro vendendo bíblias e dando testemunho de sua fé. Na Colômbia, fundou a primeira sociedade bíblica em nosso continente, da qual participavam vários clérigos progressistas.

Diego Thomson morreu em Londres com 62 anos, depois de haver trabalhado não só na América Latina, mas também na Espanha, em Portugal e no Canadá. Sua obra havia sido de tal semeadura, que regou a semente onde foi possível, esperando que desse frutos. Ainda que não tenha fundado comunidades protestantes na América Latina, é provável que algumas das muitas pessoas que estabeleceram relações com ele chegaram a formar, mais tarde, parte de tais comunidades.

Mesmo antes da morte de Thomson, a Sociedade Bíblica havia enviado outro representante para a América Latina: Lucas Matthews, que, durante os anos 1826 e 1827, percorreu a Argentina e visitou, além do Chile, a Bolívia, o Peru e a Colômbia. Nesse último desapareceu sem que se tenham podido saber as circunstâncias de tal fato.

Na segunda metade do séc. XIX, a Sociedade Bíblica Americana continuou o trabalho iniciado pelo colega britânico, e seu mais destacado agente na América foi o escocês Andrés M. Milne.

Durante mais de cinquenta anos, não se pregou senão aos imigrantes e em sua língua, pois as autoridades se opunham à pregação protestante em castelhano. Esta começou no ano 1867, e não tanto como resultado da obra missionária do exterior quanto da fé profunda de alguns dos imigrantes escoceses, sustentada pelo trabalho de missionários estrangeiros entre eles.

Quem pregou o primeiro sermão protestante em língua espanhola foi John Francis Thomson, mais conhecido com o Juan F. Thomson, que, sob a influência do missionário Goodfellow, decidiu dedicar-se à pregação do evangelho. Thomson fez seus estudos teológicos na Universidade Wesleiana de Ohio, nos Estados Unidos, e regressou para a Argentina no ano 1866. Ali, no lar de dona Fermina Leyn de Aldeber, pregou o primeiro sermão protestante em espanhol de que temos notícia. No dia 25 de maio de 1867, no templo de fala inglesa da cidade Cangallo, em Buenos Aires, Thomson celebrou seu primeiro culto público em espanhol. O êxito foi imenso, e logo lhe pediram que pregasse também em Montevidéu. Assim o fez e começou a dividir seu tempo entre as duas capitais. A princípio, sua pregação era apologética e polêmica, e em mais de uma ocasião manteve debates com clérigos católicos. Depois de um ministério frutífero tanto no Uruguai quanto na Argentina, J. F. Thomson aposentou-se. Morreu quase aos noventas anos de idade, em 1933.

A obra metodista continuou crescendo na Argentina. No ano 1871, pregou-se o primeiro sermão em Rosário. Pouco depois, as damas metodistas dos Estados Unidos começaram uma escola nessa cidade. Em 1913, fundou-se em Buenos Aires o Colégio Ward, no qual cooperavam os metodistas e os discípulos de Cristo.

Vários anos antes de Thomson pregar o primeiro sermão em espanhol, os anglicanos se haviam interessado pelas missões na América Latina. A princípio, esse interesse era somente de alguns, e suas missões foram, sobretudo, entre os indígenas, pois os dirigentes anglicanos não criam que deviam fazer trabalho missionário entre os católicos do continente – razão pela qual a América Latina foi excluída como território missionário da Conferência de Edimburgo em 1910. O primeiro anglicano que trabalhou como missionário na América Latina foi Allen Gardiner. Este era um capitão da marinha britânica que havia visitado o Chile no ano 1822, interessando-se pelo trabalho missionário naquele lugar. Sua obra começou entre os araucanos em 1838, mas quatro anos mais tarde decidiu trabalhar na Terra do Fogo. Seu projeto era estabelecer-se nas ilhas Malvinas para, a partir dali, empreender missões no continente. Após várias viagens missionárias ao Chile e à Bolívia, Gardiner e sete companheiros desembarcaram na Terra do Fogo. O barco que deveria vir seis meses depois com novas provisões nunca chegou, e, quando alguns meses mais tarde, outro navio foi em busca deles encontrou-os mortos, por causa da falta de alimento. A tragédia tornou-se mais dramática quando o filho de Gardiner, com outros missionários, foi morto e devorado pelos índios.

O capitão Gardiner conseguiu fundar na Inglaterra uma Sociedade Missionária Patagônica, que continua existindo sob o nome de *South American Missionary Society*, com sede na Grã-Bretanha, no Canadá, na Irlanda e nos Estados Unidos. Além disso e cumprindo o projeto de Gardiner, em 1863 estabeleceu-se nas ilhas Malvinas o sacerdote anglicano Stirling, que seis anos depois foi consagrado bispo nessas ilhas. A partir daí, Stirling e os seus organizaram numerosas missões aos índios da Argentina. Ao mesmo tempo, existia um trabalho religioso ativo entre os imigrantes de origem anglicana.

Os batistas também começaram sua obra na Argentina durante o séc. XIX. Diego Thomson era batista, mas o primeiro pastor que veio com ele foi Paul Besson, que começou seu trabalho entre alguns batistas franceses que se haviam estabelecido em Santa Fé. Foi defensor ardente da liberdade religiosa e da separação entre a Igreja e o Estado, além de ter propagado os princípios evangélicos por meio de frequentes artigos e periódicos das principais cidades da Argentina.

A Argentina foi sede de duas importantes reuniões sobre o cristianismo e a missão protestante na América Latina. A primeira foi a I Conferência Evangélica Latino-Americana, em 1949; a outra foi a III Conferência Evangélica Latino-Americana, em 1969. Das duas conferências desataca-se a última pela declaração ao desenvolvimento e pelo caráter da liderança evangélica no continente. Mesmo que esta não tenha tido o mesmo impacto que a Conferência Católica de Medellín – a segunda conferência patrocinada pelo Conselho Episcopal Latino-Americano – considerada a semente da teologia católica da libertação, assinalou-se uma tomada de consciência para uma identidade evangélica ecumênica e latino-americana.

Da mesma forma que em todo o mundo cristão, o séc. XX caracterizou-se na Argentina por um forte movimento ecumênico. A Federação Argentina de igrejas Evangélicas, fundada em 1958, compreendeu várias das principais Igrejas, assim como organismos tais como as Sociedades Bíblicas Unidas, a livraria A Aurora e a Faculdade Evangélica. A Federação, por sua vez, tornou-se parte da Confederação das Igrejas Evangélicas do Rio da Prata. Houve conversões e até uniões orgânicas entre várias denominações. Até final do séc. XX, o protestantismo argentino – particularmente da igreja metodista na Argentina – contribuiu acentuadamente para o desenvolvimento do Conselho Latino-Americano de Igrejas. Sob a direção do bispo Federico Pagura e de outros líderes evangélicos, o ecumenismo no continente foi um agente de paz, justiça e reconciliação em muitas das regiões afetadas pela guerra ou pela perseguição ideológica.

Também por meio de sua obra, de publicações e da educação teológica, o protestantismo argentino influenciou grandemente o restante do continente. Uma instituição digna de ser mencionada é a Faculdade Evangélica de Teologia de Buenos Aires (hoje Instituto Superior de Estudos Teológicos, ISEDET), na qual cooperaram várias denominações protestantes e que, sob a direção do Dr. Forte Stockwell, veio a ser uma das instituições de maior prestígio acadêmico na região do Rio da Prata. Mais tarde, outras organizações de formação e outras publicações teológicas, como as de "Libros Kairos", uniram-se a esse legado.

Não podemos sequer mencionar aqui todas as denominações e agências missionárias que trabalham ou trabalharam na Argentina. Basta dizer que há centenas de grupos em toda a nação, incluindo alguns da Coreia do Sul e de outras regiões da Ásia. Por longo tempo, as igrejas pentecostais continuaram crescendo, enquanto muitas igrejas de imigrantes protestantes e denominações históricas experimentavam, no melhor dos casos, o estancamento numérico. Exceções a essa tendência foram algumas igrejas que experimentaram a "pentecostalização do protestantismo", desenvolvendo uma vida eclesiástica na qual se conjugavam a tradição de origem e o espírito carismático. As igrejas pentecostais, a maioria delas à margem do movimento ecumênico cunhado no continente, começaram sua obra no séc. XX, e no começo do séc. XXI mantinham vínculos eclesiásticos mediante organizações de pastores e redes de igrejas. Algumas se uniram ao Conselho Latino-Americano de Igrejas e, sob a liderança de pessoas como o bispo Gabriel Vaccaro, participavam ativamente da estruturação da Conferência Ecumênica Pentecostal na América-Latina, um organismo que agrupava as igrejas pentecostais de estilo ecumênico no continente.

3. O cristianismo ortodoxo

Entre os muitos imigrantes que chegaram à Argentina no final do séc. XIX e começo do séc. XX, havia grande número de ortodoxos, especialmente russos e sírios. Após a Revolução Russa, chegou à Argentina um forte contingente de exilados. Mais tarde, à medida que o comunismo conquistava os países da Europa Oriental, foram chegando outros grupos semelhantes. Quem mais se destacou na organização de paróquias para esses imigrantes foi o sacerdote Constantino Israstzov. No ano 1934, o Sínodo Russo no Exílio criou a diocese da Argentina e designou como seu cabeça o padre Israstzov, mesmo que dando a ele o título de proto-presbítero no lugar de bispo, já que era casado. Ainda havia na Argentina igrejas gregas e sírias.

C. O cristianismo no Uruguai

1. O catolicismo romano

No ano 1830, quando a República Oriental do Uruguai conseguiu a independência, sua primeira constituição afirmou a liberdade de culto, mas, ao mesmo tempo, continuou fazendo do catolicismo a religião oficial do Estado e reclamou para o presidente o direito do patronato nacional. Nesse mesmo ano, pediu-se à Santa Sedé que provesse uma hierarquia eclesiástica para o Uruguai, estabelecendo um episcopado de Montevidéu, pois a dependência eclesiástica de Buenos Aires não era do agrado dos uruguaios. Essa petição não obteve resposta afirmativa até que, quarenta anos depois, se criou a diocese de Montevidéu.

Nas grandes lutas entre "brancos" e "vermelhos", estes tendiam a ser mais liberais que seus opositores. Visto que os "vermelhos" tiveram o poder com mais frequência que os "brancos", o país tendeu lentamente para a concessão de maior liberdade religiosa e, posteriormente, chegou à expulsão dos franciscanos e jesuítas. Por último, a Constituição de 1919 cortou definitivamente toda união entre Igreja e Estado, e pôs fim à instrução religiosa nas escolas públicas.

Como era esperado, essas medidas receberam o apoio das ideias positivistas que procediam da França, e muitos foram os que, no Uruguai, confundiram liberalismo político com o positivismo de Comte. O resultado na primeira metade do séc. XX, é que o Uruguai ficou conhecido em toda a América Latina como um dos países mais secularizados do continente, ainda que a maioria da população se dissesse católica.

Visto que a imensa maioria da população uruguaia descendia de raças tradicionalmente cristãs, o grande desafio missionário que o séc. XX apresentava para esse país era o testemunho cristão em "âmbitos descristianizados". Em meados do séc. XX e sob enormes mudanças políticas e eclesiásticas, a igreja apenas começava a responder a esse desafio.

2. O protestantismo

O precursor da obra missionária no Uruguai foi Diego Thomson, que visitou Montevidéu quando estava estabelecido em Buenos Aires. Mesmo que não tenhamos notícias extensas sobre sua obra no Uruguai – onde se dedicou especialmente a estabelecer o sistema lancasteriano de educação –, supõe-se que Thomson também aproveitou a oportunidade para vender bíblias e abrir assim o caminho ao trabalho evangélico.

Mais tarde, a obra de Thomson foi continuada pela Sociedade Bíblica Americana, que, no ano 1864, nomeou Andrés M. Milne seu agente em Montevidéu. Milne mostrou ser um sucessor digno de Thomson e dedicou-se assiduamente à distribuição das Escrituras no Uruguai e em algumas regiões da Argentina.

Como veremos mais adiante, na casa de Milne celebraram-se os primeiros cultos em espanhol no Uruguai. Mas, além de sua obra, foi notável o fato de que também por meio dela, Francisco Penzotti teve os primeiros contatos com a Sociedade Bíblica Americana, da qual chegou a ser o mais destacado agente na América Latina.

Também houve comunidades de imigrantes protestantes antes que se começasse a pregar em castelhano ou que se estabelecessem comunidades protestantes de fala hispânica.

Tanto no Uruguai como na Argentina, coube a John F. Thomson a honra de pregar o primeiro sermão em castelhano. Isso aconteceu quando, em 1867, alguns imigrantes cristãos que haviam começado a se reunir com o apoio dos metodistas e que contavam agora com a ajuda e a direção de Milne pediram que Thomson começasse a pregar em Montevidéu. A respeito dessa primeira reunião, a própria esposa de Thomson conta:

A primeira reunião foi celebrada certa noite em um pequeno terreno na rua que tinha o senhor Milne na casa que habitava na Rua Conveção, a meia quadra da Rua Dezoito de Julho. Depois de algum tempo passado em oração, saíram todos em diversas direções, e cada um deles interceptava os transeuntes e lhes perguntava se não queriam escutar um sermão evangélico. Com a cortesia que distingue a gente castelhana, os interpelados contestavam: "E como não! Sim, senhor". E então eram guiados ao pequeno terreno de Milne onde se celebrava o culto. Assim, começou-se a obra em Montevidéu, saindo à rua para convidar todo transeunte, até que se conseguiu formar um núcleo de ouvintes.

A partir desse dia, o metodismo está presente no Uruguai. Um aspecto notável de sua obra tem sido o Instituto Crandon, fundado no ano 1878; nele cooperam metodistas e discípulos de Cristo. Esse instituto foi o primeiro em toda a América do Sul a oferecer um curso de economia dogmática, o que se fez em 1923.

Montevidéu foi a sede do Segundo Congresso sobre a Obra Cristã na América Latina, em 1925 – o primeiro aconteceu no Panamá, em 1916. Seu trabalho concentrou-se em discutir as estratégias de missões e as regiões onde o cristianismo ainda não havia chegado. Com uma forte presença de líderes missionais dos Estados Unidos e com um número maior de protestantes latino-americanos, o Congresso ilustrou uma maior e mais ativa participação por parte dos protestantes na região.

Os valdenses, que chegaram com imigrantes em 1856, logo começaram a pregar em espanhol e, em 1967, tinha aproximadamente 16.000 membros, ainda que mais tarde tenham decrescido.

Em meados do séc. XX, nenhum dos diversos grupos não-católicos havia conseguido atrair um grande número de crentes. Isso aconteceu pelo menos em parte ao fato de que algumas tendências do pensamento anticlerical, que no começo pareciam favorecer o protestantismo diante do catolicismo, tornaram-se, com o tempo, opostas a toda forma de cristianismo. Várias das principais igrejas protestantes do Uruguai uniram-se, no ano 1956, em um organismo ecumênico que recebeu o nome de Federação de Igrejas Evangélicas no Uruguai. A Federação criou projetos ecumênicos de caráter educativo e de saúde, tal como o projeto Obra Ecumênica no Bairro Borro, na periferia de Montevidéu. A igreja metodista no Uruguai tem contribuído para o movimento ecumênico no mundo. Como exemplo, temos Emílio Castro, que foi Secretário Executivo do Conselho Mundial de Igrejas, e Mortimer Arias, teólogo da evangelização e pessoa destacada no movimento ecumênico na América Latina e no mundo. Além disso, organizou-se um concílio inter-religioso que reunia os cristãos e os judeus para o diálogo sobre assuntos de interesse nacionais e comunitários.

Durante os anos da ditadura militar no final do séc. XX, as igrejas evangélicas ecumênicas deram um testemunho eloquente de solidariedade e apoio às pessoas perseguidas pela política de segurança do Estado. Mesmo com pouca presença numérica, essas igrejas afirmaram a proteção dos direitos humanos e da vida. Da mesma forma que na Argentina, diferentes movimentos de traços civis e ecumênicos pediram contas ao Estado sobre os desaparecidos durante uma época tão violenta. Essa "igreja que acompanha os oprimidos", com o apoio de grupos e igrejas na Europa e nos Estados Unidos, coordenava projetos e atividades em prol da justiça.

O protestantismo no Uruguai não teve o mesmo "êxito" que em outros países. É interessante que o crescimento do protestantismo esteja concentrado nas igrejas pentecostais e em grupos pseudocristãos como A Igreja de Jesus Cristo dos Santos dos Últimos Dias – os mórmons. O Uruguai continua sendo um país predominantemente secular.

D. O cristianismo no Paraguai

1. O catolicismo romano

Durante o séc. XIX, a igreja católica no Paraguai caracterizou-se pela sujeição ao Estado. Primeiro, foi a ditadura de José Gaspar Rodriguez Francia, que se intitulava "O Supremo". Depois, foi a de Carlos Antônio Lopez e de seu filho Francisco Solano Lopez. Sob essas duas ditaduras, a igreja veio a ser um instrumento nas mãos do Estado. O confessionário era um meio de espionagem universal, pois os ditadores reclamavam para si o direito de patronato sobre a igreja; mesmo que Roma nunca reconhecesse oficialmente esse direito, reconhecia-o na prática nomeando bispos que eram simples instrumentos dos ditadores. As propriedades da igreja foram confiscadas por Francia e nunca foram totalmente restituídas. Com a ajuda do clero, os ditadores – especialmente Francisco Solano Lopez – criaram em meio à população indígena o fanatismo guerrilheiro que a caracterizou na guerra da Tríplice Aliança, cujo resultado final foi a queda de Lopez e imensas perdas territoriais, econômicas e humanas para o Paraguai.

A Constituição de 1870 era semelhante à da Argentina no que se refere à religião. Se, por um lado, o catolicismo era a religião do Estado, garantia-se, por outro, a liberdade de culto. O direito do patronato continuava nas mãos do presidente.

Tradicionalmente, culpam-se os jesuítas pelas dificuldades que o Paraguai teve em seu desenvolvimento político. Afirma-se que o paternalismo excessivo de suas missões não preparou os indígenas para a vida democrática. Isso somente é assim se entendido como um erro de omissão e se visto dentro do contexto da enorme obra que os jesuítas realizaram no Paraguai. É certo que suas missões eram extremamente paternalistas, mas também é certo que, se tais missões não houvessem ocorrido no Paraguai, a situação seria muito pior.

Durante o séc. XX, a igreja católica no Paraguai não conseguiu repor as perdas do séc. XIX, e, no começo do séc. XXI, necessitava, todavia, de um clero em sua maioria nacional.

2. O protestantismo

As condições políticas do Paraguai antes da guerra da Tríplice Aliança impediram a entrada do protestantismo no país. Até onde sabemos, somente a Sociedade Bíblica Americana pôde estabelecer obra no Paraguai antes dessa terrível guerra.

No ano 1871, como consequência da guerra da Tríplice Aliança, um grupo de paraguaios pediu aos metodistas que começassem um trabalho em seu país. Por diversas circunstâncias, isso não foi possível até o ano 1886, quando dois pastores metodistas começaram a trabalhar em Assunção. Esses pastores dedicaram-se ao trabalho tanto religioso quanto educacional, e logo tinham duas escolas, além de igrejas em Assunção e em outros lugares do país.

Dois anos mais tarde, a *South American Missionary Society* estabeleceu-se no Paraguai. Em 1893, entre imigrantes, fundou-se em Assunção uma igreja luterana.

Durante a primeira metade do séc. XX, o protestantismo no Paraguai conseguiu novo ímpeto em virtude da entrada de novas agências missionárias no país e do estabelecimento de colônias de imigrantes protestantes.

Mesmo que nenhum dos primeiros empreendimentos missionários protestantes conseguisse grande número de convertidos no Paraguai, a obra que mais se destacou nesse sentido foi a da União Missionária do Novo Testamento, que em 1957 chegou a contar com 1.500 membros. Também trabalharam no Paraguai, entre outros, os discípulos de Cristo – para quem os metodistas transferiram sua obra no começo do século – o Exército de Salvação e os batistas do Sul.

O principal grupo de imigrantes do Paraguai foi o dos menonitas, em sua maioria procedentes do Canadá, que decidiram buscar um novo lugar onde se estabelecer quando o governo canadense se negou a continuar concedendo-lhes os antigos privilégios e liberdade que tinham sido a condição principal de seu estabelecimento nesse país. No ano 1926, quase 2.000 pessoas partiram de Manitoba. Depois de dois anos de vicissitudes, epidemias e desenganos, quase a metade delas se estabeleceu no Chaco paraguaio, onde fundaram a colônia de Menno. Pouco depois, foram fundadas outras colônias menonitas, ainda que em lugares distantes dos centros de população. Por causa da tomada do poder na Alemanha pelo partido nacionalista, um grupo de refugiados, seguindo o exemplo dos menonitas, estabeleceu-se também no Paraguai.

Visto que as razões que os levaram ao Paraguai se relacionavam mais à conservação da fé que à sua comunicação, no princípio esses grupos não se distinguiram pela atividade missionária, ainda que depois participassem nos movimentos ecumênicos da região. Sua presença e influência contribuíram para a entrada do protestantismo no Paraguai, e alguns dentre eles se dedicaram ao trabalho missionário, ainda que este não fosse um dos principais interesses da maioria. No começo do séc. XXI, essas colônias, cuja renda vinha principalmente de produtos lácteos, distinguiam-se também pelas clínicas, pelos hospitais e projetos agrícolas que tinham em benefício de toda a população.

Em termos gerais, o protestantismo teve no Paraguai um impacto menos notável que na maioria dos demais países da América Latina, ainda que nesse país o pentecostalismo começasse a surgir no início do séc. XXI.

E. O cristianismo na Bolívia

1. O catolicismo romano

Pelas mesmas razões que em outros países da América Latina, a grande maioria do alto clero católico opôs-se à independência do país. Contudo, isso não levou os patriotas do Alto Peru a pensar na necessidade de separação entre a Igreja e o Estado, e, quando Bolívar propôs na Constituição que a Igreja não estaria ligada ao Estado, a Assembleia Constituinte negou-se nesse ponto a seguir os desejos do Libertador. Durante todo o séc. XIX e boa parte do séc. XX, o governo boliviano continuou reclamando para si o direito de patronato nacional, que foi reconhecido por Roma, mesmo que não por palavras, pelo menos de fato. No ano 1871, outorgou-se a liberdade de culto nas colônias imigrantes, e em 1905 essa liberdade se estendeu ao país todo. Em 1911, o casamento civil tornou-se obrigatório, mesmo que depois se dispensassem os índios da obrigatoriedade e se declarasse que no caso deles o casamento eclesiástico tinha validade legal.

Apesar de o Estado e a Igreja não estarem dispostos ao divórcio, os primeiros dirigentes políticos da República nascente tampouco estavam dispostos a permitir que a igreja continuasse sendo um centro de oposição à independência recém-conquistada. Por essa razão, promulgaram-se leis que tendiam a tornar a Igreja um organismo mais nacional e menos estrangeiro, especialmente a lei de 1816 que se voltava contra o excessivo poder das ordens mendicantes. Essa atitude do governo, aliada à instabilidade dos primeiros anos do séc. XX e com a ruptura da união com a Espanha, pôs a igreja em sérias dificuldades, que foram sentidas em toda a vida religiosa, mas especialmente nas missões entre os indígenas.

Foram os franciscanos, dirigidos pelo padre André Herrero, quem primeiro conseguiu restaurar as missões entre os indígenas. Esse trabalho missionário realizou-se principalmente mediante "colégios apostólicos" como os de Tarija, de San José de la Paz, de Santa Ana de Sucre – que não teve tanto êxito quanto os demais – e de Potosí. A maior parte da equipe dos colégios procedia da Europa, pois a Igreja boliviana não parecia capaz de produzir um número adequado de sacerdotes.

No começo do séc. XX, criaram os vicariatos apostólicos de Beni e do Chaco, aos quais logo se agregaram mais seis.

As missões na Bolívia entre os indígenas tiveram uma mudança significativa depois do Vaticano II. A partir de então, os missionários enfatizaram a contextualização. Conscientes de uma história de exploração e de abusos para com esses povos, o trabalho missionário foi principalmente de acompanhamento, de luta pelos direitos da terra e dos povos indígenas, e de afirmação de uma religiosidade que servia de resistência política e cultural à globalização e à exploração econômica. Além disso, dada a migração de muitos indígenas para a cidade, a igreja também oferecia serviços de saúde, de educação e de apoio em meio a transições geográficas e culturais profundas e difíceis.

Como resultado desse movimento e pela forte presença de grupos pentecostais, algumas paróquias católicas foram incorporadas ao que se conhece como catolicismo carismático, segundo se afirma uma experiência que sela o Espírito Santo na vida do crente. Essa versão do catolicismo deu ênfase ao trabalho missionário de evangelização ou de justiça, mesmo sendo o primeiro mais comum. Ainda não foi visto o impacto da atividade e da iniciativa missionária do indígena, que já não é um ente passivo, e sim um agente no descobrimento e na prática do evangelho. Na Bolívia, os padres de Maryknoll merecem menção especial pela obra renovadora desde o final do séc. XX.

2. O protestantismo

Como assinalamos acima, visto que não foi senão no ano 1905 que se garantiu na Bolívia a liberdade de culto, a maioria das tentativas missionárias protestantes, durante o séc. XIX, carecia de resultados permanentes. Goslin assim resumiu as primeiras tentativas:

> Em 1872, o senhor Lucas Mathews fez uma viagem de colportagem a Potosí, Sucre, Cochabamba e La Paz. O primeiro esforço para estabelecer uma obra, segundo sabemos, foi o do renomado capitão Allen Gardiner, que se dirigiu a Bolívia em 1846 com o propósito de alcançar as tribos do interior. Durante uma viagem de vários meses, visitou Potosí e empreendeu o estudo do quechua. Estabeleceu alguns contatos amistosos com os nativos e conquistou a simpatia de alguns líderes políticos. Contudo, em razão da influência do clero, o governo negou-lhe a permissão para continuar a missão. Não obstante, por causa de uma enfermidade ocasionada pela altitude, Gardiner foi para a capital para se reunir pessoalmente com alguns líderes e logo conseguiu a permissão desejada. Impuseram-lhe duas condições: 1) limitar-se aos aborígenes; 2) não fazer proselitismo entre católicos romanos com quem pudesse ter algum contato. Gardiner aceitou as condições e voltou à Inglaterra para depois enviar dali outro missionário que colaboraria com González, a quem havia deixado em Potosí. Em 1847, a Sociedade Missionária da Patagônia resolveu enviar o senhor Robles, protestante espanhol. Infelizmente, enquanto Robles estava em viagem, estourou uma revolução na Bolívia e o governo liberal foi derrotado. Os dois jovens espanhóis já não podiam concluir sua obra. Por conseguinte, por ordem da Sociedade, a obra foi abandonada.

O terceiro obreiro que entrou na Bolívia foi o senhor José Mongiardino, representante da Sociedade Bíblica Britânica e Estrangeira, que chegou à Bolívia em 1880. Quando o bispo católico soube que esse obreiro havia chegado ao país, comentou: "Mas não saiu ainda!". Mongiardino continuou sua obra apesar das ameaças e foi assassinado nas montanhas. Encontraram seu corpo num rio com uma pedra atada ao pescoço.

Em 1883, o reverendo Lino Abeledo foi nomeado pela Sociedade Inglesa para empreender outra tentativa com a finalidade de fazer as Escrituras chegarem à Bolívia. Seus amigos suplicaram que não fosse, mas ele e outro obreiro empreenderam a viagem mesmo assim. As autoridades confiscaram-lhes as bíblias na fronteira, e parece que não adentraram muito no país, por razões de saúde. No entanto, depois dos trâmites legais, ficou claro que as leis do país não proibiam a importação de bíblias para a Bolívia.

Nesse mesmo ano, houve também uma incursão por agentes da Sociedade Bíblica Americana. Conseguiram cruzar o país e chegar ao Chile, vendendo e distribuindo bíblias em todas as áreas visitadas. Nesse grupo, encontrava-se Andrés Milne, Francisco Penzotti e um colportor chamado Gandolfo. Venderam-se mais de 5.000 livros. No ano seguinte, Penzotti fez outras viagens com outros colportores.

Os primeiros que conseguiram estabelecer obra permanente na Bolívia foram os batistas do Canadá, cujo primeiro missionário foi Archibald Brownlee Reekie. Depois de uma breve visita à Bolívia em 1896, ele começou sua obra permanente três anos mais tarde. A igreja que estabeleceu em Oruro é a mais antiga igreja protestante do país. No começo do séc. XX, já eram oito os missionários batistas canadenses que trabalhavam na Bolívia, e, em 1957, os batistas contavam com um pequeno número de evangélicos. Em 1962, havia 42 igrejas organizadas e aproximadamente outras 50 congregações. Em 1941, fundou-se em Cochabamba o Seminário Teológico Batista, que contava em 1957 com 32 estudantes. Mesmo que seu principal trabalho consistisse na pregação e na fundação de igrejas, os batistas do Canadá tinham na Bolívia vários centros de educação e de serviço médico, um centro agrícola e duas livrarias. No ano de 1995, a União Batista Boliviana, resultado dessa missão, contava com 30.000 fiéis, distribuídos entre 170 congregações.

A obra metodista na Bolívia começou antes da batista, quando William Taylor empreendeu a evangelização da costa do Pacífico. Visto que os territórios onde Taylor pregou passaram depois ao Chile, podemos dizer que o primeiro metodista a pregar no que hoje é a Bolívia foi John F. Thomson, que já encontramos na Argentina e no Uruguai, e que, nos anos de 1890 a 1891, pregou em La Paz. Tampouco essa obra foi permanente, e não foi senão no ano 1901 que começou firme o trabalho metodista. Ainda que o primeiro obreiro metodista na Bolívia tenha sido nomeado pastor de La Paz, durante muitos anos a igreja metodista no país dedicou-se mais ao estabelecimento de escolas e ao trabalho médico que à organização de igrejas. Seus principais centros docentes foram os Institutos Americanos de La Paz, fundado em 1907, e de Cochabamba, fundado em 1912. No campo médico, os metodistas têm o *Pfeiffer Memorial Hospital* e a Clínica Americana. No ano de 1957, a igreja metodista tinha na Bolívia por volta de cem membros, e, em 1995, seu número era 31.400.

A *Bolivian Indian Mission* é uma organização semelhante à *China Inland Mission*. Foi organizada em 1907, e em 1957 contava com menos de mil membros. Contudo, no ano 1995, tinha 11.900 membros, de modo que seu avanço foi muito mais rápido nos últimos 50 anos que no começo de sua fundação. Em 1951, fundou-se na Bolívia a Organização Igrejas Evangélicas Unidas, que compreendia a maior parte dos corpos protestantes.

Nas últimas décadas do séc. XX e no começo do séc. XXI, sociedades evangélicas missionárias, tais como o Instituto Linguístico de Verano, a Missão Sul-Americana e a Missão Novas Tribos geraram trabalho no campo da tradução bíblica e organizaram congregações independentes. Muitos desses grupos têm criado grandes controvérsias com missionários, católicos e evangélicos de estilo ecumênico, uma vez que os acusaram de imposição e atropelo cultural. Grupos evangélicos também têm desenvolvido uma rede de relações eclesiásticas mediante programação de rádio para tribos indígenas no interior do país. Nos anos recentes e por causa do problema da produção de cocaína, missionários evangélicos têm sido detidos nas lutas entre as guerrilhas, o exército nacional e as comunidades indígenas.

No começo do séc. XXI, também as igrejas pentecostais já tinham trabalho de evangelização e de organização de igrejas nas cidades e no interior. A rede de pentecostais e de grupos carismáticos alcançava um alto índice de crescimento numérico. Além disso, essas redes de relações eclesiásticas criaram novo fervor, espírito de unidade e de trabalho missionário. Um exemplo do trabalho missionário entre latino-americanos foi o da igreja pentecostal Movimento Missionário Mundial de Porto Rico na Bolívia. Essa igreja tem-se envolvido tanto no trabalho de organizar congregações como no de prestar apoio aos indígenas que trabalham nas minas. Contudo, a fragilidade do trabalho missionário dos grupos pentecostais leva-os a perder consistência e enfoque.

Outro grupo de grande crescimento numérico é a Igreja do Reino de Deus do Brasil, com congregações em todos os centros urbanos da Bolívia. Essa igreja, catalogada como parte do movimento neopentecostal, promove uma teologia da prosperidade que, por sua vez, tem profundas raízes no contexto cultural indígena e afro-boliviano.

A Bolívia é um dos países da América do Sul com maior índice de pobreza. Em meio a essa pobreza, é evidente que as igrejas pentecostais, tanto as que pertencem aos corpos globais clássicos como as assembleias de Deus ou a Igreja do Evangelho Quadrangular, quanto as que pertencem aos grupos nacionais, são chaves para entender o futuro da missão cristã na Bolívia. Além disso, o trabalho missionário alcança na Bolívia uma dimensão interessante, dado o alto grau de movimento de uma expressão religiosa a outra – evangélicos ecumênicos, pentecostais católicos, religiões indígenas e religiões da nova era. Essa dinâmica, comum em muitos países da América Latina, convida-nos a uma análise crítica da missão em toda a região.

F. O cristianismo no Chile

1. O catolicismo romano

Da mesma forma que no restante da América Latina, a história da igreja católica romana no Chile durante o séc. XIX esteve estreitamente ligada às vicissitudes políticas do país. Os primeiros anos foram difíceis, pois as lutas pela independência levaram essa igreja a perder muito de seu prestígio e poder. Desde o princípio, o governo nacional reclamou para si o direito de patronato sobre a igreja. Mesmo que não oficialmente, Roma reconheceu esse direito na prática. Foi no ano 1925 que se declarou oficialmente a separação entre a Igreja e o Estado, assim como a liberdade de culto. Já na segunda metade do séc. XIX, porém, sob a direção de José Manuel Balmaceda, o governo havia promulgado leis que garantiam a liberdade de culto e eliminavam os privilégios da igreja católica.

Durante toda a segunda metade do séc. XIX, a igreja católica perdeu muita força na intenção de reter seus antigos privilégios; entretanto, já no começo do séc. XX, viam-se sinais de que a nova geração católica, consciente da situação dos novos tempos, estava disposta a trabalhar dentro do novo contexto. A partir de então, e cada vez mais, houve um forte setor entre os dirigentes católicos que defendia que a igreja católica devia considerar mais as necessidades reais do país. No ano 1952, constituiu-se a *Ação Católica Rural*, que foi um dos principais agentes na reconstrução e na reforma rural no Chile. Além disso, organizou-se um Movimento de Democracia

Cristã, que era um dos partidos mais progressistas do país e que, na metade do séc. XX, chegou ao poder.

Em medos do séc. XX, a igreja católica no Chile realizava obra missionária em dois vicariatos apostólicos e em uma prelazia *nullius*. Talvez o esforço mais notável dessa índole tenha sido o dos capuchinhos bávaros na Araucânia, que começou no ano 1898. Além disso, começou a promover, já antes do Concílio Vaticano II a renovação litúrgica, o apoio a organizações de mulheres, a evangelização em grupos pequenos, o apoio às comunidades eclesiais de base e a doação de terras da igreja católica chilena a campesinos pobres. Durante o Concílio, a igreja do Chile ficou conhecida como uma das mais progressistas e de maior abertura. Durante os anos 1966-1969, a arquidiocese de Santiago realizou sínodos pós-conciliares com representantes da base popular para discutir assuntos como ecumenismo, diálogo judeu-cristão, eclesiologia, renovação e participação dos leigos na igreja.

As últimas três décadas do séc. XX foram extremamente conflituosas. No ano 1970, com uma margem eleitoral mínima e tendo por oposição um setor conservador do catolicismo chileno, que incluía uma representação significativa da *Opus Dei*, triunfou o candidato socialista Salvador Allende. Em 1971, por um forte movimento popular entre sacerdotes e líderes católicos entre trabalhadores marxistas, criou-se o órgão religioso e social Cristãos e Cristãs pelo Socialismo, que fomentava o diálogo entre o cristianismo e o marxismo. Em 1973, logo após o golpe de Estado a Allende e, posteriormente, sob a ditadura de Augusto Pinochet, milhares de cristãos católicos associados a esse e a outros movimentos populares sofreram perseguição e morte. Os milhares de desaparecidos sob a ditadura puseram a igreja católica no Chile em uma situação difícil. As declarações dos bispos eram profundamente contraditórias; por um lado, apoiavam "a ordem política"; por outro, pediam justiça e transparência nos processos políticos e militares no país.

O trabalho missionário no Chile concentrou-se em promover apoio às famílias que haviam sofrido sob a ditadura. Esse apoio manifestou-se desde a proteção aos direitos humanos até a ajuda a exilados políticos na Europa e em outros países da América Latina. No final do séc. XX, o povo chileno votou a favor da democracia, e as tensões e os conflitos internos da Igreja foram diminuindo. No começo do séc. XXI, o trabalho missionário concentrou-se em vários esforços. Primeiro, dando continuidade à experiência de apoio às comunidades populares, a Igreja no Chile continuou trabalhando nos subúrbios pobres nas cidades. Por causa da crise econômica em toda a região, o Chile, como outros países do continente, experimentou uma grande migração para as cidades. Sacerdotes, freiras e leigos trabalharam arduamente para prover recursos básicos e educação para essas pessoas. Além disso, seguindo a tradição das comunidades eclesiais de base, alguns líderes criaram espaços para a reflexão bíblica e social, apoiando projetos de desenvolvimento econômico, de promoção da participação na sociedade civil e de formação em temas de direitos humanos. Segundo, e de traço mais conservador, apareceram os movimentos de católicos carismáticos, de promoção e apoio à família – como o da "Tradição, família e propriedade" – e a *Opus Dei*. Estes promoviam um catolicismo conservador e hierárquico que abrangia todas as dimensões da vida cotidiana e, por essa razão, foram chamados de "integristas".

Sob a influência da encíclica *Redemptoris Missio*, a igreja católica no Chile enviou missionários ao norte da África e da Ásia, demonstrando a nova importância do movimento missionário do terceiro mundo ao terceiro mundo.

2. O protestantismo

Como dissemos anteriormente, o primeiro obreiro protestante no Chile foi o batista Diego Thomson, que, no ano 1821 e por convite de Bernardo O'Higgins, visitou o país como representante das escolas lancasterianas e da Sociedade Bíblica Britânica e Estrangeira. Thomson permaneceu no Chile somente um ano, mas, após sua partida, Anthony Eaton continuou essa obra. A partir de então, a Sociedade Bíblica Britânica e Estrangeira continuou a obra no Chile; pouco depois a seguiu a Sociedade Bíblica Americana.

Também mencionamos anteriormente as tentativas do capitão Gardiner em estabelecer obra em Araucânia e na Terra do Fogo, assim como os esforços falidos de seu filho nesse lugar. Pouco depois um neto do capitão Gardiner tentou continuar sua obra como médico missionário no Chile, mas morreu ao chegar a Valparaíso. Pouco mais tarde, a *South American Missionary Society*, inspirada no exemplo de Gardiner, começou no sul do país uma obra mais duradoura.

Desde a primeira metade do séc. XIX, houve no Chile imigrantes anglicanos e luteranos. Os anglicanos eram especialmente numerosos na área de Valparaíso, visto que ali tinham suas oficinas centrais da esquadra britânica do Pacífico. Seu primeiro ofício religioso – que parece ter sido também o primeiro ofício protestante do país – celebrou-se em uma casa particular, no ano 1837. Em termos gerais, a igreja anglicana limitou-se a ministrar as necessidades religiosas dos imigrantes e fez pouco trabalho missionário.

Os primeiros luteranos parecem haver chegado ao Chile no ano 1846; em meados do séc. XX, eram por volta de 7.000. No entanto, também não se ocupavam inteiramente da evangelização dos chilenos. O trabalho missionário focou-se nos residentes alemães, mesmo que lentamente começassem a considerar o castelhano em seus cultos. Atualmente, a igreja evangélica luterana alemã e a igreja evangélica luterana do Chile – uma expressão paralela da igreja Alemã – têm menos de 20 congregações e não mais que 2.300 fiéis. Há também no Chile luteranos de origem escandinava, húngara e báltica, além de luteranos do sínodo do Missouri. Mas são todos grupos pequenos.

O verdadeiro fundador da obra protestante chilena em língua castelhana foi o pastor David Trumbull, que estudou nas universidades de Yale e de Princeton, e foi enviado ao Chile pela *Foreign Evangelical Union* dos Estados Unidos. Trumbull chegou a Valparaíso em 1846, com a missão de ocupar-se das necessidades religiosas dos imigrantes e dos marinheiros de língua inglesa que chegavam à região. Durante anos, sua obra limitou-se às pessoas de fala inglesa, mesmo que sempre atingisse os chilenos com a pregação em castelhano. Em 1885, foi construído o primeiro templo protestante no Chile, que, em virtude da oposição do clero, era rodeado com um alto muro; ali era necessário tomar cuidado para não cantar de maneira que os transeuntes pudessem ser atraídos.

Visto que as leis do país proibiam qualquer outro culto que não o católico romano, Trumbull dedicou-se a conseguir maiores concessões legais. Nisso tinha o apoio do crescente sentimento liberal das classes intelectuais do país. Conseguiu, primeiro, concessões para os estrangeiros residentes de religião não-católica e, depois, pôde começar a pregar em espanhol, de modo que a primeira igreja protestante de fala castelhana foi fundada no ano 1868, com quatro membros chilenos. Nesse meio tempo, chegaram outros missionários com o propósito de colaborar com Trumbull.

Em 1876, a obra da *Foreign Evangelical Union* passou para as mãos da igreja presbiteriana e, por essa razão, onze anos mais tarde, as comunidades organizadas por Trumbull constituíram um presbitério.

A obra metodista no Chile começou no ano 1877, com base nas viagens de William Taylor pela costa do Pacífico sudamericano. O trabalho de Taylor consistia em estabelecer contato com imigrantes de fala inglesa que estivessem interessados em ter escolas e cultos religiosos dirigidos por metodistas norte-americanos. Depois, ocupava-se de recrutar missionários na América do Norte e enviá-los à América do Sul, onde deviam buscar seus próprios meios de subsistência. Quase sempre os meios vinham das escolas que fundavam com as congregações metodistas, assim como de donativos por parte de pessoas na região. Esse método punha os missionários em condições complicadas, e vários deles se viram obrigados a regressar aos Estados Unidos; mas a maioria permaneceu, e logo houve comunidades metodistas de fala inglesa em vários pontos da costa sudamericana do Pacífico.

O que permitiu o avanço da obra metodista entre pessoas de fala espanhola foi a conversão de Juan Canut de Bon. Canut era de origem espanhola e havia sido jesuíta, mas abandonara o hábito antes de conhecer o protestantismo. No Chile, uniu-se à igreja presbiteriana, mas logo depois decidiu regressar ao catolicismo, e assim o fez. Foi no norte do país, e por meio da obra de Taylor, que Canut conheceu o metodismo. Quando voltou a se estabelecer em Santiago, já era metodista, ainda que não se dedicasse à pregação. No ano 1888, um pastor metodista norte-americano começou a pregar em espanhol e desde o começo Juan Canut de Bon foi seu ajudante. Em 1890, foi nomeado pastor, dedicando os seis anos restantes de sua vida à pregação do Evangelho e ao estabelecimento de igrejas metodistas. Sua popularidade chegou a ser tão grande, que desde então se começou a dar aos protestantes o título de "canutos", muito comum até meados do séc. XX.

Já no ano de 1893, as igrejas metodistas fundadas por Taylor se haviam unido ao metodismo norte-americano, e em 1897 organizou-se uma conferência anual que incluía o Chile e o Peru.

Desde o começo, a obra missionária no Chile destacou-se por seu trabalho nos campos da educação, da assistência social e da reconstrução rural. Suas instituições mais notáveis foram o Santiago College, o Instituto *Sweet Memorial*, o Centro de Vida Rural Duncan Mangun e o Vergel (várias em atividade no começo do séc. XXI). Este último se destacou por suas investigações de caráter agrícola em prol do melhoramento das condições econômicas da região.

Apesar dos muitos anos que já estavam trabalhando no país e dos grandes subsídios que recebiam do estrangeiro, em 1957 a igreja metodista contava somente com 4.107 fiéis. Contudo, é notável o fato de que os principais movimentos pentecostais do país, que constituem um dos episódios mais importantes da expansão protestante na América Latina, tenham surgido da igreja metodista. No começo do séc. XXI, a igreja metodista no Chile tinha mais ou menos 26.000 fiéis com um pouco mais de 77 congregações.

O trabalho da Aliança Cristã e Missionária no Chile começou em 1897 entre os colonos alemães, mas logo se estendeu aos chilenos. Um aspecto importante de sua obra missionária foi sua imprensa. No final do séc. XX, contavam com umas 200 congregações e uma membresia de 34.000. Essa igreja, da mesma forma que os metodistas e os pentecostais no Chile, sofreu divisões que resultaram em novas denominações.

A obra dos batistas no Chile data também do final do séc. XIX, mesmo que a organização da primeira igreja batista com membros chilenos tenha acontecido no ano 1908. Na década de 1880, organizaram-se pelo menos três igrejas batistas entre colonos alemães do país, mas o verdadeiro começo da igreja batista no Chile aconteceu quando um missionário pertencente à Aliança Cristã e Missionária se separou dela com quatro pastores e 300 membros. Estes pediram ajuda à Convenção Batista Brasileira, e por meio dela se organizaram e se tornaram independentes da Convenção Batista do Sul dos Estados Unidos.

O Exército de Salvação começou sua obra no Chile em 1909. Como é seu costume, estabeleceu vários centros de trabalho social, especialmente albergues para homens e mulheres, assim como lares para meninos e meninas. Um aspecto negativo de sua obra foi o fato de a maioria de seus pastores ser estrangeira com obreiros chilenos classificados como "auxiliares". No ano 2000, o Exército de Salvação contava com 100 congregações e 13.000 fiéis. Na primeira metade do séc. XX, surgiram dois grupos que não devem ser confundidos com o Exército de Salvação: o Exército Evangélico do Chile e o Exército Evangélico Nacional. O primeiro desses surgiu de uma divisão na igreja metodista pentecostal; o segundo, de uma divisão do primeiro. Dos dois, o Exército Evangélico do Chile é o mais numeroso.

Um dos fenômenos mais notáveis da história do protestantismo no Chile é o movimento pentecostal. Este teve início em 1902 na Igreja Metodista de Valparaíso, da qual era pastor o missionário Willis C. Hoover. Durante o período que vai de 1902 a 1909, as manifestações pentecostais limitaram-se à Igreja Metodista de Valparaíso, mas, no último ano, começaram a se estender a outras igrejas. Em 1910, a Conferência Anual do Chile condenou o movimento, e o resultado dessa ação foi a organização da igreja metodista pentecostal, formada por pessoas de tendências pentecostais entre os metodistas. Nessa época, a igreja contava com somente três congregações; no ano de 1929, com 22, e atualmente conta com 3.250.

Pouco depois, produziu-se um cisma dentro da igreja metodista pentecostal, quando a maioria da Conferência Anual, sob a direção do pastor Umaca, quis que o pastor Hoover renunciasse. Este se retirou com Vitor Pavez e outros, para formar a igreja evangélica pentecostal. O grupo de Umaca conservou o título de igreja metodista pentecostal. Mesmo não havendo estatísticas exatas, em meados do séc. XX calcula-se que os membros da igreja pentecostal eram pelo menos 200.000, talvez 480.000. No começo do séc. XXI, calculou-se uma membresia de aproximadamente 720.000. Mesmo que essa denominação tenha sofrido ao redor de 20 divisões desde o ano 1967. A igreja evangélica pentecostal, em meados do séc. XX, contava com uns 150.000 membros no Chile, e, além disso, tinha missões na Argentina, na

Bolívia, no Peru e no Uruguai. Estatísticas mais recentes indicaram que, no ano 2000, essa igreja tinha mais de 1.680 congregações e mais de meio milhão de fiéis. Outra dos mais notáveis grupos do país é a igreja pentecostal do Chile. Dirigida pelo pastor Enrique Chávez, surgiu no ano 1942 (outros historiadores assinalam o surgimento dessa Igreja em 1945-1946) igreja metodista a pentecostal cujo centro é em Curicó e tem 300 congregações com quase meio milhão de fiéis. Essa igreja tornou-se membro do Conselho Mundial de Igrejas e do Conselho Latino-Americano de Igrejas, e teve um papel importante na criação e no desenvolvimento da Conferência Ecumênica Pentecostal na América Latina.

Durante a década de 1990, as tradições pentecostais experimentaram um enorme crescimento no país. As estatísticas indicavam que havia aproximadamente 5,6 milhões de membros de grupos carismáticos, pentecostais e independentes. A chamada Igreja de Deus (Cleveland) tentou entrar no Chile para apoiar os grupos pentecostais nacionais, mas encontrou forte resistência a elementos doutrinais estrangeiros.

Visto que são muitas as igrejas pentecostais no Chile, é difícil ter estatísticas fidedignas de seus membros, mas não há dúvidas de que representam a maior parte dos protestantes. Em sua maioria, as igrejas pentecostais trabalhavam principalmente com a classe trabalhadora e com os novos imigrantes nas cidades, ainda que depois se tenha estendido à classe média. Uma de suas características mais notáveis era o fato de elas mesmas se sustentarem, com pouca ou nenhuma ajuda estrangeira. Boa parte de sua expansão era realizada não por pastores remunerados, mas por pessoas que tinham outra ocupação ou que, pelo menos, dividiam o seu tempo entre o pastorado e algum trabalho secular. Isso acontecia principalmente nas congregações pequenas.

O impulso que deu origem e progresso ao movimento pentecostal do Chile serviu também para fazer aparecer uma infinidade de pequenas agrupações por desmembramento das igrejas pentecostais ou de algumas igrejas históricas – a "pentecostalização das igrejas históricas" – e que, da mesma forma que as igrejas pentecostais, são de caráter nacional.

Um dos aspectos negativos sobre o avanço protestante no Chile foi a carência de doutrina social que pudesse ajudar a reconstruir o país, assim como a ausência nos círculos em que se forjavam o pensamento da nação. No final do séc. XX, das igrejas protestantes, somente a metodista tinha um credo social, e o número de seus membros era tão pequeno, que não podia exercer uma influência verdadeira no país.

Os anos sob a ditadura de Pinochet foram tremendamente conflituosos para os protestantes. Grupos protestantes e pentecostais dividiram-se em meio às lutas políticas. Contudo, deve-se destacar que tanto as igrejas protestantes tradicionais quanto as igrejas pentecostais se ocuparam de proteger os direitos humanos e fomentaram uma resistência à opressão criada pela estrutura política ditatorial. Estabelecida a base do povo e apoiada por organismos ecumênicos regionais e internacionais, muitas igrejas proviam projetos educativos e comunitários para manter o povo informado e protegido, e apoiavam solidariamente, os grupos religiosos e civis de oposição à ditadura. Entretanto, sempre houve igrejas – tradicionais e pentecostais – que deram apoio à ditadura. A ironia é que a maioria das igrejas pentecostais se ocupava da reconstrução social de pequenas comunidades, mas não tinha programas de alcance para a totalidade do país. Contudo, é notável que os grupos pentecostais, pelo fato de formarem um grupo grande de fiéis, chegaram a ser um fator político nacional que contribuiu para devolver ao Chile um sistema político democrático.

Os acontecimentos do protestantismo no Chile representam um marco a mais na história das missões na América Latina. Em 1995, o Conselho Latino-Americano de Igrejas celebrou sua quarta assembleia continental, demonstrando um apoio solidário ao processo de justiça e paz que todo o continente anelava e dando um passo importante para o reconhecimento das tradições pentecostais no Conselho. Com a influência da Cooperação Missionária Ibero-Americana (Comibam) – e visto que no Chile havia mais de 20 organizações missionárias ligadas a essa organização – havia um número crescente de missionários chilenos trabalhando na Europa, no norte da África, na Ásia e em outros países na América Latina.

G. O cristianismo no Peru

1. O catolicismo romano

A alta hierarquia eclesiástica do Peru opôs-se à independência do país, enquanto a maioria dos clérigos rurais tendia a ver com simpatia a causa dos insurgentes. Após a independência, restava no país um bispo, e esse era realista. Tanto José de San Martim como Simão Bolívar defendiam a união entre a igreja e o Estado, na qual se estabeleceria, entretanto, a liberdade de culto; o país, porém, não estava pronto para tais liberdades. Nenhum dos dois libertadores pôde evitar que se estabelecesse uma estreita união entre Igreja e Estado, que continuaria até bem avançado o séc. XX. O governo reclamou para si o direito de patronato, que o papa Pio IX reconheceu com certas limitações. Não foi senão no ano 1915 que se garantiu a liberdade de culto.

A igreja católica do Peru não parece ter reagido ante as novas circunstâncias da mesma forma que a do Chile, pois o que parece ter acontecido é que a hierarquia se tornou cada vez mais conservadora; clero, mais escasso, menos preparado e seleto.

No campo estritamente missionário, destacam-se as missões dominicanas na região de Urubamba, cheias de episódios de abnegação e sacrifício, e as dos redentoristas franceses de Huanta e Caracora. Não obstante, a situação do catolicismo no Peru era muito precária. Por exemplo, alguns estadistas indicavam que havia um sacerdote para cada 6 habitantes e uma grande desproporção entre sacerdotes estrangeiros e nacionais. Segundo dados da *World Christian Encliclopedia*, em 1901 82% do clero era nacional em comparação com somente 39% no final de 1970. Isso afetava o trabalho pastoral nas comunidades e paróquias. Outros dados assinalavam que a maioria dos fiéis católicos era de mulheres.

Ironicamente, em 1971, o episcopado peruano torna pública a declaração "Justiça no mundo". Baseada em grande parte na encíclica *Populorum Progressio* (1967), de Paulo VI, na segunda assembleia da Conferência Episcopal Latino-Americana (Celam) em Medellín e em resposta à grave situação política e econômica no continente, acompanhada por uma leitura marxista-cristã por parte de missionários católicos, "Justiça no mundo" foi uma declaração radical em contraste com os episcopados da região. Nela os bispos pediam a eliminação de uma evangelização que destruía as culturas ameríndias e denunciavam o capitalismo ausente e destruidor dos povos. Nessa mesma época, publicou-se o famoso livro de Gustavo Gutierrez, *Teologia da libertação*, dando um forte impulso ao trabalho cristão revolucionário.

O trabalho revolucionário no Peru, ainda em meio à precariedade de sacerdotes e líderes nacionais, encontrava-se em duas áreas. A primeira era o acompanhamento dos povos ameríndios em meio às lutas pela terra, pela preservação de sua cultura e pelos direitos humanos. A segunda foi a contextualização do evangelho nas culturas ameríndias.

No começo do séc. XXI, havia 22,5 milhões de afiliados e umas 4.000 paróquias católicas no Peru.

2. O protestantismo

Já na segunda metade do séc. XVI, a Inquisição havia condenado vários protestantes no Peru, mas todos eles eram estrangeiros.

Como em tantos outros países da América Latina, o precursor do protestantismo no Peru foi Diego Thomson, que chegou ao país em 1822 por convite de José de San Martin. Fez desalojar um convento para que Thomson estabelecesse nele a escola lancasteriana. Com a ajuda de um sacerdote, Thomson organizou duas escolas no país e distribuiu centenas de bíblias. Em termos gerais, seu trabalho foi bem recebido pela população e por quase a totalidade do clero, que não se opôs à venda pública das Escrituras. De fato, o principal obstáculo com que deparou foi a lentidão com chegavam as bíblias da Grã-Bretanha. Devido a sua inspiração, traduziu-se ao quíchua o evangelho de São Lucas. Por fim, em setembro do ano 1829, por causa da ocupação espanhola e do desejo de visitar o Equador e a Colômbia, Thomson partiu do Peru, deixando pessoas encarregadas da distribuição de bíblias. O sistema lancasteriano de educação perdurou até 1850.

Em 1828, Lucas Mathews, representante da Sociedade Bíblica Britânica e Estrangeira, visitou o Peru para continuar a obra de Thomson. Mesmo que sua acolhida não tenha sido tão favorável quanto à de seu predecessor, Mathews conseguiu vender várias centenas de bíblias. Pouco antes, um agente da Sociedade Bíblica Americana, Brigham, havia visitado o país. Também se produziram, nessa época, traduções ao quíchua e ao aimará, mas não as publicaram imediatamente. Apesar de todos esses esforços, vicissitudes políticas do país e aos obstáculos que apresentavam os governos conservadores, não foi senão no ano 1910 que a Sociedade Bíblica Britânica e Estrangeira fundou sua primeira agência permanente no Peru.

Durante todo o séc. XVIII, e até 1888, a história do protestantismo no Peru limita-se ao estabelecimento de comunidades de imigrantes protestantes e aos empreendimentos missionários que não puderam permanecer no país. Entre elas estavam a primeira igreja protestante do Peru, organizada em 1849, cujo título oficial era Sociedade Anglo-Americana de Instrução Primária e Debate; os metodistas, cuja obra foi encerrada em 1887, e os presbiterianos, cujo trabalho foi de 1884 a 1886.

A primeira igreja protestante que conseguiu estabelecer-se definitivamente no Peru foi a metodista, graças ao zelo e à constância de Francisco Penzotti. Como vimos, Penzotti converteu-se em Montevidéu através da obra de J. F. Thomson. Depois trabalhou na distribuição de bíblias com a Andrés M. Milne e Tomás B. Wood. Nesse trabalho, chegou a ser o mais destacado líder do protestantismo latino-americano. Sua obra mais notável aconteceu no Peru a partir do ano de 1888, mesmo que antes tenha estado duas vezes no país.

Penzotti foi enviado ao Peru pela Sociedade Bíblica Americana com o propósito de promover as Escrituras e dedicou-se arduamente a essa tarefa; mas estava convencido de que era necessário começar no Peru a pregação evangélica em língua espanhola. Com esse propósito, pediu e obteve o uso de uma igreja anglicana, até que se viu obrigado a abandoná-la quando os clérigos ameaçaram dinamitá-la. Continuou, então, a obra em um velho armazém e, já que a lei proibia a celebração de cultos públicos, distribuía com antecedência entradas a quem desejasse participar do culto. Desse modo, a reunião tinha legalmente um caráter privado. Em 1890, a congregação dirigida por Penzotti organizou-se como igreja metodista.

O mais notável da obra de Penzotti no Peru foi a maneira pela qual conseguiu vencer a oposição do clero e dos elementos ultraconservadores da nação. Era constantemente perseguido e, por duas vezes, foi preso. Na segunda ocasião, esteve preso 8 meses e 2 dias em um calabouço insalubre. Mediante artimanhas legais, foi mantido preso mesmo quando os tribunais o absolviam. Finalmente, o diário *New York Herald* interveio, e o resultado foi um movimento de opinião pública tal, nos Estados Unidos e em outros países do mundo, que o Peru – que buscava ansiosamente um modo de atrair imigrantes estrangeiros – se viu obrigado a por Penzotti em liberdade. A partir de então, foi possível pregar com certo grau de liberdade.

Como exemplo do caráter indomável de Penzotti, podemos citar as seguintes linhas que ele escreveu na parede de seu calabouço abaixo dum poema de caráter pessimista que algum preso havia escrito:

> Que me importam do mundo as penas
> E ter dobrada a cerviz?
> Que me importa se estou entre cadeias,
> Se me espera uma pátria feliz?
> Resignado, tranquilo e ditoso,
> Da aurora me encontra a luz,
> Porque sei que Jesus bondoso,
> Por seu povo morreu na cruz.

Apesar de tais origens, a igreja metodista não avançou rapidamente no Peru, e, no começo do séc. XXI, contava com aproximadamente 18.000 fiéis. Havia, além disso, várias escolas de grande prestígio, entre as quais se destacam a escola Vitória de Lima, e a de El Callao.

No final do séc. XIX, a Missão Peruana começou trabalho no Cuzco e no Trujillo, e na mesma época os adventistas se estabeleceram no país. O êxito destes foi grande: em meados do séc. XX, eram o grupo religioso não-católico de maior influência no país, com mais de 19.500 fiéis e, no final desse século, contavam com mais de 425 congregações e mais de 375.000 fiéis, com um trabalho missionário notável entre os aimarás.

Entre os grupos pentecostais, estavam as assembleias de Deus, possivelmente maior o grupo protestante do país. Dessa igreja, por causa de divisões, surgiram outras igrejas nacionais, entre elas, a igreja autônoma pentecostal do Peru, com pouco mais de 80 congregações. Outros grupos independentes ou afiliados a movimentos missionários independentes dos Estados Unidos ou da Europa, como a Comunidade Cristã Água Viva e a Igreja Evangélica Peruana – originalmente uma obra presbiteriana escocesa – continuavam crescendo e trabalhando entre grupos ameríndios no país.

Desde o ano 1921, a *South American Indian Mision* concentrou seu trabalho missionário no interior do país. A agência de tradução bíblica *Wocliff Bible Translators*, também conhecida em castelhano como o Instituto Linguístico Verano, tinha o maior contingente de missionários trabalhando entre mais de 40 tribos.

O Peru havia sido sede de reuniões ecumênicas e missionais de grande importância para o continente. Em 1961, em Lima, celebrou-se a Segunda Conferência Evangélica Latino-Americana - Cela II (a primeira aconteceu em Buenos Aires) - em que se discutiu a necessidade de entender a evangelização como atividade que atenda à situação humana do continente. Essa conferência marcou uma aproximação entre a teologia e a situação social da América Latina. Como resultado dela, e dando continuidade aos acontecimentos do protestantismo ecumênico, em Huampani, nesse mesmo ano, criaram-se movimentos ecumênicos que se caracterizaram por sua participação leiga e por sua forte crítica à igreja em relação aos assuntos sociais; esses movimentos são a Junta Latino-Americana de Igreja e Sociedade (Isal) e a Comissão Evangélica Latino-Americana de Educação Cristã (Celadec). Os dois grupos foram importantes para o que foi a Terceira Conferência Evangélica Latino-Americana (Cela III, Buenos Aires) e, posteriormente, para a organização do Conselho Latino-Americano de Igrejas (1978), que teve a segunda assembleia em Lima, no ano 1982.

Os evangélicos tiveram no Peru o Segundo Congresso Latino-Americano de Evangelização, Clade II, (o primeiro foi em Bogotá em 1969, do qual surgiu a Fraternidade Teológica Latino-Americana). Em 1979, em Huampani, mais de 200 delegados, de mais de 35 denominações, reuniram-se para discutir o desafio da evangelização na América Latina. Considerando seriamente a realidade contextual da América Latina, a primeira assembleia do Conselho Latino-Americano de Igrejas em Oaxtepec (1978) e a terceira reunião do Conselho Episcopal Latino-Americano (CELAM, 1979), esse congresso buscou avaliar o trabalho de evangelização no continente e incorporar-se às vozes do protestantismo ecumênico e do catolicismo romano sobre a condição do continente e a missão da igreja. Em meio aos conflitos políticos, o congresso buscou redescobrir o significado do evangelho e da esperança para o povo latino-americano.

H. O cristianismo no Equador

1. O catolicismo romano

Após a independência, o primeiro problema grave da igreja católica na Grande Colômbia – que compreende hoje Equador, Colômbia, Panamá e Venezuela – foi o das relações entre a sede romana e o novo governo. Visto que Roma não podia reconhecer esse último sem incorrer na inimizade da Espanha e visto que o governo da Grande Colômbia reclamava para si o direito de patronato que antes era da Espanha, as dificuldades na eleição dos bispos eram imensas, e houve dioceses que estiveram vazias por muito tempo.

O Equador separou-se da Grande Colômbia em 1830, e não foi senão um terço de século mais tarde, durante o governo ultraconservador de Gabriel Garcia Moreno, que se chegou ao Acordo de 1862. O Acordo dava a Roma mais autoridade sobre a igreja católica no Equador do que ela tivera durante o regime espanhol. Essa situação continuou até a revolução liberal de 1895, quando se começou toda uma série de medidas que iam contra o que a igreja católica considerava seus direitos. No ano 1899, o governo voltou a reclamar para si o direito ao patronato; no ano 1900, estabeleceu-se o registro civil; no ano 1902, o casamento civil; finalmente, no ano 1907, proclamou-se a separação entre a Igreja e o Estado e garantiu-se a liberdade de culto. As relações diplomáticas entre o Equador e a Santa Sé foram interrompidas até que, em 1937, chegou-se a um *modus vivendi*. A Constituição de 1946 garantiu a liberdade de consciência.

Feito o Acordo de 1862, muitas das antigas missões católicas entre os ameríndios foram abandonadas; mas, desde a época de Garcia Moreno, continuou-se o avanço para as selvas orientais. Nesse avanço, distinguiram-se os franciscanos, os jesuítas e os dominicanos. Em geral, o trabalho missionário no Equador seguia o desenvolvimento do final do séc. XX.

Nessa data, a igreja católica no Equador contava com 4 arquidioceses, 10 dioceses e 9 apostolados. O catolicismo dos Andes tinha um profundo caráter popular, ligado a crenças cósmicas e tempos ancestrais. Nas cidades, tendia a ser mais formal e de caráter conservador, com algumas expressões carismáticas.

A diocese de Riobamba produziu um grande despertamento nos estudos missionais católicos na América Latina. O bispo Leônidas Proaco destacou o direito dos ameríndios à terra e fomentou profundas mudanças na pastoral entre os indígenas. O trabalho missionário contava com projetos de educação agrícola e rural, programas educativos de rádio para os campesinos, comunidades de base para a conscientização dos povos indígenas e mudanças na liturgia para torná-la mais afinada com as comunidades indígenas.

2. O protestantismo

A história dos primeiros protestantes no Equador é semelhante à dos outros países que estudamos, nela encontramos os mesmos nomes que conhecemos na Argentina, no Uruguai, no Chile e no Peru. Diego Thomson visitou o país no ano 1824; em 1828, seguiu-o Lucas Mathews. William Taylor visitou Guayaquil e conseguiu instalar ali o pastor J. G. Price, cuja obra durou somente poucos meses. Penzotti e Milne tentaram em vão introduzir bíblias no Equador.

Com base na revolução liberal, o presidente Eloy Alfaro – que antes havia lido a Bíblia que lhe fora presenteada por um pastor presbiteriano a bordo de um navio equatoriano – fez arranjos para que os metodistas começassem trabalho de educação no país, mas essa obra durou poucos anos.

Com a aprovação do próprio Alfaro, o missionário norte-americano W. E. Reed chegou ao país no ano 1896 como representante da União Missionária do Evangelho. Depois passou para o serviço da Aliança Cristã e Missionária. Até o séc. XXI, a Igreja União Missionária Evangélica e a Igreja Internacional do Evangelho Quadrangular (1953) eram, todavia, as maiores igrejas protestantes do país.

Em 1945, a igreja presbiteriana nos Estados Unidos, a igreja reformada evangélica, a igreja presbiteriana unida e a igreja Os Irmãos Unidos se uniram para criar a *United Andean Idian Mission*. Essa organização concentrou-se em projetos de educação, de saúde e de desenvolvimento agrícola, com pouco êxito na evangelização.

Em 1956, cinco missionários foram assassinados por indígenas aucas. Esse evento mostrou o problema dos missionários que representam uma ameaça às culturas ameríndias. Não obstante, o trabalho missionário entre indígenas continuou, com êxito particular entre pentecostais e movimentos carismáticos nacionais.

Quito tem sido sede de outras reuniões missionárias no continente. O terceiro e quarto Congressos Latino-Americanos de Evangelização (Clade III, 1992, e IV, 2000) foram exemplos do despertamento evangélico com respeito à relação entre o evangelho e as culturas indígenas. Os dois congressos buscavam descobrir novos modelos e estratégias de missão e de evangelização em diferentes contextos da América Latina. Quito foi também a sede das oficinas do Conselho Latino-Americano de Igrejas e de outras organizações ecumênicas, como a Confraternidade Evangélica Equatoriana.

As igrejas Assembleia de Deus, com outras denominações pentecostais e grupos independentes, cresciam no começo do séc. XXI. Da Coreia, chegavam missionários para trabalhar entre imigrantes coreanos e asiáticos e entre grupos indígenas nas cidades. Paralelamente, indígenas evangélicos quíchuas ampliavam o trabalho de evangelização no Peru e na Bolívia.

Merecem ser citados também os esforços de *A Voz dos Andes*, pioneira em transmitir programas educativos e cristãos em vários idiomas. Mais tarde, surgiram várias estações de rádio que transmitiam programas em diferentes idiomas e produziam materiais educativos. Além disso, trabalhavam no Equador os luteranos, os batistas do Sul e outros grupos protestantes e pentecostais que chegaram após a Segunda Guerra Mundial. Por volta do ano 2000, alguns estimavam que 16,8% da população estava afiliada ao protestantismo.

I. O cristianismo na Colômbia e no Panamá

Visto que, durante todo o séc. XIX, o Panamá pertenceu à Colômbia, tanto política quanto eclesiasticamente, convém discutir esses países no mesmo tópico.

1. O catolicismo romano

A Constituição da Grande Colômbia de 1830 declarava que o catolicismo romano era a religião do Estado e proibia qualquer outra forma de culto. Quando a Grande Colômbia se desmembrou e organizou-se o Estado de Nova Granada, os mesmos regulamentos permaneceram vigentes no que se referia à religião. Por essa razão, a grande questão religiosa, durante toda a primeira metade do séc. XIX, foi a do patronato nacional, e ainda não foi tão grave como em outros países da América Latina.

Durante a segunda metade do séc. XIX e a primeira do séc. XX, a questão religiosa continuou sendo um dos principais problemas políticos da Colômbia, pois os liberais e os conservadores se distinguiam principalmente por suas respectivas posições quanto às relações entre Igreja e Estado.

No séc. XIX, o Panamá seguiu a política religiosa da Colômbia, mas, desde a sua Independência, no ano 1904, garantiu-se a liberdade de cultos.

De todos os países da América Latina, a Colômbia é o que mais está sujeito ao catolicismo organizado e o país em que o clero tem maior influência nos assuntos políticos. Repetidamente, tem-se consagrado a nação ao Sagrado Coração de Jesus. Exceto por alguns casos isolados – que se tornaram mais comuns depois do Concílio Vaticano II –, o clero não parece aperceber-se do caráter anacrônico de suas posições.

No começo do séc. XIX, e como consequência da decadência espanhola e das guerras de independência, a maior parte da extensa obra missionária que se havia empreendido no interior da Colômbia e nas selvas do Panamá foi abandonada; mas, já em meados do século, começava de novo o esforço missionário católico, que ganhou maior impulso quando o Acordo de 1887 estabeleceu que o governo devia dar-lhes subsídios. No ano 1953, das 41 jurisdições eclesiásticas da Colômbia, 18 eram territórios missionais.

Nesses territórios, que abrangiam 845.000 quilômetros quadrados, trabalhavam 215 sacerdotes, dos quais a maioria era estrangeira.

Um dos episódios mais tristes na história da América foi a violência que se apossou da Colômbia durante a quinta e a sexta décadas do séc. XX e que se estendeu por quase todo o território nacional. Mesmo que em círculos protestantes se destaque a perseguição ao protestantismo ocorrido nesse período, o fato é que a violência foi de caráter geral e que a igreja católica da Colômbia nada pode fazer para evitá-la.

Durante a segunda metade do séc. XX, a igreja católica na Colômbia viveu profundas contradições. Por um lado, os congressos eucarísticos e marianos reforçaram o caráter conservador e tradicional da igreja. Esses congressos promoviam atitudes contrárias ao comunismo e às guerrilhas revolucionárias e acentuavam o caráter tradicional da herança católica. Mas, em Medellín, Colômbia, no ano 1968, o Conselho Episcopal Latino-Americano (Celam) celebrou a segunda conferência geral; essa conferência marcou uma mudança profunda no compromisso da igreja católica no continente ao se identificar com as lutas dos pobres, ao afirmar e promover as "comunidades eclesiais de base", ao denunciar a opressão e os efeitos do colonialismo e ao optar pela solidariedade na liberação dos pobres. A sede do Conselho Episcopal ficava em Medellín, onde também havia o único instituto pastoral e surgiu grande parte da estratégia e teologia da missão para a região.

No começo do séc. XXI, existiam 9 arquidioceses, 29 dioceses e por volta de 20 vicariatos, nos quais havia um trabalho missionário ativo, mesmo com grande escassez de sacerdócio nacional. Não foi senão até o começo de 1970 que se ordenou o primeiro ameríndio colombiano da tribo paez.

A República do Panamá estava dividida eclesiasticamente na arquidiocese do Panamá, em 7 dioceses e no vicariato apostólico de Darién. O Panamá carecia de um sacerdócio nacional, tendendo em sua maioria a sacerdotes estrangeiros. No ano 2005, a Igreja Católica do Panamá contava com 278 paróquias e pouco mais de 2 milhões de fiéis.

2. O protestantismo

Os primeiros protestantes a se estabelecerem no que hoje é a Colômbia foram os imigrantes – em sua maioria anglo-saxões e negros de cultura inglesa – que, no séc. XVII, começaram a chegar às ilhas de San Andrés, Providência e Santa Catalina. Ainda que essas ilhas se encontrem mais próximas da Nicarágua que da Colômbia e que nelas se fale o inglês melhor que o espanhol, a partir de 1803 ficaram sob a jurisdição do vicariato da Santa Fé e assim passaram a fazer parte da atual República da Colômbia. A grande maioria de seus habitantes é protestante; mas, em razão de sua composição étnica e tradição cultural, cabe duvidar se essas ilhas são parte da América Latina.

Durante as guerras de independência, alguns estrangeiros de ideias liberais chegaram à Colômbia com o propósito de participar da campanha contra a Espanha. Muitas dessas pessoas eram protestantes e permaneceram no país depois de conquistada a Independência. Seu interesse ainda não era fazer os colombianos participarem de sua fé, e sim contribuir para o desenvolvimento político da república nascente.

Diego Thomson, que já encontramos em outros países da América Latina, foi o primeiro missionário protestante a chegar à Colômbia. Em 1825, visitou a cidade de Bogotá, onde foi recebido por elementos liberais do governo e do clero. Ali teve um dos mais brilhantes êxitos de sua carreira, pois conseguiu fundar a Sociedade Bíblica Colombiana com o apoio tanto do governo como da alta hierarquia eclesiástica.

Com a partida de Thomson, a Sociedade Bíblica Colombiana começou a perder força, e três anos mais tarde

Lucas Mathews, sucessor de Thomson como agente da Sociedade Bíblica Britânica e Estrangeira, apenas encontrou alguns vestígios de sua obra. Com o misterioso desaparecimento de Mathews em uma viagem pelo rio Magdalena, terminou o episódio do esforço missionário protestante na Colômbia.

Em 1855, o ex-frade Ramon Montsalvatge, de origem catalã, mas ordenado ministro protestante em Gênova, naufragou próximo de Cartagena. Nessa cidade, foi tão bem recebido que em vez de prosseguir viagem até a Venezuela, como havia pensado, decidiu permanecer ali. Durante mais de doze anos, pregou o evangelho em Cartagena e conseguiu reunir um núcleo de crentes protestantes. Infelizmente, não se sabe qual foi o seu paradeiro, tampouco a história subsequente da congregação por ele fundada.

À parte dos antecedentes esporádicos, o fundador do protestantismo na Colômbia foi Henry Barrington Pratt. Sendo estudante do seminário de Princeton, Pratt decidiu ser missionário no Oeste da África, mas, por acontecimentos fora de seu controle, terminou aceitando um chamado da Junta de Missões Estrangeiras da igreja presbiteriana para trabalhar na Colômbia e aceitou a tarefa de aprender o espanhol.

Pratt trabalhou na Colômbia desde 1856 até 1859, e de 1869 a 1878. Durante o primeiro período, com a ajuda de outros missionários que chegaram, produziu grande quantidade de literatura evangélica – entre elas, a Versão Moderna da Bíblia. A primeira igreja evangélica organizou-se em Bogotá em 1861, durante a ausência de Pratt – ausência devida à Guerra Civil nos Estados Unidos. Todos os seus membros eram estrangeiros. Os dois primeiros membros colombianos foram recebidos no ano 1865.

A partir de então, a igreja presbiteriana continuou trabalhando na Colômbia. No ano 1877, fundou-se o Colégio Americano de Bogotá e, pouco depois, fundaram-se outras instituições semelhantes em outras regiões do país. Em 1937, organizou-se o sínodo da Colômbia, que gradativamente se tornou independente da igreja-mãe – ainda que seja necessário notar que, nos últimos anos das décadas sessenta e setenta, esse processo criou atritos desafortunados. A igreja presbiteriana da Colômbia caracterizou-se por seu trabalho no campo da educação e pelo grau de preparação de boa parte de seus pastores. No começo do séc. XXI, contava com 26.000 fiéis distribuídos em pouco mais de 70 congregações, e mantinha uma relação de colaboração ecumênica com a igreja presbiteriana dos Estados Unidos da América.

No ano 1908, a União Missionária Evangélica começou o trabalho na Colômbia. Seu primeiro missionário foi Carlos Chapman, que havia trabalhado anteriormente nas selvas do Equador. Chapman e outros missionários, que mais tarde vieram para ajudá-lo, começaram a obra como colportores, viajando extensamente e dando a conhecer a Bíblia. Por fim, estabeleceram-se em Cali, e dali sua obra se estendeu até Palmira, de onde, por sua vez, passou para os índios do interior. Chapman morreu em Palmira em 1952, mas então já se haviam organizado várias congregações, escolas, e uma imprensa, além da clínica Maranatha. Por estar localizada em uma região onde se desencadeou a violência a partir de 1984, a União Missionária Evangélica foi uma das principais vítimas dessa situação, e seus membros foram testemunhas de algumas das piores atrocidades cometidas nesse período. Apesar disso, o movimento continuou crescendo, mesmo que moderadamente. Quando este trabalho foi escrito, ela contava com 207 congregações e uma membresia de mais de 15.000 fiéis.

Além dessas denominações, merecem ser mencionadas a Aliança Cristã e Missionária, as assembleias de Deus da Colômbia, a igreja adventista do Sétimo Dia, A Igreja do Evangelho Quadrangular, a igreja pentecostal unida da Colômbia e os batistas. A Aliança Cristã e Missionária começou a trabalhar na Colômbia na terceira década do séc.

XX. É uma das denominações que cresceu mais rapidamente, pois em 1957 contava com 1.145 membros e 71 lugares de cultos; menos de meio século depois, tinha mais de 24.000 fiéis e mais de 341 congregações. As assembleias de Deus chegaram à Colômbia em 1930 e, no final desse século, tinham uma membresia de mais de 140.000. De sua livraria vinham recursos para a maioria dos grupos evangélicos no país. A igreja adventista chegou à Colômbia em 1921 e concentrou-se entre os negros das ilhas de San Andrés e Providência, mesmo que posteriormente conseguisse crescer em terra firme. Para o ano 1970, estimava-se uma membresia de 60.000, enquanto no final do séc. XX, já havia ultrapassado os 200.000 fiéis. A igreja do Evangelho Quadrangular chegou à Colômbia em 1942 e sessenta anos mais tarde tinha 95.000 fiéis. Seu trabalho missionário concentrava-se entre os grupos marginais nos subúrbios das grandes cidades do país. A igreja pentecostal unida da Colômbia, uma divisão em 1969 da igreja presbiteriana da Colômbia – por causa da diferença de controle por parte dos missionários norte-americanos – contava em 2004 com 230.000 fiéis e mais de 1.000 congregações. Os batistas do Sul chegaram em 1941 e seu trabalho concentrou-se nas cidades, especialmente em Barranquilla, onde tinham um hospital e um pequeno seminário. Fundado por eles, o Seminário Batista Teológico Internacional de Cali posteriormente se tornou independente da missão nos Estados Unidos e contribuiu ativamente para a educação teológica não só dos batistas, mas também de várias outras denominações, tanto na Colômbia como fora dela. Líderes dessa igreja eram uma voz profética em meio à violência no país e participavam nos movimentos ecumênicos do continente, incluindo o Conselho Latino-Americano de Igrejas.

Ainda que, em tempos mais recentes, tenha havido um crescimento nas igrejas protestantes da Colômbia, a verdade é que seu crescimento até o último terço do séc. XX foi lento. Os efeitos da violência de meados do séc. XX sobre as comunidades protestantes são descritos no seguinte informe de 1953 da Confederação Evangélica da Colômbia, primeiro organismo ecumênico organizado em 1950, que agrupava a maioria dos grupos protestantes nesse período:

> Destruição de igrejas: 92 igrejas foram completamente destruídas por incêndios e dinamitadas e 31 edifícios usados por evangélicos foram avariados durante o mesmo período de cinco anos; 10 propriedades das igrejas evangélicas foram confiscadas pelo Governo e por civis respaldados pela polícia nacional.
> Fechamento de escolas evangélicas desde 1948: 100 escolas evangélicas de ensino primário foram fechadas, 54 delas por ordem do Governo; as outras diretamente por causa da perseguição contra o protestantismo.
> Assassinato de evangélicos: 51 evangélicos foram assassinados por causa de sua fé religiosa durante o período de cinco anos desde 1948. Essa lista de mártires da metade do séc. XX inclui homens, mulheres e crianças. Dessas mortes 28 ocorreram pelas mãos da polícia nacional e de oficiais do mesmo governo.

Não há dúvidas de que esse foi um dos episódios mais tristes da história da igreja do séc. XX – tanto mais triste porque se trata da perseguição de cristãos por parte de outros cristãos. Os católicos dizem – não sem razão – que o que aconteceu não foi somente por razões religiosas, mas que muitos protestantes sofreram por causa de suas convicções políticas em um período de violência política. Alegam, além disso, que muitos protestantes não tinham respeito nem tato para conviver com um povo de profundas convicções católicas. Por sua vez, os protestantes afirmavam – e provam – que em diversas ocasiões as autoridades católicas incitavam as massas à violência.

No ano 1969, ligado à Terceira Conferência Evangélica Latino-Americana (1969, em Buenos Aires) e à Segunda Conferência do Episcopado Latino-Americano em Medellín (1968), um grupo de protestantes convocou o Primeiro

Congresso Latino-Americano de Evangelização, Clade I, em Bogotá. Possivelmente, essa foi a reunião de maior representação protestante do continente; o congresso reconheceu o trabalho de evangelização das igrejas pentecostais e apresentou a necessidade de considerar a situação social e política dos povos latino-americanos no trabalho missionário. Dessa reunião, surgiu um interesse em criar o que hoje é a Fraternidade Teológica Latino-Americana – que se constituiu em 1970 em Cochabamba, Bolívia. Esse é um organismo de reflexão teológica sobre a missão da igreja na América Latina.

Infelizmente, a violência é um fator que obscurece a história desse país. Nas últimas décadas do séc. XX e nos primeiros anos do séc. XXI, as igrejas protestantes enfrentaram uma situação muito ambígua. Em meio a um crescimento significativo entre alguns grupos protestantes e, sobretudo, entre grupos pentecostais e carismáticos, as igrejas viviam em meio a uma constante onda de violência relacionada às guerrilhas, ao narcotráfico e às batalhas entre cartéis de traficantes e o governo. No ano 2001, o Conselho Latino-Americano de Igrejas celebrou, em Barranquilla, sua quinta assembleia. Nela se discutiram a fundo os problemas do narcotráfico, o Plano Colômbia dos Estados Unidos – plano que parecia determinar uma política exterior dos Estados Unidos para a Colômbia –, o crescimento explosivo de grupos carismáticos que promovem o evangelho da prosperidade, e a crise da teologia da libertação ante a essa situação. Era evidente que o protestantismo e o pentecostalismo na Colômbia deparavam com um dilema nacional ao integrar uma proposta de paz e solidariedade em meio à violência acumulada em todos os setores da sociedade civil.

A primeira presença protestante no *Panamá* foi de imigrantes metodistas do Caribe, em 1815. Entre 1855 e 1900, um contingente de mais de 30.000 negros caribenhos imigraram para trabalhar na área rural. O sínodo metodista da Jamaica enviou missionários para atender a esses imigrantes, e a Sociedade Missionária Batista da Jamaica fez o mesmo.

Mais tarde, a igreja metodista nos Estados Unidos enviou William Taylor que chegou ao Panamá em 1877. Em 1886, Penzotti pregou no país, mas não houve um trabalho firme dos metodistas até 1905, quando C. J. Elkins foi nomeado missionário. A obra metodista desenvolveu-se lentamente e, em 1957, ainda que contasse com quase dois mil membros, tinha somente um pastor panamenho. Em 2000, tinha somente 10.000 fiéis e logo depois de unidas as vertentes do metodismo que chegaram ao Panamá desde meados do séc. XIX até meados do séc. XX.

Além dos metodistas, distinguem-se por sua obra no Panamá os episcopais, os batistas – especialmente os do Sul – o Exército de Salvação, a Igreja Internacional do Evangelho Quadrangular e as assembleias de Deus. Como em muitos países da América Latina, algumas denominações não têm crescido, ao passo que há um crescimento notável nos grupos pentecostais e carismáticos, cujos afiliados ultrapassam um milhão de pessoas.

J. O cristianismo na Venezuela

1. O catolicismo romano

Depois de separada da Grande Colômbia, a Venezuela seguiu uma política de união entre a Igreja e o Estado, reclamando para este o direito de patronato sobre aquela. Em razão da escassez de bispos e sacerdotes assim como de sua sujeição ao governo, a Igreja foi perdendo prestígio e poder até que, na penúltima década do séc. XIX, sob a ditadura de Antônio Guzmão Blanco, se tentou nacionalizá-la. Naturalmente, durante todo esse período, fizeram-se poucos esforços missionários, e ainda esses eram muito débeis.

Pode-se dizer que o trabalho missionário entre os habitantes originais da Venezuela – isso é, até o sul do país – começou novamente em 1891, quando o governo convidou os capuchinhos a se encarregarem das missões entre os indianos. Esse trabalho foi muito frutífero, e, com o séc. XX já bem adiantado, continuava adentrando onde antes não se havia ouvido a pregação cristã. Nessa obra, os capuchinhos eram auxiliados por religiosos de outras ordens. No começo do séc. XXI, existiam 8 arquidioceses, com 21 dioceses e 5 vicariatos missionários com mais de 2.400 paróquias e uma membresia crescente, especialmente graças aos grupos católicos carismáticos e ao trabalho missionário com os indígenas e nas cidades.

2. O protestantismo

A Venezuela é, ao lado do Equador, um dos países latino-americanos em que menos se difundiu o protestantismo. Os primeiros esforços protestantes devem-se às sociedades bíblicas. A primeira foi fundada em 1826 e durou pouco. Uns trinta anos depois, o ex-frade Montsalvatg – que já encontramos na Colômbia – distribuiu alguns exemplares das Escrituras. Em 1886, chegaram Milne e Penzotti, e, desde então, houve no país uma sucessão quase ininterrupta de agentes bíblicos.

Na última década do séc. XIX, começaram a se estabelecer na Venezuela alguns missionários. Destes, os primeiros foram os metodistas do Sul, que chegaram em 1890 e passaram sua obra aos presbiterianos em 1900. A partir de então, os presbiterianos continuaram trabalhando na Venezuela, mas seu crescimento numérico não tem sido espetacular. Também no final do séc. XIX vieram irmãos do Canadá. Mais tarde chegaram a Missão Aliança Evangélica dos irmãos de Plymouth, os batistas do Sul, as assembleias de Deus, a *New Tribes Mission* e a *Orinoco River Mission*.

A obra dos irmãos, cuja força missionária remonta ao ano 1910, pouco menos de um século depois contava com 80 congregações e pouco mais de 20.000 fiéis. Seu trabalho missionário concentrava-se na evangelização com métodos tradicionais, no trabalho educativo e nos projetos de cooperação e desenvolvimento econômico. Essa denominação era uma das principais do país.

Outro grupo numeroso de protestantes no país é a igreja adventista do Sétimo Dia. Sua obra missionária começou em 1910, e para o ano 1995 contava com uma membresia de mais de 120.000 e 175 congregações.

Contudo, a igreja protestante maior do país é a assembleia de Deus, cujo trabalho missionário começou em 1916. Por causa do seu trabalho com institutos bíblicos, para a formação de um pastorado nacional e leigo de evangelização entre os grupos guajiros (indígenas), essa contava com uma membresia de mais de 40.000 fiéis e 720 congregações.

A Venezuela, como outros países da América Latina, tem algumas igrejas que surgiram do solo nacional com liderança nacional. A mais antiga remonta ao final do séc. XIX, e é a Igreja Aleluia. A igreja nativa venezuelana, também conhecida como Igreja Bethel, é outra. Essas são denominações pequenas e com pouco impacto social no país. A igreja União Evangélica Pentecostal, cuja origem remonta à década de 1950, representa um movimento pentecostal, bolivariano e profundamente ecumênico. Seus projetos missionários – também entre os indígenas guajirus – buscam uma identidade pentecostal fixada na história da Venezuela. Com uma variedade de projetos – evangelização, cooperativas de desenvolvimento econômico, formação de líderes nacionais, trabalho entre as comunidades pobres nas cidades – a União Evangélica Pentecostal experimentou um crescimento de mais de 10.000 fiéis em 1970 e 14.000 fiéis em 1995. Dando testemunho de seu compromisso ecumênico, essa igreja também participou ativamente no Conselho Evangélico da Venezuela – criado em 1967 – do Conselho Latino-Americano de Igrejas e da Conferência Ecumênica Pentecostal na América Latina.

Finalmente, há dois movimentos religiosos que representam um desafio para as igrejas cristãs do país. O primeiro é composto de grupos religiosos espiritistas e afro-antilhanos. Esses grupos experimentam um crescimento progressivo. Por seu caráter fluido, há uma dupla participação por parte de crentes que vão às igrejas cristãs e são também parte desses grupos religiosos. O segundo é composto da tradição bajai, uma expressão religiosa moderna que promove a convivência entre todas as religiões, insistindo no pluralismo religioso e declarando que todas as religiões são caminhos paralelos para se aproximar de Deus, e que por isso a fé bajai, que inclui todas, é a melhor.

K. O cristianismo no Brasil

1. O catolicismo romano

No Brasil, a obra da igreja católica nunca teve o alcance que teve nos países colonizados pela Espanha. Como vimos em outro capítulo, isso se deve, principalmente, ao fato de Portugal ter outros territórios para colonizar que pareciam mais promissores. Mas a continuidade política entre o Período Colonial e o Império facilitou a continuidade religiosa, e não houve no Brasil conflitos entre a Igreja e o Estado como os que aconteceram em outros países da América Latina. Se a igreja foi débil após a independência, isso não se deveu a lutas acerca do patronato ou da liberdade das ordens monásticas, mas à debilidade da própria igreja durante o período colonial. Como exemplo disso podemos assinalar a lentidão com que se estabeleceu a hierarquia eclesiástica, tanto antes como depois da independência. Com cem anos de colonização, o Brasil contava somente com um bispado, o de Salvador; cem anos depois, tinha sete; no final de outro século, dez; com quatrocentos anos de sua fundação, doze. Se considerarmos a imensidão geográfica do país e o aumento de população durante esses quatrocentos anos, vê-se que o desenvolvimento da hierarquia foi extremamente lento.

Durante o período do Império – proclamado em 1822 – o Estado foi limitando e tomando para si vários dos antigos direitos da Igreja, mas a boa disposição do clero – em sua maioria liberal – diante de tais medidas evitou maiores conflitos, mesmo quando, em 1827, o Império declarou que o patronato eclesiástico correspondia ao governo por direito próprio, não por uma concessão do papa. Pouco depois, Dom Pedro II proscreveu as ordens religiosas vindas do estrangeiro. Já nessa época, as poucas missões que antes puderam ser fundadas haviam caído em estado de abandono quase total. Nos últimos vinte anos do governo de Dom Pedro II, houve algumas missões franciscanas no interior, capuchinhas na costa e dominicanas no Alto Araguai, mesmo que sob a supervisão do Estado. Em 1883, os salesianos estabeleceram-se no país, especialmente no Mato Grosso, e, em 1894, chegaram os redentoristas, cujo trabalho missionário principal teve lugar em Minas Gerais.

Em 1889, proclamou-se a República, e dois meses depois – em 1890 – decretou-se a separação entre a Igreja e o Estado, a liberdade de culto e de associação religiosa, e o direito de todas as confissões e igrejas à identidade jurídica.

Mesmo que os católicos conservadores esperassem que a proclamação da República, com sua nova política religiosa, fosse um sério revés para a Igreja, o que aconteceu foi o contrário. A Igreja, privada de uma tutela que dava certa segurança, mas que lhe tirava toda iniciativa, ficou livre para se lançar em novos empreendimentos missionários. Durante a última década do séc. XIX e a primeira do séc. XX, missionários procedentes de vários países da Europa empreenderam de novo a evangelização dos indígenas.

Durante todo o séc. XX, continuou o trabalho missionário no interior do país, mas em 1956 havia 32 territórios que a igreja, todavia, chamava de "missionais". Assim, o problema missionário não estava tanto entre as tribos do interior como nas grandes massas "descristianizadas" das cidades.

A segunda metade da década de 1960 até meados de 1980, foi uma época muito triste e penosa para a igreja católica. Em 1964, houve um golpe de Estado e criou-se uma junta militar. Grupos conservadores como a *Opus Dei*, a Cruzada do Rosário Familiar e o grupo para Restauração do Rosário contribuíram para a queda do governo democrático e apoiaram o regime militar até que este veio a cair em 1985. Não obstante, no ano 1969 e dada a perseguição do regime militar à igreja, esta rompe relações com o governo militar e é gerada uma série de conflitos entre a hierarquia da igreja e o governo. Por isso, a hierarquia também enfrentou conflitos internos com organizações católicas conservadoras que apoiavam o governo militar.

Os movimentos progressistas, como a Ação Católica, e os movimentos de educação quase desapareceram, tal era a perseguição do regime militar. Muitos sacerdotes, freiras ou bispos que serviram a esses grupos e outras organizações católicas foram mortos por sua oposição à ditadura militar. No ano 1980, o conflito entre igreja e governo chega a um ponto de saturação quando este expulsa do país os missionários envolvidos na reforma agrária e na proteção dos direitos dos camponeses. É nesse contexto que a igreja gera uma obra missionária impressionante que contribuiu para a derrubada do governo militar.

Durante a segunda metade do séc. XX, o catolicismo brasileiro experimentou uma grande renovação pelas comunidades eclesiais de base. O povo tomou as Escrituras e interpretava-as de um ângulo político em busca de justiça para os milhões de pobres do país. A pedagogia de Paulo Freire despertou no povo um novo sentido de protagonismo na história do Brasil, e a igreja não esteve ausente nesse período. O trabalho missionário deu uma virada de liberação, justiça e resistência, assinalando que o evangelho tinha algo a dizer sobre o problema da ditadura militar, da luta de classes, do direito dos camponeses à terra, do direito ao trabalho, da justiça social na distribuição dos bens e da falta de educação e de recursos básicos. A vitalidade missionária da Igreja no Brasil não só se fez sentir em sua ação política e solidária para com o povo, mas também nas estruturas da própria igreja. Centros de formação pastoral foram criados para a educação de leigos comprometidos com a igreja. A participação das mulheres – tanto leigas como missionárias ordenadas – nas comunidades eclesiais de base criou novos espaços que impulsionaram a reflexão sobre o lugar da mulher na igreja. A igreja começou a reconhecer o papel dos indígenas e dos negros na contextualização do evangelho, promovendo e apoiando novas liturgias que encarnaram culturas que, por tanto tempo, haviam sido atropeladas.

Um exemplo eloquente desse trabalho foi o que realizou o bispo Dom Hélder Câmara, defensor da justiça aos pobres e marginalizados. O bispo de Recife, líder na criação do Conselho Episcopal Latino-Americano (Celam) e de outras organizações católicas no continente, e da organização nacional e internacional que contribuiu para a derrubada da ditadura, não só promoveu a teologia latino-americana da libertação, mas também fomentou o que mais tarde se chamaria – na reunião do Conselho Episcopal em São Domingos, em 1992 – de a "nova evangelização". A nova evangelização une o reconhecimento da história violenta da evangelização na América Latina e o do aniquilamento que essa evangelização promoveu entre os povos pobres com apoio e afirmação da contextualização do evangelho nas culturas marginalizadas. Sob o bispado de Dom Helder Câmara, dá-se a conhecer "a missa dos quilombos", uma liturgia com raízes na experiência dos negros brasileiros do Recife e da Bahia e na história da escravidão e das práticas religiosas afro-brasileiras.

No final do séc. XX e começo do séc. XXI, em consonância com o tema missiológico do Conselho Mundial de Igrejas, "Justiça, Paz e Integridade da Criação", e com os recentes acontecimentos na teologia ecológica feminista católica, o trabalho missionário tomou uma nova vertente. Missionários nacionais e estrangeiros trabalham com grupos de camponeses e indígenas na proteção da Amazônia. Essa missão tem dois componentes: por um lado, é uma obra missionária que realça a integridade da criação e, portanto, o direito e a justiça que necessita da criação ante a exploração de seus recursos; por outro, protege os direitos das populações antigas que ainda vivem nas selvas amazônicas.

Aliados a essa atividade do final do séc. XX e começo do séc. XXI, também se devem destacar os movimentos de caráter mais conservador. A *Opus Dei*, os movimentos carismáticos, os programas para a família e o trabalho missionário nas cidades e através dos meios de comunicação realizam uma evangelização integral – uma evangelização com estilo protestante – evitando a superficialidade religiosa nominal. Parte desse trabalho missionário – em coerência e simultaneamente em tensão com a proposta da "nova evangelização" – é depurar a fé católica das influências do espiritismo kardecista, das tradições afro-brasileiras –, como o candomblé e a umbanda e do secularismo e individualismo, resultados do capitalismo voraz no país.

Devemos notar que a comunidade japonesa do Brasil – de quase 1,3 milhões – era em sua maioria formada de cristãos católicos e que esses representavam o dobro do número de cristãos católicos que havia no Japão.

No começo do séc. XXI, a igreja tinha 255 jurisdições – arquidioceses, dioceses, vicariatos etc. – com mais de 35.598 paróquias. Em contraste com muitos países da América Latina, não se esperava uma diminuição significativa na igreja.

2. O protestantismo

Foi no Brasil que aconteceu a primeira tentativa por parte dos protestantes de se estabelecerem no que hoje é a América Latina. Isso aconteceu no ano 1557, quando a igreja de Genebra enviou dois pastores reformados para a colônia que o francês Villegaignon havia fundado no Rio de Janeiro. Mas essa tentativa terminou em tragédia quando Villegaignon traiu as esperanças nele depositadas pelo partido protestante.

Duzentos e cinquenta anos mais tarde, dessa vez como resultado do tratado que Portugal firmou com a Inglaterra em 1810, o protestantismo voltou a se estabelecer no Brasil. No começo, tratava-se somente de pequenas congregações de imigrantes anglo-saxões e alemães. Em 1835, os metodistas norte-americanos enviaram um representante com a finalidade de indagar sobre as possibilidades de estabelecer obra no Brasil. Pouco depois, fundaram uma pequena escola que tinha alguns discípulos brasileiros, mas essa obra não foi terminada. Também as sociedades bíblicas, tanto a britânica quanto a americana, enviaram bíblias para o Brasil desde o começo do séc. XIX; mesmo assim não foi senão na segunda metade do século que se estabeleceram agências definitivas.

Durante o governo de Dom Pedro II, apareceram no Brasil as primeiras missões estrangeiras. Isso se deu, em parte, devido à posição liberal e, em certa medida, anticlerical do próprio Dom Pedro e, em parte, à necessidade que o Brasil tinha de atrair imigrantes dos países protestantes. Durante esse período, o mais notável missionário protestante foi o médico escocês Robert Reid Kalley. A saúde de sua esposa o obrigou a se estabelecer na ilha da Madeira, onde, em 1838, começou um trabalho de serviços médicos combinados com a pregação do evangelho. Os convertidos foram tantos que se desatou uma perseguição violenta contra ele e contra os seus. Milhares viram-se obrigados a se refugiar nos Estados

Unidos. A partir daí, o próprio doutor Kalley passou ao Brasil acompanhado de um pequeno grupo de seus seguidores. No Brasil, Kalley confiou a maior parte de sua obra de propaganda evangélica aos discípulos portugueses, e ele se dedicou a estabelecer boas relações com as autoridades do país, particularmente com o Imperador. Além disso, escreveu e traduziu várias obras e apoiou vigorosamente as sociedades bíblicas. Foi ele que, em 1858, batizou o primeiro brasileiro protestante. Esse acontecimento produziu uma oposição do partido clerical, mas Kalley defendeu-se com sabedoria e moderação. Por sua diligência e firmeza e por meio de uma série de casos que foram levados aos principais juristas do país, o protestantismo obteve consideração legal, e até se chegou a conceder validade ao casamento protestante. Kalley fundou no Rio de Janeiro a Igreja Evangélica Fluminense.

Em 1859, a igreja presbiteriana dos Estados Unidos começou um trabalho no Brasil, e foi essa a primeira tentativa que alcançou resultados permanentes. Seu fundador foi A. G. Simonton, jovem ministro norte-americano de grande temperamento e audácia. Simonton trabalhou em harmonia com Kalley, mesmo que este, a princípio, temesse que o ímpeto daquele pudesse causar uma oposição violenta por parte das autoridades, pondo em perigo toda a obra evangélica.

Os presbiterianos trabalharam primeiramente no Rio, e logo se estenderam até São Paulo. Simonton morreu no ano 1867, mas já dois anos antes se havia constituído o presbitério do Rio de Janeiro, e nele havia sido ordenado o ex-sacerdote José Manoel da Conceição, que chegou a ser uma das figuras mais notáveis dos primeiros anos do protestantismo no Brasil.

José Manoel da Conceição nasceu em São Paulo, em 1822, e foi ordenado sacerdote com 23 anos. Desde muito cedo começou a se interessar pelo estudo da Bíblia e pela reforma da igreja segundo o ensinamento das Escrituras. Esse interesse lhe valeu o título de "padre protestante" e "padre louco". Quando estava com 40 anos de idade, sofreu uma profunda crise espiritual, semelhante à de Lutero, precisamente sobre a questão da justificação pela fé e sua relação com as indulgências e com as obras meritórias. Por causa dessa crise, abandonou o sacerdócio e retirou-se para o campo. Ali o visitou o missionário americano Blackford, que tinha ouvido falar desse "padre protestante". Em 1864, foi batizado na igreja presbiteriana do Rio de Janeiro.

Após o batismo, o "padre protestante" sentia-se entristecido por ter ensinado o que então considerava o erro católico romano. Por essa razão, escreveu uma "profissão de fé evangélica", na qual expunha sua crise espiritual e as razões que o haviam levado a abraçar o protestantismo. Depois se dirigiu a Brotas, a última paróquia onde havia exercido o sacerdócio católico. Ali começou a pregar sua nova mensagem e fundou uma igreja presbiteriana, que cresceu rapidamente e que foi também um centro missionário a partir do qual outras igrejas foram fundadas. Depois de fundar a Igreja Presbiteriana de Brotas, Conceição começou uma vida de pregador itinerante, visitando especialmente os lugares em que havia sido sacerdote. Durante quatro anos, sua pregação espalhou e semeou a fé evangélica ao mesmo tempo em que suas viagens e privações minavam-lhe a saúde. Logo os missionários começaram a se opor à estratégia de Conceição, que não parecia capaz de passar da evangelização para a organização de igrejas; mas o "padre louco" continuou suas viagens evangelizadoras até que caiu desmaiado no ano 1873. Seus últimos instantes foram tais que quem o acompanhou no leito de morte, que nem sequer o conhecia, se sentiu impelido a estudar e aceitar a fé protestante.

Sobre os métodos e atitude missionária de Conceição, é importante destacar que ele não queria que sua mensagem consistisse principalmente na negação de tudo quanto fosse católico; pelo contrário, tratava de apresentar uma mensagem que fosse a purificação e a culminação do que os ouvintes haviam recebido de seus antepassados.

A partir da época de Conceição e dos primeiros missionários, o presbiterianismo brasileiro continuou desenvolvendo-se. Em 1957, contava com mais de 76.000 membros, organizados em seis sínodos diferentes. Contava então com vários institutos bíblicos e três seminários – o de Campinas, o Seminário Presbiteriano do Norte e o Seminário Presbiteriano do Centenário. Tinha, além disso, várias publicações periódicas, uma casa editora e vários programas de rádio.

Todo esse crescimento não foi conseguido sem desavenças. O principal problema foi o das relações entre a igreja brasileira e a dos Estados Unidos – tanto do Norte quanto do Sul – que, com seus missionários e apoio financeiro, contribuíam para a obra no Brasil. Desde o começo dos trabalhos, os missionários norte-americanos afirmavam a intenção de entregar a direção e o sustento da igreja aos brasileiros tão logo fosse possível; no entanto, esse princípio tão claro na teoria foi difícil de se pôr em prática.

Os conflitos entre os brasileiros e os missionários começaram no final do séc. XIX. A figura principal entre os defensores de uma igreja autônoma era Eduardo Carlos Pereira, habilmente seguido por seu amigo Remigio de Cerqueira Leite. Ainda que os pastores brasileiros constituíssem, todavia, uma minoria, Pereira pôde aumentar sua influência aproveitando a divisão que existia entre os missionários procedentes do Norte dos Estados Unidos e os que vinham do Sul. Pondo-se entre os dois grupos e servindo de balança, o pequeno núcleo brasileiro constituiu um poder que devia ser considerado. Era também uma época de auge do sentimento nacionalista, o que contribuiu para despertar o interesse na formação de uma igreja presbiteriana autônoma.

A princípio, Pereira e os seus limitaram-se à fundação da Sociedade Brasileira de Tratados Evangélicos, que publicava folhetos quase exclusivamente escritos por pastores nacionais. A isso se seguiu o "plano de missões nacionais", mas o verdadeiro ponto de conflito estava na questão das escolas e dos seminários, especialmente o Instituto Mackenzie.

A maioria dos missionários procedentes do Norte dos Estados Unidos pensava que o melhor meio para a evangelização do Brasil era o estabelecimento de escolas que servissem para pôr os brasileiros em contato com a cultura e com o protestantismo dos Estados Unidos. Pereira e os seus defendiam que os recursos financeiros deveriam ser dedicados a uma obra de evangelização mais direta, especialmente à preparação de ministros nacionais. Seu principal opositor nesse projeto era o doutor Horácio Lane, diretor do Instituto Mackenzie. Ainda que Pereira tenha conseguido enviar uma solicitação aos Estados Unidos no sentido de os fundos serem empregados em métodos mais diretos de evangelização, sua campanha não deu resultado por causa da oposição dos missionários norte-americanos.

Relegando a segundo plano a questão dos colégios, Pereira começou uma nova campanha que deu lugar ao que se conhece como "questão maçônica". Muitos dos missionários norte-americanos eram maçons, e o mesmo acontecia com alguns pastores nacionais e bom número de membros das igrejas. Pereira afirmava que, visto que a maçonaria parte de pressuposições que dão excessivo valor ao ser humano e visto que o Grande Arquiteto do Universo não é de modo algum o Deus Trino da igreja cristã, um verdadeiro crente em Jesus Cristo não podia ser maçom. Isso deu lugar a uma amarga controvérsia, primeiro entre os presbiterianos e depois entre os demais protestantes do país. No Brasil, com uma forte tradição positivista e onde o humanismo racionalista podia muito bem se tornar religião, a questão maçônica indubitavelmente tinha grande importância.

Quando o sínodo de 1903 se negou a declarar a maçonaria incompatível com o cristianismo, Eduardo Carlos Pereira retirou-se dele com um grupo de partidários. Nesse momento, já se tratava mais de um sentimento contra os missionários que de outra questão; conta-se que alguns dos partidários de Pereira se retiraram do Concílio gritando: "abaixo o americanismo".

Pereira e os seus constituíram a igreja presbiteriana independente, que existe até os dias de hoje. Em 1957, contava com pouco mais de 22.000 membros; em 1995, com 90.000, o que a torna a segunda igreja presbiteriana mais numerosa no país. Enquanto Pereira continuava lutando pelo crescimento dessa nova igreja e pela evangelização do Brasil, sua posição nacionalista foi se tornando, aos poucos, mais moderada. Nos últimos anos de vida, entregou-se a um misticismo profético segundo o qual Jesus Cristo haveria de voltar em breve.

Mesmo que a igreja episcopal dos Estados Unidos houvesse tentado se estabelecer no Brasil desde 1863, sua obra permanente começou em 1888. Essa missão estabeleceu-se com o consentimento e a cooperação dos presbiterianos, que deram aos episcopais a responsabilidade de trabalhar no estado do Rio Grande do Sul, de onde retiraram o missionário que ali trabalhava com a finalidade de deixar o campo para os episcopais. Estes celebraram seu primeiro culto em 1890, em Porto Alegre. Pouco depois, chegou outro contingente de missionários, e já no ano 1899 havia um bispo residente no Brasil da igreja episcopal.

A segunda metade do séc. XIX viu o começo de vários empreendimentos missionários no Brasil. Depois da Guerra Secessão nos Estados Unidos, muitos sulistas desse país imigraram para o Brasil, e as igrejas de onde procediam começaram a ter consciência da necessidade de enviar missionários. Assim, a igreja metodista episcopal estabeleceu-se no Brasil em 1870, pois a obra que os metodistas haviam começado anteriormente não durara mais que uns poucos anos. O mesmo sucedeu com os presbiterianos do Sul, que vieram para o país em 1870; e com os batistas, cuja obra data de 1881. Quase no final do século, em 1893, os congregacionalistas norte-americanos organizaram uma missão a que deram o título de *Help for Brasil*.

Com a obra dos primeiros missionários, o protestantismo continuou desenvolvendo-se de maneira surpreendente. Esse desenvolvimento foi alcançado com um número limitado de missionários e, em boa parte, com conversões espontâneas decorrentes da leitura da Bíblia e da obra de brasileiros convertidos ao protestantismo. Também os portugueses tiveram importância na expansão do protestantismo desde que o doutor Kalley chegara ao Brasil com o contingente de convertidos dessa nacionalidade. Além disso, a ampla imigração procedente desses países protestantes contribuiu para o aumento numérico do protestantismo no Brasil. Mesmo que essa emigração não tenha ocorrido por motivos missionários, algumas das igrejas surgidas dela, ao entrar em contato com a população e cultura do país, começaram a sentir uma obrigação missionária.

Da mesma forma que a igreja presbiteriana, mas em menor grau, as demais denominações do Brasil tiveram dificuldades de crescimento no que se refere às relações entre os missionários estrangeiros e os dirigentes nacionais. Além da igreja presbiteriana, a denominação que mais sofreu por causa dessa tensão foi a batista. Nela, o principal dirigente foi Antônio Pereira, que, da mesma forma que Eduardo Pereira na igreja presbiteriana, se separara de sua denominação, criando uma organização batista independente. O cisma, porém, perdeu grande parte de seu impulso quando o dirigente regressou para a igreja católica. Pouco tempo depois, surgiu no norte, sob a direção de Adriro Bernardes, outro movimento de independência eclesiástica que deu origem a um cisma muito maior que o de Pereira. Entre os batistas, contudo, o problema da criação de uma igreja tomou um rumo diferente do que havia tomado entre os presbiterianos, pois a organização congregacionalista das igrejas batistas fez que se produzisse uma situação muito mais transparente que a existitente em outras denominações. Assim, entre os batistas, a solução que se encontrou para o problema foi o desenvolvimento de um sistema ultra-congregacionalista. O próprio Adriro Bernardes contribuiu para isso, porque via nesse sistema a oportunidade de destruir a centralização do poder nas mãos de agentes estrangeiros.

As demais igrejas tiveram problemas semelhantes mesmo que em menor grau. Gradativamente, todas estabaleceram em posições de maior responsabilidade os dirigentes nacionais, mesmo que, no começo do séc. XXI, algumas ainda dependessem demasiadamente dos recursos procedentes dos Estados Unidos.

Outra maneira de estabelecer uma igreja autônoma foi seguida pelos pentecostais. Esse movimento começou no Brasil quando, em 1911, alguns missionários pentecostais suecos começaram a trabalhar em Belém. No ano 2005, os dois grupos mais fortes eram as Assembléias de Deus e a Congregação Cristã do Brasil. As primeiras são especialmente numerosas no Norte do país, enquanto o contrário ocorre com a última, que é mais numerosa no estado de São Paulo e nos subúrbios. Nessa data, a Assembléia tinha uma membresia de 4 milhões, e a Congregação Cristã contava com pouco menos de 23.000.

Um terceiro grupo de igrejas surgiu com a chegada de missionários de sociedades conservadoras dos Estados Unidos após a Segunda Guerra Mundial. Muitas dessas igrejas, ainda que tivessem um crescimento progressivo, não mostravam o mesmo crescimento que as tradições pentecostais e carismáticas.

A proliferação de igrejas protestantes e pentecostais no Brasil deveu-se às muitas divisões que elas experimentaram. Por exemplo, a tradição presbiteriana experimentou mais de três grandes divisões – tanto por razões teológicas como ideológicas. A igreja luterana também sofreu uma divisão, criando a igreja evangélica luterana do Brasil com relações fraternais com os luteranos do Missouri. Muitas das pequenas igrejas pentecostais são o resultado de divisões por causa de assuntos doutrinais e eclesiásticos.

Da mesma forma que a igreja católica, as igrejas protestantes e algumas igrejas pentecostais sofreram durante o regime militar. Além das divisões de caráter ideológico, viveram tempos de profunda incerteza, divagando entre um evangelho firmado na justiça e outro que se ocupava somente da promessa de vida eterna, com pouco interesse na vida atual do povo.

Não obstante, muitas igrejas protestantes deram um testemunho de solidariedade e justiça diante da ditadura militar. Assim foi o testemunho da terceira assembleia do Conselho Latino-Americano de Igrejas, que se celebrou no Brasil em 1988. Além disso, teólogos brasileiros contribuíram de forma significativa com organizações ecumênicas e evangélicas, tais como a Igreja Evangélica Latino-Americana de Educação Cristã, o Conselho Mundial de Igrejas, a Fraternidade Teológica Latino-Americana, o Movimento de Lausanne e a Cooperação Missionária Ibero-americana.

Um exemplo de tal contribuição a partir do contexto missional foi o trabalho teológico do missionário presbiteriano Richard Schaull. Há duas contribuições importantes de Schaull para o trabalho missional latino-americano: primeiro, a teologia de Schaull era um antecedente importante à perspectiva protestante da teologia latino-americana da libertação; segundo, Schaull descobriu no pentecostalismo "uma nova reforma" para as igrejas históricas e um modelo de missão que encarna a opção preferencial dos pobres.

As igrejas protestantes do Brasil também se destacaram por seu trabalho no campo educativo. A igreja metodista, a igreja presbiteriana e outras têm desenvolvido alguns dos mais prestigiados centros de educação secular e religiosa da nação.

O pentecostalismo no Brasil cresceu de forma surpreendente. Há centenas de igrejas de caráter pentecostal e carismático, tanto nas cidades quanto na área rural. Como resultado do pentecostalismo, há novos movimentos que se apropriaram dos estilos do pentecostalismo clássico, da cosmovisão espírita e de uma teologia da prosperidade. A Igreja Universal do Reino de Deus, a maior igreja nacional no Brasil, é um exemplo claro desse novo fenômeno neopentecostal.

Com todo o crescimento do protestantismo nacional, há missionários estrangeiros trabalhando em todo o país. A maioria desse trabalho toma uma das seguintes formas: 1) missionários que "acompanham" as igrejas em seu desenvolvimento; 2) um número de agentes de missão que traduzem as Escrituras para o idioma dos indígenas também trabalham na selva na proteção dos direitos dos povos indígenas; 3) missionários que trabalham com sociedades missionárias em projetos específicos, tais como o trabalho com meninos e meninas de rua, contra a violência doméstica e outros projetos nas cidades ou em comunidades rurais; 4) missionários que são parte de institutos, de seminários ou de universidades.

Finalmente, a partir do séc. XX muitas igrejas protestantes, de estilo mais tradicional ou pentecostal, enviaram missionários a diversas partes do mundo. Brasileiros protestantes também imigraram para os Estados Unidos e para a Europa, encontrando nas igrejas que antes trabalharam em seu país um refúgio pessoal e um espaço para a vocação missionária de outros imigrantes no novo país.

3. O cristianismo oriental

Há no Brasil um número reduzido de cristãos orientais. No começo do séc. XXI, tinham representação cinco famílias de igrejas orientais, com maior membresia na igreja ortodoxa russa. As estatísticas indicam que eram um número reduzido – não mais que 180.000 cristãos orientais – todas essas comunidades experimentaram um crescimento lento, especialmente por causa da imigração.

L. O cristianismo na América Central

1. O catolicismo romano

Enquanto pertencia ao Império Mexicano de Iturbide, a América Central seguiu a política religiosa do leste, que consistia em proteger os privilégios da Igreja. Essa política continuou quando a América Central proclamou sua Independência. Com a Constituição dos Estados Federados da América Central e a luta entre liberais e conservadores, as relações entre a Igreja e o Estado começaram a sofrer. A questão mais delicada era a do patronato nacional, que se complicava, todavia, mais que nos outros países da América espanhola, porque se discutia se ele pertencia ao governo federal ou aos diversos governos estatais. A situação tornou-se pública com a questão da diocese de San Salvador, erigida pelo governo local contra a vontade das autoridades federais de Roma. Algo semelhante aconteceu em San José, mesmo que o conflito tenha sido evitado quando o padre que havia sido nomeado bispo se negou a aceitar essa honra.

A luta entre liberais e conservadores resultou no predomínio daqueles durante os últimos dez anos da Federação (1829-1839). Durante esse período, promulgou-se a tolerância religiosa, e os registros civis ficaram nas mãos do Estado. O governo aboliu as ordens monásticas e confiscou sua propriedade. O resultado foi a violenta reação conservadora que, com o apoio da maioria do clero, pôs fim à Federação, dividindo-a nas atuais repúblicas centro-americanas.

A partir da dissolução da Federação, as diversas repúblicas centro-americanas seguiram caminhos políticos diferentes, ainda que a tendência tenha sido a separação entre a Igreja e o Estado.

Na *Guatemala*, os conservadores perderam o poder com a revolução de Manuel Garcia Granados. O governo liberal que então se estabeleceu promulgou leis com respeito à Igreja que continuaram vigentes até bem avançado o séc. XX – mesmo que um pouco modificadas pelo acordo de 1888, com o qual o governo renunciou ao direito de patronato nacional, enquanto o papado abandonou toda pretensão de privilégios especiais para a igreja na Guatemala. Essa situação foi desfavorável para a igreja católica na Guatemala, assim como para o que concerne ao seu trabalho missionário. Mesmo que a maioria dos sacerdotes diocesanos fosse guatemaltecos, quase todos os regulares eram estrangeiros. O trabalho missionário centrava-se em uma administração apostólica e em uma prelatura *nullius*, e nela se destacou o trabalho dos padres Maryknoll e dos franciscanos. Contudo, a situação missionária na Guatemala era bastante triste por causa da imensa proporção da população que vivia distante de qualquer ministração eclesiástica. No começo do séc. XXI, essa situação melhorou graças ao considerável aumento de sacerdotes regulares no país, mesmo que se devesse perguntar se essa melhora seria permanente, uma vez que se devia a sacerdotes estrangeiros recém-chegados ao país.

As últimas décadas do séc. XX marcaram o trabalho missionário no país. Sob a inspiração do Concílio Vaticano II e da segunda conferência do Episcopado Latino-Americano em Medellín (1968), a liturgia mudou para o espanhol. Não obstante, tal mudança serviu bem pouco para a vida dos ameríndios. Os agentes da missão já haviam notado a grave crise de pobreza dos camponeses e indígenas da região e haviam começado a desenvolver cooperativas comunitárias. Essa iniciativa veio da parte dos padres Maryknoll e dos sacerdotes do Sagrado Coração em Quiché, de sacerdotes canadenses do Oriente e Sololá, e dos beneditinos em Sololá.

Infelizmente – como é comum em toda a América Central nesse período –, o trabalho das cooperativas foi visto pelo governo como projetos comunistas, e tanto os agentes da missão como os camponeses foram duramente perseguidos durante os anos da ditadura de Aranha, Lucas e Rios Montt. Os projetos populares, que mantinham uma relação estreita com as comunidades eclesiais de base, eram vistos como auxiliares dos grupos guerrilheiros e dos movimentos comunistas. Esse fato criou uma grave tensão entre o trabalho missionário de base e a hierarquia da igreja.

Além das cooperativas e dos projetos populares, houve projetos pastorais como o Centro para o Desenvolvimento Integral em Huehuetenango, os centros de isolamento e programas de espiritualidade, e as estações de rádio para a formação educativa do povo. Não obstante, os agentes missionais confrontaram problemas como a falta de comunicação entre os líderes dos programas, a presença contínua de pessoas estrangeiras e as tensões com a hierarquia. A postura ambígua dessa última ante a repressão e a opressão do povo quebrou o trabalho missionário. Mesmo que houvesse tentativas de desenvolver uma pastoral em conjunto, alguns bispos não apoiaram as gestões, e o trabalho missionário que já era difícil continuou isolado e sem coordenação.

As últimas décadas do séc. XX foram violentas. Os agentes de missão viram-se sob contínuo ataque por parte de governos e ditaduras. Isso foi parte de uma perseguição dos elementos populares e ameríndios que buscavam o respeito à vida, aos direitos humanos e ao direito à terra. Em consequência, os projetos educativos e de conscientização eram malvistos e até perseguidos. O episcopado da Guatemala viu-se dividido com essa situação política, mesmo que periodicamente se escutasse a voz profética que demandava do governo transparência e integridade. A crise política e religiosa – aliada aos terremotos de 1976 – produziu mais de um milhão de refugiados no norte do país, a maioria deles ameríndios, assim como milhões de mortos. Portanto, o trabalho missionário também incluía a proteção e o cuidado aos indígenas refugiados, a provisão de recursos para pessoas indigentes na cidade e, posteriormente, a reabilitação dos ameríndios a suas comunidades. É em meio a esse caos político, religioso e cultural que se escutou a voz profética da poetisa Julia Esquivel, reclamando justiça e paz para os indígenas e para o povo pobre, oprimido e desabrigado.

Mesmo depois da proposta de paz do final do séc. XX e da influência política e cultural que deu o premio Nobel da Paz a Rigoberta Menchu – indígena guatemalteca que defendia os direitos dos ameríndios –, a igreja católica na Guatemala experimentou a violência dirigida contra seus líderes eclesiásticos, que investigavam a violação dos direitos humanos durante as últimas quatro décadas do séc. XX – que começou com o assassinato de um bispo.

Ao despontar o séc. XXI, a igreja católica continuou tendo sérios problemas missionais e eclesiásticos. A distância cultural entre os bispos e o clero nacional, por um lado, e os missionários estrangeiros, por outro, dificultavam o desenvolvimento de uma pastoral contextual. Enquanto os primeiros se inclinavam para a população "ladina" – ou seja, de fala espanhola – os últimos trabalhavam principalmente entre os indígenas e outras pessoas marginalizadas. Mas, após o processo de paz, a maioria dos agentes de missão estrangeiros envolveu-se em projetos não relacionados à pastoral e ao ministério eclesiástico. Havia fora das dioceses da Cidade de Guatemala alguns projetos de desenvolvimento econômico e social, mesmo que as relações entre eles fossem tensas. Estruturalmente, a igreja tinha 10 dioceses com 3 vicariatos, e uma membresia de aproximadamente 8 milhões.

A história eclesiástica de *El Salvador* é semelhante à da Guatemala. Em 1842, o papa aceitou uma petição da nova República e instituiu a diocese de San Salvador. Durante os primeiros anos, o governo foi conservador e protegeu os privilégios da igreja e do clero. Em 1871, porém, produziu-se uma reação liberal semelhante à da Guatemala. Essa revolução e a Constituição que em 1886 surgiu dela caracterizaram-se pela separação entre a Igreja e o Estado. A partir de então, a Constituição de El Salvador garantiu a liberdade de culto, o caráter leigo da educação e a legalidade do casamento civil.

Da mesma forma que na Guatemala, as últimas décadas do séc. XX foram violentas. No final da década de 1960, chegou a El Salvador um contingente de missionários formados pela teologia do Concílio Vaticano II e, posteriormente, de Medellín. Seu trabalho missionário concentrou-se nos grupos populares e tinha como propósito contribuir para o desenvolvimento econômico de comunidades pobres e marginalizadas. Paralelamente a esse trabalho de desenvolvimento, a igreja volta-se ao estudo da Bíblia, e as comunidades eclesiais de base convertem-se em um espaço de reflexão e trabalho comunitário de libertação. No final da década de 1960 e meados da próxima, as comunidades eclesiais de base transformaram-se em muitas paróquias da arquidiocese de San Salvador – a primeira em Suchitoto. Nesse período, também começou o diálogo informal entre alguns sacerdotes e líderes da guerrilha. Isso traria como consequência perseguição e violência, que chegariam até a mais alta hierarquia da Igreja.

Em El Salvador, como na Guatemala, missionários foram assassinados por causa de seu trabalho com as comunidades. Entre esses mortos, contavam-se quatro freiras assassinadas em 1984. A pastoral de acompanhamento do arcebispo Oscar Arnulfo Romero foi uma contribuição valiosa da igreja salvadorenha para a reflexão sobre violência e justiça. Em meio às lutas da guerrilha e da política militar do governo, a igreja optou pela proteção dos pobres e pela luta por justiça e, por isso, sofreu grande violência. Ao lado de muitos mártires anônimos, o arcebispo Romero foi assassinado em 1980 enquanto celebrava a missa. Todavia, quando já estava começando o processo de paz em 1989, quatro sacerdotes jesuítas, a empregada e a filha dela foram assassinados.

Mesmo que no final do séc. XX se chegasse a uma trégua em El Salvador, a situação da igreja continuou sendo de profunda ambiguidade. As tensões entre os grupos populares de base e a hierarquia da igreja persistiam. A violência no país era de caráter social, não militar, pois resultava da pobreza que o povo sofria ao mesmo tempo em que a igreja conservava certa ambiguidade. Alguns trabalhos de base continuavam, mas seu enfoque era primeiramente a sobrevivência e a resistência, não transformação da realidade social.

O catolicismo parecia dividido entre um catolicismo tradicional de classe média alta e classe alta; um popular fixado à base, que oscilava entre a memória de sua militância política e o vácuo político do momento; e um terceiro catolicismo sincretista com tradições indígenas antigas. Todavia a maioria do clero religioso era estrangeira; ao passo que o contrário acontecia com o clero diocesano, o que agravava as tensões no trabalho missionário.

Em *Honduras*, o partido conservador não conseguiu reter o poder muito mais tempo que na Guatemala e em El Salvador. Em 1880, os liberais revogaram o acordo que havia sido firmado em 1852, e promulgaram uma constituição que separava a igreja do Estado, garantindo a liberdade religiosa; a partir de então, apesar de algumas dificuldades surgidas do sentimento católico da população, as leis garantiram essa liberdade.

A situação da igreja de Honduras é uma das mais deprimentes de toda a América Latina. No ano 1962, havia no país somente 154 sacerdotes. Mesmo que os cargos administrativos estivessem nas mãos de sacerdotes hondurenhos, todos os religiosos que se ocupavam em paróquias eram estrangeiros, e quase a metade dos sacerdotes diocesanos também o eram. Esse dado é bem mais desalentador porque o número de sacerdotes diocesanos se encontrava em vias de diminuição ao mesmo tempo em que a população aumentava com uma rapidez surpreendente. Ainda que a situação tivesse melhorado um pouco, quarenta anos mais tarde, era essencialmente a mesma.

No que se refere às missões, foram realizadas no vicariato apostólico de San Pedro Sula e na prelatura *nullius* da Imaculada Conceição de Olancho. A totalidade dos sacerdotes que trabalhavam nas paróquias dessas duas circunscrições era estrangeira. Após os anos 1960, a igreja teve uma ação missionária mais eficaz, tomando a forma de projetos comunitários sociais, apostolados dos leigos, projetos de desenvolvimento econômico e educativo, a integração da liturgia à vida das paróquias e das comunidades e a preocupação por uma pastoral contextual. Não obstante, a maior parte do trabalho continuava nas mãos de missionários estrangeiros. No final do séc. XX, a igreja católica em Honduras tinha 6 dioceses e um pouco mais de 2,5 milhões de membros adultos.

Na *Nicarágua*, a história das relações entre a Igreja e o Estado foi um pouco diferente. Os conservadores dominaram o país durante quase todo o séc. XIX, e, em 1862, firmou-se um acordo com o Vaticano. Não foi senão em 1894, sob a ditadura de Zelaya, que se promulgaram leis contra os privilégios da igreja e do clero. Contra Zelaya surgiu uma reação conservadora que determinou as relações entre a igreja católica e o Estado durante as primeiras décadas do séc. XX. Quando voltaram ao poder, os liberais realizaram uma série de medidas que tendiam a separar Igreja e Estado. Entre elas a que mais se discutia era a lei de "prelação do matrimônio civil ao religioso", que exigia que se celebrasse um matrimônio civil como requisito prévio ao religioso. Isso causou protestos violentos por parte da hierarquia eclesiástica e, em alguns lugares, produziram-se distúrbios e motins. Mas a Nicarágua, como o restante do mundo, caminhou para a separação entre Igreja e Estado, e todo esforço para evitá-la foi em vão.

Apesar dos privilégios legais que desfrutou, a igreja não mostrou ter vitalidade própria. Em meados do séc. XX, o número de paróquias e sacerdotes diocesanos havia diminuído e tal tendência não havia mudado no princípio do séc. XXI.

No que se refere às missões, tiveram lugar especialmente no vicariato apostólico de Bluefields, onde trabalharam diversas ordens católicas. Mesmo que essa obra não tenha sido de muito proveito para a região, seu caráter marcadamente estrangeiro refletia a falta de vitalidade da igreja nicaraguense.

Da mesma forma que na Guatemala e em El Salvador, as últimas décadas do séc. XX foram violentas. Sob a ditadura de Anastácio Somoza, a igreja recebeu certos privilégios e benefícios, mas também sofreu perseguição, confiscação de propriedade, repressão a ordens missionárias e o exílio de alguns sacerdotes.

No final da década de 60 e no início da década de 1970, os capuchinhos haviam desenvolvido comunidades eclesiais de base, formando líderes leigos na conscientização da realidade da pobreza e em projetos comunitários no interior do país. Nesse período, foi conhecido o trabalho de Ernesto Cardenal em Solentiname, outro exemplo do caráter político religioso das comunidades eclesiais de base e de sua participação progressiva nos processos revolucionários. Com a leitura da Bíblia e a conscientização política, a base da igreja católica inseriu-se nos processos de luta que antecederam a revolução sandinista, não sem sofrer perseguições e assassinatos.

Em meio aos conflitos armados da luta pela derrubada de Somoza, o bispo Obando participou em processos de negociação por ocasião do sequestro de líderes nacionais. Obando e a hierarquia da igreja tomaram uma atitude anti-somozista – manifestada na carta de 1980, na qual os bispos da Nicarágua requiseram mudanças políticas e sociais na estrutura do governo –, mas mantiveram relação com os grupos da alta burguesia.

Em 1979, a Revolução Sandinista triunfou e foi criada uma Junta de Governo com forte presença de líderes da Frente Sandinista de Libertação Nacional. Em 1983, o papa João Paulo II visitou a América Central – incluindo a Nicarágua

– e ali admoestou os sacerdotes que estavam participando na nova Junta de Governo para que deixassem esses postos e voltassem para a vocação sacerdotal. A imagem do papa em uma tribuna com o rosto de Sandino como cenário é símbolo eloquente das tensões entre a revolução nicaraguense e a hierarquia da igreja. A algazarra do povo era desconcertante ao expressar carinho pelo papa e esperança de que a revolução alcançasse seus objetivos.

Durante a guerra entre a revolução sandinista e os "contra", a igreja também teve momentos de ambiguidade e incerteza. Não obstante, os grupos de base continuavam trabalhando nos projetos comunitários e a hierarquia caminhava na corda bamba da política. Quando, no ano 1989, os nicaraguenses elegeram uma nova presidente, a hierarquia deu-lhe apoio. Desse modo, até o final do séc. XX, a hierarquia católica recobrou sua posição na sociedade.

Desse modo, a igreja católica tinha três expressões principais: a primeira era o catolicismo tradicional típico das classes média e média alta da América Central, a segunda era o catolicismo popular, e a terceira eram algumas expressões do catolicismo carismático, produto da influência das igrejas pentecostais carismáticas.

Na *Costa Rica*, as relações entre a Igreja e o Estado foram mais cordiais que no restante da América Central. Contudo a condição da igreja na Costa Rica foi bem melhor que a dos outros países da América Central. Em 1962, havia no país 247 sacerdotes, dos quais somente 107 eram nacionais. Referindo-se à relação entre a população e o número de sacerdotes, os observadores católicos mostram-se pessimistas, já que as cifras de 1912 eram melhores que as de cinquenta anos mais tarde.

A atividade missionária católica no país centrava-se no vicariato apostólico de Limón, onde trabalhavam, além de dois sacerdotes diocesanos, religiosos lazaristas e de outras ordens.

Por sua história política, a Costa Rica foi a sede de organismos ecumênicos tais como o Departamento Ecumênico de Investigações, cujas publicações e oficinas populares deram formação religiosa e política a centenas de líderes católicos – e alguns protestantes – durante as últimas décadas do séc. XX. Missionários também trabalharam com grupos populares em comunidades eclesiais de base, em projetos de desenvolvimento econômico e agrícola e com alguns grupos indígenas. Além disso, no final do séc. XX a igreja, tanto na sua expressão hierárquica como na de base, foi muito solidária nos processos de paz, de consulta dos direitos humanos e de ajuda aos refugiados por causa da violência na região.

No começo do novo século, a igreja enfrentava um grande desafio já que aumentava a população secular com profundas suspeitas para com a igreja e com grande influência da maçonaria. Tudo isso criava um espírito anticlerical. Também chegavam ao país as novas influências das religiões "da nova era" e as tradições do Oriente. Como no restante da América Central, o catolicismo tinha a vertente tradicional e a popular, mas ambas sofriam de um crescimento lento.

Em resumo, a igreja católica da América Central mostrava-se carente de vitalidade própria em grau mais alto que a maioria dos países da América Latina. Isso ficava especialmente obvio no que se referia ao trabalho missionário, que estava em mãos, quase exclusivamente, estrangeiras.

2. O protestantismo

Mesmo se valendo da influência britânica, o protestantismo chegou a *Belize* bem cedo; a primeira tentativa de realizar obra protestante nas repúblicas da América Central aconteceu em 1824, quando um batista inglês fez uma breve visita à Guatemala. Essa visita, e outras que a seguiram, não tiveram resultados permanentes. O mesmo pode ser dito da obra de Frederick Crowe, que passou vários anos na Guatemala distribuindo bíblias e pregando o evangelho, até que foi preso e expulso do país.

A primeira obra permanente na Guatemala estabeleceu-se quando o presidente liberal Justo Rufino Barrios, em uma visita a Nova York, convidou os presbiterianos do Norte a estabelecer missões em sua pátria. A junta presbiteriana aproveitou a ocasião para enviar o missionário John C. Hill, que, no ano 1884, organizou a primeira igreja protestante do país. Quando, algum tempo depois, John viu-se obrigado a regressar à sua pátria por motivos de saúde, foi substituído pelo missionário Edward M. Haymaker, que trabalhou na Guatemala por mais de cinquenta anos. Desde o começo, a missão presbiteriana na Guatemala realizou um trabalho ativo de educação. Fundaram várias escolas, tanto na capital quanto em outras cidades. O mesmo pode ser dito sobre o trabalho médico, ainda que o primeiro hospital tenha sido fundado somente em 1913. Infelizmente, diversas dificuldades, sobretudo as dos terremotos, que têm escrito páginas tão trágicas na história da Guatemala, deram golpes brutais na obra presbiteriana. Apesar disso, o presbiterianismo continuou desenvolvendo-se no país e conta com um seminário na cidade de San Felipe.

Realizando trabalho missionário entre os ameríndios, especialmente os quiché e os mam, os presbiterianos enfrentaram conflitos entre os presbitérios ladinos e os indígenas. Estes desenvolveram programas educativos para descobrir as sobreposições entre a teologia reformada e a cultura ameríndia. Esse é outro foco de tensão entre os presbitérios ladinos e os indígenas.

Durante a década de 1960, a igreja presbiteriana na Guatemala desenvolveu o já conhecido método de educação teológica por extensão. Esse método propõe que a formação teológica e ministerial nasce do contexto onde se faz o ministério. Portanto, a educação "vai" aos estudantes, não os estudantes ao seminário ou institutos. Logo, com modificações contextuais, esse veio a ser um dos métodos mais comuns na formação ministerial na América Central.

As igrejas presbiterianas dos Estados Unidos enviaram missionários para trabalhar com a igreja presbiteriana na Guatemala. O apoio missional foi variado: desde um ministério de acompanhamento para proteger os ministros e líderes nacionais ameaçados de morte durante as ditaduras até mestres para o seminário e para os diversos centros de formação ministerial. Além disso, a igreja nos Estados Unidos proveu liderança missional para organizações ecumênicas no país. Em muitas ocasiões, essa liderança estrangeira entrou em conflito com a liderança nacional por questões de teologia e de eclesiologia, e especialmente por propensões ideológicas e políticas.

No começo do séc. XXI, a igreja nacional presbiteriana da Guatemala tinha 178 congregações e uma membresia de 50.000.

Em 1899, a Missão Centro-Americana começou a trabalhar na Guatemala. Essa missão foi fundada no Texas em 1890 pelo pastor congregacionalista Cyrus Scofield. Seus princípios e organização eram semelhantes aos da *China Inland Mission*, ou seja, tratava-se de uma "missão de fé" na qual trabalhavam missionários de diversas denominações sem o apoio de uma junta ou de um orçamento. Como veremos mais adiante, a Missão Centro-Americana trabalhava em outros países da América Central desde 1891. Somente em 1899 é que seus primeiros missionários chegaram à Guatemala. A partir de então, a Missão Centro-Americana continuou sua obra no país. Trabalhou principalmente na evangelização, ainda que tenha feito também algo no campo da educação. Uma de suas instituições mais notáveis é o *Robinson Bible Institute,* fundado junto ao lago Atitlán em 1923. Nesse instituto, preparam-se evangelistas indígenas que pregam o evangelho e ensinam em seu próprio idioma e dialeto. Também merece ser mencionado o Seminário de Teologia da América Central (Seteca), na capital, que se dedica à preparação de pastores de fala espanhola.

Durante as ditaduras e a repressão das últimas décadas do séc. XX, a Missão Centro-Americana enfrentou dilemas profundos. Com trabalho missionário entre os indígenas, que são objetos de perseguição, opressão e assassinatos, a Missão ficou um tanto paralisada em virtude, por um lado, de sua teologia conservadora e dispensacionalista, que a levava a se desligar dos problemas políticos do momento, e, por outro lado, por ver a injustiça que os próprios membros sofriam por serem indígenas. Não obstante, os indígenas da Missão Centro-Americana dirigiram seus esforços missionários em duas direções: na evangelização para a qual muitos foram treinados e na solidariedade cristã aos irmãos indígenas. O espaço entre a evangelização e a justiça social foi reduzido pelos ameríndios, que demonstraram à própria sociedade missionária um novo modelo de missão.

Além dessas duas denominações protestantes, trabalharam na Guatemala mais umas vinte. Entre elas, merecem ser mencionados os metodistas primitivos, os batistas do Sul, os amigos e os nazarenos. Além disso, é notável o trabalho de tradução bíblica para os diversos dialetos indígenas que realizaram os *Wycliff Bible Translators*.

Grupos pentecostais independentes e carismáticos cresceram na Guatemala de maneira impressionante. No ano 2000, a Assembleia de Deus era a maior denominação protestante na Guatemala, com pouco mais de um quarto de milhão de afiliados. Grupos nacionais, dos quais a maior parte era formada pela Igreja Evangélica Pentecostal do Príncipe da Paz (1945), concentravam seus esforços missionários na evangelização e na "perfeição pessoal", com ministérios variados para a comunidade. A maioria dessas igrejas nacionais era de estilo conservador, como é a Associação Evangélica do Verbo Divino, que apoiou a ditadura de Rios Montt e da qual ele era membro.

Ficam no anonimato, pela fragilidade de seu trabalho missionário, muitas igrejas – conservadoras, liberais, pentecostais e independentes – que ofereceram um ministério de solidariedade nos momentos tão difíceis dos anos das ditaduras na Guatemala.

De uma perspectiva ecumênica, deve-se mencionar que os protestantes na Guatemala contribuíram para a educação no país. A Universidade Mariano Gálvez, a primeira desse gênero na América Latina, foi estabelecida em 1966. O Conselho Latino-Americano de Igrejas e a Coordenação Pastoral Aborígine (Copa) criaram espaços importantes para o diálogo entre os indígenas de diversas tradições protestantes – mesmo que a Guatemala, tendo a maior população de indígenas na região, não tenha participado consistentemente das reuniões dessa agência. Organizações evangélicas conservadoras, como "Amanhecer" e as campanhas de evangelização de Luiz Palau, celebraram eventos diferentes focando na evangelização.

Segundo as estatísticas do começo do séc. XXI, o protestantismo na Guatemala compreendia de 12 a 15% da população.

A obra protestante em *El Salvador* começou em 1896 pela Missão Centro-Americana. Esta recebeu o apoio de Francisco Penzotti, que havia visitado o país anteriormente. Apesar de muitos missionários terem sido obrigados a abandonar o país por motivos de saúde, a obra da Missão Centro-Americana continuou progredindo e, em 1957, contava com 2.300 membros e trabalhava em várias regiões do país, incluindo algumas populações indígenas. Atualmente, a Missão Centro-Americana, agora a Igreja Centro-Americana, conta com 250 congregações e mais de 30.000 fiéis.

Os batistas do Norte dos Estados Unidos – "American Baptists" – começaram a trabalhar em El Salvador em 1911. A partir de então, têm-se estendido a catorze departamentos do país. Têm colégios notáveis em San Salvador e em Santa Ana, além do trabalho missionário entre os Índios pipil da costa. Em 1934, organizou-se a Associação Batista de El Salvador, e setenta anos mais tarde contava com 58 congregações e uma membresia de mais de 15.000 fiéis.

A Assembleia de Deus era a denominação de maior crescimento no país. Desconhecemos como chegaram ao país, mas sabemos que foi entre 1920 e 1922. Há por volta de 3.000 congregações com muitos centros de pregação. Seu trabalho missionário centrou-se na evangelização e no estabelecimento de novas congregações. Com a Assembleia de Deus, há outras denominações pentecostais de crescimento significativo como a Igreja do Príncipe da Paz, já mencionada, e a Missão Cristã Elim.

Durante os anos de guerra civil e durante os terremotos de 1986, o movimento ecumênico em El Salvador ocupou um papel missional importante. A Associação Batista de El Salvador, a Igreja Luterana de El Salvador e a Igreja Episcopal de El Salvador, aliadas ao Conselho Latino-Americano de igrejas, realizaram um trabalho missionário com refugiados de guerra e de desastres naturais. Sua voz profética, muito similar à do arcebispo Oscar Arnulfo Romero, foi a favor dos pobres. Os mártires dessa igreja são testemunhas eloquentes de um trabalho missionário profético, arriscado e de solidariedade em momentos muito difíceis no país.

Outras organizações de desenvolvimento, como a DIAKONIA, contribuíram para o bem-estar econômico das comunidades pobres no país. Infelizmente, no começo do séc. XXI, o trabalho missionário estava em crise.

O protestantismo chegou a *Honduras* em 1859, por causa do tratado segundo o qual a Grã-Bretanha cedeu a Honduras as ilhas de la Bahia. Visto que a população dessas ilhas era protestante, podemos dizer que desde então havia hondurenhos dessa fé. Contudo, como essas pessoas eram de fala inglesa, não se pode dizer que sua mudança para a soberania hondurenha tenha representado um verdadeiro começo do protestantismo no restante do país.

Os primeiros a estabelecer um verdadeiro trabalho missionário entre os hondurenhos foram os representantes da Missão Centro-Americana, os quais começaram sua obra em 1896, e encontraram um apoio inesperado na aldeia de El Paraíso. Anos antes, havia-se tentado estabelecer uma igreja católica na região vizinha; parece ter havido um bom número de seguidores até as autoridades se apoderarem dela e matarem seu líder. Diante desses acontecimentos, os seguidores se refugiaram em um lugar praticamente inacessível, ao qual deram o nome de El Paraíso. Quando os missionários centro-americanos chegaram, eles lhes deram apoio, e o El Paraíso veio a ser um centro do qual partiram muitos hondurenhos para a evangelização do restante do país. A partir de então, os centro-americanos continuaram trabalhando no país e continuaram sendo uma das principais denominações protestantes.

Em 1898, chegaram os irmãos, que se estabeleceram em São Pedro. O trabalho não se desenvolveu muito, ainda que devamos mencionar sua missão entre os caribes no povoado de Trujillo. Atualmente, contam com 225 congregações e uma membresia de 62.000 membros.

A igreja evangélica e reformada tem em São Pedro de Sula uma obra que data 1920 e que inclui uma magnífica escola e um ambulatório. A partir de São Pedro de Sula, estendeu-se para a região vizinha e teve um crescimento lento. Mesmo que seus membros não sejam tão numerosos quanto os das outras denominações, a presença eclesial dessa denominação é destacada.

A partir de sua obra entre os indígenas misquitos da costa da Nicarágua – a que nos referiremos em breve – os morávios estabeleceram-se em Honduras, onde contam com quase 6.000 membros.

As denominações pentecostais – tanto de origem estrangeira como de grupos nacionais – são as igrejas de maior membresia do país. Os missionários da Guatemala da Igreja Príncipe da Paz chegaram no ano 1960. Atualmente, essa é a quinta maior igreja do país. A Assembleia de Deus é a denominação maior, com uma membresia de mais de 40.000 e com mais de 800 congregações.

Além de Costa Rica, Honduras é o país da América Central no qual o protestantismo conseguiu o menor crescimento numérico. Isso é mais notável porque é também um dos países que contam com a maior proporção de obreiros estrangeiros em ralação ao número de crentes. Essa situação parece ocorrer, em parte, por causa da data tardia em que se começou o trabalho missionário protestante; em parte, por causa das condições insalubres de algumas regiões do país que impedem a permanência prolongada de muitos missionários e, em parte, por causa da escassa cooperação entre as diversas denominações, que, quando muito, se tem reduzido à delimitação de campos de trabalho.

A primeira missão protestante na *Nicarágua* foi estabelecida pelos irmãos morávios em 1849, entre os misquitos da costa oriental. A atividade da igreja católica nessa região havia sido praticamente nula, e a obra evangélica foi muito bem recebida, especialmente depois do batismo da princesa Matilda. Além do trabalho de evangelização, os missionários estabeleceram tendas nas quais vendiam diversos produtos aos indígenas, mas esse aspecto de sua obra foi abandonado em 1922. A partir de Misquita, os missionários estenderam-se para a região habitada pelos sumus. Os primeiros convertidos entre eles foram batizados em 1878. Entre as duas tribos, o trabalho dos missionários contribuiu para melhorar as condições de vida e o nível educacional. Foram os missionários morávios que compuseram gramáticas e dicionários do idioma misquito, além da tradução do Novo Testamento. Quanto ao idioma sumu, a atividade dos missionários foi menos ampla, mas existe pelo menos uma gramática, produto de seus trabalhos.

Junto aos morávios, atuam na região de Misquita os anglicanos. Os batistas também estão presentes, mesmo que numerosos somente nas ilhas de Maiz. Em data relativamente recente, a igreja católica estabeleceu o vicariato apostólico de Bluefields, penetrando assim uma região abandonada.

Em 1900, a Missão Centro-Americana estabeleceu-se na Nicarágua, onde seu trabalho não foi constante como se desejava. Atuou especialmente em Manágua, Granada e nas imediações das duas. Além disso, a obra de evangelização oferece serviços médicos em clínicas ambulantes. Atualmente, a igreja leva o nome de Igreja Evangélica Missão Centro-Americana – como em outros países da região – e conta com uns 5.000 membros.

Os batistas começaram a trabalhar na Nicarágua em 1917. O centro de seu trabalho está em Manágua, onde têm várias igrejas, além de um hospital, algumas escolas e um seminário. A partir de Manágua, os batistas estenderam-se pelo país. Seu número cresce e não há dúvida de que, com exceção do catolicismo romano e talvez dos morávios no Oriente, essa é uma das denominações que exercem maior influência no país.

Além das denominações já mencionadas, merecem ser citados os nazarenos – em Manágua, em Leon e em Granada – a Assembleia de Deus – especialmente forte em Leon e Granada e atualmente com mais de 180.000 fiéis.

Os protestantes na Nicarágua têm uma presença ecumênica forte. O Comitê Evangélico para Ajuda ao Desenvolvimento (Cepad), criado como resultado do terremoto, trabalhou em projetos de cooperativas agrícolas e econômicas, em programas de saúde e educação, e em programas de conscientização, mediação e apoio. Durante os anos anteriores e durante a revolução, o Comitê mediou as graves tensões entre protestantes ecumênicos, conservadores e pentecostais, mantendo uma unidade frágil em tempos de tanta polarização. O Centro Interclesial de Estudos Teológicos e Sociais em Manágua (Ciets) contribuiu para a formação teológica de leigos. Seus programas de formação estão fixados nas igrejas e em grupos de base com o propósito de preparar ministros para a América Central. Recentemente, e com o estímulo da igreja batista, criou-se a primeira universidade protestante de Manágua, a Universidade Martin Luther King.

A situação de *Costa Rica* é bem distinta da da Guatemala e da de Nicarágua. Por volta de 1970, menos de um por cento da população da Costa Rica era protestante, mesmo que recentemente esse número experimente um crescimento significativo. Isso é notável porque foi nesse país que primeiro começou a trabalhar a Missão Centro-Americana, e é também ali que existem algumas das mais conhecidas instituições missionárias da América Central. Isso parece dever-se a vários fatores: à forte tradição espanhola do país; à importância excessiva que se deu à evangelização em massa, em vez da organização de igrejas; à prática de algumas denominações de dar a cada congregação, por pequena que fosse, um pastor de tempo integral; à falta de cooperação entre as diversas denominações etc.

A Missão Centro-Americana foi organizada no Texas em resposta ao chamado procedente da Costa Rica, e foi a essa república que, em 1891, se dirigiram seus primeiros missionários. Contudo, a atividade dessa organização na Costa Rica flutuou muito. Em 1957, contava somente com 529 membros e atualmente conta com 8.000. Hoje, a Missão Centro-Americana leva o nome de Associação de Igrejas Evangélicas Centro-Americanas.

A Missão Latino-Americana foi organizada em 1921 e estabeleceu-se em San José. Desde o começo, seu interesse primordial estava na evangelização do continente mais que no estabelecimento da organização de igrejas. Em 1922, essa "missão" fundou o Instituto Bíblico, no qual, durante os primeiros anos, cooperaram os metodistas e os centro-americanos. O Instituto, que depois ficou conhecido como Seminário Bíblico Latino-Americano e hoje é a Universidade Bíblica, é a instituição de mais prestígio na região. Seus graduados estão espalhados por todo o continente, servindo a diversas denominações.

Os metodistas trabalharam na Costa Rica desde 1918. Suas principais igrejas estão em San José e em Alajuela. Em Vila Quesada existe também uma igreja forte, além de um centro rural. A principal obra de educação é a Escola Metodista de San José. Na zona bananeira, existem numerosas igrejas, mesmo que muitas dessas com um número escasso de membros. Para a educação teológica, estabeleceu-se em Alajuela a Escola de Preparação de Obreiros Metodistas. Atualmente, a igreja metodista conta com aproximadamente 4.000 membros.

Além das denominações já mencionadas, merecem ser citadas, na Costa Rica, a Assembleia de Deus, o grupo protestante e pentecostal maior do país, e os batistas do Sul.

Em Alajuela há o centro Alfalit, organização interdenominacional que trabalha em toda a América hispânica – e que se estendeu também ao Brasil, ao Haiti, à Europa e à África –, cujos propósitos são a alfabetização, a preparação e a distribuição de literatura cristã simples, e a evangelização. Sua obra realiza-se por meio de igrejas e concílios de igrejas nos diferentes países. Há também em San José uma escola que ensina a língua espanhola aos missionários de diferentes denominações que precisam trabalhar na América Latina.

A Costa Rica sediou grupos ecumênicos como a Associação de Familiares de Detidos-Desaparecidos, o Comitê Ecumênico pelos Direitos Humanos na Costa Rica e a Comissão para os Direitos Humanos na América Central. Essas organizações serviram bem à região, especialmente durante os anos de guerra civil e das revoluções.

Finalmente, as Igrejas protestantes ecumênicas da região produziram documentos muito importantes durante as últimas décadas do séc. XX. Com as guerras civis e as lutas revolucionárias, as igrejas produziram o documento KAIROS em 1988, no qual se expressava a urgência de as igrejas cristãs atuarem coerentemente a favor das lutas pela justiça, o chamado à voz profética e o compromisso com o povo pobre e oprimido. A crise durante essa época chegou a tal extremo que o Conselho Latino-Americano de igrejas escreveu uma declaração sobre a missão das igrejas na América Central, dando apoio ao surgimento de uma nova eclesiologia solidária com o povo. Em 1988, em Sonsonete, El Salvador, escreveu-se um documento sobre "Práticas pastorais a serviço da paz: compromissos e desafios para a Mesoamérica de hoje", no qual se discutiu o tema do *shalom* bíblico e suas implicações pastorais.

Em resumo, as igrejas protestantes e pentecostais na América Central têm uma história frágil transcorrida em meio a grandes lutas e ambiguidades políticas e econômicas, durante as quais as igrejas têm lutado para ser fiéis. Ainda hoje se recuperam de anos de profunda polarização, enfrentando os desafios de reconstruir suas comunidades em meio à pobreza que tanto afeta a região.

M. O cristianismo no México

1. O catolicismo romano

De toda a América Latina, o México é o país em que a história da igreja católica foi mais turbulenta. Isso aconteceu por causa frequente flutuação das relações entre a Igreja e o Estado, que variaram entre cordialidade, hostilidade e inexistência.

A independência mexicana recebeu o apoio decidido do clero, que via na Constituição espanhola de 1812, com seu selo liberal, um ataque aos direitos e privilégios da Igreja.

Contudo, juntamente com os conservadores que viam na independência um modo de evitar que se estendesse ao México a situação espanhola, havia republicanos para os quais a independência era um passo prévio para o estabelecimento de um governo liberal. Por essa razão, e também porque a Santa Sé não queria reconhecer a legitimidade de uma nação cuja supervisão era ainda duvidosa, aconteceram no México os mesmos problemas referentes ao patronato nacional, e as sedes foram ficando vagas como vimos nos outros países da América Latina. Desde o começo da independência, os diversos governos mexicanos trataram de estabelecer relações com a Santa Sé, mas não tiveram êxito. Em 1829, não havia um só bispo no país. Por fim, em 1831, Gregório XVI designou seis bispos, não em virtude do patronato nacional, mas *motu próprio*. Contudo, em 1883, com a reforma de Gymez Farias, voltaram a surgir tensões entre a igreja e o Estado, até que a reação do ano seguinte voltou a conceder à igreja seus antigos direitos. Essas oscilações nas relações entre a Igreja e o Estado continuaram através de toda a primeira metade do séc. XIX, até que a revolução de Ayutla depôs o ditador Antônio Lopez de Santa Ana.

Essas vicissitudes políticas durante a primeira metade do séc. XIX tiveram como consequência o desaparecimento quase total do trabalho missionário em solo mexicano. Boa parte dessa decadência das missões deveu-se a leis e decretos do governo. Assim, por exemplo, em 1827, quando os espanhóis foram expulsos do México, as ordens religiosas viram-se privadas da maioria de seus membros. Algum tempo depois, as missões na Baixa Califórnia foram nacionalizadas, e em poucos anos somente restaram nelas seis sacerdotes.

Durante toda a primeira metade do séc. XIX, a oposição entre liberais e clérigos conservadores limitou-se ao conflito de interesses e ideais de dois grupos minoritários dentro da nação mexicana; mas com a revolução de Ayutla a situação começou a se apresentar de outra maneira, e o partido liberal e anticlerical começou a considerar as verdadeiras necessidades dos mais necessitados, em sua maioria indígenas e mestiços, que constituíam a maioria da população. Diante dessas necessidades, insurgía-se o poder econômico dos conservadores e especialmente da igreja, que unia ao poder que lhe dava suas possessões temporais a autoridade adquirida ao longo dos séculos em que haviam tido em suas mãos a direção espiritual do povo. Por essas razões, o sentimento anticlerical foi tornando-se cada vez mais comum, ao mesmo tempo em que deixava de ser a posição de uns poucos idealistas com uma educação privilegiada para se tornar a paixão de grande número de outras pessoas menos afortunadas. Em tais circunstâncias, a posição das autoridades eclesiásticas tornou-se cada vez mais insustentável, mesmo que o clero se negasse a perceber isso.

Com a revolução de Ayutla, especialmente a partir da presidência de Benito Juarez, demonstrou-se que o povo mexicano, católico fiel no que se referia à fé, não estava disposto a continuar aceitando o que a organização eclesiástica lhe impunha.

Durante toda a turbulenta história política do México na segunda metade do séc. XIX e nas primeiras décadas do séc. XX, as autoridades eclesiásticas se agarraram, como a uma tábua de salvação, a quanto o governo parecia impopular e conservador. Primeiro, foi o efêmero império de Maximiliano, depois a longa ditadura de Porfírio Dias. Quando o presidente Maderos foi assassinado e sucedido por Victoriano Huerta, celebraram-se missas de ação de graças porque o país havia sido providencialmente liberto do presidente constitucional. A campanha de Venustiano Carranza contra o usurpador Huerta e em prol de um governo constitucional recebeu a mais decidida oposição do clero, o que, por sua vez, produziu um movimento cujo propósito essencial era que a restauração da ordem política se deixasse elevar por violentos sentimentos anticlericais. O resultado da atitude da igreja foi os muitos atos de violência que contra ela foram cometidos por parte dos seguidores de Carranza, especialmente por Pancho Villa e os seus. Quando Carranza propôs uma constituição na qual se proibia que instituições religiosas tivessem propriedades destinadas ao lucro e não ao culto, os constituintes deram um passo a mais declarando que os edifícios da Igreja eram propriedades do Estado. Contudo, nem Carranza nem Obregon aplicaram as leis religiosas com todo o rigor, pois desejavam evitar conflito prolongado com o clero, e sabiam também que esse cumpria certas funções, especialmente no campo da educação, que o governo não estava capacitado para preencher.

Em 1925, tentou-se criar uma "igreja ortodoxa católica apostólica mexicana", que contava com o apoio do governo e cuja cabeça era o "patriarca do México"; mas essa tentativa de estabelecer uma igreja nacional ante a romana não teve grande êxito. Meio século antes – como veremos mais adiante – Benito Juarez havia tentado criar um rival para o catolicismo com a introdução do cristianismo protestante.

Mesmo que Carranza e Obregon não tenham aplicado à igreja todo o rigor da Constituição de 1917, esta sempre foi considerada um perigo para a igreja católica. Em 1926, sob a presidência de Plutarco Elias Calles, o perigo tornou-se realidade. Em resposta à declaração por parte da hierarquia católica no sentido de que a Constituição e as leis eram injustas, o presidente Calles começou a aplicá-las. Seguiu-se uma série de medidas que limitavam cada vez mais a liberdade e a autoridade dos sacerdotes. Diante delas, a hierarquia decidiu suspender as atividades religiosas. A revolta dos *cristeros* e as gestões de alguns católicos em prol da intervenção norte-americana pareciam confirmar as suspeitas do governo no sentido de a oposição católica inclinar-se para a rebelião e até mesmo para a traição. Em 1929, conseguiu-se uma espécie de armistício que só durou dois anos e que foi rompido quando os governos estatais – com o consentimento do governo federal – começaram a limitar o número de sacerdotes que podiam trabalhar em seus territórios. A intervenção do papa Pio XI em 1932 teve consequências adversas, pois, mais uma vez, os católicos foram acusados de servir a interesses estrangeiros. A influência do socialismo em diversas formas, especialmente a marxista, foi sentida nos círculos intelectuais e começou a ser levada para as escolas.

A guerra entre o Estado e a Igreja, porém, não poderia durar em um país em que a maioria da população era católica.

Mesmo sendo muitos os mexicanos que reagiam violentamente contra os poderes excessivos da Igreja, era maior o número dos que sentiam a necessidade e o apoio da fé que ela lhes havia ensinado. Por essa razão, e de maneira muito gradual, o conflito entre a Igreja e o Estado foi diminuindo. As leis dos tempos revolucionários não haviam sido abolidas, tampouco eram aplicadas em todo seu rigor. Lentamente, o clero mexicano aprendeu a aceitar a autoridade do governo no que se refere às questões seculares. Ao mesmo tempo, o governo aprendeu a respeitar a liberdade da igreja no que se refere à religião. É, porém, necessário assinalar que a questão não está ainda resolvida, pois é impossível para um teólogo cristão advogar por uma união entre a Igreja e o Estado como a que existia antes da independência, não é fácil defender uma dicotomia entre o secular e o religioso que, por mais útil que seja para restaurar a unidade de um país dividido, constitui uma negação da realidade cultural e religiosa dos povos.

O resultado de todos esses conflitos, especialmente depois de passada a fase violenta, não foi de todo desfavorável para a igreja católica. Livre do peso do *status quo* e da administração de propriedades que nada tinham a ver com sua função própria, a igreja tem conseguido colocar-se de novo na vanguarda do pensamento e das ações mexicanas. De fato, as principais correntes de renovação da igreja católica na América Latina têm seu centro no México. Apesar do sentimento anticlerical que ainda subsiste, a quase totalidade da população diz ser católica. Além disso, é notável o fato de que, apesar das medidas revolucionárias contra as escolas e as instituições católicas de caridade, a igreja continua tendo escolas e instituições de saúde e desenvolvimento em todo o país.

No que se refere à organização, a igreja católica tem 12 arcebispados, 58 bispados e vários vicariatos. Estima-se que há mais de 45 milhões de católicos e que a população afiliada à igreja é de quase 86 milhões. O catolicismo tem três vertentes: a primeira é sua expressão de devoção à Virgem de Guadalupe, comum à maioria dos católicos – e ainda entre seculares e protestantes; a segunda é um catolicismo sincrético com tradições indígenas – como o que se encontra em Chiapas; a terceira é o catolicismo tradicional dos setores médios e altos nas cidades.

A igreja também participa na proteção dos direitos dos indígenas, especialmente no Estado de Chiapas. O arcebispo Samuel Ruiz tem promovido o trabalho ecumênico – com protestantes – e o desenvolvimento e proteção dos direitos da terra dos indígenas. Diante de sérias confrontações com o governo, a igreja tem servido de mediadora, tentando evitar o agravamento dos conflitos e, ao mesmo tempo, mantendo sua postura solidária com os grupos de ameríndios.

A igreja também experimentou certa renovação em alguns setores por meio dos grupos carismáticos e de programas da família de estilo conservador. Há um número crescente de missionários mexicanos servindo em diversas partes do mundo, particularmente em outros países da América Latina, no mundo muçulmano e na Ásia.

2. O protestantismo

Além de um breve e heróico ofício fúnebre celebrado em 1824 e de alguns esforços da Sociedade Bíblica Americana por meio de J. C. Brigham, o precursor do protestantismo no México – como em tantos países da América Latina – foi Diego Thomson. Thomson desembarcou no porto de Vera Cruz em 1827, e imediatamente se dirigiu à capital federal. Ali teve a sorte de descobrir no armazém de uma livraria um carregamento de bíblias que havia ficado sem vender devido a uma proibição do Conselho Metropolitano. Sem maiores dificuldades, conseguiu comprar o carregamento e, mediante uma propaganda ousada, vendeu todo o carregamento. O mesmo fez com outro carregamento enviado de Vera Cruz em uma récua de mulas, ainda que nesse caso saiu dos confins da capital até Guanajuato, Guadalajara, Aguascalientes e Zacatecas. De volta ao México, o Conselho Metropolitano proibiu-o de continuar vendendo bíblias, mas Thomson soube abrir passagem por meio de suas relações com as pessoas mais ilustres da cidade e por seu caráter de representante do método lancasteriano de educação, em cuja capacidade contava com o apoio do governo. Contudo, a paixão que o impelia sempre a dar a conhecer a Bíblia em novas terras o fez partir para as Antilhas. Dali regressou ao México em pouco tempo, encontrando nessa segunda ocasião circunstâncias menos propícias. Cercado de todos os lados por obstáculos que o governo e o clero punham em seu caminho decidiu abandonar o país.

A entrada da Bíblia no México continuou ainda depois da partida de Thomson. Especialmente depois da guerra do México com os Estados Unidos, nos anos 1846-1848, os contatos dos mexicanos com os norte-americanos, apesar de seus aspectos trágicos, serviram para fazer conhecer a Bíblia. Alguns mexicanos afirmavam que os triunfos do exército do norte deviam-se ao misterioso Livro que alguns de seus soldados levavam. Finalmente, em 1873, a Sociedade Bíblica Americana estabeleceu uma agência no México.

A primeira denominação protestante a começar obra permanente no México foi a igreja protestante episcopal dos Estados Unidos. As origens dessa obra remontam ao ano 1853, ou seja, quatro anos antes de Benito Juarez proclamar a liberdade de culto. O missionário E. C. Nicholson organizou em Chihuahua a Sociedade Apostólica Mexicana. Em 1861, Ramon Lozano estabeleceu a igreja mexicana junto a outro ex-sacerdote de nome Aguilar Bernardez. Ante a morte de seus líderes, esse grupo pediu apoio à igreja episcopal dos Estados Unidos. Seu primeiro pastor foi Enrique C. Riley, nascido no Chile de pais norte-americanos, que enfrentou muita resistência por parte do clérigo católico. Posteriormente, essa igreja veio a ser parte da Igreja Protestante Episcopal no México.

Alguns anos mais tarde, Dom Manuel Aguas foi eleito bispo da nova "Igreja de Jesus". Mesmo que Aguas tenha morrido antes de ser consagrado, outro bispo foi eleito e consagrado em 1879. A partir de então, os episcopais continuaram trabalhando no país, e em 1906 tornaram-se parte integrante da Igreja Protestante Episcopal dos Estados Unidos. Boa parte de seus esforços foram dedicados à obra de educação, e sua membresia atualmente é de mais de 160.000 pessoas.

Os amigos ou quacres começaram obra no México em 1871. No início, tiveram dificuldades, mas logo conseguiram algum crescimento. O período da revolução viu uma rápida diminuição no número de seus membros. Ao que parece, essa diminuição foi contínua e atualmente contam com menos de 500 fiéis.

A mesma década que viu o começo do trabalho dos amigos viu também o início da obra missionária presbiteriana e congregacionalista, que construiu sobre o fundamento da obra missionária independente de Melinda Rankin; e dos metodistas, que tiveram por ponto de partida o trabalho de Sóstenes Juarez.

Melinda Rankin sentiu-se impelida ao trabalho no México por causa das informações recebidas sobre esse país dos soldados que regressavam aos Estados Unidos após a guerra com o México. Como não contava com o apoio de nenhuma junta, trabalhou de forma independente. No começo, estabeleceu-se perto da fronteira mexicana, do lado dos Estados Unidos, mas, a partir de 1866, radicou-se em Monterrei. Quando, seis anos mais tarde, se viu obrigada a regressar à pátria por razões de saúde, passou a obra aos congregacionalistas e presbiterianos do Norte. Teve grande êxito em boa parte pelo modo com que soube organizar e mobilizar os próprios mexicanos para a evangelização de seu país.

O começo da obra congregacionalista no México foi árduo. Suas primeiras tentativas aconteceram em Guadalajara, onde a oposição foi tão violenta que um de seus missionários veio a ser o primeiro mártir do país. Quando

Rankin passou-lhes sua obra em Monterrei e arredores, os congregacionalistas viram uma nova porta aberta. Com a divisão territorial que aconteceu nos anos 1914 e 1919, corresponderam-lhe o território da costa do Pacífico ao norte de Michoacán. Seu crescimento numérico foi satisfatório antes da Revolução, mas, a partir de então, decresceu, pois somente há em torno de 1.600 fiéis. Com os metodistas, fundaram o Centro Teológico Unido da cidade do México.

A obra dos presbiterianos no México começou quando, em 1871 no estado de Zacatecas, uma congregação organizada pelo impulso missionário de Rankin pediu que lhe enviasse um pastor. Visto que os que apoiavam Rankin não podiam fazê-lo, pediram ajuda à igreja presbiteriana dos Estados Unidos por meio da junta na cidade de Nova York. Assim lhes foram enviados sete missionários que se estabeleceram na capital, mas logo sua obra se estendeu aos estados vizinhos. Em 1883, foram ordenados dez ministros mexicanos e organizou-se o primeiro presbitério do país. Nesse meio tempo, os presbiterianos do Sul dos Estados Unidos também haviam começado obra no México, e em 1888 constituíram seu primeiro presbitério. Como no caso das denominações que já estudamos, a membresia dos presbiterianos cresceu rapidamente até o ano 1910; depois decresceu durante o período da revolução – mesmo que não tão marcadamente quanto os congregacionalistas e os amigos. Atualmente, conta com 20.000 fiéis aproximadamente. Boa parte desse crescimento aconteceu em Tabasco, onde parece ter ocorrido uma conversão em massa da população mestiça. Também cresceram rapidamente os presbitérios de Chiapas e Yucatán, os quais têm um grande número de institutos bíblicos e escolas para diaconisas, além de vários seminários, entre os quais se destacam o Seminário Teológico Presbiteriano na cidade Coyoacán e o Seminário Teológico São Paulo, em Mérida.

A Igreja Nacional Presbiteriana e a Igreja Presbiteriana nos Estados Unidos têm trabalho missionário coordenado na fronteira desses países. A primeira impulsiona um trabalho agressivo de evangelização enquanto a outra trabalha no campo do desenvolvimento de líderes de comunidades e em projetos de proteção aos imigrantes.

Essa igreja não só tem relações com a igreja presbiteriana nos Estados Unidos da América (PCUSA), mas também mantém relações com a igreja presbiteriana da América (PCA) – uma divisão da primeira. As afinidades teológicas conservadoras da igreja mexicana com a segunda se têm feito sentir em recentes lutas nos seminários da Igreja no México.

O ano 1872 marcou o começo da obra metodista no México. A igreja metodista do México é o produto da obra missionária da igreja metodista episcopal, que trabalhou no centro do país, e da igreja metodista episcopal do Sul, que trabalhou no Norte.

A igreja metodista episcopal contou com o apoio de Sostenes Juarez, que havia se convertido ao protestantismo através da leitura da Bíblia e já em 1865 havia pregado o primeiro sermão protestante na cidade do México. Em 1873, foi ordenado ministro metodista e, a partir de então, seus seguidores se tornaram parte dessa igreja.

No ano 1930, os grupos de missões metodistas norte-americanas se uniram na igreja metodista do México. O desenvolvimento numérico do metodismo mexicano seguiu um padrão semelhante ao do presbiterianismo: um rápido crescimento até 1910, depois um decréscimo que perdurou até 1938, e por último um novo aumento. Atualmente, a igreja metodista conta com aproximadamente 70.000 fiéis. Com congregacionais e aos discípulos de Cristo, os metodistas cooperam no Centro Evangélico Unido do México, que, por algum tempo, foi parte da Comunidade Teológica do México. Fundaram então o Seminário Gonzalo Báez Camargo, que mais tarde se reintegrou à comunidade. Os metodistas tinham, além disso, uma escola para diaconisas na mesma cidade e um bom número de instituições docentes espalhadas por todo o país.

As outras denominações que começaram obra missionária no México durante o séc. XIX foram os batistas, tanto do Norte como do Sul, e os discípulos de Cristo. Os batistas do Norte tentaram estabelecer-se no México em 1870, mas não conseguiram fundar uma obra definitiva senão em 1881. Os primeiros cultos na capital aconteceram dois anos depois, e em 1887 construíram seu primeiro templo. Os batistas do Sul começaram sua obra na mesma época, concentrando-se em Saltillo e arredores. Os diversos grupos batistas contam com vários seminários e institutos bíblicos, além de escolas. O padrão de crescimento numérico tem sido similar ao dos presbiterianos e metodistas e congregacionalistas. A Convenção Batista – relacionada aos do Sul dos Estados Unidos – tem uma membresia de 140.000. A igreja batista americana – relacionada com o Norte – tem menos de 6.000 fiéis.

Os discípulos começaram sua obra em 1894, mas o crescimento numérico foi notavelmente lento. No que se refere à educação, mantiveram vários centros de ensino que iam desde a escola elementar até a preparação para o pastorado no Centro Evangélico Unido do México.

Tudo que até aqui dissemos sobre o protestantismo no México se refere às igrejas estabelecidas nos Estados Unidos que, de uma ou outra maneira, começaram trabalho missionário ao sul da fronteira durante o séc. XIX. Contudo, boa parte do crescimento numérico do protestantismo durante o séc. XX se deve à aparição de movimentos pentecostais; cuja história é difícil de descobrir e muito mais difícil de descrever. Vários desses movimentos lançaram suas raízes no México durante o período revolucionário. Isso é muito mais notável visto que, durante esse período, todas as igrejas históricas estavam perdendo membros. Esse fato ocorreu principalmente pelo modo de esses novos grupos trabalharem, sem depender de pastores especializados, antes se pondo sob o pastorado de algum membro destacado da própria comunidade. Além disso, o conceito fundamental desses grupos que faz de cada membro um missionário de

Cristo contribuiu para o seu crescimento numérico, tanto em épocas de adversidades como em períodos mais propícios.

Já que é impossível narrar as origens desses movimentos, citaremos como exemplo o caso de Venâncio Hernández e o povo otomi. Hernández converteu-se em uma congregação pentecostal enquanto trabalhava nos Estados Unidos. Ao regressar ao México, propôs-se buscar a conversão dos índios otomis. Para isso, por um ano dedicou-se a mostrar interesse por seus companheiros de raça e só depois desse período começou a pregar-lhes o evangelho. A resposta de seus companheiros foi quase instantânea e, por isso, foi expulso da fazenda em que trabalhava. Isso serviu de oportunidade a Hernández para mostrar o poder do evangelho em redimir a totalidade da vida. Com seu pequeno núcleo de convertidos, estabeleceu-se em um terreno árido e, com esforço, conseguiu fazê-lo produzir. Repetindo esse processo, e mediante o testemunho constante de todos os convertidos, o movimento foi crescendo entre os otomis. Das muitas consequências sociais e econômicas, merecem ser citadas a construção de caminhos e estradas, unindo os diferentes centros populacionais, e a organização de um seguro de saúde que tornou acessíveis os serviços médicos para as pessoas mais pobres da comunidade.

No final do séc. XX e início do séc. XXI, muitos desses movimentos – e os das igrejas pentecostais – são muito mais visíveis. A igreja A Luz do Mundo tem uma membresia de quase 400.000 fiéis e a Assembleia de Deus chega a meio milhão. O impulso missionário dessas é a evangelização, que recentemente se estendeu até a fronteira e aos Estados Unidos. Mesmo com todo esse avanço, o protestantismo continua sendo minoria no país.

3. A igreja ortodoxa

Há um número pequeno de comunidades ortodoxas no México. A igreja ortodoxa grega serve principalmente a imigrantes e gregos que chegaram no princípio do séc. XIX. A igreja ortodoxa do México e da América Central serve a imigrantes libaneses e árabes.

N. O cristianismo nas Antilhas

1. O catolicismo romano

O primeiro país das Antilhas a se tornar independente do domínio europeu foi o *Haiti*, que em 1803 expulsou de seu solo os colonos franceses. Esse movimento de independência tomou um caráter racial; quase a totalidade dos brancos foi expulsa – com exceção de alguns sacerdotes a quem se permitiu permanecer na ilha com a finalidade de administrar os sacramentos. O novo Estado caracterizou-se pela adesão ao catolicismo. Todas suas constituições faziam dele a religião oficial; mas a isso se unia o espírito de tolerância com as demais religiões, pois essa mesma Constituição garantia a liberdade de pensamento. Contudo, a igreja católica logo ficou em estado de abandono quase total, pois o governo reclamava para si o direito ao patronato que a Santa Sé não estava disposta a conceder. Em tais circunstâncias, a falta de sacerdotes foi cada vez maior, e, quando se firmou um acordo em 1860, o mal já estava feito: a população, que sempre conservou boa parte de seus ritos e religiões africanas, havia voltado a encontrar neles o centro de sua fé. A partir de então, apesar de todos os esforços da parte do clero, não foi possível criar no Haiti um catolicismo forte. O *vodu*, um sincretismo de religiões africanas com verniz de catolicismo, continua sendo a principal influência religiosa do país, que o torna um território missionário. A maioria do clero é estrangeira, e os sacerdotes nacionais não ocupam postos de maior responsabilidade. Aparentemente, somente nos campos da educação e das instituições beneficentes o catolicismo tem conseguido fazer uma verdadeira contribuição à vida do Haiti, pois o sistema público de escolas e hospitais é deficiente e inadequado, o que torna as escolas e instituições beneficentes da igreja instrumentos importantes de educação e serviço.

No final de 1990, o povo haitiano pôs na presidência do país Jean Bertrande Aristide, sacerdote católico de pensamento progressista. Com uma vitória constrangedora, Aristide empenhou-se na tarefa de desenvolver um projeto político que reconhecesse a pobreza do país, mas que a visse com dignidade. Seu refrão era "pobreza com dignidade". Seu projeto deu um ímpeto refrescante à igreja católica, especialmente na base e entre os missionários nacionais e estrangeiros, ainda que alguns dos bispos não estivessem de todo satisfeitos com a direção política do país nem com a maneira em que Aristide usava a fé cristã.

Com poucos anos, o governo de Aristide sofreu um golpe de Estado, e o país caiu em uma violência sangrenta ao acaso. Infelizmente, a igreja católica fez aliança com os poderes do golpe de Estado, e as mudanças que o povo buscava e tanto necessitava desvaneceram-se em meio à violência e à intervenção estrangeira.

Segundo dados gerais, a igreja católica no Haiti tem alcance sobre 90% da população, mesmo que seja do conhecimento geral que a maioria dos fiéis católicos também pratique o *vodu*.

O que é hoje a *República Dominicana* esteve subordinado ao Haiti de 1822 a 1844. Visto que, durante esse período, o governo haitiano havia rompido relações com a Santa Sé por causa da questão do patronato, os dominicanos tornaram-se participantes de um cisma pelo qual não eram responsáveis. Por essa razão, o lema da independência dominicana foi "Deus, pátria e liberdade". A partir de 1844, e até bem avançado o séc. XX, todas as constituições da República Dominicana concediam ao catolicismo romano a categoria de religião do Estado, ainda que isso não tenha sido obstáculo para que se garantisse também a tolerância religiosa. Diferentemente de quase todos os outros países da América Latina – apesar de que se poderia supor o contrário por causa da aceitação do catolicismo como religião do Estado –, a questão do patronato nunca foi grave, e em 1884 chegou-se a um acordo com a Santa Sé segundo o qual o papa nomeava entre três enviados pelo congresso dominicano o arcebispo de San Domingo. Também é notável o fato de que alguns prelados ocuparam altos cargos no governo – inclusive a presidência –, mas não como representantes da igreja, e sim na condição de cidadãos comuns e por causa de sua eleição para esses cargos.

A atual divisão territorial da igreja na República Dominicana data de 1959, e inclui, além disso, a arquidiocese, três dioceses e uma prelatura *nullius*. O trabalho missionário concentra-se nessa última, em que a maioria dos sacerdotes é estrangeira; também o são todos os sacerdotes que trabalham em paróquias e mais da terça parte dos diocesanos na mesma função. Pelo jeito, a população aumenta mais rapidamente que o número de católicos. A situação é ainda mais crítica no que se refere ao número de sacerdotes que o país produz, claramente insuficiente.

Diante da situação, a igreja desenvolveu as seguintes estratégias missionárias: primeiro, criou-se o Instituto de Adaptação Pastoral com cursos para missionários nacionais e estrangeiros; segundo, organizaram-se assembleias de voluntários aprovados pelo bispo que aconselham, distribuem a comunhão e celebram matrimônios mantendo assim um laço entre a igreja e as culturas populares; terceiro, organizaram-se ministérios, de caráter informativo, para o trabalho missionário.

Em 1992, o Conselho Episcopal Latino-Americano (Celam) celebrou em São Domingo sua quarta conferência sob o tema "A Nova Evangelização". Houve forte crítica sobre os gastos econômicos do governo, em contraste com a pobreza extrema do país. Além disso, muitos questionavam a ideologia e a teologia por trás da celebração nessa ocasião dos quinhentos anos de "descobrimento". Aparentemente, impactada por essas críticas, a conferência reconheceu sua cumplicidade no genocídio dos indígenas e na prática de uma evangelização violenta. Além disso, ressaltou a importância da "nova evangelização", que promove a justiça e fomenta a agência missional dos grupos marginalizados da América Latina – grupos como o de mulheres, negros e indígenas. Essa conferência também discutiu o crescimento do protestantismo, sobretudo do pentecostalismo, no continente.

Quando terminou o domínio espanhol sobre *Cuba*, no ano 1898, o sentimento anticlerical era grande, pois toda alta hierarquia do país e quase a totalidade do clero opuseram-se à independência. Foram quatro anos de ocupação norte-americana, durante os quais os governadores Brooke e Wood fizeram todo o possível para levar o país pelos caminhos da moderação, os que evitaram que se tomassem em Cuba fortes medidas contra a Igreja. O resultado dessas circunstâncias foi que todas as constituições de Cuba afirmam a separação entre a Igreja e o Estado, assim como a liberdade de culto, e que não se produzissem nessa república os conflitos que caracterizaram os primeiros anos da independência de outros países latino-americanos.

Desde os últimos tempos do domínio espanhol, a igreja católica em Cuba havia provado estar fraca e em decadência, e essa situação continuou durante os primeiros anos da nova República. Contudo, na terceira década do séc. XX, e em boa medida por causa da influência da Ação Católica, começaram a aparecer sinais de revitalização: o número de sacerdotes nacionais aumentou, e com isso suas responsabilidades, introduziram-se novos movimentos religiosos católicos e fundaram-se escolas e instituições beneficentes. Mediante esse processo de crescimento, em 1956 chegou a haver no país quase 300 escolas católicas, além de muitas instituições de serviço ao povo. Na mesma data, os mais altos cargos da hierarquia estavam nas mãos dos cubanos, e o arcebispo de Havana, também cubano, gozava da categoria de cardeal. Pelo jeito, o futuro do catolicismo era brilhante.

É necessário assinalar, porém, que havia certas práticas da igreja que, ainda que comuns em outros países da América Latina, mais tarde serviriam de base para os ataques à igreja por parte do regime de Fidel Castro. Entre essas práticas merecem ser citadas: a de suprir a falta de sacerdotes locais com sacerdotes espanhóis, cujo caráter conservador diminuía a simpatia entre eles e o povo; a de participar em demasia da riqueza de governos impopulares como o de Batista; e a de se servir da loteria e dos cemitérios para preencher algumas de suas necessidades econômicas.

Com a revolução de 1959, as circunstâncias mudaram para a igreja católica. A princípio, parecia que as relações entre a Igreja e o Estado continuavam como eram até então, mas logo começaram os conflitos – primeiro, sobre a educação religiosa; depois, sobre as propriedades eclesiásticas; por último, sobre questões de caráter ideológico. Um ano depois da tomada do poder por Fidel Castro, começou o êxodo dos sacerdotes. Os primeiros a partir – em exílio voluntário – foram os clérigos que se haviam distinguido na luta contra Batista. Esses foram seguidos por outros em número cada vez maior, até que o próprio governo começou a expulsar centenas de sacerdotes e prelados – tanto nacionais como estrangeiros. Por causa dessas circunstâncias, no final de 1965 restaram bem poucos sacerdotes no país – ainda que devamos assinalar que nessa data havia rumores da existência de negociações secretas entre as autoridades eclesiásticas e civis para permitir a entrada de um certo número de sacerdotes estrangeiros com a aprovação do governo.

Posteriormente, alguns dos sacerdotes expulsos puderam voltar a Cuba, mesmo que depois outros tenham sido expulsos. No ano 1971, celebraram-se as primeiras ordenações de 15 sacerdotes cubanos, todos receberam sua formação teológica em Cuba. Ainda que a Igreja continuasse tendo certa liberdade, seu trabalho missionário fora reduzido a oferecer a missa e os sacramentos. Em 1995, havia um sacerdote para cada 50.000 cubanos. Em 1998, o papa João

Paulo II visitou Cuba e isso, aliado à crise do país depois da queda do bloco soviético, trouxe um fervor religioso e certo sentido de aceitação para com a religião – compartilhado também por muitos protestantes.

Atualmente, a igreja católica conta com 2,70 milhões de fiéis, mesmo que algumas estatísticas sugiram até 3 milhões. Os assuntos entre a Igreja e o Estado são atendidos pelo escritório de Assuntos Religiosos do Partido Comunista Cubano.

Quanto ao próprio desenvolvimento da Igreja a partir da revolução, as pesquisas mostram que há um aumento notável da frequência dos fiéis às igrejas e no número de católicos praticantes, enquanto o número de católicos nominais diminuiu. Isso é compreensível por causa da polarização dos sentimentos, o que faz que muitos católicos só de nome agora encontrem em sua participação na vida religiosa um apoio e um modo de protesto silencioso contra o governo; ao mesmo tempo, outros que também eram católicos só de nome optem agora por abandonar essa fé para evitar dificuldades e também para poder participar mais plenamente das novas circunstâncias.

Entre os desafios missionais que enfrenta a igreja católica em Cuba, está sua relação com os aspectos da cultura e da religiosidade afro-cubana. Na medida em que a cultura e a religiosidade afro-cubana foram afirmadas pela revolução e, como consequência, tornaram-se públicas, a igreja católica – e outras, como a igreja episcopal – lutam contra um sincretismo aberto que confunde a identidade católica tradicional.

Porto Rico passou para as mãos norte-americanas em 1898 como resultado da Guerra Hispano-Americana. As primeiras consequências disso para a Igreja foram a separação entre ela e o Estado, bem como o estabelecimento da liberdade de culto. Quanto às questões do patronato e das propriedades eclesiásticas, a primeira desapareceu com a separação entre os poderes civis e eclesiásticos, e a segunda foi resolvida por um acordo aceito por ambas as partes.

Contudo, a separação da Espanha afetou grandemente a igreja em Porto Rico. Desde o começo do séc. XIX, viu-se certa decadência no nível da vida eclesiástica, mas essa decadência foi ligeiramente detida por um influxo de sacerdotes leais a Espanha, procedentes das novas repúblicas hispano-americanas. Com o fim do domínio espanhol sobre Porto Rico, começou a diminuir o número de sacerdotes na ilha. Essa diminuição continuou até 1930, quando começou a aumentar novamente, mesmo que em ritmo muito lento. A partir de 1950, esse processo se acelerou e, em 1955, havia em Porto Rico o mesmo número de sacerdotes diocesanos que em 1910. No entanto, esse desenvolvimento recente não conseguiu recuperar o terreno perdido. Com a finalidade de solucionar a situação, foram enviados a Porto Rico grandes contingentes de religiosos estrangeiros, a ponto de, em 1960, os sacerdotes regulares – em sua quase totalidade estrangeiros – constituírem 80% do clero. No final do séc. XX e começo do séc. XXI, a igreja de Porto Rico continuou tendo um clero estrangeiro, mesmo que a maioria das posições de liderança estivesse ocupada por porto-riquenhos que fomentem o desenvolvimento de um "catolicismo camponês", ou seja, com base na cultura porto-riquenha.

Além das atividades paroquiais, a igreja católica em Porto Rico distingue-se por seu trabalho na educação. Nesse campo, conta com um grande número de escolas e centros de educação, bem como a Universidade Católica de Ponce e a Universidade Católica em Bayamon.

No começo do séc. XXI, Porto Rico enfrentou o governo dos Estados Unidos, exigindo a saída da Marinha do município-ilha de Vieques. A igreja católica, juntamente com muitas igrejas protestantes e pentecostais do país, uniu-se em uma frente ecumênica para apoiar os direitos do povo de Vieques no desejo de viver sem a presença militar. Tal trabalho ecumênico e solidário resultou na saída pacífica da Marinha.

Não há, em Porto Rico, territórios missionários no sentido estrito, mas toda a ilha está sob a jurisdição da hierarquia diocesana local.

2. O protestantismo

A obra missionária protestante no *Haiti* começou em 1807, quando os metodistas britânicos enviaram pastores para que se ocupassem dos imigrantes protestantes que chegavam ao país procedentes das colônias britânicas no Caribe. Essa obra continuou ao longo dos anos, mesmo com um crescimento numérico escasso; e, em 1962, contava com 2.149 membros. Contudo, apesar do número escasso, igreja tem tido grande importância no desenvolvimento intelectual do Haiti, pois foi um de seus missionários – com a ajuda de um professor universitário – quem primeiro traduziu a Escritura para o idioma *crioulo,* falado pela maioria dos haitianos. Em 1943, empreendeu-se uma campanha de alfabetização que, seis anos depois, havia conseguido ensinar a ler 10.000 pessoas. Em vista do êxito dessa obra, o governo começou a se interessar pela educação do povo no idioma vernáculo, o que produziu uma verdadeira revolução em todo o sistema educativo da nação. Para o ano 1990, essa igreja havia experimentado um crescimento significativo, alcançando com uma membresia de 6.000, mas, na metade da última década, começou a perder fiéis.

Os batistas entraram no Haiti em 1823, data em que a *Baptist Missionary Society,* de Massachusetts, enviou para o país seu primeiro missionário – o pastor Thomas Paul; mas essa obra não teve continuidade. Pouco depois, interessaram-se pelo Haiti os batistas livres e a *Baptist Missionary Society,* de Londres, que mais tarde transferiu seus interesses nesse território para sua irmã, a sociedade da Jamaica. Por último, em 1923 – um século depois da chegada de Paul – a *American Baptist Home Missionary Society* empreendeu obra nessa república. Mesmo que a *Society* tenha sido uma das últimas a chegar, seu trabalho tem sido o mais frutífero, e já em 1962 contava com mais de 30.000 membros. O crescimento dessa obra tem algumas das características de conversão em massa, e é um dos aspectos mais notáveis do protestantismo no Haiti. Além disso, existem no Haiti outros grupos de batistas, entre os quais merece ser citada a Igreja Batista de Jacmel, produto da antiga missão batista britânica. Atualmente, os batistas no Haiti têm mais de 125.000 fiéis, com milhares de afiliados que se relacionam com a igreja ainda que não tenham sido batizados, representando uma força maior do protestantismo no país.

As origens da igreja episcopal do Haiti remontam ao ano 1861, quando 110 negros norte-americanos, na esperança de encontrar melhores condições de vida que as que tinham nos Estados Unidos, imigraram para a república antilhana. Entre eles, estava o pastor James Theodore Holly que, seis anos antes, havia visitado o país com a finalidade de explorar as possibilidades de estabelecer nele um trabalho missionário. Os primeiros anos foram de grandes dificuldades; uns morreram, outros partiram para a Jamaica; outros retornaram para os Estados Unidos, e uma parte ficou no país.

Em 1862, Holly fez breve visita aos Estados Unidos com o propósito de fazer a igreja episcopal desse país interessar-se pela obra missionária do Haiti. Como resultado de suas gestões, em outubro do ano seguinte, a igreja norte-americana começou a aceitar a responsabilidade pelo trabalho iniciado por Holly, e decidiu pôr a igreja nascente sob a jurisdição provisional do bispo de Delaware. Quando este visitou o Haiti um mês depois, pôde confirmar 36 pessoas. Havia, além deles, um número de candidatos para ordenação que Holly tinha preparado.

Em 1874, a Convenção Geral da Igreja Episcopal decidiu tornar independente a nova igreja sob o nome de Igreja Apostólica Ortodoxa Haitiana. Dois anos depois, na cidade de Nova York, Holly foi consagrado bispo do Haiti, cargo que ocupou com distinção até sua morte, em 1911. Nesse meio tempo, a igreja continuou crescendo e contava com pouco menos de 2.000 membros e uma dezena de pastores. Com a morte do bispo Holly, o clero haitiano pediu que se fizesse do Haiti um distrito missionário da Igreja Protestante Episcopal dos Estados Unidos. Essa petição foi aceita pela convenção geral de 1913; no entanto, a igreja haitiana havia caído em um caos do qual só começou a sair em 1923. No começo desse mesmo ano foi consagrado o primeiro bispo missionário do Haiti, Harry Roberts Carson. Trabalhador infatigável, Carson começou a reorganizar a igreja e introduziu a ordem das irmãs de Santa Margarida, que desde então se distinguem no trabalho educativo, além disso, reconstruiu a Igreja de Santa Trinidad em Port-au-Prince. Quando Carson se retirou em 1943, deixou uma igreja devidamente organizada, em vias de crescimento. Sucedeu-o o bispo Voegeli, que ocupou o episcopado até bem avançada a segunda metade do século. Depois dele o bispo Luc Garnier, de nacionalidade haitiana, mostrou que essa igreja havia alcançado maior maturidade. Durante esse tempo, a igreja episcopal foi um dos poucos centros de resistência à ditadura de Duvalier.

Em 1964, a igreja episcopal do Haiti contava com pouco menos de 14.000 membros confirmados. Meio século mais tarde, tinha pouco mais de 25.000 membros.

Além das denominações já mencionadas, merecem ser citadas no Haiti a Igreja de Deus (de Cleveland), a Igreja Adventista do Sétimo Dia – o maior grupo protestante no país – a Igreja Metodista Episcopal Africana, cujo trabalho missionário começou em 1823 e grupos de igrejas nacionais cuja membresia se estima em mais de 80.000 fiéis.

O protestantismo entrou no território do que é hoje a *República Dominicana* durante o período da dominação haitiana. Em 1824, o presidente do Haiti, Jean Pierre Boyen, decidiu que seria sábio estimular a imigração por parte dos negros norte-americanos que poderiam ajudar a povoar a ilha e melhorar os métodos de agricultura. Os primeiros contingentes de imigrantes se estabeleceram em Samaná e Porto Prata em 1824. A partir daí, estenderam-se por toda península de Samaná e levaram consigo sua fé. Dez anos após sua chegada, solicitaram pastores aos Estados Unidos e a Inglaterra. Nesse mesmo ano 1834, e procedente da Inglaterra, chegou o primeiro pastor metodista. Pouco depois, seguiu-o outro colega norte-americano da Igreja Metodista Episcopal Africana. A partir de então, continuou-se celebrando cultos metodistas na região e se organizaram novas igrejas. No começo do séc. XX, começou-se a celebrar cultos em espanhol, mesmo que, por muito tempo, se continuasse celebrando-os também em inglês.

O trabalho estritamente missionário na República Dominicana surgiu por iniciativa dos protestantes de Porto Rico e das missões que ali trabalhavam. Em 1911, a igreja presbiteriana da cidade de Mayagues, em Porto Rico, ofereceu uma contribuição para a obra missionária na República Dominicana. Pouco depois, a União Evangélica de Porto Rico enviou dois representantes ao país vizinho a fim de investigar as possibilidades missionárias que ali havia. Essa visita foi seguida por outra composta de três colportores portoriquenhos. Em 1961, o comitê executivo da União Evangélica decidiu pedir a ajuda das juntas missionárias norte-americanas para a evangelização de São Domingo. Nomeou-se também um comitê local que organizaria em Porto Rico uma junta missionária para Santo Domingo na qual cooperariam os congregacionalistas, discípulos de Cristo, metodistas, presbiterianos e irmãos unidos. O resultado de tudo isso foi que, no ano 1920, constituiu-se a Junta de Serviço Cristão de São Domingo, na qual participavam metodistas, presbiterianos e irmãos unidos. No momento de sua fundação, essa Junta constituía um experimento sem precedente em toda a história da igreja. Nunca antes se concentraram várias juntas missionárias denominacionais com o propósito de estabelecer em um país estrangeiro uma só igreja unida. O resultado desse esforço é a igreja evangélica dominicana.

Durante seus primeiros anos, a nova obra na República Dominicana esteve a cargo do doutor Nathan Huffman, que antes havia sido missionário em Porto Rico. Seus primeiros colaboradores foram três porto-riquenhos – Alberto Martinez, José Espada Marrero e Rafael Rodriguez – que trabalharam na capital, San Pedro de Marcoris e La Romana. Além do trabalho de evangelização e do estabelecimento de igrejas, a Junta de Serviço Cristão de São Domingo interessou-se pelos serviços médicos, pela obra de reconstrução rural e pela educação. Em 1932, fundou-se em São Domingo o Hospital Internacional, que serviu também de escola de enfermeiras por um quarto de século. Quando o desenvolvimento dos serviços médicos oferecidos pelo governo fez a junta pensar que deveria fechar o hospital e a escola de enfermeiras na capital, estabeleceram-se clínicas em Barahona e em duas áreas pobres da capital. No campo da educação, a Igreja Evangélica Dominicana distinguiu-se por suas escolas e especialmente pela Livraria Dominicana, que durante muitos anos serviu à produção e distribuição de literatura cristã, e que, além disso, foi um lugar de encontro dos intelectuais mais distintos do país em épocas de opressão e de estancamento intelectual.

Em 1955, a Igreja Evangélica Dominicana recebeu sua autonomia. A partir de então, os representantes da Junta de Serviço Cristão já não seriam superintendentes de toda a Igreja, mas sua função constituiria somente em manter relações entre a igreja nacional e as juntas de Nova York. Anteriormente, e de maneira gradativa, providências foram tomadas para preparar a igreja para a autonomia – especialmente na preparação de um pastorado e de dirigentes leigos capazes de assumir mais responsabilidade. Em 1963, a igreja evangélica dominicana tinha 17 Igrejas organizadas, 19 pastores ordenados, outros 155 obreiros e uma membresia de 3.300. Pouco antes, os morávios haviam decidido incorporar à igreja evangélica dominicana as duas congregações que haviam resultado de uma obra empreendida em 1907.

Atualmente, a igreja é relativamente pequena, com 146 congregações e uma membresia de 14.000 fiéis.

Entre os imigrantes que chegaram à República Dominicana no séc. XIX, havia um bom número que pertencia à igreja episcopal. Esses tinham grande interesse em conservar sua fé, e em 1898 conseguiram que o bispo Holly, do Haiti, ordenasse seu primeiro pastor – o reverendo Benjamin I. Wilson. Este estava interessado no trabalho missionário em espanhol, e, desde o começo de seu ministério, celebrou cultos nesse idioma. Contudo, a igreja protestante episcopal dos Estados Unidos não teve grande interesse na República Dominicana até depois de ter começado a ocupação desse país por parte das tropas norte-americanas; e então se dedicou quase exclusivamente aos estrangeiros que residiam ali. O trabalho entre os imigrantes antilhanos ficou relegado a segundo plano, e a obra em espanhol foi abandonada. A supervisão episcopal – primeiro sob o bispo de Porto Rico e, a partir de 1928, do bispo do Haiti – quase não existia, e cada missionário estabelecia sua própria política.

O trabalho em espanhol começou de novo em 1952, graças à iniciativa do reverendo Basden, procedente das Antilhas britânicas, que foi o único pastor local ordenado em trinta e cinco anos. Apesar de sua língua materna ser o inglês, Basden começou a pregar em espanhol em Porto Prata, e, a partir de então, a igreja episcopal continuou crescendo na República Dominicana ao mesmo tempo em que perdeu seu caráter acentuadamente estrangeiro. Apesar dos grandes avanços, essa igreja não conseguiu recuperar o tempo perdido, especialmente no que se refere ao ministério nacional. Em 1957, contava com nove lugares de culto, pouco mais de 1.000 membros, e somente um pastor nacional. Atualmente, tem menos de 1.600 fiéis.

As maiores igrejas no país são a Assembleia de Deus, com um pouco mais de 75.000 afiliados. A igreja adventista do Sétimo Dia conta com uns 70.000 fiéis. Da mesma forma que na América Latina, os grupos pentecostais – tanto missionários como cidadãos – tinham um crescimento significativo no começo do séc. XXI.

Os primeiros cultos protestantes celebrados em *Cuba* do qual temos notícias aconteceram em 1741, quando os ingleses se apoderaram do vale de Guantánamo em uma breve incursão bélica. Algo semelhante aconteceu em Havana em 1762, quando as tropas inglesas que ocupavam a cidade tomaram o convento de São Francisco para nele celebrar seus ofícios religiosos. Nos dois casos, porém, tratou-se somente de uma situação passageira, e não se tentou transmitir aos habitantes da ilha a fé dos ingleses. Durante a segunda metade do séc. XIX, ante o crescente número de norte-americanos e ingleses estabelecidos em Cuba, a igreja protestante episcopal dos Estados Unidos começou a interessar-se pela possibilidade de enviar para lá um pastor que atendesse às necessidades religiosas daqueles. Por fim, em 1871, chegou a Havana Edward Kenney, que foi o primeiro pastor protestante a se estabelecer em Cuba. Durante nove anos, Kenney trabalhou incessantemente em Havana e nas cidades vizinhas. Mesmo que seu trabalho fosse quase exclusivamente entre as pessoas de fala inglesa, conseguiu reunir um pequeno número de crentes cubanos. Quando se viu obrigado a partir por ter contraído febre amarela, outro pastor foi enviado para continuar sua obra, mas somente permaneceu no país pelo espaço de dois anos.

A verdadeira origem do protestantismo cubano é encontrada nas centenas de pessoas que partiram para o exílio nos Estados Unidos, durante as lutas que, em prol da independência, aconteceram a partir de 1868. Em Key West, Tampa, Filadélfia e Nova York existem grandes comunidades cubanas entre as quais os protestantes começaram a realizar a obra. Depois surgiram pastores cubanos que receberam sua preparação teológica nos Estados Unidos e se dedicaram a pastorear colônias de expatriados. Foi entre tais colônias que surgiu o interesse pela evangelização de Cuba, de tal modo que, a partir de 1882, começou-se a enviar de volta alguns expatriados com o propósito de distribuir as Escrituras e explorar as possibilidades de estabelecer obra evangélica. Quem mais se distinguiu nesse sentido foram os episcopais, especialmente entre eles Pedro Duarte, que não se contentou com a distribuição da Bíblia; em 1884, reuniu na cidade de Matanzas uma congregação a que deu o nome de "Fiéis a Jesus". O êxito de Duarte levou outras pessoas dos Estados Unidos a se interessarem no trabalho episcopal em Cuba. Uma dessas pessoas foi o reverendo Juan B. Báez, pastor da congregação cubana em Key West, que foi diversas vezes até Matanzas e, por fim, conseguiu fazer se interessar o bispo da Flórida pela obra cubana. Da sua parte, Duarte regressou aos Estados Unidos para realizar estudos teológicos e receber as ordens; depois disso, voltou a se encarregar de sua igreja em Matanzas. Em poucos anos, havia congregações episcopais não só em Matanzas, mas também em Havana e nas cidades vizinhas. De todas as principais cidades, chegaram solicitações para que se estabelecessem nelas obras episcopais. Tudo isso não foi feito sem a oposição das autoridades civis e eclesiásticas, e o próprio Duarte foi encarcerado por causa de sua fé.

Os últimos três anos do domínio espanhol em Cuba foram bem difíceis tanto para o povo em geral como para o protestantismo particularmente. Duarte foi envolto em suspeitas por parte das autoridades espanholas e teve de sair de sua pátria. Por causa de sua partida e dos estragos da guerra, muito do terreno ganho foi perdido A única congregação que continuou se reunindo regularmente foi um pequeno grupo de fiéis em Havana.

A intervenção norte-americana na guerra contra a Espanha mudou isso. Cuba ficou provisoriamente nas mãos dos Estados Unidos, e isso despertou na igreja protestante episcopal desse país um novo interesse missionário. Duarte e outros expatriados puderam regressar. As congregações quase desaparecidas foram reorganizadas, e já em 1900 trabalharam no país, além dos missionários norte-americanos, três pastores cubanos. Em Havana e Matanzas, organizaram-se escolas paroquiais e asilos para órfãos. Em 1901, a Convenção Geral da Igreja Protestante Episcopal dos Estados Unidos constituiu oficialmente o "Distrito Missionário de Cuba". Até então, nunca se havia reconhecido oficialmente o trabalho que se realizava em Cuba, pois muitos dirigentes episcopais consideravam errôneo o estabelecimento de missões em países católicos. Em 1901, ao ser consagrado um bispo para Porto Rico, este também ficou responsável pela igreja de Cuba. Em 1904, dois anos depois da Independência, elegeu-se o primeiro bispo do Distrito Missionário de Cuba – o reverendo A.W. Knigt. A partir de então, a igreja episcopal desenvolveu-se progressivamente. Em 1951, uniu-se à igreja presbiteriana e à metodista no Seminário Evangélico de Teologia de Matanzas – que essas outras duas denominações haviam fundado no ano de 1947. O número de pastores nacionais era cada vez maior, e sobre seus ombros foram se sobrepondo novas responsabilidades, até que essa igreja teve seu primeiro bispo nacional na pessoa do reverendo Romualdo Gonzáles. A revolução de 1959 parece ter afetado grandemente essa denominação, pois em 1957 contava com 8.634 membros comungantes, já em 1965 esse número havia se reduzido para 3.712 – número que permaneceu relativamente constante pelo menos até o começo do séc. XXI. Além disso, todas as escolas e outras instituições beneficentes haviam sido confiscadas pelo governo. Não obstante, durante a revolução, essa igreja deu um testemunho ecumênico, participando ativamente no Conselho Ecumênico Cubano, no Conselho Latino-Americano de Igreja e na Conferência Caribenha de Igrejas.

As origens da igreja presbiteriana em Cuba são semelhantes às da igreja episcopal. Surgiu não da obra missionária de estrangeiros, mas do interesse e da dedicação dos cubanos que haviam conhecido o protestantismo durante seu exílio nos Estados Unidos. O primeiro e mais notável foi Evaristo Collazzo, que, em 1890, escreveu aos presbiterianos do Sul dos Estados Unidos, informando-os sobre a existência de três congregações e uma escola para meninas que ele mesmo, com a ajuda de sua esposa, criou e sustentou. Em resposta à carta de Collazo, um missionário presbiteriano que trabalhava no México foi enviado a Cuba, onde organizou em igrejas as congregações que Collazo havia formado. Pouco depois, seguiram-no outros dois missionários, e, além disso, nos Estados Unidos foram destinados recursos financeiros para que Collazo pudesse dedicar todo seu tempo à tarefa pastoral. Mas tudo isso foi interrompido durante a Guerra da Independência, quando os missionários norte-americanos regressaram a seu país e Collazo se uniu ao exército libertador.

Após a guerra, os missionários presbiterianos do Sul voltaram a Cuba e a eles se uniram os do Norte. Esses últimos trabalharam especialmente em Havana, com a colaboração de Collazo e de Pedro Rioseco, também cubano. Os presbiterianos do sul deram uma grande contribuição ao campo da educação por meio dos missionários Margaret E. Craig e Robert L. Wharton, que começaram na cidade de Cárdenas a escola que depois recebeu o nome de "A Progressiva".

Em 1909, os congregacionalistas passaram para os presbiterianos do Norte a obra que haviam começado em Cuba pouco antes, mas que já contava com cinco centros de trabalho. Em 1918, os discípulos de Cristo fizeram o mesmo com as três congregações e um pastor que tinha em Cuba – o rev. Julio Fuentes, que chegou a ser o primeiro superintendente cubano da missão presbiteriana. Visto que nesse mesmo ano os presbiterianos do Sul também passaram sua obra para os irmãos do Norte, a obra presbiteriana ficou inteiramente sob a responsabilidade dos irmãos do Norte.

Durante as primeiras décadas do séc. XX, os presbiterianos cubanos receberam sua educação teológica no México. Mais tarde, começou a ser utilizado para esse propósito o Seminário Evangélico de Porto Rico. Por último, em 1947, fundou-se na cidade de Matanzas, Cuba, o Seminário Evangélico de Teologia. Nele cooperavam no começo os presbiterianos e os metodistas, e mais tarde os episcopais.

De todas as igrejas de Cuba, a presbiteriana parece ser a que menos sofreu após a revolução de 1959. Isso é notável porque, antes da revolução, essa denominação trabalhou exclusivamente nas cidades e com a classe média alta. A igreja presbiteriana reformada em Cuba – nome oficial da igreja presbiteriana – tem estado na vanguarda do movimento ecumênico cubano, caribenho, latino-americano e internacional – como parte da família de igrejas reformadas no mundo. Essa igreja produziu uma liderança pastoral nacional de boa qualidade teológica e continua servindo a uma população altamente educada de Cuba.

A igreja presbiteriana dos Estados Unidos da América mantém relações fraternais com essa igreja cubana. Tais relações contribuíram para que as igrejas nos Estados Unidos tenham uma exposição da dinâmica entre o protestantismo e a revolução cubana. Da mesma forma que as igrejas protestantes, desde a última década do séc. XX até o começo do séc. XXI, essa igreja experimentou um crescimento progressivo com cerca de 10.000 fiéis.

O metodismo também entrou em Cuba por meio dos expatriados que foram para os Estados Unidos. Em 1873, o pastor Charles Fulwood, da Igreja Metodista Episcopal do Sul, começou uma obra entre os cubanos residentes em Key West. Em 1883, a Conferência da Flórida enviou dois missionários cubanos a seu país de origem: Enrique B. Someillán e Aurélio Silveira. Depois de reunir uma pequena congregação que realizava seus cultos em um hotel da capital, Someillán regressou aos Estados Unidos e deixou Silveira responsável pela obra. Em 1888, Silveira organizou uma igreja que contava com 194 membros. Nesse mesmo ano, chegou ao país o primeiro missionário norte-americano, J.J. Ranson. Pouco depois, seguiram-no outros pastores cubanos procedentes da Flórida, entre eles, Clemente Moya, Miguel Pérez Arnaldo e Isidoro E. Barredo.

A Guerra da Independência, que começou em 1895, interrompeu a próspera obra metodista, pois o governo espanhol tomou medidas que tornavam difícil a continuação da obra, e alguns de seus dirigentes ingressaram no exército libertador.

Em 1898, após a Guerra Hispano-Americana, começaram a ser feitos os preparativos para empreender novamente a obra em Cuba. A Guerra Hispano-Americana criou nos Estados Unidos um grande interesse pelo país vizinho, e nela participaram muitos soldados, capelães e médicos que regressaram aos Estados Unidos solicitando que se empreendesse obra em Cuba. Em dezembro de 1898, depois de haver enviado dois representantes que exploravam as possibilidades que a ilha oferecia, a Conferência da Flórida organizou um distrito missionário que incluía sete pontos de trabalho em Cuba. Além disso, logo se organizou uma rede de escolas que chegou a ter grande prestígio, assim como vários ambulatórios nas áreas rurais.

Durante a revolução, os metodistas, da mesma forma que todas as igrejas protestantes, sofreram grandes reveses na obra. Não obstante, após a queda do bloco soviético, o metodismo em Cuba teve um despertamento carismático. Como indicamos acima, os metodistas apóiam o seminário Teológico de Matanzas e participam ativamente no Conselho Ecumênico Cubano. A igreja tem cerca de 11.000 fiéis, o que demonstra que se recuperou do revés sofrido durante os primeiros anos da revolução.

Entre as igrejas de maior crescimento em Cuba, encontram-se as igrejas pentecostais, tanto de origem missionária como movimentos nacionais. A Assembleia de Deus, com uma membresia de 50.000 fiéis, tem um trabalho de evangelização agressivo. A Igreja Cristã Pentecostal em Cuba – cuja origem remonta-se à obra missionária da Igreja do Movimento Missionário Mundial em Porto Rico em 1856 –, com uma membresia de 20.000 fiéis, participa ativamente no movimento ecumênico cubano e no Conselho Latino

Americano de Igrejas. A igreja evangélica pentecostal cubana, com mais de 50.000 membros e de estilo pentecostal, é a maior igreja nacional e independente no país.

Além das três denominações que já discutimos, destacam-se, em Cuba, os batistas, tanto os do Norte como os do Sul. A obra batista em Cuba começou em 1883, quando Alberto J. Diaz, cubano convertido ao protestantismo em Nova York, regressou para sua pátria como colportor bíblico. Dois anos mais tarde, Diaz organizou um pequeno núcleo de crentes que recebeu o nome de Igreja Reformada de Cuba, e que mais tarde, estabeleceu relações com os batistas norte-americanos. Atualmente, há três grupos batistas em Cuba: a Convenção Batista de Cuba Oriental, a Associação da Convenção Batista de Cuba Ocidental e a Convenção Batista Livre de Cuba. Os dois primeiros têm uma membresia de 13.000 fiéis.

O pastorado nas igrejas protestantes e pentecostais é nacional. As relações com igrejas estrangeiras limitam-se a intercâmbio de professores do Seminário de Matanzas, projetos particulares de construção ou apoio ao trabalho das igrejas, e convites para eventos ecumênicos.

O Conselho Ecumênico Cubano realizou um trabalho mediador entre as igrejas e o Estado. No ano de 1990, com o convite do governo, realizou-se uma reunião com Fidel Castro na qual se discutiu o papel das igrejas protestantes – inclusive algumas pentecostais – na história e conjuntura atual da revolução. Sob o título "Com Deus e com a pátria", essa reunião de líderes foi uma combinação de agradecimentos e reconhecimentos ao sucesso da revolução e demandas diplomáticas das igrejas e por terem mais liberdade e acesso a recursos materiais.

O Conselho também tem promovido simpósios e consultas sobre a história e a teologia cubana usando, por exemplo, os escritos do ilustre cubano José Marti. O Conselho não só é composto por igrejas cristãs, mas também inclui a comunidade cubana judaica como membro afiliado. Além disso, tem feito uma ligação importante entre as igrejas do exterior e as cubanas. A relação que tem com o governo facilita processos altamente complexos, burocráticos e políticos. Parte da crise das Igrejas foi perder um espaço missional ante a agência do governo cubano. Nesse sentido, da mesma forma que a igreja católica, as igrejas protestantes e pentecostais ficaram limitadas a uma gestão evangelizadora isolada dos assuntos sociais e culturais. Após a queda do bloco soviético e dada a crise econômica que enfrentou a revolução cubana, as igrejas redescobriram diferentes tarefas missionárias de caráter social e econômico, dando suporte para um povo que vive em uma conjuntura histórica muito complexa. Em meio a esse redescobrimento, as igrejas parecem crescer sem muito esforço na tarefa evangelizadora.

Visto que muitos dos novos fiéis têm vivido mais de uma geração sob um regime comunista com bem pouca exposição ao cristianismo, as igrejas começaram um processo de formação cristã que tem muitas semelhanças com a igreja primitiva – por exemplo, o conceito de casas-templo, dada a limitação dos recursos para adquirir edifícios para as novas congregações, e o processo de preparação para o batismo, que em algumas das igrejas leva mais de um ano.

Os primeiros cultos protestantes que se celebraram em *Porto Rico* aconteceram no ano 1598, quando os ingleses tomaram a cidade de San Juan e a retiveram por um espaço de cinco meses. Em 1625, quando os holandeses desembarcaram na ilha e bombardearam a capital durante quatro dias, supõe-se que também realizaram cultos protestantes; mas estes foram apenas breves incidentes de uma longa história na qual o Santo Ofício, pela restrição ao comércio e pelas proibições de imigração estrangeira, evitou que Porto Rico tivesse verdadeiros contatos com o protestantismo. Quando, em 1846, a Junta do Comércio e Fomento dirigiu ao governo, na metrópole, uma petição para que autorizasse a admissão de estrangeiros em Porto Rico sem exigir que fossem católicos, o governo de Madri, a pedido do bispo de San Juan, não aceitou a petição. Contudo, isso não impediu que alguns protestantes se estabelecessem na ilha, visto que, no ano 1866, o general Marchesi julgou conveniente que se designasse um lugar nos cemitérios para sepultar os protestantes. Também temos notícias que, no ano de 1853, um capitão do navio dinamarquês introduziu na cidade de Humacao uma "cartilha para crianças" que provinha dos princípios do protestantismo.

As verdadeiras origens do protestantismo em Porto Rico datam da segunda metade do séc. XIX. Em 1869, celebrou-se o primeiro culto protestante em Ponce, na casa de Otílio Salomons, onde pregava o reverendo Allen, ministro protestante em Saint Thomas. Em 1879, autorizou-se o missionário holandês Johannes Waldemar Zechume a fundar uma escola protestante em Vieques. Em 1882, foi organizada a primeira igreja anglicana em Vieques.

A primeira congregação anglicana era constituída, principalmente, por pessoas de origem anglo-saxão, e seus ofícios eram celebrados em inglês. Além disso, seu primeiro templo foi construído na Inglaterra e enviado em partes para a cidade de Ponce, onde foi inaugurado em 1873. Quando, um ano mais tarde, a monarquia espanhola foi restaurada, ordenou-se o fechamento desse templo; pouco depois, por causa da intercessão da rainha Vitória da Inglaterra, foi aberto de novo, mesmo que com certas limitações para impedir a propagação da fé protestante. Em 1876, tornou-se responsável pela paróquia o padre Z. Vall Espinosa, espanhol educado na Inglaterra, e os ofícios começaram a ser celebrados em espanhol.

Como já vimos acima, ao mesmo tempo em que começava sua obra em Ponce, a igreja anglicana trabalhava também em Vieques, onde Johannes Waldemar Zechune estabeleceu uma "escola inglesa". Em 1883, celebraram os primeiros ofícios, mesmo em inglês.

A Guerra Hispano-Americana de 1898, com a conseguinte mudança de soberanias em Porto Rico, fez que se tornasse aconselhável passar a obra da jusrisdição da igreja da Inglaterra para a da igreja protestante episcopal dos Estados Unidos. Esta se tornou responsável pela obra de Porto Rico e nomeou o primeiro missionário na cidade de San Juan, assim como a outro que era responsável pela igreja de Ponce, que havia ficado praticamente abandonada com a saída do padre Vall Espinosa.

Em 1902, foi eleito o primeiro missionário de Porto Rico, James Heartt Van Buren, até então reitor da paróquia de San Juan. A partir desse momento, a obra episcopal continuou crescendo e lançando raízes no país, até que, em 1964 na pessoa do reverendo Francisco Reus Froilán, a Igreja episcopal teve seu primeiro bispo porto-riquenho. Por volta dessa data, a igreja contava com mais de 3.000 membros.

Um episódio notável no crescimento da Igreja Episcopal em Porto Rico foi a anexação a esse corpo da Igreja de Jesus, fundada em 1902, por Manuel Ferrando. Este era de origem espanhola e havia chegado a Porto Rico pela primeira vez como capelão do exército norte-americano. Após a guerra, estabeleceu-se em Quebrada Limon, perto de Ponce, e ali se dedicou a reunir uma congregação e a preparar pastores e diaconisas, além de organizar um orfanato. Quando, vinte anos mais tarde, a Igreja de Jesus uniu-se à episcopal, esta ganhou um bispo – o próprio Manuel Ferrando – quatro sacerdotes e mais dois mil membros.

Em 1861, fundou-se em Carolina, a poucos quilômetros ao leste de San Juan, o Seminário Episcopal do Caribe, cujo propósito era educar pastores não só para Porto Rico, mas também para todo o Caribe. O seminário foi fechado na década de 1970. Atualmente, a igreja episcopal em Porto Rico tem por volta de 10.000 membros.

Quando os presbiterianos chegaram a Porto Rico, no ano de 1899, já estavam na ilha outras três denominações. O fato de eles se somarem à obra fundada por Antônio Badillo

Hernández nos leva a considerá-los antes que a essas outras denominações. Em 1868, durante uma visita a ilha vizinha, Saint Thomas, Badillo Hernández adquiriu um exemplar da Bíblia em versão inglesa. De volta à sua terra, dedicou-se ao estudo da nova aquisição e, por meio dela, chegou a abraçar as doutrinas próprias do protestantismo, que logo passou a seus familiares e amigos. Após sua morte, seus ensinamentos não desapareceram, mas continuaram por meio de sua vida e da de seus filhos, de modo que, em 1900, quando chegou a Aguadilla o missionário presbiteriano Underwood, encontrou ali um grupo de "crentes na Palavra" cujas doutrinas eram as mesmas do protestantismo. Esse foi o primeiro núcleo da igreja presbiteriana em Porto Rico.

Se não considerarmos o trabalho precursor de Antônio Badillo Hernández, a obra presbiteriana em Porto Rico remonta ao ano 1899, quando chegaram os primeiros missionários. Antes dessa data, a Junta de Missões Presbiterianas havia feito convênios com outras juntas missionárias para distribuir sua obra no território de Porto Rico de tal modo que os missionários de diversas denominações não competissem entre si – o chamado "acordo de cavalheiros". Nesse convênio, ficou destinada aos presbiterianos a porção ocidental da ilha. Por essa razão, o centro da obra presbiteriana sempre esteve na cidade de Mayaguez, no extremo oeste de Porto Rico, onde fundaram um instituto de formação ministerial que hoje é a Universidade Interamericana de Porto Rico. A igreja presbiteriana também tem trabalhado incessantemente na capital, onde fundaram o Hospital Presbiteriano – que mais tarde ficou nas mãos de uma corporação privada.

Em 1919, junto a várias outras denominações, constituíram o Seminário Evangélico de Porto Rico, onde atualmente se preparam pastores, e cujo primeiro presidente foi o missionário presbiteriano James A. McAllister.

Em 1964, havia em Porto Rico 52 igrejas presbiterianas, com pouco mais de 6.000 membros; atualmente, há 69 congregações com aproximadamente 10.000 membros. A igreja presbiteriana em Porto Rico é parte da igreja dos Estados Unidos, sendo conhecida como o Sínodo Boriquen dessa denominação.

O pioneiro da obra luterana em Porto Rico foi o jovem seminarista G. S. Swensson, que em 1898, e por conta própria, empreendeu uma missão em Porto Rico. O resultado de seus esforços foi tal, que o Concílio Geral Luterano enviou outros missionários à ilha, com o qual se deu o começo do trabalho missionário organizado.

Apesar de haver começado sua pregação em uma data anterior, em 1957 os luteranos contavam com somente 2.265 membros em Porto Rico; atualmente, contam com 26 congregações e uma membresia de 8.000 fiéis. Essa igreja serve principalmente às classes média e média alta do país.

Os batistas da *American Home Mission Society* chegaram a Porto Rico no começo de 1899. Seu primeiro missionário foi Hugo P. McCormick, que fez da cidade de Rio Piedras seu centro de operações. Ali celebrou o primeiro culto em 28 de fevereiro de 1899, e o êxito de sua obra foi tal, que em Rio Piedras surgiu uma das maiores igrejas evangélicas da ilha. Outro missionário notável foi A. B. Rudd, mais conhecido como "Don Bartolo". Deve-se observar que já em 1828 partia para El Salvador o primeiro missionário batista portoriquenho. Como a maioria das outras denominações protestantes, os batistas fundaram várias instituições de caráter beneficente e educativo, das quais a mais notável talvez tenha sido a Academia Batista de Barranquitas.

Em 1957, a Convenção Batista de Porto Rico contava com mais de 6.000 membros, e atualmente é uma das igrejas protestantes de maior membresia no país.

A Igreja Evangélica Unida de Puerto Rico surgiu da união, em 1931, das denominações Irmãos Unidos em Cristo, Cristã e Congregacional.

A Igreja dos Irmãos Unidos em Cristo começou sua obra em Porto Rico no ano 1899, quando Nathan H. Huffman se estabeleceu em Ponce. Um ano mais tarde foi constituída nessa cidade a primeira congregação dos Irmãos Unidos. Em 1901 o missionário Philo W. Drury apoiou a obra de Huffman. A partir de então, essa denominação começou uma expansão ampla pela região ao sul da ilha, a tal ponto que, na segunda década de sua existência, começou a enviar missionários porto-riquenhos para a República Dominicana. Nesse meio tempo, os pastores Drury e Huffman não haviam perdido de vista a necessidade de coordenar seu trabalho com o de outras denominações, e talvez se unir a elas.

A Igreja Cristã começou sua obra em Porto Rico no ano 1901, também na cidade de Ponce. Dali se estendeu até Santa Isabel de Salinas e outras duas cidades ao sul da ilha. Em 191, fundou um ambulatório, e um ano depois construía seu primeiro templo em Ponce.

A Igreja Congregacional Cristã também empreendeu obra em Porto Rico no começo do século e se estabeleceu no extremo oriental da ilha, onde conseguiu criar fortes congregações em Humacao, Yabucoa e Fajardo. Além disso, essa mesma denominação criou e sustentou em Santurce, próximo a San Juan, o Instituto Blanche Kellogg, fundado em 1907, que durante muitos anos foi uma das instituições de maior prestígio em Porto Rico.

Em 1931, essas três denominações se uniram para dar origem à Igreja Evangélica Unida de Porto Rico. Segundo declararam:

> Movidos pela firme e profunda convicção de que é a vontade de Cristo que os crentes nele estejam unidos eficazmente em amor e em seus esforços pelo entendimento de seu Reino, e que uma reunião real e verdadeira das forças denominacionais resultaria em maior glória para nosso Senhor e significará maiores benefícios na salvação das almas e no estabelecimento de uma ordem social cristã em nossa ilha, as denominações Congregacionais, Cristãs e Irmãos Unidos por Cristo em Porto Rico unem-se para, solenemente, formar a Igreja Evangélica Unida de Porto Rico.

Essa união foi o resultado dos esforços de vários dirigentes nacionais e estrangeiros, entre os quais se destacou o pastor Drury. Esperava-se que o resultado da união fosse um crescimento mais rápido em todos os aspectos da vida da nova igreja. Contudo, as estatísticas mostram que, pelo menos no que se refere ao número de membros, esse crescimento não chegou a ser produzido. De fato, em 1930, as três denominações que se uniram contavam com 3.518 membros; em 1957, seu número era somente 4.931, e, em 2004, menos de 10.000. A lentidão desse crescimento pode ter ocorrido por causa das dificuldades internas que surgiram na Igreja Evangélica Unida, porque os principais problemas e conflitos que a união acarretaria não foram resolvidos antecipadamente, mas propuseram sua solução para depois de efetuada a união. Talvez essa seja também a razão pela qual a Igreja Evangélica Unida, que em seu início aspirava à união entre as diversas denominações em Porto Rico, logo abandonou essa aspiração e se contentou em trabalhar paralelamente às demais denominações.

A igreja metodista começou a trabalhar em Porto Rico em março do ano 1900, quando chegou à ilha o missionário Charles W. Drees. Este se estabeleceu na capital e a partir dela o metodismo se estendeu até Arecibo, a oeste, e a Guayama, ao sul. Desde seu começo, a obra metodista ocupou-se da educação do povo. No primeiro ano do século, teve início uma escola em San Juan, e pouco depois se estabeleceu perto dela um orfanato para meninas que logo se tornou a famosa Escola Robinson. Além disso, os primeiros pastores metodistas ocuparam-se de ensinar os adultos a ler, assim como lhes prover uma educação fundamental. Com o passar dos anos e conforme foi melhorando a instrução pública, muitas das escolas paroquiais metodistas foram fechadas, e o trabalho educativo dessa denominação se concentrou em poucos centros urbanos. Quanto a seu crescimento numérico, essa denominação deixa muito a desejar, pois, em 1957, apesar de contar com templos magníficos, com instalações físicas e com maior número de pastores nacionais e estrangeiros que qualquer outra denominação – exceto talvez pela Assembleia de Deus –, tinha somente 4.675 membros. Depois de um longo processo que terminou em 1992, a igreja se tornou autônoma (já não é mais parte integrante da igreja norte-americana) e dez 10 mais tarde contava com uma membresia de aproximadamente 10.000 fiéis. Além disso, trabalhou arduamente com organizações ecumênicas na saída da marinha norte-americana de Vieques.

Os primeiros missionários da Igreja Cristã (Discípulos de Cristo) em Porto Rico foram J. A. Erwin e sua esposa, que chegaram à ilha em 1899. Dois anos mais tarde, Erwin foi nomeado juiz de distrito para Porto Rico, e a sociedade missionária dos discípulos enviou W. M. Taylor e sua senhora para substituí-lo. Em sete anos, Taylor, com a ajuda de alguns colaboradores que chegaram depois dele, conseguiu organizar duas igrejas e cinco missões.

A partir de então, os discípulos continuaram crescendo em Porto Rico, e, em 1957, contavam com mais 6.000 membros. Em 1933, essa denominação experimentou um avivamento que a levou a ser a maior igreja protestante pentecostal do país, com mais de 19.000 membros afiliados. Além disso, os discípulos de Cristo têm trabalho missionário em outras nações da América Latina, e muitos de seus líderes ocupam cargos importantes no movimento ecumênico latino-americano e em instituições de educação teológica na América Latina e nos Estados Unidos.

A Assembleia de Deus é a maior denominação protestante em Porto Rico, já em 1957 tinha quase 10.000 membros. A origem dessa denominação está em um grupo de portoriquenhos que, no começo do séc. XX, se dirigiu ao Havaí em busca de melhores condições de vida. Quase todos eram católicos, mas muitos deles se relacionaram, no Havaí, com igrejas protestantes. Foi lá que Juan L. Lugo e Salomon Feliciano tiveram suas primeiras experiências pentecostais – mesmo que Feliciano tivesse sido batizado anteriormente na

Igreja Metodista de Ponce, em Porto Rico. Em 1916, enquanto residia na cidade de São Francisco, Lugo teve uma visão na qual se sentiu levado a uma colina alta e de lá podia ver a cidade de Ponce. Tomando isso como chamamento do Senhor, decidiu apresentar-se para pregar o evangelho em sua terra nativa. Ali trabalhou junto a Salomon Feliciano, que havia sido membro da igreja metodista, e mais tarde havia tido em São Francisco experiências pentecostais que fizeram que ele se sentisse chamado para pregar o evangelho na República Dominicana. Enquanto se preparava para ir a São Domingo, Feliciano colaborou com a obra de Lugo em Ponce. Essa obra cresceu rapidamente não só por causa dos novos convertidos provenientes do catolicismo, mas também porque houve uma divisão na Igreja Metodista de Ponce, e um grupo de descontentes uniu-se ao movimento pentecostal. Algo semelhante aconteceu em Arecibo, onde uma pequena denominação surgida de uma querela interna dentro de um grupo evangélico, chamada "Igreja Porto-Riquenha", uniu-se à Assembleia de Deus. Devemos tomar cuidado para não pensar que o grande crescimento dessa denominação se deva ao fato de ter conseguido reunir grupos de descontentes procedentes de outras igrejas. Também devemos dizer que o grande auge da Assembleia de Deus – assim como de outros grupos pentecostais – deve-se ao espírito constante de testemunho que existe na maioria de seus membros. Tal espírito resulta em que não se espere que o pastor seja a pessoa a comunicar o evangelho aos não-crentes, e sim que se veja nele o mestre e o diretor que organiza a tarefa evangelizadora de toda a comunidade cristã.

Da obra de Lugo, surgiu boa parte do movimento pentecostal porto-riquenho. Isso inclui, em particular, a Igreja de Deus Pentecostal – nome que a Assembleia adotou – como a Igreja de Deus "Mission Board", que é parte da Igreja de Deus nos Estados Unidos, com sede em Cleveland, Tennessee.

Um dado notável e muito interessante do ponto de vista histórico é que, no começo do séc. XXI, várias dessas igrejas, em particular a Igreja de Deus Pentecostal, tinham missionários porto-riquenhos em mais de nove países latino-americanos, além da Espanha e Portugal.

A maior parte das denominações que temos discutido mostrou-se interessada na coordenação de seu trabalho. Esse interesse deu origem, em 1905, à Federação de Igrejas Evangélicas em Porto Rico, da qual participavam batistas, congregacionalistas, a Igreja Cristã, os discípulos de Cristo, metodistas, presbiterianos e os irmãos unidos. Foi em grande parte por meio da obra da Federação que se estabeleceu a revista *Porto Rico Evangélico*, na qual cooperavam as mesmas denominações que constituíam a Federação. Em 1916, com o propósito de aplicar as resoluções do Congresso do Panamá (1916), a Federação converteu-se na União Evangélica de Porto Rico. Da mesma forma que a Federação havia servido para a criação da *Porto Rico Evangélico*, a União contribuiu para o estabelecimento do Seminário Evangélico de Porto Rico, no ano 1919. Em 1934, a União Evangélica foi substituída pela Associação de Igrejas Evangélicas de Porto Rico, que, em 1954, veio a ser o Concílio Evangélico. Recentemente, essa organização sofreu transformações e passou a ser chamada de Concílio de Igrejas de Porto Rico, ampliando a base eclesiástica tanto para as igrejas luteranas e episcopais quanto para as pentecostais independentes.

Ao terminar o estudo do protestantismo em Porto Rico, podemos fazer quatro observações importantes: a primeira observação é que em Porto Rico, mais que em outro país da América Latina, o protestantismo tem conseguido introduzir-se em todas as esferas econômicas, políticas e sociais. Há protestantes tanto no povo humilde e rural quanto nas mais altas esferas políticas e acadêmicas. Até que ponto isso se deve à proximidade geográfica, política e econômica dos Estados Unidos, e até que ponto se deve ao interesse que muitas denominações têm posto no trabalho educativo, é uma questão a que não podemos responder aqui.

A segunda observação é que as igrejas de Porto Rico, que, em outro tempo, assinalaram o caminho do protestantismo mundial, criando uma missão unida para a República Dominicana e chegando a formar uniões como a Igreja Evangélica Unida, a partir da década de 1930, começaram a perder esse ímpeto renovador e missionário. Durante as últimas décadas do séc. XX, o protestantismo viveu uma profunda polarização ideológica, pastoral e de geração, que desestimulou muitos líderes nacionais.

A terceira observação é que, ao mesmo tempo em que as denominações históricas perdiam esse ímpeto, recebiam-no o movimento pentecostal, de tal maneira que, já em meados do séc. XX, Porto Rico era um centro de missões pentecostais.

A quarta observação é que Porto Rico tem sido um recurso para as igrejas hispânicas ou latinas nos Estados Unidos e na América Latina.

O. Considerações gerais

A história do desenvolvimento do cristianismo na América Latina, que acabamos de narrar, permite-nos fazer algumas considerações gerais que podem servir ao leitor para compreender melhor a situação religiosa do continente americano.

No que diz respeito à igreja católica, precisa ser notado que a independência dos diversos países latino-americanos quase sempre trouxe um período de dificuldades. Estas deveram-se, em certas ocasiões, ao caráter extremamente conservador do alto clero, constituído quase sempre por espanhóis que se sentiam obrigados a defender as reclamações da sua pátria. Mas esse fator não teria tido consequências tão funestas se não fosse pela questão do Patronato Nacional, que impunha ao papa a alternativa pouco desejável de reconhecer a soberania instável das novas nações, mesmo que à custa do desgosto da Coroa espanhola, ou de permitir que as igrejas latino-americanas ficassem privadas de seus bispos. Durante um longo período, a atitude de Roma seguiu o último caminho, que resultou em prejuízo ao catolicismo latino-americano.

Conforme a questão do patronato foi sendo resolvida em cada país, começou um lento despertamento do catolicismo romano, que aconteceu, em boa parte, mediante a importação de sacerdotes de diversos países europeus e norte-americanos; mas, já no séc. XX, podia-se ver claramente o progresso do catolicismo romano no continente latinoamericano até o desenvolvimento de um clero nativo e de maneira muito particular até a constituição de uma hierarquia nacional.

O Concílio Vaticano II e o espírito de renovação que o acompanhou não podiam deixar de fazer sentir sua influência na igreja católica latino-americana. Mesmo que em diferentes graus, imediatamente depois do encerramento desse Concílio suas consequências na América Latina podiam ser vistas. As conferências do Episcopado Latino-Americano – Medellín, Puebla, Santo Domingo – ilustram não só a vitalidade, mas a complexidade e os conflitos que nascem como consequência dos esforços de uma igreja que busca fixar-se na vida do povo.

Com respeito ao protestantismo, a primeira consideração geral que devemos fazer é que, em boa parte, seu desenvolvimento aconteceu, a princípio, por meio de imigrantes procedentes de países protestantes. Assim, vimos repetidamente em nossa história como os primeiros protestantes, nos diversos países latino-americanos, foram os imigrantes que ali chegaram, não tanto por razões de ordem religiosa, mas principalmente pela busca de melhores condições de vida. Durante algum tempo – em certas ocasiões por gerações inteiras – os imigrantes protestantes não se preocuparam em comunicar sua fé aos latino-americanos com quem conviviam; mas, com o tempo e devido ao crescente contato, alguns membros dessas comunidades de imigrantes se sentiam impelidos a dar testemunho de sua fé. Na segunda metade do séc. XX, todavia, permaneciam na América Latina grandes contingentes de protestantes de fala estrangeira, ainda que também podia ser visto o modo pelo qual seus descendentes tratavam de estabelecer contato mais estreito com a cultura que os rodeava.

Outro fator que contribuiu para o desenvolvimento do protestantismo em seus primeiros anos foi o liberalismo político e filosófico que acompanhou as gestas independentistas. Líderes políticos como O'Higgins, Sarmiento e Juarez viram no protestantismo um aliado contra a ignorância de seus povos e contra o excessivo poder do clero. Essa atitude por parte dos liberais permitiu ao protestantismo fácil acesso aos círculos mais elevados de vários países. Entretanto, com o tempo, o mesmo espírito liberal que havia contribuído para seu impulso inicial veio a ser um obstáculo para as missões protestantes. De fato, o liberalismo, com sua oposição a todo princípio de autoridade religiosa e sua ênfase na dignidade humana, entrou em tensão com os princípios protestantes da autoridade das Escrituras e da necessidade que o ser humano tem da salvação. Um exemplo claro dessa oposição foi a questão maçônica no Brasil.

Em termos gerais, pode ser dito que o protestantismo que alcançou maior fixação e extensão na América é o de caráter pentecostal e independente. Não é necessário ir muito longe para encontrar as causas desse fato; basta dizer que a convicção por parte dos pentecostais de que sua vida e ação são dirigidas pelo Espírito Santo os leva a uma atitude de testemunho constante. Até que ponto esse ímpeto continuará à medida que as sucessivas gerações pentecostais ascenderem na escala social e intelectual é uma questão aqui não resolvida. Por enquanto, é necessário que as igrejas históricas pensem seriamente a questão do caráter de sua própria missão em vista do fato de serem elas uma minoria dentro do movimento protestante latino-americano.

O protestantismo latino-americano viveu momentos de profunda polarização durante a Guerra Fria, entre Estados Unidos e União Soviética. Todavia, há feridas que dividem o trabalho das igrejas protestantes, tanto "tradicionais" como pentecostais, e que produzem competência em lugar de um espírito de cooperação e solidariedade. A luta para descobrir um espírito de irmandade e solidariedade continua sendo tarefa urgente no futuro do protestantismo no continente.

Ao fim deste capítulo, percebemos que a história do protestantismo na América Latina é, na realidade, a história desse movimento nos diversos países do continente. Há alguns casos – como o de Diego Thomson ou o das missões portoriquenhas em São Domingo – nos quais a história do protestantismo em um país se liga ao outro; mas tais casos são a minoria dentro de toda uma história de empreendimentos discordes e até contraditórios. A falta de coordenação, que pode ter tornado esse capítulo difícil de ler, tem sido um dos pontos fracos da obra protestante na América Latina. Foi essa falta de coordenação que impulsionou um bom número de dirigentes cristãos a convocar o Congresso sobre a Obra Cristã na América Latina, reunido no Panamá em 1916 e que foi o princípio da cooperação evangélica continental. Contudo, no começo do séc. XXI, havia sido feito muito pouco para tornar realidade uma de suas mais importantes recomendações:

> Parece uma necessidade urgente para muitos de nós que, apesar das enormes dificuldades, faça-se um esforço para que, na medida do possível, unam-se as seções divididas da Igreja de Cristo na América do Sul.

O que era uma "necessidade urgente" em 1916 continua sendo quase 100 anos mais tarde. Por isso devemos terminar este capítulo fazendo nossas as palavras da mensagem da Segunda Conferência Evangélica Latino-Americana, celebrada em Lima, em 1961:

É nosso firme propósito continuar manifestando no futuro, cada vez de modo mais claro e evidente, essa unidade que já temos em Jesus Cristo. Para isso chamamos o povo evangélico a uma cooperação estreita, uma aproximação mais íntima e, sobre todas as coisas, uma oração fervorosa e perseverante pela unidade do povo de Deus.

Capítulo XI
Desde todas as nações

A. Uma história complexa com lições para o futuro

A história do movimento missionário é complexa. Precisamos notar que a transmissão da fé cristã não se limita a algumas nações que enviam e a outras que recebem. Tampouco se limita a algumas igrejas que enviam e a outras que recebem. Tais distinções eram comuns, nos círculos acadêmicos da missiologia, até bem avançado o séc. XX, e perduram, todavia, na linguagem e no pensamento de muitos cristãos, mas essa interpretação dos fatos neutraliza os nativos e os projeta como receptores passivos, mansos e transformados pelo trabalho dos missionários estrangeiros.

Pelo contrário, a história mostra que o movimento e a atividade missionária têm várias direções, várias nacionalidades, várias etnias, são interculturais e inter-religiosos. Certamente, muitas das histórias das missões escritas durante o séc. XIX e princípio do séc. XX dão a impressão de que a missão é tarefa realizada por missionários da Europa e da América do Norte. Contudo, como temos visto, a maior parte do trabalho missionário cristão tem sido realizada pelos nativos. Reforçamos, portanto, que o movimento missionário não é de mão única, mas parece ser uma rede com múltiplas intercessões e confluências que não permite atribuir um centro para a expansão, tampouco um determinado princípio ou padrão de movimento linear, cumulativo e progressivo. De tudo isso, resulta um movimento livre, mas frágil, com êxitos e fracassos, com entusiasmo e frustrações, ambiguidades e incertezas. Começamos, então, a nomear algumas das lições que podemos aprender com a história do movimento missionário.

Primeiro, o movimento missionário cristão ensina-nos que o evangelho *é transmitido* de uma cultura a outra, no processo da evangelização e da missão. O evangelho não pode ser transmitido se não for considerada a cultura – a língua, a religião, os símbolos, os sistemas de ritos, as práticas éticas etc. – dos grupos receptores. Dependendo de quão distintas sejam as culturas, o nível de tradução pode ser simples ou complexo. Não obstante, esse princípio de tradução do evangelho está baseado na experiência cristã da encarnação, na qual Deus em Jesus Cristo *se manifesta* à realidade humana para que a humanidade o receba não como um estranho, mas como um conhecido.

Segundo, no caso do trabalho missionário intercultural, a grande maioria dos missionários lutou para viver e conviver sob os termos e demandas das culturas nos países onde se fazia a missão. Nesta História, destacam-se duas tendências: uma é a de lamentar e questionar o trabalho missionário desarraigado, distante e até explorador; outra é a de celebrar a gestão missionária fixa em seu contexto e protetora da vida dos povos. As duas tendências parecem entrelaçadas e não se sucedem cronologicamente.

Terceiro, a tarefa missionária nutre-se de muitas motivações. Essas motivações são de natureza política e econômica (como as missões no tempo do imperialismo europeu norte-americano), de natureza religiosa e cultural (como as missões na época moderna), de sobrevivência (como as missões na primeira etapa da época antiga). Por isso, é imprescindível que nos perguntemos continuamente sobre *o porquê* das missões.

Quarto, as missões geram profundos sentimentos religiosos que polarizam ou unem os diferentes grupos envolvidos.

Esta História ilustra casos nos quais as missões fundaram, motivaram e nutriram um espírito de unidade que resultou no que hoje se conhece como movimento ecumênico. Mesmo grupos missionários que não se aliaram a esse movimento viram que as missões nutriam um espírito de unidade e um propósito comum. Contudo, as missões também provocaram fortes divisões. Muitas dessas divisões criaram novas denominações, e, às vezes, tornou-se difícil a comunicação entre algumas dessas famílias divididas.

As missões não só geraram profundos sentimentos religiosos entre os grupos cristãos, mas também geraram profundos sentimentos nas pessoas de outras religiões. As missões cristãs criaram o que se chama de "Renascimento do hinduísmo" na Índia. Na África, o trabalho missionário revitalizou as culturas e a cosmovisão animista, criando um sincretismo peculiar entre o cristianismo e as culturas religiosas tradicionais.

A tarefa missionária, mesmo que em algumas ocasiões não tenha o propósito de criar uma igreja ou comunidade cristã organizada – como nos casos da *China Inland Mission* e muitas das missões evangélicas conservadoras – normalmente cria a igreja; esta, por sua vez, é missionária. A história das missões ressalta essa relação simbiótica entre missão e igreja.

Finalmente, as missões contribuíram, de forma significativa, para a evolução da cristandade. A cristandade é a fusão do cristianismo com uma ordem política e territorial. As missões, reforçando a transmissão do evangelho sem a imediata supervisão ou imposição da ordem da cristandade, começa a fomentar e a nutrir um cristianismo, que flui e cresce por causa de sua contínua interação com culturas alheias à cristandade e sem suas restrições. Esse cristianismo fixo em diferenças culturais, não restrito pelo legado das estruturas da cristandade, cheio de vitalidade e difícil de controlar e prever é o resultado direto do trabalho missionário ao longo da história. Esse cristianismo, sem fronteiras territorial, fluido, diverso, profético, carismático, do terceiro mundo é o que se projeta como a levedura do movimento missionário do séc. XXI.

B. O cristianismo no princípio do séc. XXI e algumas projeções missionárias

Vejamos algumas estatísticas que ilustram o movimento do cristianismo no séc. XX. No começo desse século, havia por volta de 381 milhões de cristãos na Europa, 79 milhões na América do Norte, 62 milhões na América Latina, 10 milhões na África e 22 milhões na Ásia. Para o ano 1950, os países com maior população cristã eram a Grã-Bretanha, a França, a Espanha e a Itália. É evidente que, desde o princípio até meados do séc. XX, a maioria da população cristã se encontrava no hemisfério norte do planeta.

No ano 2000, havia 481 milhões de cristãos na América Latina, 360 milhões na África e 313 milhões na Ásia. Dos 2 bilhões de cristãos no mundo, 820 milhões estão na região da América do Norte, e 1 bilhão e duzentos milhões no restante do planeta. Mais claramente, 58% dos cristãos do mundo estão no Terceiro Mundo, enquanto 42% estão na América do Norte (sem contar o México) e na Europa ocidental. Tal mudança demográfica se tornará mais evidente nos próximos cinquenta anos. Para o ano 2050, projeta-se que 68% da população cristã estará no hemisfério sul. Além disso, dos 32% restantes uma quarta parte será de imigrantes de países do sul onde o cristianismo tem grande vitalidade e desenvolvimento. Parafraseando o historiador norte-americano Philip Jenkins, "logo a frase 'um cristão branco' será tão estranha como um 'budista sueco'".

É evidente, então, que o cristianismo vive um processo de transição que nos obriga a entender sua história de um modo novo. Essa mudança traz consigo o desafio de revelar e reorientar nosso entendimento da missão cristã. Esse desafio implica vários fatores ou faces. Primeiro, enquanto esta História do movimento cristão ressalta a atividade da transmissão da fé, cabe a futuros historiadores ressaltar o processo de recepção. A nova ordem demográfica obriga, nas palavras do historiador africano Lamin Sanneh, "a não estudar como o cristianismo descobre os povos nativos, mas a estudar como os povos nativos descobrem o cristianismo". O ato de descobrir está nos povos. A agência e a atividade da missão estão no povo que vai descobrindo o cristianismo. E isso é necessário ser narrado, registrado, celebrado e avaliado.

Segundo, deve-se afirmar e estudar a mutualidade do processo de transmissão e recepção do cristianismo. Essa mutualidade, que é como as duas faces da mesma moeda, integra a história das missões com a história da igreja. Se as missões e a vida da igreja estão entrelaçadas, então é necessário nos entregarmos à tarefa de integrar nossa interpretação daquilo que como fenômeno histórico e religioso já está integrado.

Terceiro, nessas mudanças demográficas as mulheres pobres, não-brancas e de culturas tradicionais são o agente transmissor e receptor do cristianismo no séc. XXI. Se o protagonista do drama muda, normalmente temos outro drama. Até bem pouco tempo, o protagonista do cristianismo era o homem branco. É suficiente indicar aqui que há uma nova personagem principal e que o drama é diferente, mas há a certeza de que a presença e acompanhamento do Espírito de Cristo se manifestará nesse novo drama.

Quarto, tal mudança demográfica requer uma compreensão histórica das outras religiões, da história do encontro dessas religiões com a fé cristã e das complexidades culturais e sociais da conversão de uma religião não-cristã ao cristianismo. Por muitos anos, o trabalho missionário em solo não-cristão proveu recursos para que os novos convertidos pudessem enfrentar lutas e conflitos que acarretavam uma conversão à "religião dos ocidentais". À medida que os povos do sul descobrem que o cristianismo já não é uma religião do Ocidente (como hoje em dia tampouco podemos dizer que a tecnologia pertence aos ocidentais), mas que se converteu em uma opção legítima na diversidade de alternativas religiosas em muitas regiões do hemisfério sul, as dinâmicas entre o cristianismo e as religiões não-cristãs serão transformadas. Delas surgirão conversas semelhantes às dos cristãos do primeiro século em relação às filosofias helenistas. A isso, acrescenta-se a tendência de retornar às antigas religiões esotéricas – a chamada "nova era".

Quinto, a mudança demográfica gera um movimento missionário que já não é tarefa exclusiva do Ocidente em direção ao sul, mas que vai tanto de sul a sul, quanto de sul a norte. Assim, há missionários coreanos trabalhando na África, na América Latina e no Caribe. Centenas de missionários brasileiros estão trabalhando, com falta de preparação adequada, nos países muçulmanos. Missionários africanos trabalham na Europa e nos Estados Unidos, tanto com grupos de imigrantes quanto com pessoas de ascendência africana. Famílias missionárias coreanas implantam congregações para imigrantes coreanos na Alemanha, mas começam um processo de ecumenismo nacional com igrejas protestantes históricas e tornam-se parte do cristianismo na Alemanha. Tal trabalho não é somente o resultado de igrejas que convidam seus *parceiros* para compartilhar a missão no norte, senão o resultado, com seus problemas e promessas, de uma tarefa intencional de servir como missionários nos países em decadência moral e "neopagãs" do norte.

Sexto, a mudança demográfica dá-se em uma conjuntura global cheia de incertezas, guerras, mortes e desastres, que se manifestam de forma marcada no sul. No sul da África, onde a taxa de crescimento do cristianismo é a mais alta do mundo, a taxa de mortes por AIDS é também uma das mais altas do mundo. Os problemas de pobreza na África, na Ásia e na América Latina têm como resultado a exploração da infância, especialmente a de meninas, às quais são negadas educação e saúde. Mais de 46% da população do mundo vive em extrema pobreza (e 5% é considerada "ultra-rica"). Como indicamos anteriormente, a mudança demográfica *não* vem acompanhada de poder político e econômico. Em outras palavras, enquanto o cristianismo cresce no sul, a pobreza envolve as mesmas terras. Portanto, a nova condição demográfica requererá uma relação de solidariedade política e econômica entre as igrejas do norte e do sul.

Sétimo, essa mudança demográfica, ao lado do presente fracasso da globalização econômica, tem gerado um movimento de seres humanos – da mesma forma que movimento de dinheiro e de recursos – sem precedentes na história humana. Nesse movimento, ocorrem três situações de impacto na vida e missão da Igreja: a primeira é que há milhões de cristãos participando dos movimentos migratórios e que esperam que suas igrejas cada qual em seu país de origem atendam às suas necessidades espirituais, obrigando-as a sair de seu contexto e a enfrentar novos desafios da fé em novos contextos. A segunda é que muitos desses cristãos fazem parte de outras tradições cristãs – pentecostais do Caribe se unem aos metodistas nos Estados Unidos ou à igreja reformada na Espanha – criando um deslocamento cultural e religioso tanto para eles quanto para as tradições que os recebem, mas que têm pouca consciência e abertura para as mudanças que sua presença traz. Por último, a conversão de imigrantes nas igrejas carismáticas e pentecostais – as que mais se aproximam da realidade cultural e econômica dos pobres – continua mudando a configuração cristã típica, o que causa confusão em alguns círculos eclesiásticos.

Oitavo, o séc. XXI vê a fixação de movimentos fundamentalistas que promovem a violência – tanto nacional como internacional – e criam no mundo ocidental, um antagonismo para com a experiência religiosa. Portanto, a vitalidade e o crescimento do cristianismo ligado às culturas tradicionais são percebidos como um atraso ao projeto moderno de convivência. Os grupos conservadores e fundamentalistas no norte, entretanto, encontram "aliados políticos" em algumas expressões cristãs. Pode-se dizer que os cristãos do sul estão sujeitos a manipulações ideológicas e políticas por parte dos cristãos do norte. Um exemplo recente dessa situação é a discussão entre denominações históricas no norte sobre a ordenação ao ministério de homossexuais e lésbicas. Grupos conservadores nessas denominações argumentaram que aceitar a ordenação de homossexuais quebraria as relações missionárias e seguras entre as denominações e as igrejas irmãs no sul. Algumas igrejas no sul prestaram-se a seguir esse jogo ideológico, mas a grande maioria delas reagiu, perguntando-se por que pediam a sua opinião sobre esse assunto, mas nunca pediam sua opinião sobre assuntos financeiros e de distribuição de recursos.

Nono, essa mudança demográfica mostra uma nova configuração na organização das igrejas. Por exemplo, no ano 1970, 41% das instituições cristãs consideravam-se denominacionais, enquanto 58% reclamavam uma estrutura pós-denominacional. No ano 2000, as estatísticas assinalavam 35% para as primeiras e 65% para as segundas. Da perspectiva das missões, isso implica que o espírito de voluntariado que tanto caracterizou o movimento cristão do sécs. XIX e XX continuará crescendo. Muitos grupos pós-denominacionais não têm as estruturas responsáveis que caracterizam as denominações e suas juntas de missão. Contudo, cia dessa estrutura – e até de burocracia – dá maior liberdade ao movimento missionário, ainda que com os agravantes da falta de preparação e de apoio para essa bela tarefa, porém complexa.

Por último, a presente mudança demográfica provê condições nas quais as missões da igreja se convertem em eixo da tarefa teológica e ministerial. A teologia surge do cotidiano de milhões de cristãos que vivem sua fé em relação à pobreza, a outras tradições religiosas, à violência, à guerra, à incerteza, à falta de serviços de saúde e a outros males relacionados com o processo de globalização econômica. Os refugiados de hoje encontrarão nos sermões de João

Calvino – quando este vivia refugiado – esperança e fé. E os cristãos que conhecem João Calvino por gerações – mas não experimentaram o deslocamento humano – descobrirão uma interpretação nova que tem o potencial de revitalizar a igreja. As mulheres pobres e marginalizadas da estrutura da igreja encontrarão nas mulheres missionárias do passado – missionárias estrangeiras e nacionais – uma voz que reclama sua espiritualidade acima de toda burocracia religiosa, e talvez a igreja desperte para fazer justiça e reconhecer o papel que tem tido a mulher na vida e no desenvolvimento de todas as Igrejas.

Em resumo, as missões não acabaram. O cristianismo vive um momento espetacular, mas cheio de tensões e paradoxos que demandam fé, amor e esperança. O cristianismo já não é uma religião do Ocidente – nunca o foi, mesmo que tenhamos pensado o contrário. O cristianismo chegou a todas as nações; tem maior vitalidade e crescimento em umas que em outras, mas, sem dúvida, seu rosto é diverso. Mulheres e homens, de todas as cores e culturas, e *de todas as nações*, vão a *todas as nações* para descobrir e proclamar a mensagem de salvação e esperança do Reino de Deus.

Apêndice

(Veja Pg. 54 Cp. 5; 8-9)

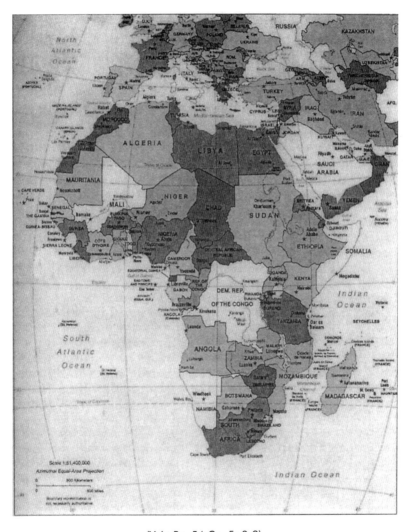

(Veja Pg. 54 Cp. 5; 8-9)

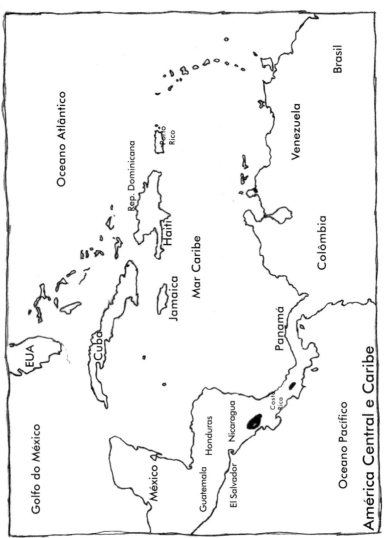

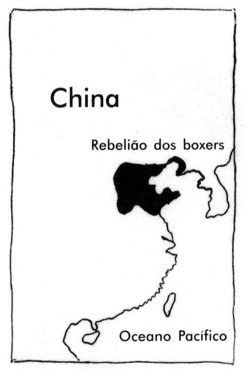

(Veja Pg. 307-313)

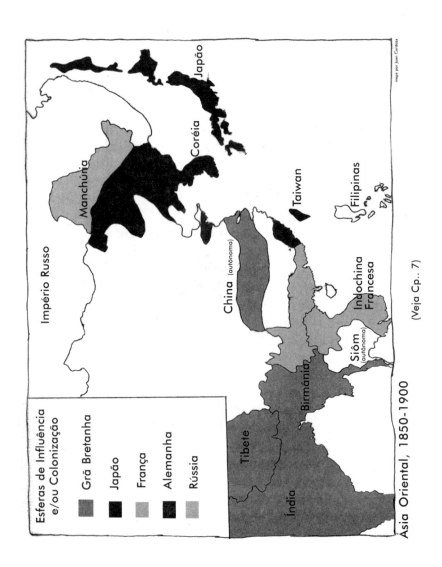

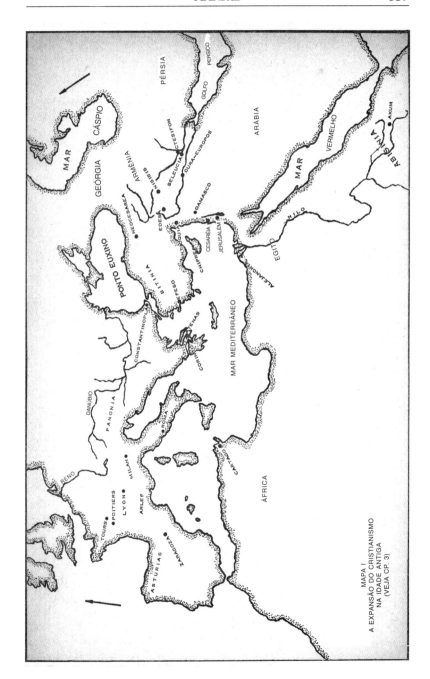

MAPA I
A EXPANSÃO DO CRISTIANISMO
NA IDADE ANTIGA
(VEJA CP. 3)

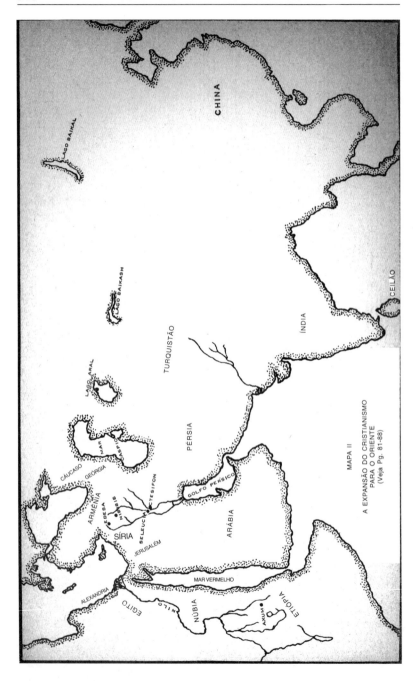

APÊNDICE 541

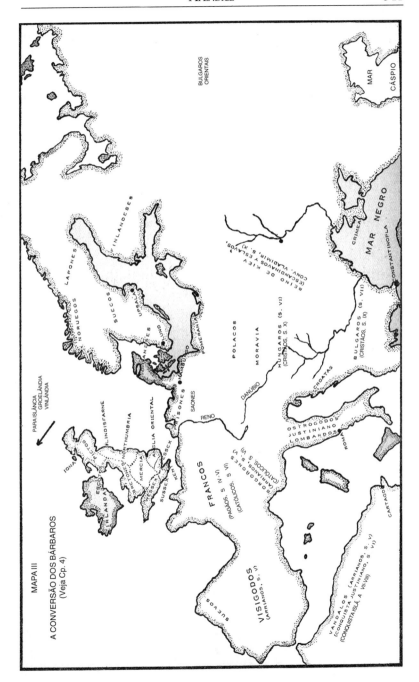

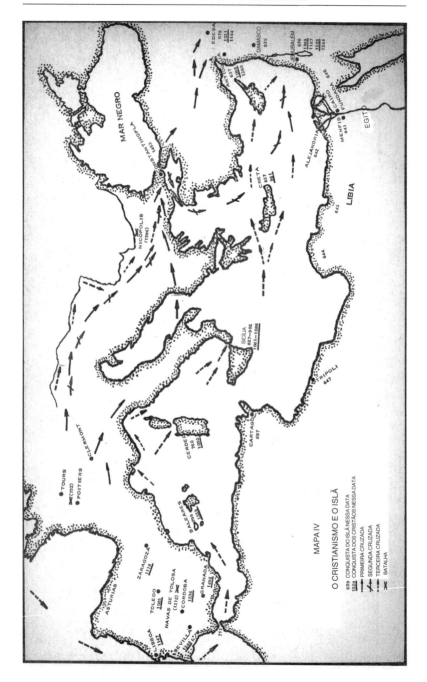

(Veja Cp. 10)

Sua opinião é importante para nós.
Por gentileza, envie seus comentários
pelo e-mail
editorial@hagnos.com.br

Visite nosso site: www.hagnos.com.br

Esta obra foi impressa na
Imprensa da Fé.
São Paulo, Brasil.
Inverno de 2015